남자의 품격

남자의 품격

중세의 기사는 어떻게 남자로 만들어졌는가

차용구 지음

책세상

플랑드르 지도

플랑드르는 프랑스 북부에서 벨기에, 네덜란드에 이르는 지역
으로, '저지대'를 뜻하는 말에서 유래했다.

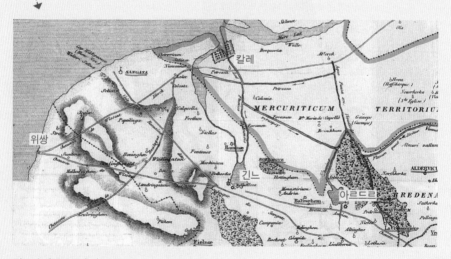

긴느와 아르드르의 지도

사자 모양 플랑드르 지도의 엉덩이 부분에 해당하는 긴느와 아르드르 지역. 플랑드르와 프랑
스의 접경 지역이기도 하고 생토메르와 칼레, 잉글랜드로 이어지는 교역의 거점이었다.

금란의 들판
1520년 6월 7일부터 21일까지 긴느 지역에 위치한 들판에서 잉글랜드의 왕
헨리 8세와 프랑스의 왕 프랑수와 1세가 동맹을 목적으로 만난다. 들판은 두
나라의 국력을 과시하듯 아름답게 꾸며진 대형 천막들로 장관을 이룬다. 마상
시합과 축하연, 음악회가 3주 동안이나 이어졌다.

사랑

벤치에 앉아 있는 젊은 남녀의 모습. 이들 사이의 아이는 사랑을 상징한다. 중세 아이의 복장을 볼 수 있는 드문 그림이다. 아르놀 부모의 결혼은 전형적인 정략결혼이었음에도 불구하고, 기록에 의하면 부인에 대한 남편의 사랑이 각별했던 것 같다.

훈육

학교의 수업 장면. 기사의 아이들은 교사로부터 읽기와 쓰기를 배웠다. 교사와 학생의 모습에서 당시의 엄격했던 수업 방식을 엿볼 수 있다. 책상에 앉아 있는 교사는 한 손에는 나뭇가지를 손에 들고, 다른 손으로는 학생들을 지적하고 있다.

기사 견습

기사와 종자squire. 아르눌도 열네 살이 될 무렵부터 종자 역할을 맡으면서 기사들과 숙식을 같이하며 남자들의 세계를 경험하게 된다. 이 기간에 그는 다른 성인 기사로부터 도제식 교육과 훈련을 받게 된다. 엄격한 수련 생활이 끝나면 기사 서임식을 통해서 아르눌은 진정한 남자vir로 재탄생하게 된다.

마상시합

창이 부러지고 부상자가 속출했던 마상시합. 관중석에서는 악사들이 연주를 하고, 여인들이 시합 장면을 긴장된 모습으로 관람을 하고 있다. 마상시합은 '실제 전투의 축소판'으로 불릴 정도로 격렬했으나, 동시에 기사가 자신의 용기와 남성미를 뽐낼 수 있는 장소였다.

노블레스 오블리주
병자와 약자를 돌보는 것은 귀족 남성의 사회적
의무였다. 긴느-아드르르 가의 백작들도 나환
자 촌락을 건립하고 이들을 돌보는 것을 자신의
책무로 생각했다.

사냥
산돼지 사냥 장면. 사냥개에 쫓기던 들짐승은
힘이 빠진 상태여서 사냥꾼은 상대적으로 쉽게
먹잇감을 포획할 수 있었다. 사냥을 돕던 하인
은 창과 나팔을 들고 사냥감을 쫓고 있다. 아르
눌도 평시에는 동료들과 숲에서 사냥을 즐겼다.

전쟁
중세의 기병전 모습. 마상시합의 영웅들은 전
쟁에서도 담대한 모습을 보였다. 여기서는 기
사 한 명이 여러 명을 상대하는 모습으로, 기사
들은 자신의 가문 문장이 새겨진 방패와 깃발
이 달린 창을 들고 전투에 참가했다.

휴식
허브 목욕을 즐기고 있는 장면. 나무로 만든 욕
조 주위에서 여자들이 불을 지피고 목욕을 하
고 있다. 중세에는 위생 관념이 없었다고 알려
졌으나, 중세의 필사화에는 목욕 장면이 자주
등장한다.

<코덱스 마네세Codex Manesse>, 1320년대,
하이델베르크대학 도서관 소장, 양피지에 유화,
24.5X34.5Cm

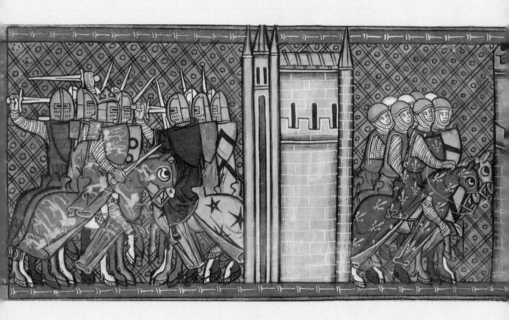

부빈 전투

프랑스의 필리프 2세가 신성로마제국의 오토 4세, 잉글랜드의 왕 존, 플랑드르 백작인 페르난두, 불로뉴 백작인 르노 드 다마르탱 등의 다국적 연합군에 승리를 거둔다. 부빈 전투에서의 승리로 노르망디와 주변 지역이 프랑스 왕에 귀속된다. 이 전투의 승리로 프랑스가 현재의 모습을 갖추었다는 평가를 받는다. 이 책의 주인공 아르눌이 이 전투에서 혁혁한 전과를 올린다.

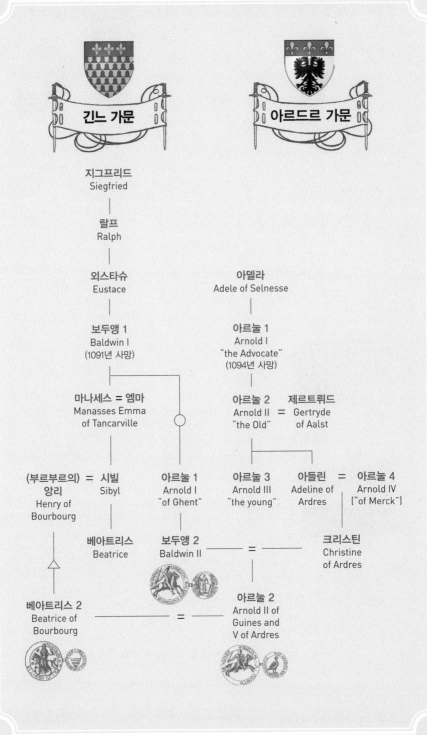

긴느 가문

아르드르 가문

지그프리드
Siegfried

랄프
Ralph

외스타슈
Eustace

아델라
Adele of Selnesse

보두앵 1
Baldwin I
(1091년 사망)

아르눌 1
Arnold I
"the Advocate"
(1094년 사망)

마나세스 = 엠마
Manasses Emma
of Tancarville

아르눌 2   제르트뤼드
Arnold II = Gertryde
"the Old"   of Aalst

(부르부르의) = 시빌
앙리   Sibyl
Henry of
Bourbourg

아르눌 1
Arnold I
"of Ghent"

아르눌 3
Arnold III
"the young"

아들린 = 아르눌 4
Adeline of   Arnold IV
Ardres   ("of Merck")

베아트리스
Beatrice

보두앵 2
Baldwin II

=

크리스틴
Christine
of Ardres

베아트리스 2
Beatrice of
Bourbourg

=

아르눌 2
Arnold II of
Guines and
V of Ardres

일러두기

1. 원어는 한자, 로마자 순으로 밝혀 적었다.
2. 인물의 생몰년과 그리스어의 로마자 표기는 아래첨자로 구분하여 적었다.
3. 논문과 그림, 시 등은〈 〉로, 책은《 》로 구분했다.

프롤로그

서기 1190년대에 프랑스 플랑드르[1] 인근의 한 성직자가 《긴느 백작 가문사_Historia comitum Ghisnensium_》(이하《역사》)를 작성했다. 《역사》의 저자는 아르드르_Ardres_ 교회의 사제인 랑베르라는 인물이다. 《역사》가 그의 유일한 저작물이고 그 외에는 알려진 바가 거의 없기 때문에, 랑베르에 대해서는 《역사》에 단편적으로 언급된 것들을 통해서 유추할 수 있을 뿐이다.

랑베르의 《역사》는 12세기 중반 이후에 프랑스 북부 지역을 중심으로 해서 유행했던 '가문사家門史'의 한 유형으로, 선조들의 미덕을 기리고 가계의 혈통을 후손들에게 전할 목적으로 작성된 글이다. 《역사》는 MGH SS 24권에 편찬되어 있다.[2] 아르드르는 긴느 백작령과 인접한

---

1 플랑드르는 오늘날 벨기에의 북부 지역을 말하지만, 중세 시대에 플랑드르 백작은 현재의 프랑스 북서부 지역까지 통치했다. 이 책의 연구 대상 지역인 긴느-아르드르Guines-Ardres 백작령도 지금은 프랑스 노르파드칼레Nord-Pas de Calais지역에 위치해 있으나, 13세기까지는 플랑드르 백작령의 종주권에 복속된 지역으로 제1차 세계대전까지도 플랑드르어가 사용되었다. 긴느Guines라는 지역명도 'Wijnen'이라는 플랑드르어에서 유래한다. 이러한 이유로, 긴느-아르드르 백작령에 대한 연구는 일종의 변경사Border History 연구이다. 변경사의 개념과 관련 연구 동향에 대해서는 차용구, 〈독일과 폴란드의 역사대화─접경지역 역사서술을 중심으로〉, 《전북사학》 vol.33 (전북사학회, 2008), 317~348쪽; 중세 유럽 사회에서 언어상의 분열에 대해서는 마르크 블로크, 《봉건사회 I》, 218~225쪽; 중세 플랑드르 지역과 관련해서 David Nicholas, _Medieval Flanders_ (London: Longman, 1992) 참조.

2 J. Heller(ed.), _Monumenta Germaniae historica inde ab anno Christi quingentesimo usque ad annum millesimum et quingentesimum. Scriptorum_, 24 (Hannover, 1879), pp.550-642; 이에 대해서는 Lambert of Ardres, _The History of the Counts of Guines and Lords of Ardres_, Leah Shopkow (ed.) (Philadelpia: University of Pennsylvania Press, 2001).

지역이다. 앙숙 관계였던 긴느Guines와 아르드르 양가는 긴느의 보두
앵과 아르드르의 상속녀 베아트리스의 결혼을 계기로 화해를 하고 통
합된다. 이들 사이에 태어난 장남이 아르눌c.1160-1220[3]로, 본 저서의 중
심인물이다. 아르눌이 결혼을 하면서 아르드르 성의 새로운 주인patri-
cus et dominus이 되자 성의 사제이자 교사ardee magister였던 랑베르는 아
르눌을 위해서 긴느 가문의 역사서를 작성한 것으로 보인다.[4]

랑베르가 동시대의 토머스 베케트Thomas Becket, 1118-1170, 솔즈베리
의 존John of Salisbury, c.1120-1180과 같은 당대 최고의 석학이나 교회 정
치가는 아니었다. 그러나 그의 문체 곳곳에 신부이자 교사로서 쌓아
온 해박한 지식이 스며들어 있다. 특히 그의 라틴어는 '엘레강스'하다
고 표현할 수 있을 정도로 간결하고 우아하다. 무엇보다도 고전에 대
한 해박한 지식을 통해 그의 교육적 배경을 엿볼 수 있다. 랑베르는 오
비디우스의 저작《변신 이야기Metamorphoses》에 대한 상당한 지식을
소유했던 것으로 보인다.《역사》의 프롤로그에서 보여준 고전 문헌의
정확한 인용은 그가《변신 이야기》의 필사본을 소유했거나, 혹은 다른
경로를 통해서 직접 접했음을 보여준다. 뿐만 아니라《고르몽과 이장
바르Gormond et Isembard》,[5] 혹은 앙드레 드 파리André de Paris[6]의 글을 인

---

3 아르눌의 정확한 출생년도는 알려져 있지 않고 1160년경에 태어난 것으로 알려져 있다. 이에 대해서
   는《역사》C. 71 참조.
4 MG SS, 24, p.557.《역사》의 사료적 가치에 대해서는 차용구, 〈랑베르의 Historia comitum
   Ghisnensium을 통해서 본 중세 문화 속의 그리스 신화〉,《서양고전학연구》vol. 31 (2008),
   109~134쪽; 차용구, 〈서양 중세 귀족 부인들의 정치력에 대한 연구–긴느 가의 여인들을 중심으
   로〉,《史林》vol. 29 (2008), 259~285쪽.
5 《역사》C. 6(MG SS, 24, p.566);《역사》96장(MG SS, 24, p.607). 12세기에 유행한《고르몽
   과 이장바르》의 이야기에 대해서는 Gabriel M. Spiegel, Romancing the Past: The Rise of
   Vernacular Prose Historiography in Thirteenth-Century France (Berkeley: University of
   Califonia Press, 1993), p.233 참조.

용했다는 사실은 그가 당시 유행하던 최신의 궁정문학 작품에 대한 지식까지 두루 섭렵했음을 짐작케 한다. 고금古今과 성속聖俗을 넘나드는 그의 이러한 지적 편력은 12세기 말 성직문화와 세속문화, 라틴어문화와 속어문화가 상호 교류하는 문화적 현상이었음을 대변한다고 할 수 있다.

《역사》는 본래 총 156장으로 구성되어 있었으나, 마지막 2장은 손실되어 헬러J. Heller의 편찬본에는 프롤로그와 서론, 그리고 본론 부분의 154장만이 수록되어 있다.[7] 랑베르는 긴느-아르드르 가문의 일상적 삶을 일인칭 관점에서 촘촘하게 서술하면서, 공적인 사료에서는 볼 수 없었던 중세 귀족 가문의 사적 공간domestic sphere으로 독자를 초대한다. 중세의 성城의 일상사, 축성築城,[8] 전쟁,[9] 아동 교육,[10] 사냥 모습, 기사 수련, 성에 소장된 책의 목록과 그리스-로마 고전 번역,[11] 종교 생활,[12] 기사 서임식 장면, 축제와 마상경기,[13] 겨울철의 휴식,[14] 결혼식[15]과 이어지는 뒤풀이에서 벌어졌던 유흥과 놀이 문화, 십자군 원정,[16] 유령, 타인을 사칭하는 사기꾼,[17] 나병 환자들의 수용소[18] 등이

---

6 랑베르의 앙드레 드 파리에 대한 언급으로는, 《역사》 C. 11 (MG SS, 24, p.568): *alterum Andream exhibens Parisiensem, miserabili morte defunctus est.* 이러한 이유로 앙드레 드 파리의 《사랑에 대하여De Amore》도 랑베르의 도서목록에 속했을 것으로 보인다.

7 MGH 편찬본에는 서론Prefatio의 뒷부분에 책의 목차가 기록되어 있는데, 여기에는 총 156장의 소제목들이 나열되어 있다. 하지만 마지막 155장과 156장은 제목만 남아 있고, 그 내용은 전해지지 않는다.

8 《역사》 C. 76 (MG SS, 24, p.596): *Quomodo domum rotundam apud Ghisnas edificavit et capellam;* 《역사》 C. 77 (MG SS, 24, p.597); 《역사》 83 장(MG SS, 24, p.599).

9 《역사》 C. 57, 58 (MG SS, 24, pp.589-590).

10 《역사》 C. 90 (MG SS, 24, p.603): *Quomodo Arnoldus, filius eius, cum comite Flandrie Philippo mansit.*

11 《역사》 C. 80, 81 (MG SS, 24, p.598): *De Sapientia comitis Balduini; Quomodo translatari fecit multos libros.*

바로 그것이다.

하지만 필자가 《역사》에서 무엇보다도 주목한 것은 주인공 긴느-
아르드르 가문의 백작 아르눌의 삶이다. 랑베르는 그의 저술에서 중
세의 "평범한"[19] 가문의 '남자'에 초점을 맞추었다. 그가 집중적으로
관찰한 긴느-아르드르 가문은 노르망디, 앙주, 플랑드르 등과 그 위
세를 비교할 수 없는 '평범한' 귀족이지만, 이 문중의 남자들은 중세를
움직였던 많은 군소 가문들의 '대표적인' 사례가 될 수 있을 것이다.
이러한 이유로 긴느-아르드르 가문의 아르눌에 대한 연구는 중세 귀
족 남성의 보편적인 삶을 투영할 수 있는 기회가 될 수 있을 것이다. 필
자는 한 기사의 일대기를 촘촘하게 서술한 《역사》를 '남성사男性史' 서

---

12 《역사》 C. 31 (MG SS, 24, pp.577-578): *Quomodo Ida Boloniensis comitissa fundavit
monasterium beate Marie de Capella.*

13 《역사》 C. 87 (MG SS, 24, p. 601): *Quanta liberalitate Remensem archiepiscopum
Willelmum Ardee hospitem susceperit et sanctum Thomam Cantuariensem
archiepiscopum;* 《역사》 C. 123(MG SS, 24, p. 622). 《역사》 123장에 서술된 마상경기와 축
제에 대한 랑베르의 기억은 매우 생생하다. "기사로서의 명성과 위엄을 프랑스 전역에서 떨치고 있
는 아르눌의 이야기를 들은 알로스트의 보두앵 경은 자신이 주최하는 마상경기에 그를 직접 초청했
다. 아르눌은 그의 기대를 저버리지 않았다. 투르네Tournai에서 벌어진 이 경기에서 쟁쟁한 경쟁
자들을 물리치고 우승을 한 그는 동료 기사들과 함께 보두앵의 연회에 참석했다. 그곳에서 진수성찬
*lautissimis cibis et potibus*을 대접받고 밤새워 술을 마시던 이들 사이에서 자연스럽게 혼담이 오
가게 되었다. 보두앵의 여동생과 총각기사 아르눌의 혼사가 어느새 결정되었다. 물론 그녀가 가지고
있던 상당 양의 재산도 함께 따라왔다. 마상경기에서 획득한 명성이 아르눌을 일등 신랑감으로 만든
것이다."

14 《역사》 C. 97 (MG SS, 24, pp.607-608): "늦가을 비가 내리던" 날에 로베르 드 꾸텅스Robert de
Coutances는 "로마 황제들과 아서 왕의 모험담을 즐겨 들려주었다. 그의 입에서는 브르타뉴 지방
의 우와나 무훈시뿐만 아니라 샤를마뉴, 롤랑과 올리베에, 고르몽과 이장바르, 트리스탄과 이졸데,
메를랭에 관한 이야기들이 끊임없이 흘러나왔다".

15 《역사》 C. 149 (MG SS, 24, pp.637-638): *Quomodo Arnoldus duxit Broburgensem
castellanam Beatricem.*

16 《역사》 C. 65 (MG SS, 24, p.593): *Quomodo Ardensis dominus Balduinus Ierosolimam
peregere profectus est.*

술의 사료로 이용하고자 한다.

필자가 이미 다른 책에서 언급했지만,[20] 기존의 젠더사 연구는 '남성=가해자 vs. 여성=피해자'라는 도식적 구도 속에 남성을 가부장제의 집단적 수혜자로만 파악했다. 하지만 가부장제의 최대 수혜자는 일부 상층부 엘리트 남성들이고, 이들의 부인들은 여성임에도 불구하고 남성 위주의 가부장제를 옹호하고 유지하는 데 적극적이었다. 그 결과, 여타의 남성들도 대다수 여성들처럼 가부장제라는 지배 계급의 이데올로기에 순종해야만 했다. 용맹함, 경쟁력, 강인함, 인내심 등이 남성적 덕목으로 강조되면서, 사회가 부과하는 남성성을 제대로 연출할 수 없었던 나약한 남성들은 '남자답지 못한 자'로 분류되었다. 남성도 가부장적 지배 이데올로기의 희생자였던 것이다. 사회가 규정한 남성성을 내면화하는 데 실패했거나, 강인한 남성다움에 대한 부담감을 느꼈던 남성들은 가부장 질서에 의해 희생되었기 때문이다. 남성들 역시 억압했던 가부장제에 대한 새로운 시각의 연구가 요구된다.

---

17 《역사》 C. 143 (MG SS, 24, p.634): *De pseudoperegrino, qui Balduinum de Ardrea simulavit.* 이와 관련해서 랑베르는 다음과 같은 내용을 전한다: "백작이 원정에서 죽은 지 30년이 지났건만, 아직도 그를 보았다는 소문이 나돌았다. 어느 날부터인가 고행자들이 입는 삼베로 된 남루한 옷을 걸친 한 순례자가 두에Douai 지역에 나타났는데, 수염과 머리카락은 백발인 이 자가 하는 말이 자신은 한때 부와 권력을 소유했던 아르드르의 성주였으나 지금은 스스로 이 모든 것들을 다 포기하고 그리스도의 청빈한 삶을 살고자 한다는 것이다. 이후 그는 주민과 영주, 수도원장 할 것 없이 사람들과 만나 격의 없는 대화를 나누었고, 점차 이 지역에서 그의 명성은 높아져갔다. 우연한 기회에 그를 만났던 한 수도원장이 이 소식을 아르드르의 백작에게 전했으나, 백작은 그가 사람들의 등을 쳐서 먹고사는 사기꾼일 것이라는 말과 함께 수도원장의 말을 더 이상 경청하지 않았다. 그에 대한 소문이 잠잠해질 무렵, 그가 상당한 양의 귀금속을 가지고 어디론가 사라졌다고 한다."

18 《역사》 C. 70 (MG SS, 24, pp.594-595): *Qudomodo femine leprose apud Lodebernam et homines leprosi apud Spellecas collati sunt.*

19 랑베르의 《역사》는 헬러의 편찬본이 발간될 당시에 이미 E. A. Freeman("The Lords of Ardres," *Britisch Quarterly Review* 71(1880), pp.1-31)에 의해서 그 사료적 가치를 인정받았으나, 왕이나 교황과 같은 당대의 대표적인 인물들의 위업을 기록한 것도 아니고, 프랑스 북부 플랑드르 지역의 국지적인 내용만을 다루었다는 이유로 학계에서도 거의 알려지지 않았다. 이후 '일상사'에 대

필자는《남자의 품격: 중세의 기사는 어떻게 남자로 만들어졌는가》에서 남성사 연구라는 새로운 방법론을 적용하고자 한다.[21] 남성은 문화적 산물이다. 본 저술의 주인공인 기사 아르눌은 중세 문화의 영향을 받아 '남자다움'이라는 정체성을 형성했다. 가부장적 사회였던 중세는 아르눌에게 남자다움에 대한 명료한 정의를 내려주었다. 중세의 기사 사회는 어릴 때부터 남자아이를 훈육시키고, 행동 및 윤리적 규범을 제시하며, 남성의식을 통해 소년을 남자로 성장시켰다. 심리학자들은 여자보다 남자가 문화적으로 더 연약하다고 본다. 남자가 여자보다 사회문화적 지배를 더 받는다는 것이다. 여성성뿐만 아니라 남성성도 고정불변의 것이 아닌 역사적·문화적 변화의 산물이다. 중세의 기사는 당대의 봉건제와 그리스도교라는 사회적 맥락에서 이해되어야 한다. 이러한 점에서 중세의 남성성의 상징인 기사는 아직까지도 유효하고 강력한 은유이다.

"남자란 무엇인가?"라는 질문에 대한 대답에서 우리는 여전히 중세의 기사의 모습을 발견할 수 있을 것이다. 남성다움과 여성다움을 가르는 문화적 이분법이 흐려지는 오늘날, 남성성을 찾으려는 시도는 폐

한 관심이 정치사와 사회·경제사를 능가하면서, 한 성직자의 눈에 비친 귀족과 농민들의 삶과 사고 방식을 기록한《역사》가 새롭게 조명되었다. 이에 대해서는 G. Duby, *The Chivalrous Society* (Berkeley and Los Angeles: University of Califonia Press, 1980), 특히 pp.143-146. E. A. Warlop(The Flemish Nobility Before 1300 (Kortrijk : G. Desmet-Huysman, 1975-1976)) 은 플랑드르 지역의 귀족사를 연구하는데 랑베르의 저작을 자주 인용했고, 중세의 도시형성 과정과 관련해서 Franz Igler("Über Stadtentwicklung: Beobachtungen am Beispiel von Ardres.", *Zeitschrift für Archäologie des Mittelalters* 11 (Köln Rheinland-Verl. Habelt, 1983), pp.7-19)가《역사》를 조사한 바 있다.

20 차용구,《중세 유럽 여성의 발견. 이브의 딸 성녀가 되다》(파주: 한길사, 2011).
21 남성사 연구와 관련해서 최근의 연구로는 대표적으로 토머스 퀴네 외,《남성의 역사》, 조경식·박은주 옮김(서울: 솔, 2001). 구체적인 연구 동향은 에필로그 참조.

미니즘에 대항하여 과거의 남성적 주도권을 복권시키려는 것이 아니다. 남성과 여성은 서로 불가분의 관계에 있으며, 서로 다른 성 없이는 파악될 수 없다. 그러므로 남성의 역사는 여성의 역사에 대해 대칭적 관계에 있는 것이 아니라 상호 보완적인 것이다.

필자는 12세기 말에 라틴어로 작성된 《역사》를 통해서, 중세의 남성이 어떻게 만들어졌는가를 살펴보고자 한다. 구체적인 사례로 '아르눌'이라는 한 남자의 삶을 되돌아보면서, 중세에 한 인간이 남자로 성장해가는 여정을 재구성하고자 한다. 아르눌의 출생, 성장, 교육, 성인식, 전쟁, 성공, 출세, 결혼, 노년의 삶에서 그에게 영향을 미쳤던 도덕적·영적인 지침과 이상은 무엇이었으며, 그는 이러한 지침을 자신의 삶에 어떻게 적용했는가를 조사할 것이다. 남자로 커가는 과정에서 그는 어떠한 대가를 치러야 했고, 또 자신의 인성은 어떻게 변화했는지, 가족과 친구들, 주군과 적들은 그의 삶의 여정에서 어떠한 역할을 했는지 살필 것이다.

아르눌은 사회에서 요구하는 남성적 덕목을 어떻게 , 그리고 얼마나 자기화했을까? 중세의 기사도 문화는 한 남성에게 얼마나 현실적 의미가 있었을까? 전쟁은 아르눌의 남성성 형성에 어떠한 영향을 끼쳤을까? 더불어 남성성은 어떻게 변화하고 진화되었는가? 이러한 의문들이 본 저술의 출발점이 되었다.

남자 만들기 프로젝트

기사, 이상적인 남성상

기사 이미지의 탄생

11세기 이후 유럽의 세력 구도가 새롭게 재편되면서 지배층으로 성장한 기사 사회는 남자들의 세계였다. 정치 세력의 지형 변화는 9세기 후반 카롤링거 왕조의 해체와 더불어 급속히 진행되었던 중앙집권적 권력의 붕괴 과정에서 이미 감지되고 있었다. 공권력의 빈 공간을 지방의 호족 세력들이 독립적인 통치 영역을 경쟁적으로 구축하면서 대체해 나갔던 것이다. 이러한 군웅할거 시대의 거친 폭력성과 남성성을 경험한 중세의 서사시와 로망스 작가들, 성직자와 교훈시didactic poem 작가들은 귀족 남성들이 준수해야 할 행동과 처신에 관심을 가졌고, 남성적 행동 규범이 12세기 초부터 서서히 기록되더니 한 세기 뒤에는 "일반적인 모티프"가 되었다.[1] 남성적 덕목이라 생각했던 바를 기록했던 당시의 작품들은 실제로 "매우 현실적인 당대의 관심사와 주제를 다루었"고, "작품이 쓰였던 시대의 사회에 대해서 상당히 많은 정보를 제공해"주었다.[2]

기사를 나타내는 라틴어 'miles'는 본래 전문적인 직업으로서의 전사를 의미했다. 1096년에 시작된 1차 십자군 원정 전후로 전사 계층은 무장을 했다는 점에서 성직자 집단이나 농민과 같은 '비무장의' 평

---

1 콘스탄스 부셔, 《귀족과 기사도》, 강일휴 옮김 (신서원, 2005), 155~157쪽.
2 콘스탄스 부셔, 《귀족과 기사도》, 160쪽.

범한 사람들*imbelle vulgus*과 차별성을 띠게 되었다. 특히 11세기 전반기에 시작된 신의 평화와 휴전 운동을 거치면서, 기사는 "교회와 가난한 이들을 보호하고 신의 평화를 실현하기 위해 그리스도의 적을 제거하는, 새로운 평화 운동에서 주도적인 역할"을 하게 된다.[3] 그 결과 기사의 무력 사용은 정당화 내지는 신성시되었고, 1차 십자군 원정이 선포되었던 클레르몽 공의회(1095) 이후 '정의로운' 폭력과 전쟁은 성스러운 것으로 여겨졌다.

클레르몽에서 나타난 전쟁관은 새로운 것이라기보다는, 11세기에 변화되어가던 세계관이 표출된 결과였다. 이미 교황 그레고리우스 7세는 '그리스도의 전사*miles Christi*' 개념을 고안해 교회의 자유를 위한 전쟁에 도덕적 대의명분을 부여했고, 폭력과 전쟁에 대한 교회의 이러한 태도 변화는 성전 개념을 잉태했다.[4] 이로써 전쟁은 신의 평화를 수호하기 위한 일상적 업무로 이해되었다. 쉬제Suger도 기사를 "경이로운 검객이요, 용감한 전사"로 묘사했다.[5] 군사적 기능이 기사의 특권인 동시에 일차적 목적으로 정의되면서, 전사 윤리가 점차 귀족 사회를 지배하게 된다.

유럽 사회를 휩쓸었던 십자군 열풍은 무엇보다도 남성성 담론의 형

---

3 이정민, 〈신의 평화 운동의 역할과 그 역사적 의미: 샤루 공의회에서 클레르몽 공의회까지〉,《서양중세사연구》25 (2010), 33~63쪽, 인용 부분은 47쪽.
4 Tomaž Mastnak, *Crusading Peace* (Berkeley, Calif.: University of California Press, 2002); Thomas F. Head · Richard Allen Landes, *The Peace of God: Social Violence and Religious Response in France Around the Year 1000* (Ithaca, N.Y.: Cornell University Press, 1992); Mark Gregory Pegg, *A Most Holy War* (Oxford; New York: Oxford University Press, 2008.); Ian Robinson, *The Papal Reform of the Eleventh Century* (Manchester: Manchester University Press, 2004), pp.36-63; Gilles Teulié and Laurence Lux-sterritt, *War Sermons* (Newcastle: Cambridge Scholars Publishing, 2009), pp.1-13.
5 콘스탄스 부서,《귀족과 기사도》, 41~42쪽.

성에 영향을 주었다. 교황 우르바누스 2세Urbanus II, 교황 재위 1088-1099 는 클레르몽 공의회에서 "이교도에 맞서 싸우는" 전쟁의 정당성을 설 파했고, 전투에 참여한 기사들을 위한 보상으로 면죄의 특권을 부여했 다. 이후 교회의 다른 지도자들도 기사들의 검을 축성祝聖해주면서, 12 세기에 들어서 시토 교단은 영성靈性과 기사도 정신을 결합한 "전투적 신앙 체계militarisation of spirituality"를 구축하기에 이른다. 그 결과, 무력 을 통한 그리스도교 세계의 수호라는 전투적 남성 이미지가 창출되었 고 기사는 종교적 색채를 머금게 된다.

클레르보Clairvaux의 수도원장 성 베르나르St. Bernard는 《새로운 기사 도를 위한 찬가De laude novae militiae》[6]에서 이교도를 죽이는 그리스도 교 기사는 죄를 짓는 것이 아니며, 이를 오히려 그리스도의 영광을 위 한 행동으로 정당화했다. 1200년경 독일 지역에서 활동했던 하르트 만 폰 아우에Hartmann von Aue, c.1165-c.1215와 같은 시인도 신앙인과 전 사戰士의 덕목은 동일하며, 전투에 참여하는 것은 '그리스도를 본받는 행위imitatio Christi'로 묘사했다. 초대교회에서는 그리스도교 신자들이 군복무에 대해 논란이 있을 정도였으나, 이제는 무기를 들고 전쟁터로 나아가는 것이 신앙인의 의무로 여겨질 정도로 시대가 바뀌었다.[7]

---

6 이에 대해서는 이정민, 〈성 베르나르와 새로운 기사도: 《새로운 기사도를 위한 찬가》를 중심으로〉, 《서양중세사연구》27 (2011), 125~157쪽 참조.

7 Waltraud Verlaguet, "Crusade sermons as factor of european unity", Gilles Teulié and Laurence Lux-sterritt (eds.), War Sermons, pp.1-13, 여기서는 p.4. 이러한 시대적 배경으로 인해 이교도와의 싸움은 그 어느 때보다 거칠고 잔인하게 전개되었다. 《롤랑전》의 롤랑도 자신의 보 검으로 "투구를 깨트리더니 두개골 중앙을 가르고, 양미간을 지나며 얼굴을 쪼갠 다음, 촘촘히 짠 쇠 사슬 갑옷과 함께 이교도의 몸통을 가랑이까지 반으로 켜놓는다. 그리고 검은 다시 황금으로 장식한 안장을 자른 다음, 말의 등을 파고들어, 구태여 관절을 찾을 것도 없이, 척추를 자른다. 사람과 말이 모두 죽어, 초원의 실한 잡초 속으로 구른다. 롤랑이 그를 향해 한 마디 내뱉는다. 종의 아들놈아, 네 가 액운을 찾아 이 길로 들어섰구나! 마호메트는 너에게 아무 도움도 줄 수 없느니라."

전투에 참여할 처지가 아닌 사람은 재정적 지원이나 전투에 참여한 사람들을 위한 기도를 해야 했다. 설교자와 문인들은 남녀노소, 빈부고하를 막론하고 모든 사회구성원이 이교도와의 전쟁에 참여할 것을 설파했고, 교회를 수호하기 위한 전쟁을 성스럽고 권장할 만한 행동으로 칭송하기에 이르렀다. 11세기 이후 이러한 전쟁관과 세계관의 변화는 이상적 남성성 형성에도 영향을 끼쳤다. '고귀함', '우월함', '존경할 만함'과 같은 수식어는 무용武勇을 통해서 획득되는 것이요, 신실한 신앙심과 강인한 체력, 전투원 상호 간의 절대적 신뢰감, 충성심, 용맹성이 남성적 덕목으로 칭송되었다.

남성성 담론의 유포

일찍이 세비야의 이시도르는《어원론Etymologies》에서 '남자vir'라는 단어는 '힘vis'에서, '여자mulier'는 '연약함mollitie'이라는 단어에서 유래한다고 설명했다. 그의 이러한 해석은 이후 중세 시대 다양한 문헌에서 자주 재인용되었고,[8] 중세 후기에는 인간의 몸을 혈액, 점액, 황담액, 흑담액 등 네 가지 체액으로 구성되었다고 본 히포크라테스와 갈레노스의 '사체액설四體液說, Humor theory'이 소개되면서 온기를 가진 혈액이 상대적으로 많은 남성이 신체적으로 우월하다는 생리학 이론이 정립되었다. 그리고 힘을 남성성의 상징으로 보는 젠더 이론은 절정에 다다랐다. 여성에 대한 남성의 육체적 우월함은 정신적·도덕적 우월

---

8 Bernhard Bischoff, "Die europäische Verbreitung der Werke Isidors von Sevilla",
    Isidoriana (Leon, 1961), pp.317 – 344

성도 내포하고 있음은 물론이다.

아르눌의 경우에도 기사 수련생으로 플랑드르 백작의 성이라는 특정한 폐쇄적 공간에 장기간 머무르면서 집단생활을 해야 했다. 여기서는 각자가 맡은 역할과 엄격한 규율이 작동했고, 피라미드식의 위계질서가 조직되었다. 이들의 일상적 행동은 수도원의 규칙을 답습한 시간 단위의 명령 틀에 맞추어져 "시간이 신체를 관통"하게 된다.[9] 아르눌과 같은 어린 소년들은 기사수업을 통해서 자연스럽게 용맹성, 명예, 군주와 동료에 대한 신뢰감, 동료애 등의 '군사적 남성성'을 터득해갔다. 아르눌의 남자다운 정체성은 중세의 문화 테두리 속에서 구성되었던 것이다. 사회가 제공하는 "단단한 갑옷"과 같은 이러한 중세의 '남성 이데올로기'는 봉건사회가 정착·확산되는 과정에서 탄생·유포되었다.

중세의 신학, 문학, 설교문, 연대기, 교훈서, 음유시 등의 다양한 작품들은 남자다움에 이르는 구체적인 방법을 제시했다. 이렇게 잘 정의된 이상을 통해서 남성성은 새롭게 정립되었다. 결국, 중세의 남성성은 문화적 구성 과정의 결과물이었다. 서양 중세 문화의 이론적 토대였던 성경도 남자다움에 대해 가르친다. 〈고린도전서〉(13:11)에서 사도 바울은 "내가 어렸을 때에 말하는 것이 어린아이와 같고 깨닫는 것이 어린아이와 같고 생각하는 것이 어린아이와 같다가 장성한 사람이 되어서는 어린아이의 일을 버렸노라."고 했다. 강건한 남자가 되기 위해서는 어린아이의 말과 생각을 버리라는 말이다.

중세의 기사문학도 남성성 확립에 중요한 기여를 했다. 아르눌이

---

9 미셸 푸코, 《감시와 처벌》, 오생근 옮김 (나남, 2003), 239쪽

동료들과 즐겨 듣던《브리타니아 열왕사_Historia regum Britanniae_》[10]도 아서 왕이 다양한 시합과 이어지는 연회 이야기이다. 작품 속에 등장하는 여자들도 모두 남자들에게 '기사로서 용맹성'을 보여주길 요청한다. '시합의 승자만이 저를 차지할 수 있어요'라는 소녀의 목소리는 당시의 사회가 어떤 남성성을 원했는지 잘 대변한다. 중세 독일의 영웅서사시《니벨룽겐의 노래》에도 '충성_Treue_', '명예_Ehre_' 등의 '남성적 용맹성'이 강조되었고,《파치발_Parceval_》과 같은 문학 작품에서 남자로서의 성장은 곧 어머니와의 결별을 의미했다. 이 말은 중세에 '남자로 자라는 것'은 여성의 세계로부터 단절되어 남자들 틈에 끼어들어 가는 과정을 말한다.

성직자_pfaffen_, 기사_rittern_, 농민_bûliuten_으로 구분되는 중세 봉건시대의 삼위계적 사회구조에 대한 인식은 남성의 가치와 감정, 행동 양식을 규정하는데 일조했다. 이는 남자들에게는 자신의 지위와 신분에 합당한 행동이 기대되었기 때문이다. 아르눌이 활동하던 시기의 사람들은 지배 계층을 두 부류, 귀족과 성직자로 구분했다. 그 결과 귀족 남성과 성직자에 부여된 사회적 책무와 기대감은 상이했다. 봉건사회의 이러한 신분과 위계 구조의 분할은 남성성을 이해하는 필요조건이다. 중세에서 개인적 실수는 자신은 물론 가문과 휘하에 있는 모든 사람들에게도 해를 끼칠 수 있었다. 따라서 귀족 남성의 책임은 그만큼 커질 수밖에 없었고, 백성들에게 귀족은 자신의 운명을 읽을 수 있는 '거울_spiegel_' 같은 존재였다. 아르눌과 같은 귀족 가문에서 자란 남성들에게는 태어나는 순간부터 권한_reht_과 더불어 가문과 지역 사회에 대한 막

---

10 《역사》C. 96.

중한 책무가 따르게 된다.

봉건사회의 환경적 특징으로 인해서 중세에는 남자의 역량이 유독 강조되었다. 그래서 사회 문제에 관심이 많았던 작가들은 특히 젊은 남성들juncherren에 특별한 관심을 보이면서, 그들의 외모와 행동 지침에 대한 조언을 아끼지 않았다. 이러한 사회적 코드는 학습의 대상이 되었고, 다양한 방식으로 훈육되었다. 동시에 이 같은 남성적 지표들을 통해서, 기사 가문의 남자아이들은 남자답게 되는 교육 과정을 거치게 된다. 수년 동안 지속적인 가르침과 훈련으로 소년은 '진정한 남자'로 성장하는 것이다. 기사의 행동 양식을 규정하고자 했던 사람들에 의해서 '구성된' 남성성은 단순한 이상으로만 머무르지는 않았던 것으로 보인다.

무엇보다도 전쟁은 이상적 남성성의 표본을 만들어 왔다. 11세기에는 성직자들이 설파한 십자군 설교를 통해서 그리스도교적 신앙심과 군사적 남성성이 동시에 강조되었고, 이는 성전기사단 등의 새로운 유형의 기사를 배출해냈다. 신학은 군사적 행동들을 이론적으로 뒷받침하고(theology of armed action), 종교는 군국주의를 정당화했다(christian militarism). 올바른 질서 확립의 일환으로 전쟁은 축복되었고, 성전 이념은 전쟁에 참여하는 군인들의 죄를 사면해주었다(absolutio peccatorum).

안셀무스Anselm of Lucca, 존John of Mantua, 보니초Bonizo of Sutri와 같은 그레고리 7세 시대의 대표적인 신학자들은 성경과 교회법, 교부의 저작, 교회사를 개혁 교황의 이념에 맞게 주조했다. "게세마니 동산에서 그리스도가 성 베드로로 하여금 칼을 칼집에 넣도록 명령"하는 성경의 구절이 '칼을 던져버리라.'는 명령이 아니라 '훗날 칼을 사용하라.'

고 해석되었다. 안셀무스는 《교령집Collectio Canonum》에서 이단, 파문
자, 평화와 신앙의 파괴자에 대한 생사여탈권ius gladii을 '남자들'에게
부여했다. 이로써 이들은 무력vis armata을 사용할 권리를 갖게 되었다.

11세기의 성전 분위기 속에서 기사는 정의로운 목적으로 검을 휘두
르는 전사와 동일시되었다. 오랫동안 십자군 전쟁을 연구했던 독일의
역사학자 에르트만Karl Erdmann, 1910-1990은 11세기 후반의 대표적인 남
성상을 '전사Kriegsmann'의 개념으로 설명했다. 이처럼 교회는 세속인
의 무력 행위를 정당화했고, 평화의 파괴자에 대해서는 살생을 허가했
다. 이 시기 중세 예술에서 전사의 모습으로 그려지는 전사의 수호자,
대천사 미카엘 숭배는 이러한 분위기 속에서 등장한다.

이렇게 해서 전사와 성인은 동일시되었고, 영적인 싸움을 주도했
던 그리스도의 군대militia christi는 교회와 사회를 수호하는 세속적 군대
militia secularis로 그 성격이 변화되었다. 이러한 11세기의 호전적 남성
담론은 설교, 예술 작품, 신학서, 논쟁서, 교회법 등의 글을 통해서 그
저변을 확대해갔다. 남성은 평화를 수호하고 정의를 실현하는 주체로,
신의 질서를 힘으로 지탱하는 모습으로 다루어졌다. 12세기에 접어들
어서도 시토 교단의 창시자 베르나르도 '정의'의 명분으로 사용되는
기사의 무력과 폭력성을 옹호했다. 그는 성전기사단을 새로운 전사로
칭송하면서, 엄격한 규율과 충성심을 맹세케 했다.

아르놀처럼 수년간의 기사 훈육으로 만들어진 "복종에 훈련된 신
체, '순종하는' 신체"는 중세의 작가들에 의해서 이상적인 몸으로 칭
송되었다. 그러나 "규율에 의한 강제력"은 "겉으로는 순수해보이지만
내부적으로는 의심스러운 여러 가지 미묘한 개정 작업들"[11]이었다. 이
러한 미세한 규율들은 기사 견습생과 예비 기사들에게 권위에 대한 복

종을 학습시킨다. 기사의 훈련받은 신체는 사소한 일에 대한 반복적이고 연속적인 학습과 교육을 통해서 만들어졌다. 어린 기사 후보생들은 규범화된 환경 속에서 행동거지, 외모, 말투 등 사소한 부분까지 학습했으며, '일탈'은 충고와 육체적 체벌을 통해서 '교화'되었다.[12]

남성성에 영향을 미치는 문화적 변화는 이처럼 여러 방면에서 동시에 일어나곤 한다. 이 과정에서 특정한 남성 의식은 매우 중요한 의미를 지닌다. 세례, 기사의 시동과 종자, 기사 서임식이 바로 그것이다. 상징성을 지닌 이러한 통과의례를 거치면서 중세의 소년은 새로운 인생관을 형성하고, 육체와 정신은 새로운 단계로 진입해간다. 이들 스스로는 이러한 체제에서 벗어날 수 없었고, 문화적 기호화에 순응해야만 했다.

---

11 푸코, 《감시와 처벌》, 217쪽, 218쪽. 이에 대해서 푸코는 "모든 것을 자기의 것으로 만드는 용의주도한 '악의malveillance'의 책략이다."라고 부언했다(푸코, 《감시와 처벌》, 219쪽).

12 '좋은 의도로' 아이를 회초리로 처벌하는 행위에 대해 중세 교육자와 도덕가들 대부분이 동조하는 입장이었다. Nicholas Orme, *Medieval children* (New Haven: Yale University Press, 2001), pp.84-85 참조.

매너가 남자를 만든다

매너의 탄생

1200년을 전후로 호전적인 남성성 이미지에도 변화가 일기 시작했다. 아르눌이 활동하던 시기에 기사의 전사적 이미지와 다른 새로운 행동 패턴들이 목격되곤 했다. 전사로서의 미덕 못지않게 잘 교육받고 세련된 남성적 기풍氣風이 구체적으로 묘사되기도 했다. 공공장소나 타인과의 관계에서 자신의 감정과 행동을 자제하고 통제할 줄 아는 능력이 중요시되면서 에티켓 관련 서적이 편찬되기 시작했다. 1200년을 전후로 하는 시기가 후대의 기사도와 같은 이상적이고 정형화된 규범이 존재했던 시대는 아니지만, 남성적 행동 양식을 조절하려는 다양한 시도가 이루어졌던 '진화의 시기'였음은 분명하다.[13]

남자의 활동 영역도 긴장감이 도는 전쟁터에서 가정, 일, 남성 공동체로 확대되었다. 가장pater familias으로서 남성은 집안과 식구들의 안녕을 책임져야 했으며, 아버지로서 자식들에게 권위와 존경심을 요구하기 위해서는 본보기가 되어야 했다. 또한 주인wirt으로서 손님gast을 맞고, 이들에게 합당한 대우를 제공해야 했다. 손님을 접대하는 일은 스스로 집안의 대표임을 상징하고 그에 상응하는 권위를 가지고 있음을 보여주는 행위였다.

주인은 손님에게 공손히 머리를 숙여 경의를 표해야 했고, 반대로

---

13 David Crouch, *William Marshal* (London; New York: Longman, 1990), p.43, p.205.

손님은 주인에게 상석을 양보하고 주인의 권위를 인정해야 했다. 특정한 일을 논의하기 위해서 오는 손님도 있지만, 떠돌이 기사와 같이 달갑지 않은 손님도 있었다. 그러나 원칙적으로 주인은 찾아오는 모든 손님에게 숙식을 제공해야만 했다. 이렇듯 관대한 행동은 당사자의 이름을 널리 알리는 기회가 되었기에, 남성들은 가장으로서 갖추어야 할 예의를 배우고 습득하고자 했다.

낯선 사람이나 손님을 맞는 것은 여성이 아니라 남성이어야 했으며, 상대방과 교류를 시작하고 이후 대화를 주도하는 일도 남성의 임무이자 권한이었다. 따라서 교제와 대화술은 중세 귀족의 자녀 교육 가운데 기본 항목으로, 특히 아들에 대한 이러한 훈련은 아버지의 중요한 과제 중 하나였다.[14] 올바른 단어 사용과 적절한 대화의 조절 *besnît*은 당사자의 이해관계*gewin*와 결부된다고 여겨지면서, 대화에 필요한 지식*wisen*의 습득도 강조되었다. 그렇지 못하면, 1210년경 작성된 어느 교훈시의 경고처럼 "불명예스러운 삶을 살게 될지도 모른다*dû lebst an êren ungesunt*."고 생각했다. 반면 타인과의 교제에서 여성의 역할은 여전히 수동적이었으나, 고대 그리스 세계에서와 달리 자신의 모습을 드러낼 수는 있었다. 이러한 '스스로를 보여주는 행위*si muoz sich lâzen*'는 여성이 능동적 주체는 아니지만, 자신이 속한 집단의 일원임을 인정하는 제스처였다.

남성들 간의 우의와 동맹이 강조되었던 사회에서 손님에 대한 환대는 공동체 유지를 위해서 매우 중요한 덕목으로, 초대를 받은 손님은

---

14 Ann Marie Rasmussen, *Mothers and Daughters in Medieval German Literature* (Syracuse, New York: Syracuse University Press, 1997), p.140.

이에 상응하는 선물로 답례를 해야 했다. 자신의 지위와 신분에 합당한 대접을 받기 위해서 남자들은 복장과 행동거지에서부터 먼저 자신의 품위를 유지해야 했다. 대화를 할 때, 아랫사람은 윗사람에게 공손하게 대응해야 했고 품위 있는 단어를 선택해서 사용하도록 강조했다. 반대로 윗사람은 아랫사람에게 관대함gnade을 보여주어야 했다. 이렇듯 위계질서는 남성 사회에서 중요한 의미를 지녔다. 그래서 아이들은 가장 먼저 위계질서를 배웠고, 윗사람에 대한 예의범절을 익혀야 했다.[15] 상명하복上命下服의 수직적 조직 문화는 자연스러운 질서였다.

남자는 자신의 명예ère를 손상시키지 않도록 행동거지를 조심해야 하고, 개인의 명성은 자신이 속한 집단의 명성과 불가분의 관계임을 명심해야 했다. 아르눌과 동시대를 살았던 한 시인은 '명예를 남자가 추구해야 할 궁극적인 목표Ein man umb ère werben sol'로 보았다. 남자는 심리적 갈등과 자신을 둘러싼 환경적 어려움에도 불구하고 명예를 훼손시켜서는 안 되었다. 명성은 또한 물질적 부와 매우 밀접한 관계를 맺고 있었다. 이러한 이유로 교훈시의 저자들은 관대함을 제대로 행하고 처신zucht을 올바로 하려면, 먼저 재산gout이 필요함을 강조했다.[16]

남자는 동료뿐 아니라 가난한 사람들에게도 관대함을 보일 뿐만 아니라 경제적 도움을 주어야 했다. 많은 작가들이 '관대함'을 기사가 습득해야 할 중요한 미덕으로 들었던 것으로 보아, 이는 남자에게 꼭 필

---

15 그래서인지 교훈시 〈Winsbecke〉의 저자는 연장자에 대한 인사법(und grüeze, den dû grüezen solt)의 중요성을 강조한다. Ruth Weichselbaumer, *Der konstruierte Mann. Repräsentation, Aktion und Disziplinierung in der didaktischen Literatur des Mittelalters* (Münster: Lit, 2003), p.121; 12세기 잉글랜드의 사례 연구로는 대표적으로 Julie Kerr, "'Welcome the coming and speed the parting guest': hospitality in twelfth-century England", *Journal of Medieval History* 33(2007), pp.130-146.

16 Weichselbaumer, *Der konstruierte Mann*, p.120, p.141.

요한 덕목이었다. 인색하지 않음을 의미하는 'milte' 같은 용어는 교훈시 작가들이 칭송했던 개념으로,[17] 이를 위해서 남자는 우선 재정적인 기반을 갖추어야만 했다. 이러한 이유로 시인들은 권력과 부는 관대함, 베품과 나눔의 미덕과 떼려야 뗄 수 없는 관계임을 노래했다.[18] 남자는 동료와의 우정vriuntschaft을 중시해야 했고, 친구vriunt가 어려움에 처했을 경우 도움을 거절해서는 안 됐다.

관대함뿐만 아니라 '적절한 몸짓(제스처)'도 남자로서 갖추어야 할 중요한 덕목이었다. 몸짓은 중세의 전례의식, 법률적 행위, 지배관계를 나타낼 때 매우 중요한 의미를 지닌다. 따라서 남자에게는 '고귀한' 태생에 걸맞은 자세가 요구될 수밖에 없었다. 여자뿐만 아니라 남자도 대화를 하면서 과도한 몸짓을 삼가야만 했다. 외모에 대해서는 이구동성으로 '빼어난 외모'와 '품위 있는 행동거지'가 이상적으로 부각되었다. 좀 더 구체적으로 "혈색 좋고, 항상 웃는 듯한 아름답고 사랑스러운 눈"이 빼어난 외모의 조건으로 꼽혔다. 이러한 외모는 '궁정적 신체höfischer Körper'의 전제조건이었다.

이렇듯 남자의 힘은 정신적·육체적 강인함이 결부되어야 비로소 진정한 것으로 여겨지게 되었다.[19] 그래서 독서를 통한 지식의 습득이 권장되고du solt diu buoch gerne lesen, 읽고 쓰기schrifte와 같은 훈련이 진정한 남자가 되기 위한 조건이 되었다. 그 외에도 지적 호기심과 탐구력vrâgen은 남자의 사회생활에 도움이 될 뿐 아니라 자신의 명성을 드

---

17 Weichselbaumer, *Der konstruierte Mann*, pp.119-120.

18 *Swâ rîcher man gewaltic sî, dâ sol doch gnâde wesen bî. Man sol sich gerne erbarmen über die edlen armen* (Weichselbaumer, *Der konstruierte Mann*, p.144)

19 이러한 내용을 담고 있는 13세기 중반에 편집된 것으로 보이는 《격언집Der deutsche Cato》에 대해서는 Weichselbaumer, *Der konstruierte Mann*, p.168.

높이는 데도 필요한 덕목으로 받아들여졌다.[20]

신체, 인상, 의복은 한 사람의 지위와 신분을 보여주는 상징적 의미를 지니기에, 남성에게도 상당한 주의가 요구됐다. 특히 남성의 감정 표현은 상당히 많은 제약이 따랐다. 분노의 감정을 표출하거나 웃는 모습은 절제되어야 했고, 눈물과 슬픔은 남성적이기보다는 여성적인 특성으로 여겨졌다.[21] 단 망자를 위한 진혼곡이 진행되는 도중에, 혹은 자신의 죄를 참회하거나 절실한 부탁과 탄원clementia, misercordia의 경우에는 예외적으로 남자의 눈물이 허락되었다.[22] 게다가 지나친 자부심이나 경거망동은 경계의 대상이었다.[23] 거짓말Liegen 역시 남자가 삼가야 할 것으로, 자신의 언행에 대해서는 스스로 책임을 져야 했다.[24]

아르눌과 같은 시대에 살았던 토마진 폰 체어클레레Thomasîn von Zerclaere, 1186-1238는 1216년 완성된 자신의 저서《손님Der Welsche Gast》에서 귀족 남성의 이상적 모델을 제시하고 있다. 토마진은 남성들 간의 원활한 지적인 대화를 위해 총기聰氣가 필요하다고 보았다. 특히나 연

---

20 Weichselbaumer, *Der konstruierte Mann*, pp.170-171.

21 Küsters, Urban, "Klagefiguren. Vom höfischen Umgang mit Trauer", *An den Grenzen höfischer Kultur: Anfechtungen der Lebensordnung in deutscher Erzähldichtung des hohen Mittelalters* (Müchen: Fink, 1991), pp.9-75, 여기서는 p.12.

22 Gerd Althoff, "Der König weint. Rituelle Tränen in öffentlicher Kommunikation", Jan-Dirk Müller (Hg.), *"Aufführung" und "Schrift" in Mittelalter und Früher Neuzeit* (Stuttgart: Metzler, 1996), pp.239-252.

23 그래서《Winsbecke》의 저자 역시 지나친 과시욕과 자기자랑을 경고했다: *Sich selben nieman loben sol; swer frum ist, den gelobt man wol. Swer sich lobt al eine, des lop ist leider keine*(Weichselbaumer, *Der konstruierte Mann*, p.141)

24 13세기 초, 시인 프라이당크Freidank도 유사한 생각을 했던 것으로 보인다: *Liegen triegen swer diu kan. den lopt man z'einem wîsen man*(Weichselbaumer, *Der konstruierte Mann*, p.142).

장자와 대화할 때, 젊은 세대는 겸양지덕謙讓之德의 교훈을 명심해야 했다. 이를 위해서는 무엇보다도 적절한 감정 조절이 필요했다. 당연히 거짓말, 자랑, 조롱 등은 금기사항이었다. 행동 하나하나에도 스스로 많은 검열이 필요했다. 올바른 행위reht tuon 하나하나가 자신의 명성과 직결되었기 때문에.

하지만《손님》의 저자가 정작 중요하게 생각했던 것은 심리 표출이었다. 정신세계의 표현인 온화한 표정과 예의 바른 행동은 사회생활에 반드시 필요한 조건이지만, 귀족 자제라고 해서 이를 자동으로 습득한 것은 아니었으니 엄격한 훈육을 통해서 습득했다. 결국 '남성의 품격'은 훈육되고 만들어지는 것이다. 훈육된 남자는 심리적으로 자기통제를 할 수 있어야 했다. 따라서 큰 웃음소리와 같이 진지함과 겸허함의 부족함을 드러내는 일은 없어야 했다.

이처럼 12세기 후반부터 남성이 구비해야 할 덕목에 변화가 생겼다. 이는 남성성에 용기와 완력 못지않게 세련된 지성이 부각되기 시작했기 때문이다. 특히 지식 습득이 중요했는데, 이는 도덕적인 이유와 현실적인 이유에서 그러했다. 이를 위해 남자ein man는 좋은 서적들을 골라서 읽거나lesen 경청할hœren 것을 권장했다.《손님》보다는 후대의 작품이지만《카토의 이름으로 알려진 2행시Der deutsche Cato》에서도 '독서가 남자의 조건임du solt diu bouch gerne lesen'을 명시했다.[25] 이는 사회적으로 명성을 얻는 데 필요한 '남자의 품격muot unde sinne' 과도 직결된 문제였다.

아르눌 시대에는 맹목적으로 무력을 발산하기보다는 절제된 언어

---

25 Weichselbaumer, *Der konstruierte Mann*, p.169 재인용.

구사, 합리적인 판단 및 조언 능력 등의 지적 역량을 쌓은 기사가 이상적 남성으로 칭송되었고, 지적·도덕적·신체적 자질을 갖춘 '사려 깊은 남성preudomme'만이 진정한 궁정인이 될 수 있었다. 그러기 위해서 기사는 용맹한 전사이기에 앞서 사태 파악 능력과 판단력, 예절을 겸비한 행정관이자 재판관, 더 나아가 교양인이 되어야만 했다. 귀족 남성의 행위 준칙에 "거대한 일보 전진이 이루어진" 순간이었다.[26]

폭력이 일상화된 현실

11세기 이후, 십자군 전쟁을 치르던 유럽의 특수한 환경 속에서 등장한 군사 담론은 폭력을 용인하고 때로는 양산해냈다. 자기방어라는 명목으로 힘의 논리가 통용되는 상무尚武 사회에서 '진짜 남자', '남성다움'은 당대의 가치에 의해 정의되었다. 그래서 사회는 이러한 폭력을 수용하고, 개인은 사회적 출세를 원할수록 용사로서의 명성을 드높이고자 했다.

아르눌의 조상들도 기사로서 프랑스, 노르망디, 잉글랜드에서 명성을 날리고 상위 군주에게 절대적인 충성심을 보였다. 이들이 보여준 군사적 기여에 대한 답례로 이들은 좋은 가문의 여자들과 혼인을 할 수 있었고, 최상위 집단과의 교류를 지속할 수 있었다.[27] 아르눌의 외

---

26 마르크 블로크, 《봉건사회 II》, 한정숙 옮김(한길사, 2004), 80~81쪽, 84쪽; David Crouch, *William Marshal*, pp.186-187.

27 《역사》C. 35: "기사로서 프랑스, 노르망디, 잉글랜드에서 명성을 날리고 있던 마나세스 백작은 잉글랜드에 머무르는 동안 왕실을 자주 방문했고, 윌리엄 왕과의 교류도 빈번했다. 결혼도 윌리엄 왕을 보필하던 시종장의 딸인 엠마와 했다."; 《역사》C. 44: "마나세스의 부인 엠마의 중매로 백작의 손녀 베아트리스는 잉글랜드의 왕을 지척에서 보필하던 앨버트와 결혼을 했다." 이후에도 잉글랜드의 노르만 왕조와의 관계는 지속되었던 것으로 보인다. 아르눌의 아버지 보두앵 2세는 부인이 출산 중 사

가 쪽 남자들도 유사한 양상을 보여주었다. 아르드르 영주령이 주변의 강력한 다른 정치 세력의 견제에도 불구하고 살아남을 수 있었던 것은 전적으로 영주들의 부지런함과 무장으로서의 탁월한 능력, 그리고 상위 군주에 대한 절대적인 충성심에 덕분이었다.

봉토를 매개로 하는 봉건주의 시대, 즉 귀족들의 처세가 가문의 운명을 결정했던 시대였음을 상기해볼 때, 영주 개인의 정치적 선택과 결정이 얼마나 중요한가는 아르드르의 가문사家門史에서 쉽게 그 사례들을 찾을 수 있다. 정치적 혼돈 속에서도 가문의 이익을 고수할 수 있었던 것도 아르드르의 영주들이 막강한 권력을 행사하고 있던 불로뉴 백작과 손잡고 있었기 때문에 가능했다. 백작에 대한 아르눌의 충성심은 1096년 노르망디의 태공 기욤의 잉글랜드 정복 과정에서도 여실히 드러난다. 아르드르 가문이 결탁했던 불로뉴의 백작 외스타슈 2세는 에드워드 참회왕의 인척으로, 직·간접적으로 잉글랜드의 정치에 개입하고 있었다.

이 당시 에드워드와 맞서 정쟁을 벌이고 있던 고드윈 백작의 부하들이 1051년 도버에서 외스타슈의 부하들을 살해하는 사건이 벌어지자, 에드워드는 고드윈에게 이에 대한 책임 소재를 밝힐 것을 요구한다. 이 사건을 계기로 에드워드와 고드윈의 관계는 악화 일로에 서게 되었고, 이 과정에서 에드워드는 노르망디의 태공 기욤의 도움을 요청한다. 에드워드가 자식 없이 죽게 되자 기욤은 왕위를 주장하면서 1066년 잉글랜드를 침략하여 노르만 왕조를 세우는 역사적 사건이

망했을 때도 영국에 머물렀던 것으로 보아, 랑베르가 언급한 백작의 임무들disponendis rebus은 매우 중요했던 것으로 보인다.

전개된다. 이러한 사실들을 종합해볼 때, 아르드르 가문의 기사들이 기욤을 지척에서 보좌하면서 전투를 벌였다는 랑베르의 기록[28]은 매우 신빙성이 높다.

비록 교회가 '정의로운 전쟁Just war'만을 인정하고자 했더라도, 폭력이 일상화된 현실에서 영주들은 나름대로 자신의 실속을 계산하면서 점차 토지를 늘려나갔고, 어떻게 해서든 수입을 늘리려고 혈안이 되었다. 이들은 불법적인 수단을 동원해서라도 새로운 수입원을 창출하려 들었고, 그래서 간혹 신하들과 불편한 관계를 유지하기도 했다. 아르눌의 외고조부이었던 아르눌 3세 관련된 이야기는 폭력이 폭력을 낳은 대표적인 사례일 것이다.

"자신의 시종들을 마음대로 다루었던 그에 대한 불만이 고조되어가던 어느 날, 그는 한 모임에 참석하려고 아침 일찍부터 서둘러 길을 나섰다. 이때 한 사악한 신하가 따라와 그럴듯한 말로 그의 발걸음을 붙잡았다. 부유한 농민이 숲에서 가장 큰 오크 나무를 베어냈다는 것이다. 자신의 토지와 관련된 일이라면 물불을 가리지 않았던 그가 이 일을 그냥 넘길 리 없었다. 톡톡히 배상금을 받아내리라 생각하면서 말고삐를 돌렸는데, 그것이 그의 황천길이 되고 말았다. 매복하고 있던 배신자들의 칼에 소리 한번 제대로 지르지 못하고 그 자리에서 잔인하게 살해되었다. 겁에 질린 말만 아르드르 성을 향해 내달렸다. 살인자들은 태연하게 자신의 자리로 돌아갔고 영주의 처참한 시신은 숲에서 발견되었다. 살해된 영주의 동생 보두앵이 새로운 성주가 되었는데, 그가 가장 먼저 착수한 일은 음모 가담자를

---

28 《역사》C. 113.

색출하는 일이었다. 그렇게 밝혀진 음모 가담자들은 말로 표현할 수 없을 정도로 끔찍한 형벌을 받게 된다. 몇몇은 거열형에 처해져 사지가 절단되어 숨을 거두었고, 일부는 나귀의 꼬랑지에 매달려 질질 끌려다니다가 고통스럽게 죽어갔다. 또 다른 몇몇은 밀폐된 집안에서 산 채로 화형에 처해졌다. 모진 고문을 이겨내고 다행히 목숨을 건진 사람도 식구들과 함께 정든 고향집을 떠나 기약할 수 없는 유랑의 길을 떠나야 했다."[29]

이 뿐만이 아니다. 《역사》 18장에서 랑베르는 11세기 초반 긴느의 백작이었던 랄프라는 인물에 대해서도 상세히 묘사한다. 대외적으로 그는 마상경기torniamenta에서 혁혁한 공을 세운 용맹스러운 기사였으나, 당시 기사의 미덕 가운데 하나였던 관대함이 지나친 나머지proflue prodigalitatis nota perfusus 그의 추종자들을 거둘 수 없을 정도로 재정 상태가 악화되었다. 마침내 그는 백성들로부터 부당한 조세를 거둬들이고 괴롭혔다. 결국 그에 대한 평판은 매우 나빠졌다. 사람들은 랄프가 헤라클레스, 헥토르, 아킬레스처럼 탁월한 전사가 되고자 노력했다는 사실 대신 불법을 저지른 잔혹한 영주로 기억했다.[30]

랑베르가 전하는 아르눌 선조들의 이야기는 정의를 수호한다던 '그리스도의 군대militia christi'의 남자들이 "불법을 자행하고 무력을 행사했던"[31] 현실에서의 진짜 모습이다. 따라서 이상적인 남성 담론과 현실 사이에는 상당한 괴리가 있었다. 이상적 그리스도교의 전사는 자신

---

29 《역사》 C. 135.
30 《역사》 C. 18: *O mortiferum terre sue virum, qui, dum Herculi, Hectori vel Achilli coequari nititur, excoriando et torquendo suos et flagellando sevit in suos.*
31 《역사》 C. 18.

의 이익을 위해서 무력을 사용할 수 없었다. 오직 공동체의 평화와 질서 수호를 목적으로 한 폭력만이 정당화되었기 때문이다.

최근 들어 기사도를 연구하는 학자들도 '이상과 현실'의 측면에서 담론적 행동規範을 조사하기 시작했다. 그러면서 연구자들은 "살인과 약탈, 배신이 다반사였던 지배층 집단"을 길들이기 위하여 기사의 이상적 행동 규범들이 '만들어졌음이 분명하다'고 보았다.[32]

그러나 기사들의 폭력성은 11세기 이후 변화된 전쟁관이나 기사 계층에 대한 사회적 인식과 밀접하게 관련되어 있음이 간과되곤 한다. 당시에는 모순적이게도 평화 유지를 위해서 폭력 행사가 용인되었고, 그 결과 기사의 폭력은 축성될 수 있었다. 종교적 색체를 띤 기사 서임식이 폭력의 도구인 무기를 축성하는 역할을 수행했다. '정의를 위해' 살인하고 무력을 행사하는 것은 더 이상 그리스도교적 윤리와 대립하지 않았다. 이렇게 해서 유능한 전사는 훌륭한 신앙인으로 받아들여졌다.

이제 '고귀하고 품위 있는' 기사는 악한 자를 멸滅하고 올바른 질서를 수립하는 존재이다. 그는 적을 수없이 죽여도 사면 받을 수 있었다. 치명상을 입어도 굴하지 않고 적을 해치우며, 교착상태에 빠진 국면을 능수능란하게 타개해 승리할 수 있는 자가 진정한 남성으로 여겨졌다. 겁을 내서도 안 되며, 후퇴하기보다는 동료들과 장엄하게 전사하는 것이 이상적 남성상으로 채택되었다. 기사 수련은 이러한 남성성을 자기화하는 과정이고, 기사 서임식에서 칼과 갑옷, 군마를 하사 받은 신임 기사는 약자와 교회를 보호할 수 있는 생사여탈권ius gaudi을 부여받았다. 이후 무력vis armata의 사용은 개인의 문제로 귀속되었다.

---

32 콘스탄스 부서, 《귀족과 기사도》, 169쪽.

11세기 이후, 십자군 전쟁이라는 특수한 사회적 환경에서 만들어진 남성 담론은 사회적으로 그 입지를 넓혀갔고, 젊은 남성들에게 군사적 남성성이라는 전형적 관념을 심어주었다. 당대의 사회는 남성다움의 덕목들을 규정하고 남성들이 이러한 덕목을 잘 습득하고 실천할수록 진정한 남자에 더 가까워진다고 보았다.

그러나 아르눌이 성장하던 시기에는 호전적 남성성 못지않게 교양 있고 세련된 남성들이 갖춰야 할 덕목들이 강조되었다. 역사 속의 남성성은 불변의 개념이 아니었다. 시대에 따라 남성들에게 새로운 남성성이 부여되면서, 남성성은 재구성되었던 것이다. 이 과정에서 남자들은 "상호 배반적이거나 불일치하고 양립하지 못하는 복수의 남성성masculinities을 경험한다. 남성성의 의미가 재구성되던 시대를 살았던 긴느-아르드르 가의 남성들은 사회가 요구했던 역할을 수행하면서도 자신과 가문의 실리를 가혹하게 추구하는 이중적 모습을 보였다.

아들로 태어나기

아르눌의 가계

아르눌의 가계와 혈통

중세 유럽에서 개인의 명성은 가족사와 떼려야 뗄 수 없는 관계에 있었다. 이러한 이유로 아르눌의 탄생은 한 기사의 출생으로 끝나는 것이 아니다. 그의 지위는 가문의 내력에 의해 좌지우지되었고, 혈통은 기사의 정체성과 사회적 신분을 결정하는 중요한 요소였다. 혈통은 한 개인의 운명을 결정하는 상수常數였다.

아르눌의 집안이 플랑드르, 노르망디, 앙주 백작처럼 막강한 권력을 휘두르며 정치 무대를 주름잡던 가문은 아니었다. 그의 집안은 이웃 귀족들의 눈치를 보지 않고 독자적인 행동을 취할 정도의 위치에는 있었으나, 최상위 계층이 누렸던 자유와는 거리가 멀었다. 아르눌은 막강한 권력을 소유하지 못했던 평범한 가문 출신이었지만, 오히려 그렇기 때문에 그의 집안은 당시의 '일반적' 기사 계층을 대변한다고 볼 수 있다. 그래서 이 문중은 중세를 움직였던 수많은 군소 귀족 가문의 '대표적인' 사례가 될 수 있을 것이다. 이것이 바로 아르눌의 생애사生涯史, life history research 연구가 더욱 흥미로울 수 있는 이유이다. 우리에게 친숙하게 알려진 영웅적 기사가 아닌 중세의 평범한 기사의 이야기, 바로 이 이야기를 독자들에게 전하고자 한다. 아르눌을 통해 바라본 긴느-아르드르 가문 남자들에 대한 연구는 중세 귀족 남성의 보편적인 삶을 투영할 수 있는 기회가 될 것이다.

랑베르의 《역사》가 작성된 이유는 12세기 후반의 사회적 배경과도 연관이 있다. 기록 문화가 빠르게 확산되는 양상이었다. 가문 사이의 경쟁이 갈수록 심화되는 상황에서 자신의 특권을 보장하고, 점차 강화되어가는 왕권에 대적할 수 있는 가장 효율적인 무기가 '가문을 이끌어가는 가장에 대한 찬사'라는 생각이 확산되었기 때문이다. 이렇게 해서 제후들은 가문사를 서술할 수 있는 능력과 학식을 갖춘 인재가 필요했고, 이들에 대한 지원도 후한 편이었다. 더욱이 11세기 후반부터 가문의 중요성이 강조되었고, 이후 12세기에 들어와서는 자식들에게 정체성을 심어줄 필요가 있었다. 연대기적 가문사는 일종의 '족보' 역할을 했다.[1] 랑베르도 나름대로 백작 가문을 위한 봉사자로서 가능한 상세하고 정확한 기록을 남기고자 노력을 했으나, 이러한 기록물을 통해 경제적 보상을 바랐던 기대 심리도 작용했을 것으로 보인다.

《역사》는 수 세대에 걸쳐 긴느-아르드르 가문의 가계도와 여러 가문과의 합종과 연횡을 추적했다는 점에서 여느 가문사와도 비교할 수 없을 정도의 귀한 사료적 가치를 지닌다. 특히 《역사》는 다른 가문사에서 찾기 어려운 소중하고 다양한 정보를 제공한다. 랑베르 자신이 성직자였음에도 불구하고, 결혼 당사자의 동의보다는 가문의 이해관계를 우선시했던 무수한 정략결혼들이 어떻게 이루어졌는지를 밝힌다. 그리고 그 과정에서 태어난 적자와 서자들의 삶에 관한 중요한 자료를 제공한다.[2]

---

1   가문사의 탄생 배경과 의의에 대해서는 G. Duby, "French Genealogical Literature: The Eleventh and Twelfth Centuries", *The Chivalrous Society*, (Berkeley: University of California Press, 1977), pp.149-157.
2   랑베르의 이러한 현실 인식에도 불구하고 그는 《역사》 곳곳에서 '어린 소년, 소녀들'이 결혼식 전에 자신들의 동의를 구두로 표명했음을 명시했다.

비록 그 신빙성을 보장할 수는 없으나, 긴느-아르드르 가문의 역사는 지그프리드Siegfried라는 바이킹이 플랑드르의 아르눌프Arnulf의 딸과 정을 통하면서 시작되었다는 전설적인 이야기를 전한다.[3] 이들의 자식이 긴느 백작 가문의 조상이라는 것이다. 가문의 시조와 관련된 그 신화적 성격은 차치하더라도, 긴느 가문의 남자들은 보두앵, 혹은 외스타슈Eustace처럼 불로뉴Boulogne와 플랑드르 가문에서 인기가 있었던 이름들을 차용했다. 11세기에 들어서면서부터 긴느 가문은 세력을 적극적으로 확장해나갔다. 대략 1036년에서 1065년까지 통치했던 긴느의 외스타슈는 헨트Ghent에서 그리 멀지 않은 곳의 출신인 수산나Susanna와 혼약을 맺었고[4], 외스타슈의 아들 보두앵 1세는 로렌Lorraine 출신의 여인과 결혼했다. 보두앵의 아들 마나세스Manasses는 정복왕 윌리엄William I, 1028-1087의 궁정에서 활동하던 중 잉글랜드 출신의 여성을 아내로 맞이하면서, 긴느 가문의 세력 반경은 도버 해협을 넘어선다.[5]

긴느 가의 남자들은 대대로 플랑드르 백작에게 봉사하면서 그들의 정치적 후원 속에서 살았다. 긴느 가문의 독자적인 정치적 행보가 가능했던 것은, 1065년 보두앵 1세가 플랑드르의 영주로부터 백작이라는 칭호를 얻게 되면서부터다. 비록 긴느 가문의 영지가 비옥한 땅은 아니었지만 프랑스, 플랑드르, 잉글랜드와 같이 당대 최고의 정치 세력들과 인접한 전략적 요충지였다. 훗날 이곳 '금란의 들판Field of Cloth

---

3 《역사》C. 11.

4 《역사》C. 23.

5 《역사》C. 35: *Unde cum frequentatione regis Anglorum Willhelmi in Anglia sepius conversationem haberet, duxit Emmam......in Anglia.*

of Gold'에서 프랑스의 프랑수아 1세와 잉글랜드의 헨리 8세가 화려한 평화의식을 개최했던 것도 바로 이러한 지리적 이유 때문이었다.[6]

랑베르는 아르눌의 모계 가문인 아르드르의 선조들에 대해 더 상세한 내막을 전하는데, 이는 랑베르 자신이 아르드르 출신이었기 때문이다. 아르드르 역시 플랑드르, 불로뉴 백작 집안과 결혼 등의 기회를 통해서 세력을 확고히 해온 가문이었다. 아르드르의 시조 격인 아르눌 1세("the Advocate", 1094년 사망)가 불로뉴와 밀접한 관계에 있던 가문 출신의 여인들과 결혼을 했다는 사실이 이를 반영한다.[7] 이후 아르드르 가문은 1차와 2차 십자군 원정 당시, 불로뉴 가문을 예루살렘의 왕가로 만드는데 일역을 담당했던 대표적인 기사 집안으로 명성을 얻었다.[8]

긴느와 아르드르, 두 가문은 불과 8킬로미터 정도 떨어진 곳에 위치했기 때문에 자연히 우호적인 관계를 유지하기 어려웠다. 결국 아르드르의 아르눌 1세는 "언덕 기슭에서 멀지 않은 늪 깊숙한 곳에 있던 두 개의 수문 사이에 방어의 표시로 흙더미를 쌓아올려 상당히 높은 성채와 주루를 구축"하기에 이른다.[9] 이러한 조치는 인접한 긴느 백작과의 불편한 관계 때문이었다. 이후 양가의 경쟁 관계는 백 년 이상 지속되었다. 이렇게 복잡한 문제는 역시 결혼을 통해서 정리되었다.

---

6 허구생, 〈군주의 명예: 헨리 8세의 전쟁과 튜더 왕권의 시각적 이해〉, 《영국연구》13 (서울: 영국사학회, 2005), 1~30쪽.
7 《역사》C. 114. 십자군 전쟁의 영웅 고드프루아 드 부이용의 아버지였던 불로뉴 백작 외스타슈를 섬기던 아르눌 1세("the Advocate")는 그의 첫 번째 부인과 사별한 후, 외스타슈의 중매로 생폴 백작의 미망인과 결혼을 하는 기회를 얻었다. 이 결혼으로 아르드르 가문은 풍요로운 영지를 획득하게 된다.
8 《역사》C. 64, 141, 130, 142.
9 《역사》C. 109, 111.

긴느의 보두앵 2세와 아르드르의 크리스틴은 둘 다 어린 나이였음에도 불구하고 급하게 결혼식이 진행되었다. 이들의 결합으로 두 가문의 오랜 적대 관계가 일소될 수 있었기 때문이다.[10] 양가의 혼인동맹을 매개로 권력 통합이 이루어진 것이다. 이 글의 주인공 아르눌은 이러한 정략결혼으로 탄생한 부부의 장남이었다. 그에게는 부계나 모계나 모두 귀족의 '고귀한 피'가 흐르고 있었다. 이 말은 아르눌이 그의 가계에 속해 있던 친척들로부터 필요한 조언과 실질적인 도움을 기대할 수도 있다는 뜻이었다.

아들의 탄생

아들의 탄생은 기쁨 그 자체였다. 아들의 탄생 소식을 전한 하인에게 아이의 아버지가 상당한 심부름 값을 주었다는 사례들만을 보더라도 당시의 감정이 잘 드러난다. 잉글랜드의 에드워드 3세는 왕비가 아들 Black Prince을 순산했다는 소식을 전해준 전령에게 매년 40마르크의 연금을 하사했고, 둘째와 셋째 아들의 탄생 소식을 알려온 자에게는 각각 100파운드와 200파운드를 하사했다. 심부름 값은 기쁨의 정도에 따라 달랐으나 아들, 특히 장남의 탄생은 백성들에게 음악과 춤이 어우러진 잔치를 의미했다.

새롭게 통합된 긴느-아르드르의 아르눌에게는 한 해 전에 태어난 누이가 있기는 했지만, 그는 가문의 어엿한 장남이었다. 이러한 이유로 그가 태어나자 식구들은 그에게 아르눌이라는 이름을 주었는데, 그

---

10 《역사》 C. 67: ut perpetua pace gauderet.

의 친할아버지와 외증조부도 아르눌이라는 이름을 가지고 있었다. 중세 초기의 귀족 가문들은 자식들에게 아버지나 어머니의 가문에서 이미 사용되었던 이름을 붙여주었다. 보두앵과 더불어 아르눌은 플랑드르 백작 가문의 이름으로, 이 지역에서는 수백 명의 기사가 "아르눌", 혹은 "보두앵"으로 불렸다. 따라서 후대 사람들은 이들을 구분하기 위해서 별명을 붙이는 방법을 택해야만 했다. 이처럼 우월한 가계 인식과 족보에 대한 자긍심으로 이름은 가산처럼 상속되었다.[11] 작명 방식에서 볼 수 있듯이, 남자아이 아르눌의 미래는 부계와 모계 양측 가문의 영향력 속에서 성장하게 된다.

아르눌 밑으로는 다섯 명의 남자 형제와 또 다른 몇몇의 여자 형제들이 있었다.[12] 이들 중 나이가 많은 자식들은 아르드르에서 태어났고, 그의 친할아버지가 사망한 1169년에 아버지 보두앵이 긴느로 거처를 옮긴 이후에도 몇몇 형제가 더 태어났다. 중세에는 자식이 많은 것을 복으로 생각했다. 그래서 영주의 부인은 늘 임신한 상태였다.[13] 아르눌의 어머니도 1177년 급작스럽게 사망할 때까지 10남매를 출산한 것으로 보아, 이 말이 그리 과장된 것은 아닌 듯싶다.

당시 유럽에서는 장자상속제가 안착되는 추세였고[14], 가문 재산의 분할과 분쟁을 미연에 방지하고자 자식들의 결혼을 최대한 억제했다. 그래서 결혼을 할 수 없었던 차남과 삼남은 성직자가 되거나 하는 방법으로 긴느와 아르드르 가문에서는 세대마다 여러 명의 아들들이 태

---

11 유희수, 〈중세 작명 방식에 나타난 친족 구조의 성격〉, 《서양중세사연구》, Vol. 10 (2002), 1～31쪽.
12 《역사》C. 71, 72.
13 만프레트 라이츠, 《중세 산책》, 이현정 옮김 (서울: 플래닛미디어, 2006), 186쪽.
14 콘스탄스 부셔, 《귀족과 기사도》, 107쪽.

어났음에도 불구하고 방계 혈족이 생겨나지 않았다. 신중한 결혼 정책으로 효과를 보았던 것이다.[15]

하지만 12세기 말까지 긴느 가문을 포함한 플랑드르 지역에서는 아직도 모든 토지와 관직이 장남에게 집중되는 '승자 독식'의 상속 제도가 완벽하게 도입되지는 못했다. 실제로 아르눌의 아버지 보두앵 2세도 둘째 아들인 마나세스Manasses를 편애했고 로리초브Rorichove 지역을 비롯해서 상당한 수익이 보장된 토지와 권리를 양도한 바가 있다.[16] 이러한 지역적 특성과 집안의 상황으로 인해서, 아르눌은 장남으로서 자신의 권리를 주장하는 데 더 많은 어려움을 겪을 것으로 예상되었다. 더욱이 유아 사망률이 높았던 시대였음에도 아르눌의 형제들은 열 명이나 성년까지 생존했다. 가문 재산에 대한 경쟁이 그 어느 때보다 치열했음을 쉽게 예상할 수 있다.

설상가상, 랑베르가 전하는 바에 의하면 아르눌의 부친 보두앵 2세는 이 세상에 뿌린 씨앗이 정확히 얼마나 되는지 알지 못할 정도로 그의 머리에는 늘 욕정이 맴돌았다. 생물학자들은 성공한 수컷이 그렇지 못한 수컷들보다 성적으로 더 활동적이라고 한다. 성적 번식력은 자신과 남에게 스스로 원하는 것을 가질 수 있음을 증명하는 정치적·경제적 능력의 또 다른 면모였다. 랑베르는 보두앵이 미네르바 못지않은 지혜의 소유자였음을 인정하면서도, 무절제한 정욕의 수렁에 빠져들고 있음을 개탄했다.

---

15 조르주 뒤비, 《중세의 결혼》, 330쪽.
16 《역사》 C. 72: *Manassem, quoque, qui ob insignem sapientie eius et prudentie virtutem singularis quodam privilegio armoris......in tantam pre ceteris acceptus est patris gratiam, ut ei Rorichoniam.*

"그가 어린 소녀들puellas, 특히 처녀들virgines에 관심이 많다는 것은 누구나 알고 있는 사실이었다. 다윗이나 솔로몬도 젊은 여인들을 타락의 길로 빠져들게 하는 데는 그의 능력에 비할 바가 못 되었다. 어린 소녀들을 말로 유혹하는 기술은 주피터를 능가했다. 그래서 보두앵을 시기하는 자라면 누구나 그의 이러한 성적 편력에 대해서 수군거렸다."[17]

이와 관련해 랑베르는 다음과 같은 이야기를 덧붙인다. 몸이 약했던 보두앵의 부인 크리스틴이 죽고 그녀의 장례식이 거행되던 날, 모든 집안 식구들이 식에 참석했다. 하지만 보두앵 자신도 본인이 낳은 서자와 서녀를 포함한 "자식들의 수를 정확히 기억할 수 없었고, 아마 보두앵 스스로도 자식들의 이름을 모두 알지는 못했을 것"이라는 충격적인 말을 전한다. 그러면서 랑베르는 이러한 진실을 기록하는 것 veritatis historiam이 즐겁기보다 화가 나는 일이라고 스스로 책망했다.

랑베르는 장례식장에 모여든 자식들의 수를 자신도 잘 셀 수 없었다고 했으나, 다른 기록에 의하면 모두 33명의 아들과 딸들이 참석했다고 한다.[18] 그중 정실부인 사이에서 태어난 자식은 아홉 명에 불과했고 나머지는 모두 서출이었는데, 이들은 대부분 이름도 모르는 처녀, 일부는 아주 나이 어린 소녀들과의 관계에서 태어난 자식들이었다. 이 여인들의 아버지는 대체로 보두앵의 봉신이거나 긴느 가문의 서자 출신으로 가족들과 함께 자주 성안에 머물렀다. 그러다보니 보두앵의 표적이 되었던 것이다. 하지만 그렇게 낳은 서자들에 대한 보두앵의 관

---

17 《역사》C. 89.
18 조르주 뒤비, 《12세기의 여인들2》, 유희정 옮김 (서울: 새물결출판사, 2005), 154~155쪽.

심과 애정은 남달랐던 것으로 보인다.

> "이들 대부분은 아버지의 발 빠른 행보와 정치적 계산*patris industira et cautela maxima*으로 여러 지역의 귀족 가문 자식들과 결혼할 수 있었다. 어떤 이는 기사수업을 받았고, 다른 어떤 이는 개인교사로부터 교육을 받거나 학교에서 수업을 들었다."[19]

이 대목에서 랑베르는 서자에 대한 중세인들의 일반적인 생각을 그대로 보여주고 있다. 대부분의 기사들이 종교적으로는 경건했을지 몰라도, 그들의 성적인 생활만큼은 그리스도교적 교리에 부합하지 못했다. 12세기 말까지도 사생아들이 재산 상속 등에서 소외되기는 했지만, 긴느-아르드르가 위치한 프랑스 북부 지역에서는 혼외정사가 사회적 스캔들로 비화되지도 않았거니와 서출들이 손가락질 받는 경우도 그리 많지 않았다. 그만큼 혼외정사로 아이를 낳은 경우가 비일비재했기 때문이다. 서자였던 발테루스*Walterus de Clusa*가 아르드르 가문의 당당한 일원으로 인정받는 데 별다른 어려움이 없었던 것이나, 서자가 적자에게 자신에게 귀속된 권리를 주장하면서 싸움을 벌였다는 사실[20]은 바로 이러한 당시의 시대적 환경에 기인한다. 흥미로운 사실은 서자 출신 발테루스가 자신의 출신 성분을 스스럼없이 밝히고 있을

---

19 《역사》C. 89.
20 《역사》C. 113. 여기서 랑베르는 아르눌의 외증조부인 아르드르의 아르눌 2세("the Old", 1094-c.1138)가 낳은 서자 필리프가 자신의 법적 권리*ei debitum cognationis iure beneficii*를 주장하면서 싸움을 벌인 사례를 소개한다. 이때 필리프가 그를 도와주었던 지지자들*adiunctis*을 모을 수 있었던 것으로 보여서, 그의 권리 주장이 사회적 통념에서 벗어나지 않았음을 알 수 있다. 친형제와 이복·이부 형제 사이의 구분이 명확하지 않았던 당대의 사회적 상황에 대해서는 필리프 아리에스·조르주 뒤비, 《사생활의 역사》, 전수연 외 옮김 (서울: 새물결출판사, 2002), 154쪽.

뿐 아니라, 부친의 여성 편력을 여과 없이 드러내고 있다는 점이다.

> "아버지가 총각 시절에 사촌 여동생과 관계를 맺어 나를 낳았다는 사실이
> 좀 창피스럽기는 하지만 숨길 필요까지는 없을 것이다. (나의 부친은) 이
> 후에도 다른 어여쁜 처녀를 유혹하여 두 명의 자식을 더 두었다."[21]

발테루스의 큰아버지 역시 정식으로 결혼하기 전에 몇몇의 다른 여
인과 동거하여 자식들을 낳았다.

> "귀족 출신의 페트로닐라nobilem Petronillam와 결혼을 하기 전, 나의 삼촌
> 은 엘레위드Helewide와의 사이에서 아들을 낳았고, 또 다른 처녀와의 관
> 계 속에서 아들 하나를 더 낳았다."

가정사를 담담하게 고백하는 발테루스의 말에서처럼, 혼외정사와
사생아는 중세 사회에 만연해 있던 현상이다. 혼외 관계에서 태어난
자식들이 비록 신분은 낮았지만, 지역의 귀족들과 결혼할 수 있었다는
사실로 미루어보아 이들도 가문의 일원으로 받아들여졌음을 암시한
다. 뒤비는 복잡한 성내 생활에서 사생아로 태어난 딸들은 귀족 남성
들의 성적 노리개에 불과했다고 보았다. 그러나 이러한 견해는 이들이
비록 낮은 신분 출신이었지만, 귀족 혹은 관직을 가지고 있던 기사와
결혼함으로써 사생아의 굴레를 벗어날 수 있었다는 사실을 간과한 것
이다.[22]

---

21 《역사》 C. 134.

서자의 경우도 마찬가지였다. 장남으로 태어나지 못한 정실 자식들의 삶도 서자의 그것과 큰 차이를 보이지 않았다. 재산상속에서 배제되어 새로운 가정을 꾸릴 수 있는 경제적 발판을 상실한 차남과 삼남들은 방랑기사의 길을 떠나거나 성직자로서 새로운 삶을 시작해야 했다. 이러한 가능성은 서자들에게도 주어졌다. 자격 요건만 갖추면 이들도 기사 작위를 받을 수 있었고, 실력과 운이 따라준다면 마상경기에서 두둑한 상금을 차지할 가능성도 있었다. 성직자의 길을 택할 수도 있었다. '이 모든 것들이 자신의 개인 능력에 달렸음'을 랑베르도 잘 알고 있었다.[23]

이처럼 서자 역시 정실 자식 못지않게 귀족 혈통에서 비롯되는 많은 특권을 누렸다. 그 가운데 눈에 띄는 한 가지는 아버지의 집에서 동숙contubernium하면서 생활할 수 있는 권리였다. 적어도 먹고 사는 문제는 해결되었다는 뜻이다. 교회도 서자에 대해서는 대체로 관대한 편이었다. 하지만 유산 상속까지는 이들에게 유리하지 않았기 때문에, 모험을 통해서 스스로의 운명을 개척해야 했다. 일부는 장차 가계를 계승하게 될 장남의 신임을 얻어 약간의 재산이나마 얻어보려고 했다. 그러나 일반적인 경우는 아니었다. 아르눌 1세("the Advocate")의 서자 중 한 명은 십자군 원정에 참여했고, 다른 가문의 서자들도 비슷한 길을 걸었다. 영주들 역시 자신의 서자들에게 각별한 관심을 기울였고, 이들이 훌륭한 기사로 성장할 수 있도록 배려했다. 보두앵 2세 역시 서자들이 적절한 배필을 얻어 안정적인 생활을 할 수 있도록 보살폈고,

---

22 조르주 뒤비, 《중세의 결혼》, 94쪽
23 《역사》 C. 89: *genuina probitatis eorum poscente natura*.

그의 자식들은 보답이라도 하듯 플랑드르 지역에서 기사로서 명성을 떨쳤다.[24]

흔히 '아비 없는 자식filius nullius'으로 알려진 서자와 서녀들은 1990년대에 들어서야 비로소 역사통계학, 법제사, 사회사, 젠더사 등의 역사학계에서 다루어지기 시작했다. 그러나 대부분의 연구가 근대 이후의 시기에 치우쳐 중세사와 관련해서는 연구가 아직 미비한 상황이다. 중세의 서자, 서녀에 대한 대우가 지역적으로 차이는 있으나, 긴느-아르드르 가문의 사례에서처럼 사통私通으로 낳은 딸이라 해도 기사와 혼인을 시켰고 적지만 지참금도 주어졌다.

이러한 조치를 캐러스Ruth Mazo Karras는 혼외 자식을 낳은 남성의 '체면 살리기'로 보았으나, 다른 연구에 의하면 중세에 서출은 사회적으로 큰 스캔들이 아니었다. 교회는 시종일관 불륜으로 낳은 자식의 피는 오염됐다고 주장했지만, 이는 사회적으로 큰 반향을 불러일으키지 못했다. 교회도 피로 맺어진 가족의 연대성까지 부정할 수는 없었다.

중세 기사들의 성윤리와 관련해서 또 한 가지 주의해야 할 점은 이들의 일부일처제적인 성 관념이다. 비록 "청춘 시절부터 노년에 이르기까지 정력이 넘쳐 참을 수 없는 성적 욕망에 사로잡혀"있기는 했으나, 이들의 성적 일탈 행위는 총각 시절과 홀아비 시절에만 국한된 것이었다. 결혼과 더불어 일부일처의 룰이 작동했기 때문이다.

중세에서 아들로 태어나 살아간다는 것이 "영원한 행복ut perpetua pace gauderet"의 시작만은 아니었다. 자신에게 부여된 특권이 많은 만

---

24 친형제와 이복·이부 형제 사이의 구분이 명확하지 않았던 당대의 사회적 분위기에 대해서는 조르주 뒤비, 《사생활의 역사 2》, 성백용 외 옮김 (서울: 새물결출판사, 2006), 154쪽 참조.

큼 이것을 독차지하고 방어하기까지는 험난한 여정이 기다리고 있었다. 지위에 합당한 자질과 책무를 요구하는 과정의 연속이었다. 아르눌의 경우, 친형제와 경쟁하고 이복형제들의 도전에 대한 부담감으로 이중삼중의 어려움을 경험하게 된다. 그에게 있어 '장남으로 살아가기'는 행운이라기보다는 도전에 가까웠다.

장자상속제가 11·12세기에 규범화되어가고는 있었지만, 플랑드르 지역에서는 장남이 가문 재산을 독식하는 상속 제도가 자리 잡지는 못한 상태였다. 어린 동생들도 일정 부분의 상속 재산을 요구했고, 아버지도 간혹 장남보다는 "진정한 귀족의 자질"을 더 가졌다고 여겨지는 다른 자식을 선호하는 경우가 비일비재했다. 결국 아버지와 아들의 관계는 형제들과의 관계만큼이나 경쟁적이었고 때로는 적대적으로 바뀌었다.

장남이 아닌 경우, 신분 상승에 대한 심리적·물질적 압박감은 매우 심했던 것으로 보인다.[25] 긴느 가의 마나세스 백작이 죽자(1137), 마나세스 누이의 '차남'이었던 헨트의 아르눌이 '출세와 부'에 눈이 멀어 상속을 요구하며 무기를 들었다. 이 과정에서 아르눌의 편에 젊은 기사들이 모여들었는데, 아르드르 가문의 또 다른 차남, 보두앵도 여기에 가담했다. 두터운 철갑 갑옷을 입고 있었음에도 불구하고 부상을 당했을 정도로 전투는 격렬했다.

랑베르가 전하는 이 일화[26]는 재산을 상속받아 '혼례 침상'을 얻고

---

25 노르망디 출신의 정복왕 윌리엄은 장남에게 노르망디 공국을 물려주었으나, 잉글랜드의 왕위는 차남에게 주었다. 이는 결국 아버지와 아들 사이의 갈등의 원인이 되었다. W.M Aird, "Frustrated Masculinity; the Relationship between William and his Eldest son", *Masculinity in Medieval Europe* (London; New York: Longman, 1999), pp.39-55, 여기서는 p.47.
26 《역사》 C. 44, 45.

자 했던 욕망이 남자들 사이에서 얼마나 보편적이고 강렬했는지를 잘 보여준다. 갓 태어난 아르눌은 경쟁과 질시, 결탁과 배반의 순환 고리로 연결된 사회로 그 첫발을 내딛는다.

물질문화

지리적 환경

고향은 한 인간의 정체성이 형성되는 곳으로, 아르눌의 고향인 긴느–아르드르 지역은 1200년경 유럽의 중심에 놓여 있었다. 긴느–아르드르 가문의 남자들이 섬겨오던 플랑드르 백작의 영지는 10세기 이래로 직물 산업의 성장에 힘입어 경제적 호황을 누리고 있었으며, 대륙에서 잉글랜드로 갈 수 있는 가장 가까운 해협에 위치한 지리적 장점 덕분에 활발한 교역이 이루어지고 있었다. 유럽을 가로지르는 중요한 순환 축에 위치해 있던 긴느–아르드르는 이후에도 프랑스와 잉글랜드의 왕이 협상을 위해 만나던 장소로 선택될 정도로, 대륙과 섬나라 잉글랜드를 이어주는 전략적 요충지였다.[27] 이러한 시대적·지리적 배경으로 플랑드르 백작령 인근 지역에는 재화가 넘쳐나면서, 새로운 문화가 태동할 수 있는 발판이 마련되었다.

아마의 껍질에서 직물을 생산하는 당시로서는 첨단 기술을 보유했던 플랑드르는 유럽 직물 산업의 메카로 발돋움했다. 모직물 유통을 발판으로 플랑드르는 교역망을 넓혀나갔다. '북유럽의 베네치아'라 일컬어지던 브뤼헤Bruges를 필두로 한 도시들은 북부와 남부 유럽을 연결하는 교역의 거점으로 성장하여, 이탈리아와 독일 북부의 항구 도

---

27 앙드르 수도원의 연대기에서는 아르드르-앙드르-긴느를 연결하는 도로를 '프랑스에서 잉글랜드로 가는 주도로strata publica a Francia....in Anglica'로 표기했다. Guillelmus Andrensis, *Chronicon Andrensis*, p.708.

시들과 경쟁을 했다.[28] 플랑드르의 모직물 산업을 둘러싼 잉글랜드와 프랑스의 오랜 감정싸움은 결국 14세기에 시작된 백년전쟁으로 비화되기에 이른다.

경제 성장 덕분에 플랑드르 지역으로 돈과 사람이 모여들었다. 도시 경제는 활성화되었고, 플랑드르는 마상경기의 메카로 부상했다. 막대한 상금에 매료되어 유럽 각 지역에서 내로라하는 쟁쟁한 기사들이 모여들었고, 이들과 함께 떠돌이 상인과 순례자, 음유시인들도 찾아왔다. 플랑드르 지역은 이제 유럽 경제와 사회, 문화의 중심지로 자리 잡게 되었다.

아르눌의 가문이 대대로 섬겼던 플랑드르 가문의 영주 필리프는 당시 유럽에서 가장 부유한 군주 중 한 명이었다. 그는 이러한 재정적 기반을 바탕으로 국내외 정치에서 중요한 역할을 수행하고 있었다. 백작의 정치적 역량은 1180년부터 1182년까지 프랑스의 어린 왕 필리프의 섭정을 맡을 정도였다. 잉글랜드의 플랜태저넷 왕조와 프랑스의 카페 왕조의 권력 싸움에 개입해 독자적인 노선을 취하면서 나름대로 실리를 챙기는가 하면, 신성로마제국의 황제인 프리드리히 바바로사의 이탈리아 원정도 적극 지원할 정도로 외교적 입김이 강했다.

플랑드르 지역에서 마상경기가 개최되도록 물심양면으로 지원했던 필리프는 크레티엥 드 트루아Chrétien de Troyes 같은 시인을 후원했던 교양인이기도 했다. 아르눌의 군주 필리프는 정치, 경제, 문화 모든 면

---

28 15세기에 이르러 플랑드르를 중심으로 저지대 국가는 전 세계에서 주민들의 도시 거주의 비율이 가장 높은 지역으로, 당시 플랑드르는 36%, 홀란드는 45%에 달했다. W. Prevenier, "Court and City Culture in the Law Countries from 1100 to 1530", *Medieval Dutch Literature in its European Context* (Cambridge[England]; New York: Cambridge University Press, 1994), pp.11-29.

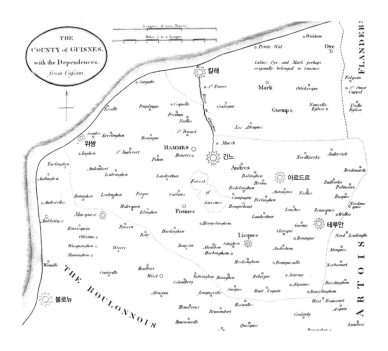

에서 플랑드르 백작 가문이 배출한 가장 탁월한 군주로 평가된다.[29]

아르드르와 긴느는 유럽의 남북 상권을 잇는 교차로에 위치하고 있었다. 샹파뉴에서 시작된 도로는 아라스와 테루안을 거쳐 생토메르로 이어지고, 여기서부터 다시 항구도시 위쌍Wissant(잉글랜드까지 바닷길로 55킬로미터)이나 칼레Calais로 가기 위해서는 반드시 아르드르와 긴느를 거쳐야만 했다.[30] 위쌍-긴느-아르드르-생토메르를 연결하는 도

---

29 중세 플랑드르에 대해서는 David Nicholas, *Medieval Flanders*; Eljas Oksanen, *Flanders and the Anglo-Norman world, 1066-1216* (Cambridge: Cambridge University Press, 2012).

30 이러한 이유로 테루안에서 상가트에 이르는 길은 아르눌의 시대에도 "여행객들로 왕래가 매우 빈번했던 길via...populosa transeuntium multitudine frequentata"로 불렸다. Guillelmus

로는 다시 북쪽으로 이프르와 헨트, 브뤼헤로 나 있어서 200년 전부터 이 지역의 경기에 활기를 불어넣었다. 아르눌이 자라서 활동하게 될 지역은 상업과 교역이 가장 활성화되었던 곳 중 하나로, 멀리 이탈리아에서부터 온 상인들이 "사업차 잉글랜드를 향해 가는" 길목에 위치해 있었다.[31] 그래서 아르눌의 아버지는 잉글랜드로 순례를 떠나던 랭스의 대주교와 망명지에서 귀국하던 캔터베리의 대주교 토머스 베케트를 긴느 성에 손님으로 불러들여, "산해진미와 키프로스 와인, 그리스 남부의 메가라 와인, 향료주, 프랑스 산 와인"이 끊임없이 제공되는 성대한 연회를 베풀기도 했다.[32] 이처럼 긴느-아르드르 백작령은 교역의 거점이자 유럽의 다양한 언어와 문화가 만나는 교차점이었다.

그러나 정작 긴느 백작령 가운데 잉글랜드와 면해 있는 해안가는 배를 접안하기 부적합했다. 결국 상인들은 인근의 위쌍이나 칼레를 이용해야 했는데, 이들은 모두 경쟁자였던 불로뉴 백작의 소유였다. 긴느-아르드르가 지리적 요충지임에는 틀림없었지만, 원거리 교역의 중심지였던 생토메르 같은 플랑드르 백작령의 다른 도시와 비교해봤을 때, 직물 공장과 같은 '첨단' 산업 시설은 갖추지 못한 상황이었다. 그나마 양을 키우기에 적합한 구릉과 목초 지대가 있어서 전통적인 양모 산업을 키워갈 수는 있었다. 그러나 문제는 늪과 같은 험한 지형이었다. 이런 문제를 해결하기 위해 긴느 가의 사람들은 늪에서 물을 빼내는 공사를 시작했고, 평민과 기사 모두에게 30일 치의 식량과 연장

Andrensis, *Chronicon Andrensis*, p.594. 상가트는 오늘날에도 영국과 유럽 대륙을 연결하는 유로터널이 시작되는 곳으로 잘 알려져 있다.

31 Guillelmus Andrensis, *Chronicon Andrensis*, p.708.

32 《역사》 C. 87: *et vino altero et altero, Ciprico et Niseo, pigmentato et clarificato.*

을 가지고 오도록 했다. 이러한 노력으로 인해 다소 인구가 증가하는 변화를 보이기는 했지만, 피카르디 등과 같은 인근의 여타 백작령처럼 경제가 활성화되지는 못했다. 결국 긴느-아르드르의 백작이 선택할 수 있었던 방법은 많지 않았다. 그중 가장 수월하고 전형적인 방법은 기존의 귀족 가문이 이용했던 '전략적인 결혼' 정책이었다.[33]

이처럼 아르눌의 고향은 외부와의 교류는 잦았으나 인근의 플랑드르, 혹은 불로뉴 등의 다른 지역에 비해 경제성장이 더딘 지역이었다. 이러한 제한적인 지리적 환경 속에서 아르눌의 사고방식은 '보수적'이었고 그의 행동 양식은 '전통적'인 기사의 그것과 유사했다. 따라서 랑베르가 전하는 아르눌의 이야기는 12세기 말 변화하는 사회 속에서도 전통적인 삶을 영위했던 한 인물에 대한 것이다. 기사수업과 마상경기 등을 통해서 어린 시절부터 자연스럽게 교류했던 인근 지역의 동년배 기사들의 여유로운 삶이 아르눌의 경쟁심을 자극하지 않았을까? 결국 이러한 '열악한' 지정학적 환경이 아르눌이 방랑과 질풍노도의 청년기를 보낸 원인이었을 수도 있다.

알려진 것처럼, 경제적 불평등과 빈부의 격차는 귀족과 비귀족 간의 계층적 갈등뿐 아니라 귀족 내부에서도 경쟁 심리를 자극하는 주요한 원인이었다. 하지만 다행스럽게도 아르눌에게는 부를 획득하고 신분을 상승시킬 수 있는 기회가 있었다. 당시 인기를 끌었던 마상경기와 십자군 원정의 열풍이 아르눌에게는 기회로 작용했다. 이 대목은 추후 상세한 서술이 진행될 것이다.[34]

---

33 조르주 뒤비, 《12세기의 여인들 2》, 140-144쪽.
34 본서 V장-저주받을 축제, VII장-십자군 원정 참조.

아르드르 성

브로델은 연구자들이 등한시했던 "역사의 하층"인 일상적이고 관습적인 물질 문화의 중요성을 이미 강조한 바 있다. 그래서 그는 자신의 저서 《물질문명과 자본주의》에서 "음식으로부터 가구까지(1권), 또 기술에서부터 도시까지(2권) 모든 광경을 전체적으로 보려는" 시도를 했다. "무엇보다도 우선 집의 기초를 살펴보지 않고서 경제 생활을 전체적으로 올바르게 이해할 수 있겠는가?"라는 말처럼, 아르눌이 성장하면서 접했던 물질적 기반은 그가 살았던 세계를 이해하고, 그의 성장 과정에 영향을 미친 외부적 환경을 설명하는 데 중요한 도구가 될 것이다. 특히 "물질문명과 시장경제는 마치 물과 기름처럼 그렇게 확실히 구분되지는 않는다."[35]는 브로델의 생각과 같이, 긴느-아르드르 백작령의 반복적인 "일상성"은 "사회의 여러 층에 침투하여 영구히 반복되는 존재 양식과 행동 양식을 특징짓는다".[36]

서양 중세 귀족 사회를 상징적으로 대변하는 것은 아마도 성일 것이다. 요새이자 주거지였던 성은 11세기 이후 유럽 곳곳에 축조되면서, 귀족의 권력과 부의 상징이 되었다. 언덕 위에 세워진 성에는 높은 성벽, 해자, 망루, 요철 모양의 성벽, '총안銃眼'으로 불리는 사격 구멍, 방어용 장벽, 성문 등이 세워지면서, 성은 지배 계층의 권위적 상징물이 되었다.[37]

11세기 이후 중세 전성기에 세워진 성은 동시에 영주와 그 일가가 생활을 하는 거주지 역할도 겸했던 곳으로, 이는 중세 전기에 성의 역

---

35 페르낭 브로델, 《물질문명과 자본주의 I-1》, 19쪽.
36 페르낭 브로델, 《물질문명과 자본주의 I-1》, 20쪽.
37 Burgen J. Zeune, *Symbole der Macht* (Regensburg: Pustet, 1996) p.48.

할이 방어를 위한 군사적인 용도로만 사용되었던 것과는 비교된다. 이로써 성은 통치와 지배의 중심지이자, 궁정문화가 태동한 장소가 된다. 그뿐만 아니라 사법부의 역할을 담당했으며, 조세와 통행세를 거두는 경제 중심지이기도 했다. 성은 귀족의 권위와 불가분의 관계가 되었다.

규모가 작고 볼품없는 하위 귀족의 성이든, 대영주의 웅장한 성이든, 성은 유럽 전체로 정교하게 파급되었던 봉건체제의 권력을 상징적으로 보여준다.[38] 성 본래의 주요한 역할은 적의 공격으로부터 방어를 하는 것으로, 이러한 역할은 이후에도 지속되었다. 전투가 발발하면 성 주위에 흩어져 살던 주민들이 성으로 들어와 목숨을 부지하곤 했다. 하지만 중세 전성기에 들어와서 성이 언덕이나 절벽 위에 축성되면서부터, 피난처를 제공할 수 있는 공간이 매우 협소해지면서 본래의 기능이 약화되었다. 대신 성은 지배 영역을 팽창하려는 목적을 공유했던 귀족들의 통치의 구심 역할을 담당했다. 그 결과 성은 지배 영역 내에서 가장 가시적인 장소에 세워지게 되었고, 이는 항구적인 통치 기구로 자리매김을 하게 된다.[39] 동시에 성은 주거를 위한 공간이었다. 영주의 가족과 위병들이 상주했기 때문에 부엌과 거실, 침실, 창고, 화장실, 예배당 내지는 기도실과 같이 일상에 필요한 공간들이 모두 구비되어 있었다.

중세의 주거 형태에 대해서 이러한 일반적인 설명을 넘어서 "사적 영역의 면면을 살펴보는 것은 그리 쉽지 않다." 그 이유는 "정보가 드

---

38 Friedrich-Wilhelm Krahe, *Burgen des Deutschen Mittelalters: Grundriss-Lexikon* (Würzburg: Weidlich/Flechsig, 1994) p.15.

39 Zeune, *Burgen*, p.36. 귀족의 축성과 남성성에 대해서는 본서 X장-가부장권 참조.

물기 때문이다."[40] 게다가 성의 사적 공간은 수도원과 같은 장소와 비교해볼 때 "훨씬 더 훼손되어" 있다.[41] 하지만 랑베르의 《역사》는 아르눌의 고향집에 대해 상세한 정보를 제공한다는 점에서 매우 중요한 사료적 가치를 지니고 있다. 아르눌이 태어난 곳은 아르드르 성으로, 본래 어머니 쪽 가문의 소유였으나 결혼을 계기로 그의 아버지 보두앵이 이곳의 새로운 성주가 되었다.[42] 당시 여느 성들과 마찬가지로 아르드르 성도 본래는 진흙과 나무로 만들어진 구조물이었다. 적의 공격으로부터 피해를 최소화하기 위해 과거의 성주들은 튼튼한 방어용 언덕을 돋우고 그 주위에 흙벽을 세웠으며 도랑을 파기도 했다. 아르눌의 외증조부도 흙으로 성의 외벽을 확대·보수하면서 외벽 주위에 뾰족한 못이 달린 커다란 바리케이트를 설치했다. 이는 도랑에 빠진 적을 공격할 목적으로 고안되었다. 이외에도 다양한 전투 장비들이 배치되었다.[43]

이러한 구조로 된 성들은 전시에 적의 공격을 막기에 충분한 역할을 했다. 창과 검으로 무장한 기동력 높은 기사들의 속도를 무력화시키는 데는 나무로 만들어진 성이 제 역할을 톡톡히 했다. 아르드르 성처럼 주위에 늪지대를 조성하거나 물길이 성을 에워싸면, 적의 공격 속도를 더욱 늦출 수 있었다. 더욱이 언덕이나 암벽 위에 세워진 성은 중무장한 기사들에게 난공불락의 요새나 다름없었다.[44]

---

40 조르주 뒤비, 《사생활의 역사 2》, 113쪽.
41 조르주 뒤비, 《사생활의 역사 2》, 114쪽, 571쪽.
42 《역사》 C. 67, 71, 72
43 《역사》 C. 126: *Arnoldus, reparato exterioris Ardensis munitionis valli fassato et sepibus et ericiis consepto et constipato, turribus et bellicis machinamentis supererectis et in defensionem contra hostitum impugnationem preparatis.*
44 콘스탄스 부셔, 《귀족과 기사도》, 34쪽.

아르눌이 생존했던 당시 잉글랜드에 돌로 축성된 성채의 모습

일반적으로 성안에는 나지막한 둔덕Motte이 조성되어 있고, 그 위에 성주의 거처와 망루가 있는 내성[45]이 세워졌으며 그 주위에는 해자(도랑)를 파놓았다. 사각형 모양의 내성 내부는 협소해서 대체로 20평방미터를 넘지 않았다. 이처럼 규모가 작았기 때문에 어떤 성채들은 불과 며칠 사이에 새로 세워지기도 했다. 하지만 이렇게 만들어진 방어용 진지는 쉽게 무너졌고, 특히 불에 취약해서 전쟁이 나면 적군에게 곧잘 불태워졌다. 이러한 전략적인 이유로 귀족들은 점차 더 안정적인 성을 만들려는 욕심을 내기 시작했고, 목재 대신에 돌을 사용하기 시작했다.

---

45 흔히 'donjon'으로 불렸던 내성은 지배권을 의미하는 라틴어 단어인 'dominium'에서 유래되었다. 국내에서는 흔히 '주탑'으로도 번역되기도 한다. 그만큼 이곳은 성주의 권세를 상징하는 장소이기도 하다. 랑베르는 이곳을 'domus'로 명명했는데 집, 혹은 처소라는 의미이다.

하지만 아르눌이 자라던 1160년대의 알프스 북쪽 지역에서 석조 성채는 아직 일반적이지 않았고, 목조로 된 성들이 남아 있었다. 대부분의 목조 망루는 3층으로 구성되었는데, 1층의 어두운 공간에는 음식물을 저장하거나, 포로를 가둬두었다. 2층은 성내에서 가장 안전한 곳으로, 이동용 사다리를 이용해서 조그마한 문을 비집고 들어가야만 접근이 가능했다. '팔라스Palas'라 불렸던 이곳은 적의 침입에 대비한 최후의 피난처였다. 성주가 거처하던 팔라스는 가축우리, 창고, 작업장, 하인들이 머물렀던 움막과 접해 있었다. 팔라스는 대체로 커튼이나 중간 벽으로 나뉜 두 개의 방을 가진 단순한 목조건물이었다. 방 하나는 성주가 재판을 주관하는 등의 공무를 수행하거나 찾아오는 동료를 맞이하는 공간이었고, 다른 하나는 침실로 사용되던 사적인 공간이었다. 그리고 맨 위층은 조망대가 설치되어 있었다.

이러한 단순한 성들과는 비교했을 때 아르드르 성도 그 기본 골격은 유사했으나, 당시로서는 상당히 발전된 형태였다. 아르눌의 외증조부로 십자군 원정에 참여했던 경험이 있는 아르눌 2세("the Old")는 원정기간 동안에 동방의 발전된 건축물들을 보고 돌아왔다. 원정에서 돌아온 그는 곧바로 당시 손재주 좋기로 소문이 나 있던 '루이'라는 부르부르Bourbourg 출신의 목수를 고용해서 기존의 성채를 보수하도록 했다.[46] 1120년경에 재건된 아르드르 성의 성채는 그 후로도 오랫동안 그 규모와 화려함 덕분에 이 지역에서 명성이 자자할 정도였다. 주변의 어느 성채와도 비교할 수 없을 만큼 많은 공간과 통로를 가지고 있었다. 그리고 계단이 많아서 마치 미로와 같았다. 이러한 이유로 랑베

---

46 《역사》 C. 127.

르는 아르드르의 성채를 다이달로스가 지은 미궁 '라비린트Labyrinth'에 비유했다.[47]

아르눌은 어린 시절을 루이가 보수한 아르드르 성에서 보냈다. 아르드르 성은 성벽으로 둘러싸여 있고 성문 안에는 마당과 식사를 준비하던 별채도 있었다. 목조 가옥이 대부분이었던 성에서는 화재의 위험 때문에 이처럼 부엌을 건물 바깥에 따로 만들었다. 부엌은 2층으로 되어 있었는데, 아래층에는 거위와 돼지우리, 12월에 도살된 돼지고기를 소금에 절인 통들이 어지럽게 놓여 있었다. 그 위에는 하인들이 고기를 굽고 죽을 끓이던 부엌coquine area이 있었는데, 이 부엌은 가옥의 거실과 통로로 연결되어 있었다.[48]

아르드르 성의 부엌이 부르고뉴의 대담공 샤를Charles le Téméraire, 1433-1477이 거주했던 성의 그것만큼 크지는 않았을 것이다. 하지만 대체로 비슷했을 것으로 보인다. 호이징아의 설명에 의하면, 디종에 있던 샤를의 성에는 "일곱 개의 거대한 아궁이를 갖춘 엄청난 주방"이 있었고 이곳에는 "당직 요리장이 아궁이와 조리대 중간에 놓인 안락의자에 앉아서 주방 안의 모든 활동을 감시한다. 그는 한 손에 커다란 나무 주걱을 들고 있는데, 두 가지 목적에 사용되었다. 하나는 조리대에서 만들어진 수프와 소스를 맛보는 것이고, 다른 하나는 그걸 휘두르면서 주방에서 일하는 소년들을 닦달하여 일을 제대로 하게 하는 것이었다. 또 필요시에는 그들의 엉덩이를 때리는 용도로도 사용했다.

---

47 《역사》C. 127: *Et de ea fere inextricabilem fecit laberintum et effigiavit.*
48 《역사》C. 127: *In inferiori area hinc porci ad impinguescendum positi sunt, ad nutriendum hinc anseres, hinc coquine area conversabantur tamtum coci et coquine provisores.*

가끔 드물게, 송로松露나 청어 요리를 내놓을 때에는 요리장이 횃불을 들고서 직접 그 일을 담당했다."[49]

호이징가의 묘사는 중세 주방의 모습을 엿볼 수 있는 기회를 제공한다. 이 정도 규모는 아니었을 지라도, 아르드르 성의 부엌에서도 많은 사람들을 위한 식사를 준비했을 것이다. 주방에는 집사장, 주방 시종, 그 외의 일꾼들이 주방장의 명령에 따라서 체계적으로 움직였을 것이다.

성주의 가족들은 부엌 옆에 있던 내성의 가옥에 거주했다. 본래 그 자리에는 망루가 있었으나, 이제는 성 한가운데 우뚝 솟은 3층짜리 목조 가옥domum ligneam이 세워지게 되었다. 이 주거용 가옥의 1층은 가루 포대와 맥주통, 포도주통 들로 가득 찬 식량 창고로 사용되었고, 사다리를 통해서만 올라갈 수 있는 2층은 일종의 주거용 거실로 사용되었다. 성에서 가장 큰 실내공간이었던 이곳은 사적인 공간과 공적인 공간으로 분리되어 있었다. 한쪽은 남자들을 위한 '열린 공간habitatio communis'으로 가운데 식탁이 놓여 있어 영주가 손님을 접대하거나 연회를 열기도 했다. 기다란 식탁 주위에는 벤치 모양의 의자가 놓여 있는데, 이는 여러 사람이 나란히 앉을 수 있도록 하기 위함이다. 식탁이 놓여 있던 공간 옆으로는 빵과 음료를 준비할 수 있는 공간이 마련되어 있었다. 밤에는 이곳에서 하인과 손님들이 잠을 자기도 했다.

문을 통해서 옆방으로 가면 침실이 있는데, 여기는 사적인 '닫힌 공간secretiori parte'으로 영주와 그의 아내가 자던 큰 침실magna camera이 위치해 있었다.[50] 바로 옆의 외진 공간에서는 어린 아르눌과 그의 형제

49 요한 호이징가, 《중세의 가을》, 이종인 옮김 (서울: 연암서가, 2014) 101~102쪽.

자매, 그리고 이들을 돌보던 유모와 하녀들이 새우잠을 자기도 했다. 또 다른 방에서는 유일하게 불을 지필 수 있는 시설*secretum diversoium*이 구비되어 있었다. 여기에서 유모와 하녀들이 기거하면서 갓 태어난 아이들을 보살폈다. 병자나 부상자가 있을 때도 온기가 있던 이 방에 머물렀다.

3층은 경비병들*vigiles*이 망을 보던 발코니로, 간혹 아르눌의 아버지와 어머니가 저녁 식사 후에 이곳에 올라가서 신선한 공기를 마시며 휴식을 취하곤 했다.[51] 3층에도 방이 있었는데, 상대적으로 안전한 공간이었다. 유년기의 위험한 시기를 잘 넘기고 어느 정도 철이 든 아이들을 위한 공간으로, 아르눌의 성장한 누이들이 이곳에서 잠을 잤다.[52] 좁은 복도를 지나 건물의 동쪽 제일 위층에는 화려한 벽화들로 치장된 예배당*capellam tabernaculo in celatura et pictura assimilatam*이 있었는데, 바로 여기서 랑베르가 성주 가족들을 위한 예배를 집전했다.[53]

---

50 사적인 공간과 공적인 공간의 분할이 명확하지 않았던 당시에도 귀족들의 저택에서 "영주와 영주 부인이 잠을 자던 큰 침실"은 자주 발견된다. 그러나 주인이 연회를 베풀고 친구들을 초대했던 공적인 권력이 발휘되던 거실*aula*과 귀족의 사적인 처소*camera*은 서로 붙어 있거나, 혹은 간이 칸막이나 장막으로 구분되는 정도였다. 따라서 12세기에는 공적 영역과 사적 영역의 분리가 뚜렷하지 않았다. 조르주 뒤비, 《사생활의 역사 1》, 116~117쪽 참조.

51 이 부분은 랑베르가 아르드르 성과 관련해서 유일하게 군사적 시설물로 언급한 부분으로, 이러한 기록은 "11세기 말과 12세기에 등장한 이처럼 위압적인 건물에서 방어 기능은 오히려 부차적인 것으로 밀려났다."는 현대의 연구결과와 일치한다. 조르주 뒤비, 《사생활의 역사 2》, 583쪽 참조.

52 《역사》 C. 127: *hic filii, cum volebant, illic filie quia sic oportebat, domini domus accubabant.* 뒤비, 바르텔레미, 롱시에르의 공동 연구에 의하면, 철이 들 나이가 된 아이들을 따로 재우는 이유는 "성채의 가장 깊숙한 곳에 수태를 위한 밀실과 더불어 유모들이 영주의 자녀들을 돌보는 육아실을 두어 아내가 더 빨리 새 아이를 가질 수 있도록" 하기 위해서였다. 여성이 가계의 확장에 기여하는 확실한 방법 중의 하나가 바로 출산이었기에 이러한 "배려"가 필요했다(뒤비, 《사생활의 역사 2》, 128쪽). 이러한 이유 외에도, 거처의 가장 높은 층은 따뜻하고 채광이 좋아서 아래층보다 생활하기 더 좋았다는 현실적인 이유도 있었다(조르주 뒤비, 《사생활의 역사 2》, 585쪽). 아르드르 성에 대한 랑베르의 기록에 따르면, "혼자 틀어박혀 있을 수 있는 침실 대신 거실만 덩그러니 있을 뿐이었다. 부모와 자식들은 온종일 다닥다닥 붙어서 함께 지냈다."는 기존의 설명에 대한 재고가 필요한 부분이다.

성에는 상시 거주하는 인원이 수십 명에 달했고,[54] 이보다 훨씬 많은 수의 말이 성 안마당과 마구간에 있었다. 아르눌의 아버지 보두앵은 자신을 호위하던 소규모 기사들과 늘 함께 생활했다. 성주가 혼자서 식사하는 것은 걸맞지 않는 일이었다. 성주는 모름지기 자신의 추종자들에 둘러싸여서 생활해야 하는 법이다. 이들의 모습은 "가족"처럼 보였고, 그래서 아르눌의 외조부도 항상 '열 명가량의 기사들과 한 명의 사제, 네댓 명의 성직자들과 함께 식사를 했다. 아르눌의 아버지도 하인들의 극진한 시중을 받으면서 다른 어른들과 식사를 했고, 어린 아르눌의 눈에는 다른 사람들의 호위를 받고 있는 아버지의 모습이 마냥 자랑스러워 보였을 것이다. 거실 이곳저곳에 먹고 잠을 잤던 기사들은 주로 보두앵의 형제와 사촌, 혹은 어릴 때부터 같이 자라온 친구나 누이의 아들들이었다. 간혹 인근에 살고 있던 기사의 아들들이 이곳에 위탁되어 같이 생활하곤 했다. 이 같은 공동체 생활은 관습적인 것으로, 이러한 삶 속에서 남성들 사이에 점차 돈독한 동료의식이 형성되어 갔다.

공간과 젠더

11세기 이후 엘리트 귀족들은 다양한 방식으로 자신의 정체성을 부각시키기 위해 노력했다. 성城은 이러한 정체성의 상징물로 의복, 신체, 외모, 음악, 춤, 언어 등과 더불어 계층적 분리와 젠더적 차별화를 이

---

53 내성에 이러한 예배당이 마련되어 있던 것이 당시에는 일반적인 현상이었다.

54 공동으로 거주하면서 함께 생활하던 집단의 규모는 다양했는데, 13세기 잉글랜드의 한 집안에는 200명 이상이 모여 살았다. 조르주 뒤비, 《사생활의 역사 2》, 123쪽 참조.

끌어내는 데 중요한 역할을 담당했다. 최근 학계에서는 성과 같은 공간을 젠더적 관점에서 바라보려는 연구가 진행되고 있다. 이는 공간 속에 젠더 관계가 구현되고 있으며, 동시에 공간이 사회적 정체성을 구성하고 재생산하는 데 적극적인 역할을 수행한다는 사실에 주목한다. 중세 고고학 분야에서도 젠더 스터디와 연결하여, 유물을 통해 성性과 권력의 상호관계를 탐구하려는 시도가 이루어졌다. '젠더 고고학 Gender Archaeology'[55] 분야의 소장 학자인 질크리스트Roberta Gilchrist는 '경계 짓기'를 성과 같은 중세 주거 공간의 특징으로 들었다.[56] 성에는 남성의 공간과 여성의 공간이 분리되어 있으며, 남성만의 공간에는 원칙적으로 여성의 출입이 통제되었다. 여성들은 '여성적 공간'에만 머물러야 했다. 중세 성은 이처럼 "젠더화된 가옥 구조"를 잘 보여주고 있다.

기존의 성 연구Castle studies에서는 드러나지 않았던 중세 주거지의 젠더화된 위계질서는 구체적인 성에 대한 개별 사례 연구들을 통해서 점차 밝혀졌고, 고고학적 발굴뿐만 아니라 문학 작품과 연대기 같은 문헌사료도 중요한 단서가 되었다. 초서Chaucer는 그의 작품에서 여주인공 크리세이드Criseyde가 하녀들과 함께 생활하던 '거실paved parlour'을 언급했고, 《브리타니아 열왕사》에는 왕이 "식사를 하기 위해 자리를 옮기자, 여왕은 다른 여자들과 함께 그녀의 방으로 돌아갔는데, 잉글랜드인들은 고래로부터 내려오는 이러한 관습을 존중했다."는 기록

---

55 이 개념에 대해서는 콜린 렌프류·폴 반, 《고고학의 주요개념》, 이성주·김종일 옮김 (진주: 고고, 2010); 론다 쉬빈저, 《젠더분석: 과학과 기술을 바꾼다》, 김혜련 옮김 (서울: 연세대학교 출판부, 2010); Roberta Gilchrist, *Gender and Archaeology : Contesting the Past* (London; New York: Routledge, 1999) 참조.

56 Roberta Gilchrist, *Gender and Archaeology: Contesting the Past*, p.111.

이 남아 있다.[57] 여성에게 실내는 단순한 물리적 공간의 범주를 넘어서 문화적 공간이자, 심리적 공간이었다. 남자들에게는 공적 공간에 더 큰 자리가 마련되었던 반면, 여성들은 보이지 않는 "폐쇄적 공간"[58] 안에서 지낸다. 남녀의 이러한 공간적 분리로 인해 부부는 각자의 일상적 공간을 차지하게 되었지만, 동시에 서로에게 일정한 거리감을 갖고 대할 수밖에 없었다. 대부분의 시간을 각자의 동료나 하인과 보내면서 부부가 사적으로 함께하는 기회는 상대적으로 많지 않았기 때문이다. 그러나 사적 공간이 사치스러운 것으로 여겨졌던 시대에 이러한 공간의 젠더적 분리Gender Segregation는 여성에게 사적인 공간을 제공하는 결과를 초래했다.

고고학적 조사에 의하면 중세의 성은 남성적 공간으로, 실제로 성에 거주하는 여성은 소수에 불과했다. 15세기 노섬벌랜드Northumber-land 백작의 성에는 166명의 남성들이 있었던 반면, 여성은 9명에 불과했다고 전해진다. 허드렛일을 하는 사람들도 대부분 남성이었고, 빨래와 집안일을 담당하는 하녀와 유모 같은 여성도 극소수에 불과했다.[59]

젠더적 관점에서 중세의 성을 이해하는 데, 랑베르의 기록은 무척 중요한 역할을 한다. 앞서 언급했던 아르드르 영주의 3층짜리 거처 domus에서 2층에는 영주의 공간 외에도 여주인과 하녀 같은 여자들, 아들들을 위한 사적인 공간이 있었다. 그리고 이곳이 성에서 가장 안

---

57 Roberta Gilchrist, *Gender and Archaeology: Contesting the Past*, p.123에서 재인용.

58 피에르 부르디외,《남성지배》, 김용숙·주경미 옮김, (서울: 동문선, 2000), 45쪽.

59 Roberta Gilchrist, "Medieval bodies in the material world: gender, stigma and the body", *Framing Medieval Bodies* (Manchester[England]; New York : Manchester University Press), p.51.

전한 방이었다.[60] 이 공간은 성에서 유일하게 "온기가 느껴질 수 있는 *ignem componere solebant*" 아늑하고 독립된 공간이기도 했다. 그래서 다른 장소와 달리 이곳 벽은 다양한 색상의 직물 천들로 치장된 장소였다. 천에는 사냥 장면이나 이국적이고 환상적인 동물, 정원의 모습이 수놓아져 있었을 것이다. 아니면《아서 왕의 죽음》에서 허멜 공작의 딸이 정원의 월계수 아래에서 금실과 은실로 짜서 만든 퀼트가 놓여 있었을 지도 모른다. 방에는 "벽난로*secretum diversorium*"[61] 외에도 옷장과 같은 개인 사물함이 있었고, 등받이나 방석, 양탄자 같은 당시로서는 사치품들이 놓여 있었을 것이다. 중세의 귀중품과 사치품이 부녀자들의 손에서 손으로 대물림되었다는 사실은 가문의 위상을 유지하는 역할이 여성들과 밀접한 관계가 있었음을 말해준다. 뿐만 아니라 급수 시설과 위생도 여성들의 몫이었다.[62]

《역사》에 기록된 바에 의하면, 아이들은 주로 여성들과 동일한 공간을 사용했고, 아르눌과 그의 형제자매들은 어머니의 모성과 하녀, 혹은 유모의 여성적 손길과 보호 속에서 성장했다. 남성의 공간과 여성의 공간이 분리된, 이렇게 젠더화된 가옥 구조는 건축물에서도 발견된다. 아르눌의 아버지 보두앵은 여자와 남자, 나병 환자들을 위한 수용시설을 로스트바흔느Lostebarne와 에스펠레크Espelleke에 각각 분리해

---

60 《역사》C. 127. 3층으로 세워진 아르드의 성에 대한 랑베르의 서술이 갖는 사료적 가치에 대해서, 붐케는 그 어떤 다른 사료도 이처럼 중세 성의 구조에 대해서 구체적으로 서술한 경우가 없음을 강조했다. Joachim Bumke, *Courtly Culture* (Berkeley: University of California Press, 1991), p.113.

61 아르드르 성의 2층에 설치된 벽난로에 대해서 랑베르가 쓴 내용은《역사》C. 127 참조. 브로델은 12세기 이전까지 벽난로가 없었으며, 당시까지의 사람들은 방 가운데 놓여 있던 화로 주위에 둥그렇게 모여서 추위를 견뎠다고 전한다(페르낭 브로델,《물질문명과 자본주의 I-1》, 420쪽).

62 중세 여성의 전반적인 공간 치장과 물품에 대해서는Roberta Gilchrist, *Gender and Archaeology: Contesting the Past*, p.125 참조.

서 세우기도 했다.[63]

따라서 아르눌이 일곱 살이 되어 플랑드르 백작의 성으로 기사 교육을 받으러 떠나기 전, 즉 '젠더 분리'를 경험하기 전까지는 어머니, 혹은 하녀들과 같이 여성적 공간에 머무르게 된다. 공적인 일에 몰두했던 그의 부친은 정서적으로나 물리적으로 자식들의 삶에 부재했다. 결국 남성은 집안일에 거의 참여하지 않았고, 자연스레 살림을 꾸리고 아이 보살피는 일은 여성이 담당하게 된다.[64]

중세의 가정은 통치 구조의 기본적인 단위로, 성城은 지배 엘리트의 재산과 특권을 지켜주는 도구이자 동시에 가부장적 질서유지를 위한 상징적 공간이었다. 성의 남성중심적 가옥 구조와 가구 배치는 가부장적 이념을 더욱 가시화했다.

갓 태어난 아르눌은 집안 깊숙한 곳에 배치되었던 여성의 처소에서 양육되었지만, 일곱 살이 되면서 여성들의 거처를 떠나 남성들만의 공간으로 옮겨 생활하게 된다. 이때부터 그는 젠더분리적 공간 구조 속에서 성장하면서 남성적 공간과 여성적 공간의 분리를 자연스러운 것으로 받아들이고, 남녀 위계적 물질문화에 길들여진다. 생활공간의 남녀 구분과 남성중심적 물질문화는 어린 아르눌에게 남녀 간의 위계구조라는 세계관을 주입시켰던 것이다. 개인의 성장은 주위 환경에 영향을 받으며, 물질적 환경은 정신적 훈육 못지않게 삶의 과정에도 큰 영향을 주었다.

---

63 《역사》 C. 70.
64 '남성의 부재'와 관련해서는 본서 VIII장-남성의 부재 참조. 긴느-아르드르 여인들의 일상적 삶에 대해서는 차용구, 〈서양 중세 귀족 부인들의 정치력에 대한 연구-긴느 가의 여인들을 중심으로〉, 《사림》 no.29 (수선사학회, 2008), 259~285쪽 참조.

시대적 환경

팽창과 발전의 시대

아르눌이 생존했던 12세기 후반과 13세기 초에는 곳곳에 성과 교회, 예배당, 수도원, 마을, 구빈원 등이 경쟁적으로 건축되던 시기다. 이러한 건축 붐은 경제를 활성화시키고 기술 혁신을 자극하는 계기가 되었다. 건축 열풍의 이면에는 인구 증가 외에도 남성들 사이의 경쟁적인 명예심과 종교적 이유가 숨어 있었다.[65]

토지 귀족들은 농민들에게 더 많은 지대와 부역을 요구했고, 이에 대처하기 위해 농민들은 경작 방법 개선을 통해서 농업 생산성을 높이기 위한 방안을 모색했다. 이렇게 해서 삼포제three-field system의 도입으로 이른바 '농업 혁명'과 '인구 혁명' 가능해졌다. 인구의 비약적인 증가는 새로운 토지 개척과 개간 사업을 장려했다. 특히 긴느-아르드르 백작령처럼 구릉과 늪지가 많았던 지역에서는 물이 괴어 있는 늪지대를 메우고 목양을 위한 개간 활동이 적극적으로 추진되었다.

이러한 경작지 개간 사업은 《역사》에도 잘 기술되어 있다. 아르눌의 아버지 보두앵 백작도 교통의 요지로, 행인들의 왕래가 잦았던 오드리크Audruick의 늪지를 개간하여 교회를 세우고 지역 농산물을 거래할 수 있는 정기시fair를 개설했다.

보두앵의 차남인 마나세스 역시 로리츠브에 있는 상당한 규모의 늪

---

65 자크 르 고프, 《서양중세문명》, 유희수 옮김 (서울: 문학과지성사, 2008), 117쪽.

지*marisci spacioisi amplitudine*를 할당받아서 이곳에 농민들을 이주시켜 경작하도록 했다. 마나세스 자신도 이곳에 도랑으로 둘러싸인 작은 요새를 세우고 새로운 영지를 관리하기 시작했다.[66] 수입원을 확보하기 위해 긴느-아르드르의 백작들은 다양한 정책을 전개했다. 돌과 흙으로 강물을 막아 양어장을 조성하고, 집과 예배당과 같은 건물들을 지어 인근 농촌 지역의 사람들을 이주시켰다.[67] 아르눌 시대의 건축 열풍은 돌과 목재, 철 같은 원료의 채굴과 운송을 신속히 할 수 있도록 돕는 도구와 운송 수단의 개발로 이어졌다.

12세기의 유럽은 내적 성장과 더불어 외적인 팽창에도 관심을 기울였다. 십자군 원정은 "11세기 중엽부터 13세기 말까지 서양의 전반적인 팽창의 맥락 속에서 파악할 수 있는" 유럽 최초의 식민운동이었다.[68] 이미 1066년 헤이스팅스 전투에 참여한 바 있던 긴느-아르드르 가문의 남자들도 새로운 원정이 시작되자 그리스도교 세계의 수호를 위해, 그리고 개인의 부와 명예를 위해 고향을 떠났다.[69]

또 12세기 유럽은 상업과 도시가 부활하는 시기이기도 했다. 특히 긴느-아르드르 지역은 1066년 이후 잉글랜드와 유럽 대륙의 교역권이 통합되면서 유럽 교역의 물류 허브로 자리매김했다. 인근의 위쌍 항구에는 잉글랜드와 유럽 각 지역에서 들어온 물품들이 적재되었고, 이곳에서 긴느-아르드르를 거쳐 생토메르로 이어지는 도로는 양모와 직물을 거래하는 상인들로 북적거렸다. 또한 프랑스 왕권이 북쪽으로

---

66 《역사》 C. 72, 78.
67 《역사》 C. 77, 78, 104.
68 자크 르 고프, 《서양중세문명》, 127쪽.
69 자세한 내용은 본서 VII장-십자군 원정 참조.

팽창하면서 피카르디 지역으로의 교역망도 확장되었고, 이는 인접한 아르눌 가문의 통치 영역에도 영향을 미치게 된다.[70]

도시 발전에 처음부터 주도적인 역할을 했던 사람은 토지를 소유한 귀족과 성직자들이었다. 이들은 교역 거점에 마을을 세우고 다양한 시설을 확보한 후에 사람들을 이주시켰다. 도시가 수행하는 주된 기능이 경제적인 것이었기에, 긴느-아르드르의 통치자들도 도시의 교역 기능을 중요시했다. 인구가 증가하면서 새로운 주거지의 형성이 필요했지만 도시의 건립은 고된 노동을 필요로 했다. 때로는 기근 중에도 연일 사람들이 동원되었다. 부유한 기사부터 시민, 가난한 사람, 사제와 수도사에 이르기까지 관련된 사람들이 모두 하루에도 몇 차례씩 건설 현장에 투입되었다.[71] 랑베르의 기록에 의하면, 작업은 상당히 분화되고 전문화되었던 것 같다. 사람들은 작업용 장갑과 작업복을 입고 손수레*bigis marlatoriis et carris fimariis*로 돌을 나르고, 곡괭이와 가래, 망치, 끌 등의 다양한 도구를 사용했다. 작업을 준비하는 인부, 벽을 세우는 인부, 쓰레기를 처리하는 인부, 도로를 포장하는 인부 등 각자 자신이 맡은 임무를 수행했고, 그 분야에 적합한 도구와 연장을 사용했다. 또한 측량 전문가를 두어 일을 꼼꼼하게 감독했다고 한다. 그러나 결국은 대부분이 육체노동이었기에 작업은 매우 힘들었다. 이러한 "힘든 환경이 인간을 거칠게 하는 데 한몫했다."[72]는 생각이 그다지 틀린 말은 아닐 것이다.

---

70 Heather J. Tanner, *Families, Friends and Allies*, (Leiden; Boston: Brill Academic Publishers, 2004), pp.232-238.

71 《역사》 C. 152: Pauperes...Divites vero milites et burgenses et plerumque presbiteri et monachi non tantum semel in die, sed pluries ad tam mirificum cotidie.

72 마르크 블로크, 《봉건사회I》, 214쪽.

지적·문화적 발전

13세기부터 도시에 학교와 대학이 세워지면서 이들이 교육의 거점으로 성장했다. 그때까지는 교회나 수도원 학교가 교육 기관의 역할을 담당했던 것이 일반적인 추세였다. 긴느-아르드르 백작령에서도 성직자나 수도사들이 교사로 활동했고, 학생들은 이들로부터 예절과 자유7학문*liberalibus studiis* 등을 배웠다.[73] '12세기의 르네상스'는 무엇보다도 특히 귀족 계급의 자제들에게 양질의 교육을 제공하는 기회가 되었다.[74] 긴느-아르드르도 예외가 아니어서, 성의 아이들도 일정한 장소에 옹기종기 모여서 교사에게 수업을 받았다.[75]

12세기 유럽에서는 종교 영역에서도 커다란 변화가 일어난다. 로마네스크 시대의 화려한 교회 건물과 장엄한 의례보다는, '사도적인 삶*vita apostolica*'을 모토로 소박하고 경건한 종교적 삶을 살려는 사람들이 늘어났다. 이렇게 해서 시토, 프레몽트레 교단 등이 새롭게 성립할 수 있었다. 일부 지역에서는 은둔자들이 홀로 인적이 드문 숲에 칩거하거나, 혹은 도적이 많은 곳에서는 여행자들을 위한 도피처를 제공하기도 했다. 자발적으로 청빈한 삶을 추구했던 신앙인들은 육체노동과 기도에 전념했다. 그리고 이들은 새로운 경작 방식인 삼포제를 도입하는 데 적극적이었다. 또 직물 공업의 원료 공급을 위한 목축지를 확대해 나갔으며, 물레방아와 철공소를 이용해 기술혁신을 주도했다.[76]

---

73 《역사》 C. 122: tam nutrienda quam moribus erudienda et liberalibus studiis imbuenda; c. 149: liberalibus eruditissimam disciplinis atque docibilem. 구체적인 내용은 본서 VI장-결혼한 남성성 참조.

74 마르크 블로크, 《봉건사회II》, 309쪽.

75 《역사》 C. 89: alii pedagogis servandi commendantur, alii scolis magistrorum cura traduntur erudiendi.

76 자크 르 고프, 《서양 중세 문명》, 148쪽.

이러한 변화의 바람은 아르눌의 고향에도 불어왔다. 랑베르가 전하는 바에 의하면,[77] '카펠호프Cappelhove'로 불리는 곳에 어느 날부터인가 아브라함이라는 이름의 한 은수자隱修者가 허름한 집을 짓고 일체의 육식을 거부하며 하루에 단 한 번의 식사, 그것도 숲에서 자라는 식물들만 섭취하면서 수도생활을 시작했다. 시간이 흘러 그에 대한 소문이 인근에 퍼지자, 그를 찾는 사람이 늘었다고 한다. 점차 그의 경건함 모습에 감동한 사람들이 주일마다 그와 함께 예배를 드리기 위해서 모여들었다. 이후 카펠라의 성 마리아 수녀원에서 두 명의 수녀가 이곳으로 와서 몇 년 동안 함께 텃밭을 개간하자 다른 사람들도 이주하여 작은 촌락이 형성되었다.

생 땅글르베르Saint-Inglevert에는 마땅히 거처할 곳이 없는 자들을 위한 구빈원pauperum xenodoxium이 있는데, 이곳의 설립과 관련해서 이 지역의 주민과 구빈원을 운영하는 수도사 사이에는 다음과 같은 이야기가 전해 내려오고 있다.[78] 올리아르두스Oliardus라는 이름의 한 기사가 세상의 부와 명예가 헛된 것임을 자각하고 "세상에서 가난한 자, 하늘나라에서 부자되리니."라는 계율을 따라 회개하는 의미로 모든 재산을 포기했다. 그리고 자신이 저지른 죄를 씻고 신에게 헌신하고자, 신을 위해 싸우겠노라 다짐하고 새로운 삶을 계획한다. 이렇게 해서 그는 긴느에서 위쌍으로 가는 길에 수목이 우거지고 덤불이 무성했던 '범죄자들의 들판Sontium campus'에 거처를 정하고 살기로 작정했다. 이곳은 온갖 범죄가 일어나던 곳이라, 플랑드르어로 'Sontingheveld'

---

77 《역사》, C. 106.
78 《역사》 C. 41.

라 불리었는데, 이는 죄를 의미하는 'Sontingh'과 평원이라는 말의 'veld'의 합성어이다. 여기서 도적들은 땅굴을 파고 숨어 있다가 길 가는 사람을 습격해 짐을 빼앗았는데, 반항하는 자에게는 칼을 들이대기도 했다. 그래서 불행히도 몇몇 사람이 단검과 칼, 창으로 무장한 도적 무리의 손에 희생되기도 했다.

이러한 도적 소굴 속에 뛰어든 올리아르두스는 그와 뜻을 같이 하는 몇몇 동료들과 함께 이곳을 지나가는 사람들을 위한 대피소를 세웠다. 맨손으로 거친 땅을 경작하여 텃밭을 가꾸는 힘든 노동 속에서도 매일 경건한 마음가짐으로 예배를 드리는 이들의 모습은 인근 주민들에게 깊은 감명을 주었다. 이들의 선행이 알려지면서 조금씩이나마 보시布施가 들어오면서, 대피소 안에 자그마한 예배당도 세울 수 있는 여력이 생겼다. 이제 이곳은 더 이상 '죄 지은 자들의 평원'이 아닌 '성인의Santinghe 평원velt'으로 탈바꿈하면서 'Santingheveld'로 불리게 되었다.

'성인들의 평원'과 관련된 이야기는 단순한 일화가 아니다. 당시에는 굶주림을 면하기 위해서 농촌을 떠나 여기저기서 떠돌아다니던 자들이 무리를 지어 상인을 공격하고 살해하는 일이 비일비재했다. 그러자 평범한 사람들을 중심으로 지역의 평화를 구현하려는 대중운동이 일기 시작했다. 이는 기존의 교회가 주도했던 '신의 평화 운동'의 연장선상에서 이해될 수 있는 움직임으로, 이들은 공동체 생활을 하면서 교회의 허락하에 노상강도를 제압하는 전투 집단으로 변모해갔다.[79]

이처럼 폭력이 난무하던 "무정부anarchy"[80] 상태에서 교회는 사회적

---

79 조르주 뒤비, 《부빈의 일요일》, 최생열 옮김 (서울: 동문선, 2002), 92쪽.

약자를 보호하는 방안을 적극적으로 모색하게 된다.[81] 그 결과 10세기 말부터 프랑스의 남부와 중부 교구에서는 일련의 공의회가 개최되고, 사회를 안정화시키려는 '신의 평화'와 같은 교회 법령들이 제정되었다. 무엇보다도 중세의 비전투원 보호noncombatant immunity를 목적으로 했던 이 평화 운동은, 초창기에는 성직자, 수도승과 같이 폭력 앞에 무기력한 사람들의 목숨과 재산을 보호하는 것을 목표로 했다.[82] 이후 순례자, 여행자, 상인, 농민 등의 세속인들까지로 점차 그 대상을 넓혀갔다. 그러면서 공의회 결의 사항의 실현을 위해서 세속 귀족들도 '평화와 정의의 서약'을 해야 했고, 서약을 어기는 자들은 '벌을 받기로' 맹세했다. 1038년의 부르주 공의회는 평화수호를 위한 처벌 행위를 실천에 옮긴 대표적인 사례로 기억된다. 부르주 공의회는 '모든 기독교 성인 남성들은 신의 평화를 수호하는 군대militia에 복무해야 한다'는 규정을 제정하기에 이른다. 그 결과, 성직자와 평범한 사람들inermis vulgi로 구성된 평화의 군대는 평화를 파괴하는 자들을 처벌하기 위한 전투를 벌였고, 이 과정에서 수백 명이 목숨을 잃기도 했다.[83]

평화에 대한 유럽적 차원의 관심은 교회개혁의 시대를 거쳐 클레

---

80 Head·Landes, *The Peace of God*, p.1; Alex J. Ballamy, *Just War. From Cicero to Iraq* (Polity, 2006), p.31.

81 11세기 교회의 이러한 움직임에 대해서, 마이클 만(Michael Mann, *The Sources of Social Power: Vol. 1, A History of Power from the Beginning to A. D. 1760*, p.377, p.382)은 교회가 세속적 혼란을 극복하고 "규범 체제normative system"를 정립하려는 과정으로 보았다.

82 '비전투원 보호 원칙'은 아우구스티누스의 저작에서도 이미 발견되고 있다는 사실로 미루어 볼 때, 이는 신의 평화 운동만의 결과로 볼 수는 없을 것이다. 비전투원 보호원칙은 전쟁 수행 과정의 정의 *ius in bello*로 신의 평화 운동이 갖는 정전론적 성격을 의미한다.

83 Bernhard Töpfer, *Volk und Kirche zur Zeit der beginnenden Gottesfriedensbewegung in Frankreich*, p.91. 평화 운동의 서막을 알리는 르퓌Le Puy 공의회(975)를 주도한 주교 귀Guy 도 처음부터 세속 귀족과 농민들의 지원을 통해 평화 유지를 도모했다.

르몽 종교회의(1095)까지 이어진다. 이곳에서 교황 우르바누스 2세는 기독교 사회 내부의 혼란스러운 상황에 대한 우려를 표명하면서 교회와 사회의 평화 회복을 역설했다. 그리스도교 형제들 사이의 투쟁을 종식시키고 이교도에 대항한 전쟁을 강조한 그의 연설문은 "평화 운동의 결정판이었다고 할 수 있다".[84] 그 후 제1차 라테란 보편공의회(1123)[85], 2차 라테란 보편공의회(1139)[86], 3차 라테란 보편공의회(1179)[87]에서도 신의 평화에 관한 규정이 재천명되었다. 전시의 비전투원 보호원칙은 1140년경 편찬된《그라티아누스 교령집Decretum Gratiani》에서도 확인되고, 1234년에 교황 그레고리우스 9세가 펴낸《교령집Liber Extra》에도 〈휴전과 평화De Treuga et Pace〉라는 제목으로 삽입되어 있다. 민간인보호규정과 관련해서 이전보다 좀 더 구체적인 언급을 하는 이 교령집은 성직자, 수도사, 평신도 수사conversi, 순례자, 상인, 농민, 여행자euntes et redeuntes 등이 우선 보호대상이며, 그 외에도 경작에 필요한 동물에 대한 재산권 보장 등을 명시했다.[88]

세력 재편성과 '프랑스화'

12세기 초반까지만 해도 프랑스의 왕은 노르망디의 대공과 비교했을

---

84 장준철, 〈13세기 교황중심 유럽질서와 파문제재〉,《서양중세사연구》, vol.25. (2010), 136쪽.

85 Can. 12[교회 재산 절도죄에 대한 제재], 14[강탈 행위 금지], 15[법령 갱신].

86 Can. 12[휴전 의무], 15[성직자에 대한 폭행 금지 및 성당의 비호권].

87 Can. 21[휴전 의무 위반에 관한 규정], 22[안전 유지].

88 CJC, Decretalium, Lib. I, Tit XXXIV: *Personae hic enumeratae plena securitate gaudent tempore guerrae. Idem. Innovamus autem, ut presbyteri, [clerici], monachi, conversi, peregrini, mercatores, rustici, euntes et redeuntes, et in agricultura exsistentes, et animalia, quibus arant et quae semina portant ad agrum, congrua securitate laetentur. Nec quisquam etc.*

때, "보잘것없는 존재"(G. 뒤비)에 불과했다. 노르망디 대공을 비롯해서 수많은 귀족들이 왕에게 신종信從 선서를 했지만, 왕의 실권은 북부 프랑스의 좁은 지역에만 국한되었을 뿐이었다. 그러나 루이 7세(재위 1137-1180)와 존엄왕 필리프 2세(재위 1180-1223) 이후, 프랑스의 왕권은 팽창했고 이와 더불어 왕령지도 점차 확대되었다.

아르눌의 집안은 플랑드르, 노르망디, 앙주 가문처럼 가장 막강한 권력 기반을 가지고 있지 못해서 다른 가문과의 연대와 결속을 통해서 독자적인 세력을 구축해가는 자구책을 찾았다. 12세기 중반을 전후로 해서 점차 남쪽으로부터 프랑스 왕권의 영향력이 감지되면서 프랑스어도 정치적 팽창과 더불어 긴느 백작령에도 서서히 보급되기 시작했다. 정치적 변화에 민감했던 긴느-아르드르 같은 군소 귀족 가문에서는 12세기 말부터 프랑스어가 점차 중요해졌다.[89]

그러나 프랑스 왕권의 확장을 탐탁히 여기지 않았던 북쪽의 강자 플랑드르 백작은 12세기 말부터 프랑스 왕과 팽팽한 신경전을 펼쳤고, 이제 긴느-아르드르의 백작도 이 두 세력 사이에서 정치적인 결정을 내려야 할 순간이 되었다. 당시 정치 상황은 프랑스왕 필리프 2세와 껄끄러운 관계였던 보두앵 8세(재위 1191-1195)가 플랑드르의 백작에 등극하면서 더욱 복잡해진다. 이어서 플랑드르의 실권을 이어받은 보두앵 9세(재위 1195-1206)가 다시금 프랑스의 왕과 대결하던 상황에서 아르눌과 그의 부친은 플랑드르 백작 편에 서게 된다.

이 과정에서 불로뉴의 르노가 긴느 백작령을 침공해서 아르눌의 아버지 보두앵을 포로로 잡는 사건이 발생했다. 어려운 시기에 어떻게

---

89 상세한 내용은 본서 IX장-중세의 모방 범죄 참조.

처신해야 할지를 누구보다도 잘 알고 있었던 르노였다. 하지만 그도 처음에는 프랑스 왕의 편은 아니었다. 1198년부터 1199년까지 프랑스 왕과 플랑드르 백작 사이의 힘겨루기 상황에서 교묘한 줄타기를 하다가 1202년에 프랑스 왕의 편에 선다.

이렇게 해서 플랑드르 진영의 긴느 백작 보두앵과 프랑스 왕 필리프 2세를 지지하던 르노, 둘 사이의 관계는 악화되어만 갔다. 마침내 1205년 르노가 긴느를 침공하여 보두앵 백작을 포로로 잡는 일이 발생한다. 비록 석방되기는 했으나, 보두앵은 포로로 잡힌 후유증으로 이듬해 초에 사망한다. 아르눌이 죽은 아버지의 뒤를 이어 긴느 백작에 오른 뒤에도 프랑스의 왕 필리프와 르노의 공격은 집요하게 이어졌다. 1209년에 필리프는 백작령을 침공하여 마을을 파괴하고 일부 점령지에는 군대를 잔류시켜 만약의 사태에 대비했다. 그 사이에 르노는 아르눌의 동생 마나세스가 지키고 있던 로리초브 요새를 함락시켰다. 마침내 아르눌도 프랑스 왕 앞에 무릎을 꿇고 스스로 봉신이 되겠다는 맹세를 해야만 했다. 그리고 이어 발생한 부빈 전투Bataille de Bouvines에 참여해서 프랑스 왕을 위해서 혁혁한 공을 세운다.[90]

정치, 사회경제, 문화와 종교 영역에서 역동적인 변화를 보여주던 '12세기'를 살면서 전통적 가치를 습득하고 동시에 시대 변화에 적응해야했던 아르눌은 무거운 심적 부담감을 감내해 내야만 했을 것이다. 격변의 한가운데 선 가문에서 태어난 그에게 장남이라는 타이틀은 권한뿐만 아니라 역할과 책임감을 동시에 부여했기 때문이다. 아들, 아버지, 가정의 보호자로서 그가 떠맡은 책무는 성인이 된 이후에도 계

[90] 상세한 내용은 본서 X장-부빈 전투 참조.

속 이어졌다. 남자로서의 역할을 제대로 수행해야 한다는 압박과 두려움은 그의 생애 주기마다 다양한 남성성masculinities을 분출시킨다.

중세의 가구

공간 구조, 의복과 마찬가지로 가구°도 사용자의 지위를 나타내며, 문화적 의미를 내포하고 있다. 가구는 또한 계층과 권력의 차별을 상징화했으며, 남녀간의 차별을 의미하기도 했다.

침대

랑베르는 영주의 집을 설명하면서 2층에 있던 영주 부부의 커다란 침실을 언급한다.°° 침실 가운데에는 부부용 침대가 놓여 있었을 것으로 보인다. 여타의 가구가 흔하지 않았던 시대였기 때문에, 영주 부부의 침대는 더욱 눈에 띄었을 것이다. 아르드르에는 별도의 '홀'에 대한 언급이 없는 것으로 보아, 아르눌의 아버지는 침실을 접견 장소로 이용했을 수도 있다. 동시대 대귀족들의 거처에는 홀과 침실이 구분되어 있었기 때문에 이러한 추측은 가능한 것이다. 혹은 랑베르가 언급한 2층의 다양한 부속 공간들을 고려해보면, 어쩌면 침실 옆에 나무 칸막이로 구분된 공적 성격의 접견 공간이 있었을 가능성도 있다. 그림 속의 침대는 중세 전성기의 최신형으로, 침대의 틀은 나무로 제작되었고 중간 부분은 줄로 얼기설기 얽혀 있었다. 침대의 탄력성을 높이기 위해 양털이 들어 있는 매트리스 같은 것을 깔기도 했다. 당시 이러한 유형의 침대는 매우 비쌌다. 침대는 그 무엇보다도 부부 관계를 보여주는 핵심적인 상징물이다. 사적 공간이 따로 없었던 성의 일상 속에서 결혼한 두 사람은 침대에서 애정을 키웠고 같은 곳에서 자식들을 출산했다. 랑베르는 부부가 "같은 침대와 같은 신앙심"을 공유

- 붐케Bumke에 의하면(《Courtly Culture》, p.112. 참조) 가구에 대한 랑베르의 기록은 여타의 사료에서 찾아보기 힘든 매우 귀중한 자료로 남아있다.
- °° 《역사》 C. 127: magna domini et uxoris sue, in qua accubabant......camera.

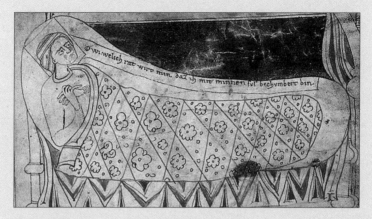

아네아스 로망Eneas Roman 필사화에 그려진 침대의 모습(mgf 282. fol. 11ra). 그림 속 주인공은 어떤 이유에서인지 잠을 자지 못하고 있다.

하는 공동체라고 했다. 비록 부부간에도 권력상의 위계가 있었으나, 영주 부부는 타 계층의 사람들과는 차별화된 존재였다. 영주의 부인은 가부장의 배우자이자, 장차 집안의 가장이 될 아들의 어머니로서 권력의 중심에 있었다.

그래서 아르눌의 집안에서는 중대사를 결정할 때, 부부가 단둘secreto이서만 논의하는 경우도 종종 목격되었다. 긴느 백작이 아르드르 가문과의 평화를 체결하기 위해서 내방했을 때도, 아르드르 경은 부인 아드린느를 대동하고 협상을 벌였다.[*] 공적인 자리에 집안의 가장이자 주군dominus인 남편과 안주인 domina인 부인이 동등하게 참여했음이 이를 잘 보여주는 대목이다.[**] 물론 부부가 중요한 논의를 했던 장소는 침대였을 것이다. 성에서 두 사람이 밀담을 나눌 수 있는 공간이 바로 침실이었기 때문이다.

- [*] 《역사》 C. 66: *...comes...inclavit se ad pacem, et secreto cum Ardensi domino Arnoldo et eius Adelina precutus.*
- [**] 조르주 뒤비, 《12세기의 여인들 2》, 190~191쪽.

대부분의 중세인들은 바닥에서 올라오는 한기를 피할 수 있는 나무판자면 족했고, 그나마도 없는 사람들은 맨바닥에서 잠을 자야 했다. 상황이 좋으면, "겨울에는 짚으로, 여름에는 싱싱한 풀과 꽃으로 덮인"• 바닥에서 건초가 들어가 있는 이불로 만족해야 하는 경우가 많았다. 물론 부드러운 양털로 만들어진 침구 시트가 있었지만, 이는 영주 가족들의 차지였다. 중세의 음유시인들은 영주 가족의 '화려한' 침대를 노래하곤 했다. 이처럼 가구는 계층 구조와 권력의 차별성을 상징적으로 보여주는 매개물이었다.

거실과 식탁

귀족은 여러 부류의 사람들과 서로 소통하고 교류하며 살았다. 그래서 그들의 저택은 "공개될 수밖에 없었고, 또한 여러 세대 전부터 공적·군사적·민사적 기능이 주어진 공간의 틀에 깃들어 있었다."•• 이처럼 다양한 권력 관계가 작용했던 가옥에는 사적 영역과 공적 영역이 명확히 구분되지 않았다. 영주의 거실은 "음식과 음료를 담당하는 하인이 머무는 곁방이 딸려 있는"•• 식사 공간이자, "집안 식구들의 회합장소communis inhabitantium conversatio"였다. 이곳에 놓여 있는 책상은 가장으로서, 그리고 통치자로서 성주가 지닌 공적 권위를 상징적으로 대변했다. 성주는 이 책상에서 군사적·사법적 업무를 보았고 법을 정하고 범죄를 처벌하는 공적 활동을 수행했다. 따라서 거실은 "공적 권력이 표명되는" 장소였다.••

식탁은 책상에 몇 개의 버팀목을 세우고 참나무 판자를 이어서 고정시키는 수

● 페르낭 브로델,《물질문명과 자본주의 I-1》, 주경철 옮김, (서울: 까치, 1995) 417쪽.
●● 조르주 뒤비,《사생활의 역사 2》, 113쪽.
•● 《역사》 C. 127: *penora, hinc panetariorum hinc pincernarum.*
●● 조르주 뒤비,《사생활의 역사》, 116쪽.

준이었다.● 대체로 "폭은 좁았으나 매우 큰 식탁"이 사용되었고, 경우에 따라
서는 책상을 여러 개 나란히 놓음으로써 그림에서 보이는 것처럼 연회용 대식
탁이 임시로 만들어져 쓰였을 것으로 보인다. 그 위에는 식탁을 시각적으로 한
층 돋보이게 했던 식탁보가 깔렸다. 하지만 특이한 점은, 남자와 여자가 모두
벽에 기대어 같이 식사를 하는 장면이다. 연회와 축제가 벌어지는 동안 귀족들
의 식탁에서는 남녀 간 모종의 차별성이 두드러지지 않는 것처럼 보인다. 하지
만 거실은 남성의 공간으로, 연회가 끝나면 아이들과 여성들은 "사적인 닫힌
공간secretiori parte"으로 물러나야 했다. 그리고 식탁들은 본래의 자리로 다시
배치되었을 것이다.

● 페르낭 브로델, 《물질문명과 자본주의 I-1》, 428쪽: "16세기까지 일반적으로 참나무 외에는 다른
  재료가 없었다. 16세기에 가서야 호두나무와 먼 외국에서 생산된 나무를 쓰는 유행이 안트베르펜에
  서 시작되었을 뿐이다."

거실의 식탁을 중심으로 벌어지는 식사와 연회는 남성의 자기과시적 성격이 강한 일종의 의식이었다. 아르눌의 아버지 보두앵도 자주*frequenter* 그의 기사와 외부의 손님들을 초대해서 "근사한 식사*deliciosis epulis et conviviis*"를 대접했고,• "아르드르 성의 연회장*aula*에서 개최된 공동식사*convescendum*에는 다양한 종류의 음식이 넘쳐날 정도로*ad affluentiam* 제공"되었다.•• 이는 자신의 대범함과 관대함은 보여주기 위한 남성적 제스처로, 플랑드르의 백작도 자신을 찾아온 아르드르의 백작을 위해 "최고급의 음식과 음료*lautissimis cibis et potibus*만을 준비하도록"•••했던 것도 같은 이유에서였다.

아르눌의 시대는 남성들의 동성사회적*homosocial* 연대가 다른 가치보다 우선하던 때로, 남성들만의 사회적 연대가 견고해졌다. 이 과정에서 남성적이지 않은 것은 철저히 배제되었다. 이러한 폐쇄적인 남성사회가 태동한 곳이 바로 거실이었다. 이 거실에서 이루어지는 "모든 대화는 남성들의 전유물"이었다.•••• 먹고 마시는 일은 남성들 사이의 우정과 동료애를 결속하는 제례적 의미를 지녔다.

의자

중세에서는 지위고하를 막론하고 등받이가 없는 벤치 모양의 긴 의자가 가장 일반적인 형태였다. 상당히 비싼 이동식 접의자를 제외하고 개인용 의자는 보기 힘들었고, 방석 역시 사치스러운 물건 중 하나였다. 때때로 의자를 벽 쪽에 밀착해 등받이로 썼기 때문에 쉽게 이동할 수 있는 벤치가 널리 사용되었다. 가구

• 《역사》 C. 84.
•• 《역사》 C. 87.
••• 《역사》 C. 123.
•••• 조르주 뒤비, 《위대한 기사, 윌리엄 마셜》, 정숙현 옮김 (파주: 한길사, 2005), 102쪽.

가 희귀했던 시대라 작은 물건을 보관하
던 트렁크가 의자 대신 쓰이기도 했다.
특히 의자에는 권력의 상징성이 남아 있
어서, 남녀 사이의 차별성을 나타내는
데도 중요한 역할을 했다. 성의 주인은
"홀에 위엄 있게 앉아 손님들을 맞으면
서"*, 가부장으로서의 임무를 수행했
다. 의자와 그 의자가 놓인 자리는 남성
성의 상징이었으며, 남성의 위신과 성
공, 자부심을 나타내는 것이었다. 따라

서 중세 후기에는 "의자chaire는 거대하
고 하나밖에 없는 것이라 중세의 제후에게만 허용되던 것이었다. 나머지 사람
들에게는 긴 의자나 걸상, 가죽 의자가 주어졌다. 그리고 훨씬 시간이 흐른 뒤
에야 일반 의자가 주어졌다."**

트렁크

당시는 아직 장롱 형태의 가구가 사용되지 않았던 시기라, 트렁크는 귀중품이
나 작은 물건들을 보관하기에 매우 유용한 가구였다. 게다가 화재 같은 위급한
상황에서 쉽게 옮길 수 있는 장점이 있었다. 시간이 갈수록 여러 개의 트렁크를
쌓아 올려서 사용했다. 그러다가 문짝이 앞면에 설치되면서 오늘날의 장과 같
은 모습으로 변하게 되었다. 초기의 장롱은 "벽에 붙은 육중한 형태"였다.

---

* 조르주 뒤비, 《12세기의 여인들 2》, 153쪽.
** 페르낭 브로델, 《물질문명과 자본주의 I-1》, 430쪽.

어린시절

긴느 가문의 속사정

아버지와 어머니

랑베르가 전하는 바에 의하면, 아르눌의 아버지 보두앵과 어머니 크리스틴은 매우 어린 나이에 결혼을 했다. 보두앵은 열 살이 채 되지 않았고, '신부'는 아직 말도 제대로 못하는 아이였다. 그래서 사람들은 아이의 웃는 모습을 결혼에 대한 동의로 받아들였다.[1] 어쨌든 중요한 점은 이 결혼으로 오랜 앙숙이었던 두 가문 사이에 '평화가 도래했다 *perpetua pace gauderet*'는 사실이다. 두 가문의 화해는 그리스 신화에 등장하는 '테세우스와 페이리토스의 우정'과 비교될 정도로 수 세기 동안의 불화와 갈등을 종식시키는 사건이었다.[2] 이후 이들의 결혼 생활은 크리스틴이 급작스럽게 사망할 때까지 20년 이상 지속되었다. 둘사이에서 열 명의 아이들이 태어났고 이들 대부분은 모두 성년까지 생존했다. 상대적으로 긴 결혼 생활을 이어갔지만, 보두앵은 가장으로서의 역할을 제대로 수행하지 못했을 것이다. 왜냐하면 신분에 관계없이 대부분의 귀족 남성들은 집을 떠나 있는 시간이 많았기 때문이다. 11세기와 12세기 긴느 백작령에서는 숱한 전쟁이 있었고, 대외적으로도 잉글랜드 정복 전쟁과 십자군 원정으로 오랫동안 집을 비우는 경우가

---

1 《역사》 C. 67: *et hilaritate vultus iam assensum exprimens.*
2 《역사》 C. 70: *Comes autem Arnoldus et Ardensis dominus de Colvida nominatus Arnoldus in tantam amicicie coniuncti sunt confederationem, ut unum par amicicie et quasi novi et nuper in vitam revocati Theseus et Perithonus predicarentur.*

잦았다. 특히 긴느의 백작들은 1066년 이후, 잉글랜드에 봉토를 소유하면서 잉글랜드에서도 영주로서의 임무를 수행해야만 했다. 부인 크리스틴이 위독한 순간에도 보두앵은 잉글랜드에 머물고 있었다.[3] 하지만 남편의 장기간 부재는 오히려 귀족 부인들이 권력을 확장할 수 있는 좋은 기회가 되었다.

랑베르의 《역사》에 의하면 긴느-아르드르 가문의 여인들은 남편 부재의 기간 동안 '성주의 부인', '영주의 부인'으로서 직·간접적으로 공적인 업무에 개입하곤 했다. 가문의 대표였던 남편의 '협력자'로서 집안의 재산 관리를 책임졌던 여인들은 때로는 냉혹할 정도로 엄격하게 가계를 꾸리기도 했다. 1138년경 사망한 아르눌 2세의 부인 제르트뤼드가 아마도 대표적인 사례일 것이다. 랑베르는 그녀의 영지 관리에 대해 다음과 같이 기록했다.

"주도면밀했던 그녀는 방목권을 더 효율적으로 이용하기 위해서 영지 내의 모든 가축들을 한 무리씩 다시 편성하도록 지시했다. 그녀의 명령을 이행하느라 동분서주하던 대리인들이 한 오두막집에 들어섰을 때, 가난한 여인과 배고파 울고 있는 그녀의 아이 일곱이 그들을 맞이했다. 망연자실한 표정으로 그들을 바라보던 여인은 자신의 수중에는 양이나 소, 어느 것도 없으니 귀부인이 진정 원한다면 자기 아이들 중 한 명을 데려다 '방목 _ad pascendum_'하는 것이 어떻겠냐고 냉소적으로 쏘아붙였다. 이 말을 전해 들은 제르트뤼드는 어린 여자아이 하나를 새끼 양 대신 데려다가 하녀로 삼았고_ancillam factam et ancille nomen_, 이 아이가 결혼할 나이가 되자

3 《역사》 C. 85.

농장 재산을 관리하던 남자와 짝지어주었다*copulavit*. 이때부터 이 하녀가 낳은 모든 자식들은 귀부인의 소유가 되었다."[4]

연구자들[5]에 의해서 1066년의 잉글랜드 침공과 점령, 십자군 열풍에 휩싸였던 프랑스 북부 지역, 특히 플랑드르 지역의 특수한 상황이 귀족 부인들에게 유리하게 작용했던 것으로 확인된 바 있다. 귀부인들은 하인을 포함한 넓은 의미에서 '가족*familia*'의 질서를 원만하게 유지하고자 노력했고, 하인들은 물론이고 귀족과 가신들의 딸과 누이까지 모두 안주인의 뜻에 복종해야만 했다. 맡은 역할과 책임이 막중했던 만큼 안주인에 대한 기대감 또한 컸다. 랑베르 역시 긴느-아르드르의 가문으로 시집오는 새로운 안주인들에게 각별한 관심을 보였고, 특히 이들의 인품과 재능에 대해 상세한 기록을 남겼다.

보두앵 1세(1091년 사망)의 부인 아델은 인격적 성숙함으로 랑베르에게 깊은 인상을 남겼다.[6] 그리고 아르눌의 부인 베아트리스에 대해서는 "이 소녀가 지혜롭기는 제2의 미네르바이고, 미모는 헬레네와 견줄 만하며, 부유하기로는 유노와 맞먹을 것"이라 추켜세웠다.[7] 또한 그녀가 결혼 직전까지 부르부르 성 옆의 수녀원에서 예절과 학문을 배운 교양 있는 여성이라는 사실을 언급하는 것도 잊지 않았다.[8]

---

4 《역사》 C. 129.

5 대표적으로 Di Clemente, "The Women of Flanders and Their Husbands", pp.79-86.

6 《역사》 C. 25: *divini muneris actum...largitate*.

7 《역사》 C. 149: *eminentissima prestantissimi corporis specie Cassandre vel etiam Helene invidiosam, in omni sapientia Minerve consimilem, in rerum copiis Iunoni coequatam*.

8 《역사》 C. 122: *tam nutrienda quam moribus erudienda et liberalibus studiis imbuenda*; c. 149: *liberalibus eruditissimam disciplinis atque docibilem*.

"아들들을 훌륭한 전사로 키워냈던 외스타슈(1065년 사망)에게도 글을 배우고 책을 읽히는 데는 아들과 딸의 구분이 없었다."[9]는 랑베르의 지적은 여아들도 교육을 받았다는 사실을 시사한다. 자유7학문[10]에 대한 여성들의 관심은 수동적으로 교육을 받는 수준에 그치지 않았던 것으로 보인다.[11] 불로뉴의 백작부인 이다Ida, c.1160-1216가 세운 수도원은 신학 서적의 출판으로 인근에 그 명성이 자자했으며, 뿐만 아니라 그녀는 자유7학문과 관련된 저서 발행에도 많은 재정적인 지원을 할 정도로 학문 진흥에 적극성을 보였다.[12] 이렇게 교양과 지식을 쌓은 여인들, 특히 어머니들이 가문의 문화적 유산을 대대로 전수하는 매개적인 역할을 수행하게 된다.

긴느-아르드르 여인들에 대한 랑베르의 집요한 조사와 엄청난 찬사에도 불구하고, 정작 아르눌의 어머니 크리스틴에 대해서는 약혼[13]과 임신,[14] 죽음[15]에 대해서 잠깐 언급하는 수준에 머물렀다. 그래서 크리스틴의 성품 등에 대해서는 알려진 바가 별로 없다. 하지만 아르눌의 아버지와 어머니는 금실 좋은 부부였던 것으로 보인다. 보두

---

9 《역사》 C. 23: *Quos omnes liberalibus literarum studiis adprime imbuendos tradidit pater eorum Eustachius.* 이렇게 본다면 교육도 중세 봉건 엘리트 집단의 특권이었다.

10 자유7학문에 대해서는 David L. Wagner, "The Seven Liberal Arts and Classical Scholarship", David L. Wagner(ed.), *The Seven Liberal Arts in the Middle Ages* (Bloomington: Indiana University Press, 1983), pp.1-31 참조.

11 중세 여성의 교육에 대해서는 Danielle Régnier-Bohler, "Literacy and Mystical Voices", *A History of Women in the West II*, pp.427-482; Chiara Frugoni, "The Imagined Woman", *A History of Women in the West II*, pp.336-422, 특히 pp.397-420 참조.

12 《역사》 C. 31: *personis morum compositione et liberalium arcium non minus quam theologice scripture informatione.*

13 《역사》 C. 66: *dictam iuvenculam filio suo primogenito Balduino acquirere et lege matrimonii copulare.*

14 《역사》 C. 72; c. 77.

15 《역사》 C. 85; c. 86.

앵 백작은 다른 일로 외유를 하는 동안에도 몸이 약했던 아내의 건강을 걱정했던 가정적인 인물이다. 한번은 그가 잉글랜드에 체류하던 중 부인의 건강상태가 악화된 적이 있었는데, 소식을 접한 보두앵은 만사를 제쳐두고 서둘러서 집으로 돌아올 정도로 부인에게 애틋한 정을 가지고 있었다.[16] 이러한 관심과 사랑에도 불구하고, 부인이 먼저 세상을 떠나고 말았다. "진정으로 사랑했던 아내의 죽음으로*amantissime uxoris morte*" 보두앵은 큰 슬픔에 빠졌다. 그의 상태를 돌보던 의사들*phisici*조차도 속수무책이었으나, 사람들의 기도를 들으신 "주님의 은총으로" 조금씩 회복되어 갔다.[17] 랑베르는 크리스틴의 죽음에 대해 비교적 상세한 기록을 남겼는데, 중세의 결혼생활이 출산과 가문의 영광과 같은 현세적인 목적만을 추구한 것이 아니었음을 보여주는 사료이기도 하다.

"아르눌의 어머니가 그의 동생을 출산하다가 그 후유증으로 심한 고통을 당하고 있다는 소식을 접하자, 마침 잉글랜드에 체류하고 있던 그의 아버지는 만사를 제쳐두고 서둘러 귀국길에 올랐다. 그 와중에서도 의사 두 명을 데리고 왔다는 것을 보면, 부인을 살리겠다는 그의 바람이 얼마나 강했는지 알 수 있다. 그러나 그의 부인은 이내 숨을 거두었고 미칠 듯이 슬퍼하던 보두앵은 어느 누구도 알아보지 못하고 선악이나 예의, 무례함조차 구별하지 못하는 상태가 되었다. 의사는 그를 돌봐줄 몇 명의 친지 외에는 두 달 동안 사람들의 출입을 차단했다."[18]

---

16 《역사》 C. 85.
17 《역사》 C. 86.
18 《역사》 C. 86.

중세에 개인의 감정을 묘사하는 이러한 기록은 매우 드문 경우로, '감정의 역사' 연구 가능성은 차치하더라도 '감정 없는 중세인'이라는 아리에스의 평가와 상반되는 대목이다. 비록 이 구절이 주군의 인간적인 면모를 칭송하는 약간의 아부가 섞인 언급이고 가문 사이의 정략적인 이유로 성사된 결혼임을 감안하더라도, 중세에도 부부의 정이 매우 돈독했음을 보여주는 대목이다. 실제로 긴느-아르드르의 여인들 중 어느 누구도 결혼 기간 동안에 버림을 받지 않았다. 수많은 서자와 서녀들은 결혼 전이나, 혹은 아내를 잃고 홀아비로 지내던 시절에 얻은 자식들이었다.[19]

배다른 형제

그러나 보두앵은 "사냥꾼이자 술꾼이자 난봉꾼"으로 소문난 사람이었다.[20] 보두앵은 부인을 여읜 슬픔도 잠시, 이후 "자신도 아이들의 이름을 모를 정도로 많은"[21] 서자를 낳았고, 이들은 결국 아르눌의 배다른 형제자매가 되었다. 중세 귀족 남성이 숱한 여인들과 혼외정사를 맺었다는 것은 익히 알려진 사실이다. 슈타우펜 왕조 프리드리히 2세의 경우, 사생아들을 "모으면 한 무리가 될 정도"였다.[22] 보두앵도 서자와 서녀의 수가 대략 20여 명으로 추정되며, 대부분 집안을 오가던 혼기가 찬 젊은 여인, 특히 처녀들*puellas et maxime virgines*이 나이 든 백

---

19 중세 부부의 일반적인 애정에 대해서는 Herlihy, *Medieval Household*, pp.112-130 참조.
20 《역사》 C. 89.
21 《역사》 C. 89.
22 만프레트 라이츠, 《중세 산책》, 169쪽.

작의 포획물이 되었다.

종교적 제약과 비판에도 불구하고, 남성의 '성적 일탈'에 대해서는 오랜 동안 사회적으로 용인되어 왔다. 이러한 성적 "이중 잣대"는 중세 초기부터 목격되어 왔고[23], 특히 젊은 총각들의 일탈 행위에 대해서 교회와 성직자들이 이따금 준엄한 경고를 했음에도 불구하고, 사회는 관대한 편이었다. 일탈적 성행위는 남성성과 결부되어 자연스러운 현상으로 이해되었고'male sex drive' discourse, 혼전순결이 오히려 비정상적인 것으로 비춰졌다. 에렉과 에니드, 파르지팔과 블랑슈플뢰, 랜슬롯 경 같은 기사문학 작품의 주인공들도 혼외정사를 맺었다. 아서 왕 자신도 혼외정사의 결과로 태어나지 않았던가!

당시에는 서출이 사회 구조의 정상적인 일부였고, 워낙 흔했기 때문에 이들은 "전혀 은폐되거나 거부당하지 않았다."[24] 오히려 이들은 혈연적 특권을 누렸고, 적자와 마찬가지로 기사 교육을 받고 기사로 성장하거나 성직자의 길을 걸을 수도 있었으며, 보두앵의 서녀들도 "아버지의 관심patris industria et cautela maxima"에 힘입어 좋은 배필을 만날 수 있었다.[25] 결국 서자와 서녀들의 경우도, 개인적 능력과 매력이 중요한 요소가 되었다.[26]

그래서 서출들은 자신의 신분적 굴레에 얽매이기보다는 현실을 인

---

23 Rachel Stone, *Morality and Masculinity in the Carolingian Empire* (Cambridge; New York: Cambridge University Press, 2012), pp.304-306.

24 조르주 뒤비,《중세의 결혼》, 322쪽. 그래서 프리드리히 2세가 낳은 서자 만프레트는 왕이 될 수 있었다(만프레트 라이츠,《중세 산책》, 169쪽).

25 그래서 보두앵 2세는 자신의 서자들을 위해 교사*pedagogis*를 고용하여 교육을 담당하게 했고 잉글랜드와 아르드르에 있는 교회의 사제*canonicus*로 만들었다. 그들의 어머니와 유모들의 보호하에 잘 자란*nutricibus aut etiam matribus nutriendi* 서녀들도 귀족 가문의 남자들*nobilibus viris*에게 시집을 보냈다(《역사》C. 89).

26 《역사》C. 89.

정하고 극복하려는 방안을 모색했다. 서자들은 재산 상속으로부터 배제되어 새로운 가정을 꾸릴 수 있는 경제적 발판이 없었기 때문에 방랑 기사의 길을 떠나거나 성직자로서 새로운 삶을 시작해야만 했다. 적자들 중 차남이나 삼남들의 삶과도 큰 차이가 없었다. 자격 요건만 갖추면 서자들도 기사 작위를 받을 수 있었고, 마상경기에서 두둑한 상금을 차지할 가능성도 있었다. 또 성직자의 길을 택할 수도 있었다. 이 모든 것이 자신의 개인적 능력에 달렸던 것이다.[27]

그러나 서자들은 애초부터 공평한 상속을 기대할 수 없었기 때문에,[28] 상속 과정에서 불만을 품었던 적자 출신 차남들보다도 "덜 반항적이고 차분했다. 그들은 맏아들을 시기하기보다는 그의 절친한 동료가 되고자 했다." 보두앵의 장남 아르눌에게는 자신의 친형제자매들 외에도 이러한 수많은 배다른 형제자매들이 있었고, 이들은 아르눌의 성장 과정에서 때로는 동료로서 때로는 친구로서 동고동락하게 된다.

산모의 고통

아르눌이 태어난 곳은 아르드르 성의 2층에 위치한 침실이었다. 혹시라도 갓 태어난 아이의 눈에 햇볕이 들어가는 것을 막기 위해서 침실의 모든 창은 천으로 가려졌고, 등잔불만이 어두운 방을 비추고 있었다. 산모 주위에서 나이 든 하녀와 조산사가 있을 뿐, 남자의 모습은 보이지 않았다. 당시에는 태어날 아이의 아버지조차 산모에 접근하는

---

27 Laura Wertheimer, "llegitimate birth and the English clergy, 1198-1348", *Journal of Medieval History* 31(2005), pp. 211-229.
28 뒤비, 《중세의 결혼》, 322쪽.; 뒤비, 《12세기의 여인들 2》, 155쪽.

것이 금지되어 있었기 때문에, 남자들이 할 수 있는 일은 성모 마리아에게 순산을 기도하는 것뿐이었다.[29]

산모들은 아이를 낳기 전에, 예배당에서 성체성사를 받았는데, 이는 출산 과정에서 산모의 급작스러운 죽음에 대비하기 위한 조치였다. 이는 먼 길을 떠나는 순례자나 전투를 준비하는 전사가 성사를 받는 것과 유사한 이유에서였다. 실제로 출산 과정에서 문제가 발생하면 대부분의 경우는 속수무책이었다. 간혹 산모와 신생아 둘 중에 한 사람만 살려야 할 경우, 가문의 존속을 위해서 아이를 살리는 사례도 있어서 출산을 앞둔 산모의 마음은 심란할 수밖에 없었다.[30]

《역사》에도 아이를 낳고 사망한 사례들이 언급되었는데, 마나세스의 외동딸 시빌도 딸을 낳고 바로 사망했다. 출산 과정의 구체적인 정황은 파악할 수 없으나, 이 아이는 그녀가 낳은 유일한 자식이었다.[31] 가문의 연속성을 위해 산모보다 아이를 먼저 생각했을까? 아르드르의 아르눌 1세("the Advocate")의 부인 마틸다는 애석하게도 출산 중 아이와 함께 숨을 거두었다.[32] 아르눌의 어머니, 크리스틴도 마지막 자식을 낳고 병상in lectulo에 누워 있었다. 이를 두고 랑베르가 "자주 있는 경우sicuti mos est parturientis"[33]라고 한 것만 보더라도 중세의 여성들은 힘든 출산을 겪느라 몸과 마음이 허약해지곤 했다. 크리스틴도 남편 보두앵이 고용한 의사 헤르마누스와 고데프리두스가 백방으로 노력했으나 상태는 절망적이었다.[34]

---

29 Nicholas Orme, *From childhood to chivalry*, p.9.
30 만프레트 라이츠, 《중세산책》, 186~187쪽.
31 《역사》 C. 42.
32 《역사》 C. 112.
33 《역사》 C. 85.

별다른 분만 기구가 없었기 때문에, 조산사가 할 수 있는 일은 산모의 호흡 조절을 돕거나 마실 것을 주는 정도에 불과했다. 약초로 만든 연고를 산모의 자궁 주위에 발라주기도 했으나 진통을 완화할 수는 없었다. 중세 말기에 작성된 의학서들은 갓 태어난 아이를 미지근한 물에 목욕시킬 것을 권고하는데, 이는 모태 밖으로 나올 때 아이에게 미치는 온도 변화를 최소화하기 위한 방책이었다. 그래서 출산 직전에 물을 받아 놓았다. 출산 직후 사람들은 아이를 목욕시키고 천으로 단단히 감싸주었다. 그래야 사지가 곧게 자랄 수 있다고 믿었기 때문이다. 산모에게는 원기 회복을 위해 일주일 정도 침대에 머무르도록 했고, 너무 일찍 움직이는 것을 금했다.

당시 어린아이들은 수많은 질병으로 고생을 했고, 상당수는 유년기에 목숨을 잃었다. 대략 넷 중 하나는 다섯 살이 되기 전에 유행병에 희생되었고, 거기에서 살아남은 아이들 중에 다시 넷 중 하나 정도는 열다섯이 되기 전에 죽었다. 그래서 많은 학자들이 중세의 아이들이 14세가 되기 전에 사망할 확률을 50퍼센트로 보았다.[35] 필리프 아리에스와 같은 학자는 중세의 자녀에 대한 '애정결핍증'을 언급하곤 했는데, 이는 바로 높은 유아 사망률에서 기인한 것이었다. 유년기를 무사히 넘길 가능성이 낮았던 당시에 부모가 자식에게 사랑의 감정을 가진다는 것이 어쩌면 불필요하게 느껴졌을 수도 있다.[36]

---

34 《역사》 C. 85: *cum phisici et magistri eius, Heremannus videlicet et Godefridus, de vita eius desperantes, eam comiti servandam et consolandam.*

35 중세의 높은 유아 사망률에 대한 구체적인 사례연구로는 Nicholas Orme, *From Childhood to chivalry*, p.3.

36 전체 인구의 1/3을 14세 이하가 차지하던 당시의 시기를 고려한다면, 기존의 연구는 성인 연구에 편중된 경향을 보인다. 아동의 역사와 같은 분야는 아직도 중세사 연구의 공백기로 남아 있다.

그러나 아리에스의 주장과는 달리 중세의 모든 시대와 가정에 자녀에 대한 부모의 냉담함과 무관심이 일반적이었다고 볼 수는 없을 것이다. 실제로 중세의 아동과 관련된 최근의 연구결과물들은 아리에스의 '애정결핍론'에 많은 의문과 반론을 제기하고 있다. 상대적으로 영양상태가 좋았던 성주의 자녀들은 면역력 또한 다른 아이들보다도 강했기 때문에 큰 병치레 없이 성장할 수 있었다. 그래서 긴느-아르드르에서처럼 성주들 중에는 장성한 자녀를 열 명씩 두는 경우가 드물지 않았다.

세례

늦어도 생후 일주일 이내에 세례를 받아야 한다는 관례에 따라 아르눌은 출생 직후 아르드르 교회에서 세례를 받았을 것이다. 당시 사람들은 세례를 받은 신생아는 살아날 확률이 더 높다고 믿었으며, 세례를 받지 않은 아이들을 요정들이 납치해 간다고 생각했다. 그래서 세례식은 가급적 빠른 시일 내에 진행되었다.

황제 프리드리히 바바로사의 세례 모습을 담은 은그릇. 세례대 오른쪽에 서서 아이의 머리에 손을 얹고 있는 사람이 대부이다.

　　종종 세례를 받지 못하고 아이가 죽는 일이 발생했고 이보다 더 불행한 일은 없다고 여겨졌다. 세례를 통해서만 영적 구원이 가능하다는 당대의 인식으로 인해서 긴급세례와 같은 것도 생겨났다. 이는 출산 시에 영아가 빈사 상태에 처할 경우, 조산모와 같은 일반인이 세례를 행하는 것을 말한다. 임산부의 건강이 악화되어 산모와 아이가 모두 생명이 위급할 경우, 출산 전에 세례가 이루어지는 경우도 빈번했다.[37]

그러나 정상적인 세례식은 성대하게 진행되었다. 벌거벗긴 아이를 물속에 담가야 했기에, 중세의 세례반洗禮盤은[37] 상당히 컸다. 이후 아이의 몸에는 성향유를 바르고 지혜를 상징하는 소금을 입에 약간 넣어 준 뒤 하얀색 세례복을 입혔다.

유모와 가정교사

중세 귀족 가문의 아이들은 생후 1년에서 2년을 대체로 유모와 함께 보낸다.[38] 이 시대의 귀부인들은 대체로 어린 아이에게 모유를 먹이면서 직접 키우기보다는 적당한 나이의 유모를 구하여 아이의 양육을 맡겼다. 그래서 유모를 고용할 때 그 여성에게서 충분한 젖이 나오는가를 직접 조사하곤 했다.[39] 유모는 아이를 보통 2년 정도 맡아서 키우기 때문에, 아이와 유모 사이에는 내적인 유대가 형성되는 것으로 알려져 있다.[40] 뿐만 아니라 아이들의 지적인 성장은 '말을 가르쳐주는 유모'

---

37 Nicholas Orme, *From Childhood to chivalry*, p.9.

38 콘스탄스 부셔, 《귀족과 기사도》, 115쪽.

39 현재 대영박물관에 소장되어 있는 한 필사화는 부유한 중세 여성을 유모로 채용하면서 그 여성이 충분한 젖을 가지고 있는지를 조사하는 모습을 묘사하고 있다(콘스탄스 부셔, 《귀족과 기사도》, 117쪽. 참조).

40 Goodich, M., "Bartholomeus Anglicus on child-rearing." *History of childhood quarterly* 3 (1975), pp.75-84., 여기서는 p.81; Nicholas Orme, *From Childhood to chivalry*, p.91.

의 손에 달렸다고 해도 과언이 아니었다.

갓 태어난 아르눌도 유모의 젖을 먹고 자랐다. 아르드르 성의 2층에는 어머니와 하녀들이 어린아이들을 보살필 수 있는 별도의 공간이 있었는데,[41] 이 공간은 성에서 유일하게 "온기가 느껴질 수 있*ignem componere solebant*"는 벽난로*secretum diversorium*가 있었다. 젖을 땔 무렵이 되어서야 아이들은 친어머니의 품으로 돌아갔다. 갓 태어난 자식에게 모유를 직접 수유하지 않았던 이유는 아마도 임신과 깊은 관련이 있었던 것으로 보인다. 일반적으로 수유 기간에는 가임 가능성이 낮아지는데, 이는 중세인들에게 잘 알려져 있던 의학 상식이었다. 따라서 가급적 많은 자손을 낳기 원했던 귀족 가문에서 모유를 먹이는 행위가 피임과 같이 여겨졌을 것이다. 다산과 가문의 번영을 책임지고 있던 귀족 여성들이 모유 수유를 하지 않았던 것은 이러한 이유 때문이었다.[42]

또 다른 이유는 왕족을 포함한 봉건 귀족 가문에서 부부는 가내외적인 업무로 자녀 양육에 투자할 시간적 여유가 많지 않았을 것이기 때문이다. 자녀 양육은 부부의 여타 업무들보다 덜 중요한 일로 여겨졌을 정도다. 귀족 부인들은 성주로서 그리고 봉건 영주의 부인으로서, 보살펴야 할 식구들이 많았다. 그 외에도 관리·감독해야 할 일꾼들로 늘 분주한 삶을 살았다.

그러나 유모의 존재가 자녀 양육에 대한 부모의 무관심을 의미하지

---

41 《역사》 C. 127.

42 Linda A. Pollok, *Forgotten Children: Parent--Child Relations from 1500 to 1900* (Cambridge; New York: Cambridge University Press, 1983), p.50; Mary Martin McLaughlin, "Survivors and Surrogates: Children and Parents from the Ninth to the Thirteenth Centuries", Lioyd deMause (ed.), *History of Childhood*, (New York: Psychohistory Press, 1974), pp.115-116; Caroline W. Bynum, *Jesus as Mother*, (Berkeley: University of California Press, 1982), pp.131-132.

는 않았다. 자녀에 대한 어머니의 교육열과 아버지의 관심과 열정을 발견할 수 있는 사례가 많았기 때문이다. 일부의 경우 아버지들이 자녀의 "말하고 쓰기" 수업을 직접 담당하기도 했다. 사회적 직급이 낮은 기사 가정의 경우에는 부모가 집에 머무르는 시간이 상대적으로 많았기 때문에, 자녀 양육과 교육에 부모가 개입하는 경우도 많았다.[43] 성주의 부인이기도 했던 귀부인들은 자식 교육을 본연의 임무로 생각했고, 초보적인 읽기와 쓰기를 가르쳤다. 16세기 종교개혁 이전에는 체계적인 교육이 불가능했기 때문에 부모나 대부모가 아이들의 교육을 담당했다. 주로 라틴어 문법이나 신앙고백, 혹은 성모 마리아에게 드리는 기도문을 통한 교육이 주를 이루었다.

　왕족의 경우, 부부가 통치 목적으로 여러 성을 돌아다니면서 생활했기에 실제로 어린 자식들을 동반하기는 불가능했다. 그래서 왕족의 자녀들은 유아기부터 유모의 손에서 자랐지만, 귀족 여성들의 경우는 외부 활동이 그다지 많지 않았기 때문에 상대적으로 자식들과 함께 보내는 시간이 많았다. 하지만 긴느 가문에서는 어느 정도 나이가 든 자녀 교육을 위해서 교사*pedagogis*를 채용하거나 학교의 선생님*scolis magistrorum*께 위탁하는 경우도 있었다.[44] 특히 랑베르가 언급한 여성들의 경우, 대부분 초보적인 읽기와 쓰기 교육을 받았다. 그 가운데 일부는 탁월한 능력을 발휘하는 재원도 있었던 것으로 보인다. 이미 언급했듯

---

43 Orme, *From Childhood to chivalry*, p.16.

44 《역사》 C. 89. 영국 왕실의 자녀들의 교육과 선생*magister*과 관련해서 Ralph V. Turner, "Eleanor of Aquitaine and Her Children: An Inquiry into Medieval Family Attachment", *Journal of Medieval History* 14(1988), pp.321-335., 여기서는 p.326. 12세기 영국 왕실에서도 왕실 자제와 귀족 자제들이 함께 교육을 받았다. 훗날 캔터베리의 주교가 된 토머스 베케트가 헨리 2세의 자녀 교육을 담당했던 것은 널리 알려진 사실이다.

이, 자녀 교육에는 남녀의 차별도 적출과 서출의 차이도 심하지 않았던 것으로 보인다.[45]

친구들

보두앵과 크리스틴은 가급적 많은 자식들을 갖고자 노력했고,[46] 그래서 아르눌은 많은 형제자매들과 함께 어린 시절을 보냈다. 아르눌의 남동생 빌레무스Willemus는 훌륭한 기사로 성장했으나 안타깝게도 젊은 나이에 죽고 말았다.[47] 누이 마빌리아Mabilia, 남동생인 마나세스Manasses와 보두앵은 어린 아르눌의 놀이 동무이자 말벗이었다. 특히 바로 손아래 동생이었던 마나세스는 고집스러운 성격 때문에 형 아르눌과 자주 다투긴 했어도, 아버지는 마나세스의 이러한 길들여지지 않은 완고한 성격의 남자다운 모습을 대견스러워했던 것으로 보인다.[48] 막내 동생인 보두앵은 성직자로 성장하여, 가문 관할의 여러 교회 재산을 감독했다.

아르눌에게는 늘 놀이 친구들이 있었다. 10명에 달하는 형제들과 '그 수를 정확히 알 수 없는' 서자와 서녀들, 긴느 백작의 성으로 보내졌던 기사들의 자식들도 있었기에, 성안은 항상 또래 아이들로 붐볐다. 특히 여름에는 성 아래에 있는 양어장 연못에서 물장구를 치면서 노는 것이 어린 아르눌에게 가장 큰 즐거움이었다. 간혹 호기심 많은

---

45 《역사》 C. 23, 25, 149, 122.
46 아르눌의 형제자매들에 대해서는 《역사》 C. 71-72.
47 《역사》 C. 72: *Willelmum, strenuissimum quidem militem, sed in flore iuventutis apud Colvidam abmortuum.*
48 《역사》 C. 72: *amoris……patris gratiam.*

남자아이들끼리 의기투합해서 부모 몰래 성 아래 있는 마을로 내려가 하루 종일 시간을 보내기도 했다. 앞으로 거칠고 험난한 시간들이 기다리고 있음을 어린 그가 알고 있을 리 만무했다.

아르눌과 마세네스, 형제가 성년이 되고 서로의 이해관계가 충돌하면서, 둘 사이의 관계는 매우 껄끄럽게 변해갔다. 비록 마나세스가 부친의 사망과 동시에 자신 소유의 지역에 대해 장남인 형에게 충성서약 homage을 했음에도, 동생은 점차 독립적인 생활을 추구하면서 나름의 세력을 확보해 나갔다. 12세기 말에 장자상속제가 정착되면서 형제 관계는 일종의 경쟁 구도로 변모했다. 형은 상속자이자 가문의 "미래 지도자"[49]로서 집안을 빛내야 할 책임과 동시에 기회가 있었기에, 그에게는 모든 것이 제공되었다. 반면 마나세스는 약간의 토지와 종자돈만으로 스스로 인생을 꾸려나가야 했다. 코흘리개 두 형제가 철이 들 무렵부터, 동생은 세상이 불공평함을 깨닫게 된다. 갈등과 불화로 인한 '형제의 난'은 어느 정도 예견된 일이라 할 수 있었다.

---

49 조르주 뒤비, 《위대한 기사, 윌리엄 마셜》, 169쪽.

놀이 문화

아이들의 장남감

놀이 문화가 한 아이의 발육과 성장에 지대한 비중을 차지한다는 사실
은 익히 잘 알려진 바이고, 이는 중세의 경우에도 마찬가지였다.[50] 놀
이 활동은 아동의 자아성장 발달과 직접적인 관계를 갖으며, 놀이 공
간의 물리적 조건 역시 정신과 신체 성장에 큰 영향을 미친다. 그래서
고대부터 어른들은 아이들의 놀이 문화에 직접 관여하거나 통제했고,
필요에 따라서는 금지시켰다.

프랑스의 국왕 루이 13세는 유아기에 딸랑이, 목마, 풍차, 인형, 팽
이 등의 장난감을 갖고 놀았고, 네다섯 살이 되자 '남성적' 장난감인
활과 화살을, 여섯 살에는 카드와 장기놀이를 즐겼다고 한다. 그러나
일곱 살이 되자 그는 인형놀이를 그만두고 성인 남자들 틈에서 승마
와 검술을 배우기 시작했고 심지어 주사위 놀이까지도 했다. 아직 아
이와 어른의 놀이 문화가 명확히 구분되지 않았던 시대라 이러한 일이
가능했을 것이다. 직업 전사였던 기사에게는 어린 시절부터 체력 단련
과 끈기, 인내심 향상에 좋은 "운동"이 놀이로 장려되었던 것이다. 루
이도 자연스럽게 "작은 대포"를 가지고 전쟁놀이를 하거나 "군인들과
함께 소규모 군사작전을 수행했다."[51]

---

50 Orme, *Medieval Children*, p.164.
51 필리프 아리에스, 《아동의 탄생》, 문지영 옮김 (서울: 새물결출판사, 2003) 131~139쪽; 중세의 놀
이 문화에 대해서는 박흥식, 〈"주사위는 던져졌다" 주사위 놀이를 통해 본 중세 서양인들의 일상〉,

남자아이들은 칼싸움이나 기사놀이를 통해서 자연스럽게 중세 사회가 요구했던 남성상을 받아들였다.

　루이 13세의 사례는 아르눌의 시대보다 수 세기 뒤의 놀이 문화이
지만, 브로델의 지적대로 물질 문화는 그 변화가 매우 더뎠다. 아마도
아르눌의 시대에도 아이들의 놀이는 루이 13세의 시대의 그것과 크게
다르지 않았을 것이다. 특히 중세에는 유년기가 없었다는 주장에도 불
구하고, 최근에는 중세에 제작된 장남감이 발견되고 여자아이들이 자
질구레한 그릇 따위의 장난감을 가지고 소꿉놀이를 했다는 사실이 밝
혀지면서 중세 아동에게도 놀이 문화가 존재했음을 알 수 있다.

　어린 아르눌도 나무로 만들어진 장난감, 유아용 활이나 창을 가지
고 놀다가 날씨가 좋으면 안마당에서 술래잡기, 숨바꼭질, 시소놀이를
하기도 했다. 점토로 일상용품들을 제조해 내던 하인들은 영주의 아이
들을 위해서 접시나 사발 같은 다양한 소꿉을 구워주기도 했는데, 특
별한 날을 위해 이러한 선물이 제작되기도 했다. 11세기 후반에 제작
된 나무 팽이가 영국 윈체스터Winchester에서 발굴된 것을 비롯하여, 유

《서양중세사연구》, Vol.13 (2004), 135~166쪽.

럽 각지에서 다양한 모양의 팽이들이 발견되었다.[52] 이는 아마도 조금 나이가 든 아이들은 위한 것으로 보인다.

점토로 만들어진 기마상은 이보다 만들기는 어려웠지만, 남자 아이들이 무엇보다도 갖기를 원했던 장난감이었기에 인기가 높았다. 대부분 색칠이 되어 있고 솜씨가 좋은 장인들이 만들었던 이 장난감 기마상은 특히 남자 어린 아이들의 상상을 자극하기에 충분했으리라. 아이들은 이러한 전쟁놀이를 통해서 자신도 모르는 사이에 힘의 논리에 익숙해갔다. '군사형 사회military society'였던 중세의 귀족 자제들은 공동체의 리더로서 성장하도록 요구되어졌다. 따라서 소년들은 어린 나이에 이미 그들만의 전쟁놀이에 친숙해 있었다. '위대한 기사, 윌리엄 마셜'도 다섯 살이 되었을 때 또래 아이들과 단단한 옹이가 달린 끈을 잡고서 상대방의 머리를 치는 "기사놀이chevaliers"를 즐겼다고 한다.[53] 어른들은 오히려 이러한 전투놀이를 적극 장려했고, 이는 귀족 집안의 아이들뿐 아니라 점차로 일반 가정의 아이들에게까지 확산되었다.[54] 이러한 중세 아이들의 놀이 문화는 "전쟁이나 폭력이 일상화되었던 사회상을 반영하고 있다."[55]

반면 여자아이들은 인형을 매우 좋아했는데, 그 재질은 천, 나무, 점토 등으로 그 모양만큼이나 다양했다. 하지만 신분에 관계없이 즐길 수 있는 숨바꼭질이나, 돌팔매질과 같이 가장 손쉽게 할 수 있는 것이

---

52 Orme, *Medieval Children*, p.168.
53 Orme, *Medieval Children*, p.181.
54 Orme, *Medieval Children*, p.182. 잉글랜드의 에드워드 1세의 아들 헨리는 불과 다섯 살이 되던 해에 활을 선물 받았고, 헨리 5세와 그의 아들 헨리 6세는 여덟 살과 아홉 살에 칼을 받았다. 헨리 6세는 여덟 살에 이미 마구와 갑옷을 자신의 신체 사이즈에 맞추어 입었다.
55 박흥식, 〈"주사위는 던져졌다" 주사위 놀이를 통해 본 중세 서양인들의 일상〉, 《서양중세사연구》 vol.13, (2004), p.140.

아이들에게는 가장 훌륭한 놀이였을 것이다.[56] 아르눌이 정말 좋아하는 놀이는 겨울이 길었던 지역의 특성상 눈이 내리는 겨울날에 친구들과 신나게 눈싸움하는 것이었다. 아르드르 성의 아이들에게 하루는 너무도 짧은 시간이었다.

공놀이

샹파뉴 지역의 중계무역이 활성화되면서 이곳과 잉글랜드를 잇는 교차점에 위치한 아르드르도 활력을 얻게 되었다. 랑베르는 아르드르의 경제가 활성화될 무렵 이 지역의 목가적인 풍경과 사람들의 삶을 정겹게 묘사한다.

"목축을 주업으로 하던 지역답게 넓은 평지가 펼쳐져 있었고, 방목을 하던 양치기들이 처음에는 그 수가 많지는 않았으나 점차 그 규모가 늘어갔다. 지금은 시장이 서는 곳에 본래 맥주 양조장이 있었는데 한가한 때가 되면, 인근 주민들이 모여들어 먹고 마시면서 유쾌한 시간을 보내곤 했다. 오후에는 들판에서 두 팀으로 나누어 공으로 하는 게임Cheolandum을 하기도 했다."[57]

'공으로 게임을 했다'는 말이 정확히 어떠한 형태의 경기를 의미하

---

56 웨일즈 출신의 제랄드Gerald of Wales는 1150년대에 마노비드Manorbier 성에서 '그와 자신의 형제들이 모래와 흙으로 장난을 치곤했다고' 기억했다. 이에 대해서는 Orme, *Medieval Children*, p.175, pp.178-179. 참조.
57 《역사》C. 100.

는지 알 수 없으나, 일부 연구자들은 Cheolandum의 어원을 공을 뜻하는 'Choule'에서 유래한다고 본다. 지역에 따라서 'Soule'로도 불리기도 했던 이 공은 돼지의 오줌보를 지푸라기와 겨, 대팻밥 등으로 채운 것으로 경기 규칙은 오늘날의 축구와는 다소 차이가 있었던 것으로 보인다. 손을

공으로 하는 놀이는 현재의 축구, 야구 등과 그 모습이 상당히 유사하다. 하지만 정해진 규칙이 따로 없었기 때문에 상당히 폭력적이었다. 공으로 하던 전쟁놀이나 다름없었다.

포함한 신체의 모든 부분을 이용해서 공을 나무나 벽과 같은 상대방의 목표물에 적중시키는 이 경기는 마치 럭비와 축구를 혼합한 형태의 경기였던 것으로 보인다. 경기 참가자들을 보호할 수 있는 구체적인 게임 규칙이 마련되지 않았었기 때문에, 경기는 격한 태클 등으로 얼룩졌을 것이다. 노르망디, 피카르디, 브르타뉴 등의 프랑스 북부 지역에서 인기를 끌었던 이 경기는 노르만 정복 이후에 잉글랜드에서도 전파되었다.

랑베르가 다른 구절에서도 '공으로 하는 경기처럼*ad modum ludi pile*'[58]이라는 표현한 것을 보면, 공으로 하는 게임은 그의 고향에서 일상적인 놀이 문화의 하나였던 것으로 보인다. 이는 아마도 이 지역이 드넓은 평원이라 가능했을 것이다. 게다가 중세에는 야구처럼 몽둥이

---

[58] 《역사》C. 20.

로 공을 치는 등의 다양한 공놀이 유행했다.

여자아이들의 놀이 문화

하지만 여자아이들의 놀이 문화는 남자아이들과 달랐다. 1117년에 긴느의 백작부인은 성의 후미진 곳에 베네딕트 수녀원을 세우고, 아직 혼기가 되지 않은 어린 소녀들이나 남편을 여의고 홀몸이 된 과부들을 이곳에서 생활하게 했다.[59] 이러한 현상은 12세기 말의 새로운 것으로, '교양 있는 여성'들에게 점차 확산되어 가는 추세였다. 혼인 상대자를 아직 찾지 못한 어린 소녀들은 성에 머물던 뭇 남성들의 표적이 되면서, 이들의 안전을 보장할 수 없었기 때문이다.[60] 그래서 소녀들은 수녀원에서 수녀들의 감독 하에서 단체 생활을 하면서 도덕 교육을 받고 학문에 접할 수 있는 기회를 얻게 된다. 결혼을 하기 위해서 수녀원을 떠날 때쯤에는 대체로 결혼 상대자보다 이들의 지적 수준이 높은 편이었다. 이러한 공동체의 원만한 운영을 위해서 백작부인들은 과부가 된 남편의 누이나 여동생에게 수녀원 감독직을 맡기고 그녀를 보좌할 수 있도록 하녀들을 이곳에 배치하기도 했다.

상대적으로 활동에 제약을 받던 여자아이들의 놀이는 공기놀이나 소꿉놀이처럼 그 패턴에 있어서, 남자아이의 놀이 문화와는 차이가 있었다. 물론 아직 아이들이 놀이와 어른의 놀이가 명확히 구분되지 않았고 체스와 같이 일부 놀이의 경우 남녀가 모두 참여했지만, 전반적

---

59 《역사》C. 51.
60 이처럼 중세의 수녀원은 단순히 종교적인 목적을 위해서 세워진 것만은 아니었다.

으로 남자아이들의 놀이는 '치기'와 '차기'처럼 역동적이고 경쟁적인 특징을 지녔던 반면 여자아이들의 놀이는 동물의 뼈나 진흙으로 만든 공기를 가지고 노는 공기놀이 같이 정적인 것이 대부분이어서, 놀이 문화도 성차에 따라 구분되었다.

긴느-아르드르 지역은 바다에서 운하를 통해서 물길이 흘러들어 오는 곳으로 물이 풍족했던 고장이다. 그래서 아이들은 날씨가 허락하면 물에서 놀기를 좋아했고, 랑베르도 "남녀를 가리지 않고 여름이면 속옷만 걸치고interula sive camisia 양어장에 들어가 몸을 담그고 씻을 뿐만 아니라, 몸을 식히거나 거닐기도 했다. 그리고 때로는 엎드려서, 때로는 배를 보이고, 때로는 물속에서, 때로는 물위에서 수영을 했다"고 적는다.[61]

춤과 음악

루이 13세가 어린 시절부터 온갖 춤을 추고 노래하고 악기를 연주했듯이, 사교활동에 필수적이었던 춤은 남녀 모두가 좋아했던 여가 문화였다.[62] 여러 사람이 손을 맞잡고 둥그렇게 둘러서서 돌면서 추던 '캐럴carole'은 12세기와 13세기에 유행하던 춤의 형태로, 크레티엥 드 트루아Chrétien de Troyes의 《에렉과 에니드Erec et Enide》와 같은 작품에 등장하는 기사와 여인들도 이러한 춤을 추었다. 일반 농민들의 춤과는 달리 귀족들의 춤은 매우 절제된 형태였고, 하프와 바이올린 같은 현

---

61 《역사》 C. 134.
62 만프레트 라이츠, 《중세 산책》, 266쪽.

악기나 노래에 맞춰 우아하게 진행되었던 것으로 보인다. 춤에 대한 교회의 금지령에도 불구하고, 현실에서 춤은 귀족들의 사교와 오락으로서 계속 발전되었다.

궁정문화에서 음악은 남녀를 막론하고 귀족적 삶의 중요한 요소로, 이는 어린 시절 배워야 할 교육의 한 부분이었다. 하프를 타면서 노래 한 곡조 정도 뽑는 것이 상류층 자제들에게는 일종의 교양교육에 속했다. 트리스탄과 이졸데도 노래를 불렀고, 다른 기사들도 기쁨의 순간에 노래하고 춤을 추었다. 특히 이 시기에는 이슬람 세계로부터 다양한 악기들이 유럽 지역에 소개되면서 중세 음악은 새로운 부흥기를 맞게 된다.

주사위 놀이와 보드게임

랑베르는 아르눌이 마상경기를 마치고 집으로 돌아오면 동료 기사들과 게임에 빠져들곤 했다고 술회한다.[63] 그가 어떠한 게임을 했는지 알 수는 없지만, "당대 또래의 젊은 기사들이 즐겼다."는 말로 미루어 보아 당시에 매우 인기 있던 게임이었을 것이다. 당시 보드게임 중에서 서양장기인 체스, 주사위 놀이 등이 매우 인기가 있었는데, 아르눌도 이러한 게임들을 즐겼을 것이다. 루이 13세의 경우에서처럼, 체스는 어린아이 사이에서도 인기가 있었던 종목으로 교육적인 이유에서 권장되던 놀이였다.

---

63 《역사》 C. 96: *cum militibus et familiaribus ludicris et iocis, prout iuvenilis exigebat etas, indulsit.*

백개먼 판과 말. 2개의 주사위를 던져 나온 숫자만
큼 말을 움직여 목적지까지 빨리 가는 편이 놀이
에서 이긴다. 백개먼에서는 운과 기술이라는 2가
지 요소가 균형을 이루어야 이길 수 있다.

체스 게임. 가로와 세로가 각각 8줄씩 64칸으로
격자로 배열 된 체스보드에서 두 명의 플레이어
가 피스들을 규칙에 따라 움직여 싸우는 보드게
임이다

　　십자군 원정 당시에 이슬람 문화로부터 유입되기 시작한 체스는 유
럽 사회에 빠른 속도로 전파되어 갔다. 놀이를 통해서 전투에서 필요
한 전략과 전술을 습득할 수 있다는 교육적인 목적으로 기사수업의
중요한 과목으로 채택될 정도였다. 당대 기사 계층 사이에서 높은 인
기를 누리면서, 장기판과 말들은 이제 귀족들의 필수품과 같은 것으
로 되었고 체스는 기사들이 갖추어야 할 덕목의 하나로 인식될 정도
였다. 그 결과 장기판 말은 나무로 된 것에서부터 상아로 제작된 값비
싼 제품까지 다양했다. 이외에도 바둑알 같은 돌을 가지고 하는 체커
Damespiel이 있었는데, 장기보다는 품위가 떨어지는 놀이로 취급되었
으나 시간을 보내기에는 나름대로 재미있는 경기였다.

　　‘12줄 게임duodecim scripta’ 역시 기사들이 즐겨했던 놀이로, 2개의

주사위를 던져서 나온 수만큼 말판을 이동시키는 놀이였다. 주사위 놀이가 무엇보다도 기사들의 넋을 빼앗은 이유는 바로 돈을 걸고 하는 경우가 많았기 때문인데, 교회뿐만 아니라 왕들도 주사위 게임을 금지시키는 규정을 제정하기도 했다. 하지만 고대로부터 전해 내려오는 주사위 게임은 인간을 타락시킨다는 비난과 규제에도 불구하고 아르눌의 시대에 "귀족은 물론이고 농민, 여자, 교회의 성직자, 수도원의 수사들에 이르기까지 거의 모든 사회계층에 퍼졌다."[64] 마상경기가 없었던 기나긴 겨울밤, 아르눌은 그의 동료들과 함께 음유시인들이 전해주는 영웅적 이야기를 듣거나 주사위 게임에 몰두했을 것이다.

태아가 어머니 뱃속에서 '놀기 시작'하면서부터 인간은 놀이를 통해 성장한다. 이 과정에서 아이들은 성 정체성에 맞는 상이한 놀이를 하면서 자라게 된다. '남성의 몸'과 '여성의 몸'에 대한 구분이 명확했던 중세 시대에 아이들은 상이한 놀이 도구와 방법을 선택함으로써 성별에 따른 놀이 문화를 자연스럽게 학습·내면화했고, 자신의 성차에 따른 성 역할에 눈을 뜨게 되었다. 신은 남자와 여자를 유사한 형상으로 창조했지만, 부모는 아들과 딸에게 상이한 놀이 문화를 교육시켰던 것이다.

---

64 박흥식, 〈"주사위는 던져졌다" 주사위 놀이를 통해 본 중세 서양인들의 일상〉, p.144.

중세의 의복

복식은 특정 시대의 정치 이데올로기와 사회적 가치, 종교적 이상 등을 전달하는 매체로서, 물질 분야뿐만 아니라 비물질 분야의 변천 과정도 시각적으로 표현하고 상징화하는 역할을 담당한다. 또한 복식은 착용자의 관념, 자아정체감과 같은 심리적 요소를 전달하는 기호이자 비언어적 상징이기 때문에, 복식의 상징성에 대한 연구는 의복 이면에 숨어 있는 비언표적 의미를 파악하는 데 도움이 될 수 있다.[*] 의복은 옷 입기를 통해서 "몸에 관한 담론을 생산하며, 역사와 현대 문화 모두에서 지배적 모드를 강화시킬 뿐 아니라 위반하기도 하며 이데올로기적 담론을 재현한다."[**] 그래서 푸코도 특정 시기에 몸을 훈련시키는 방식은 지배담론과 저항담론 간의 권력관계의 결과를 암시한다고 보았다. "상징적 속박"[*•]으로써 의복은 당대의 의식 세계를 이해하는데 중요하지만, 13세기 이전 의복 중에서 현재까지 온전하게 남아 있는 것이 거의 없을 뿐 아니라, 문헌들도 당시 의복에 대해서 전하는 경우가 드물다. 색상 정도가 전해지는데 몇몇 수도회 수사들의 옷처럼 검정이나 밤색이 주를 이루었던 것으로 추정된다. 재질은 주로 모직, 무명, 아마, 모피였을 것이다.

중세 문학 작품의 작가들은 등장인물의 넓은 어깨와 호리호리한 허리, 긴 다리, 창백한 얼굴색, 뚜렷하고 수려한 이목구비를 강조한다. 이는 당시 이상적 남성의 외모로, 서기 1100년 이후로는 긴 머리가 유행이었다. 그래서 당시 그림 속의 등장인물들은 일반적으로 어깨까지 내려오는 곱슬머리였다.[••] 그러나

- 복식의 상징성에 대해서는 강혜원, 《의상사회심리학》(서울: 교문사, 1998)
•• 최경희, 《패션 속의 성》(한국학술정보, 2009), 6쪽
•[*] 피에르 부르디외, 《남성지배》, 45쪽.
•• 13세기 중반 스페인 왕실 남성들의 복장과 헤어스타일의 경우, Olivia Remie Constable, "Chess and Courtly Culture in Medieval Castile: The 'Libro de ajedrez' of Alfonso X, el Sabio",

중세의 의복에 관한 정보는 매우 제한적이다. 당시 그려진 삽화의 이미지나 석관에 새겨진 조각을 통해 짐작할 수 있을 뿐이다.

13세기 후반부터 몸에 꽉 달라붙는 옷이 유행하면서, 패션에 상당한 변화가 진행되었다. 색채도 화려해졌고, 특히 색깔이 다른 두 개 이상의 천을 이어붙여 만든 옷이 인기를 끌었다. 옷은 끝자락이 바닥에 질질 끌릴 정도로 길어졌다. 여성들의 웃옷은 가슴이 파이고 허리띠는 엉덩이 윗부분에 헐렁하게 걸치는 장신구로 변했다. 남성들의 연미복 모양의 웃옷은 14세기가 지나면서 점점 짧아지더니 결국 엉덩이 부분을 겨우 가릴 정도가 되었다. 소매 부위도 점점 짧아졌다. 그러나 이미 오래 전부터 남성의 복식과 머리모양에 변화가 있었던 것으로 보인다. 특히 젊은 기사들adolescentes et juvenes 사이에서 획기적인 변화가 목격되었다. 11세기와 12세기에 랄프 글라버Ralph Glaber, 985~1047, 오르데리쿠스 비탈리스Orderi-cus Vitalis, 1075~c.1142, 베르나르 클레르보Bernard Clairvaux, 1090~1153 • 와 같은 당대의 대표적인 성직자들은 남성성의 상징인 머리를 짧게 자르고 수염을 깎는 행위(중세 남성들은 전통적으로 머리와 수염을 길렀고, 이는 일종의 남성성의 상징이었음이었다)를 비난했다. 또한 귀족 의복의 사치스러움에 대해 제동을 걸었던 교회는 이러한 복식 규정을 통해서 '전통적인' 남성성의 구현을 시도했던 것이다. 이는 남자의 몸은 조절과 통제에 의해 사회적 기준에 맞추어져야만 하는 '사회적 몸le corps social'으로 인식되었기 때문이다.

아르눌이 활동하던 1200년경의 일반인이 입었던 의복에 대해서 알 수 있는 것들은 그리 많지 않다. 당시 입었던 옷들 중에서 남아 있는 것이라고는 천 조각

Speculum 82(the Mediaeval Academy of America, 2007), pp.301~437 참조.
• 만프레트 라이츠, 《중세 산책: 성에 살던 중세인들의 꿈과 일상》, 227~233쪽.

몇 개와 왕이나 주교가 걸쳤던 값비싼 옷이나 일부 남아있을 뿐이다.[*] 그러나 다행히도 일부 음유시인들이 자신의 후원자와 그 가족들의 '패션 감각'을 칭송하던 글들이 있고, 이를 바탕으로 한 삽화들이 남아 있어서 당시의 의복에 대해서 어느 정도의 추론은 가능한 실정이다. 또한 중세의 석관묘에 새겨진 망자의 모습을 통해서도 의복에 관한 정보를 얻을 수도 있다.

천의 재질과 원산지

중세 전성기를 구가하던 귀족들은 되도록이면 비싸고 화려한 색의 직물을 선호했다.[**] 특히 십자군 원정 이후, 동방에서 수입되기 시작한 고급 천들에 대한 수요는 갈수록 늘어만 갔다. 음유 시인들은 직물의 구체적인 원산지를 대면서 '이교도 지역'에서 수입된 비단의 고급스러움에 대해서 노래하곤 했다. 물론 대부분은 거짓으로 지어낸 지명이었다. 그리스와 시칠리아를 거쳐 유럽에 수입되던 비단이 십자군 원정을 계기로 본격적으로 유입되었고, 원정에서 돌아오는 기사들의 손에는 이제까지 고향에서 볼 수 없었던 고급 비단이 들려져 있었다. 그 외에도 잉글랜드와 플랑드르 산 모직물에 대한 인기가 높았다.

동물 가죽도 중요한 재료였다. 상의나 치마의 윗부분은 가죽으로 덧대었고 망토의 안감도 가죽이었다. 모자를 만드는 데도 가죽이 쓰였다. 검은담비나 담비 *Hermelin*의 가죽이 가장 널리 이용되었는데, 이들은 가죽 중에서 최상품으로 평가되었다. 간혹 바다표범 같은 '물고기 가죽'[**]이 특산품으로 사용되었으나 드문 경우였고, 평범한 옷을 만들 때는 다람쥐 가죽 따위가 사용되었다. 가죽

• Joachim Bumke, *Höfische Kultur. Literatur und Gesellschaft im hohen Mittelalter*. Bd. I (Munchen: DTV, 1990), p.175
•• 만프레트 라이츠, 《중세 산책: 성에 살던 중세인들의 꿈과 일상》, 이현정 옮김 (서울: 플래닛미디어, 2006) 227쪽.
• A. Schultz, *Das höfische Leben zur Zeit der Minnesinger* Bd. I., p.273

은 추위를 막는데 꼭 필요했고, 다른 옷의 치장을 하는데도 긴요하게 이용되었
다.•

의복의 색채와 상징성

중세 전성기에 살던 사람들은 하얀 색이나 금색과 같이 강하고 밝은 색의 의복
을 선호했다. 시인들은 특히 여인의 하얀 색 웃옷이나 망토의 하얀 색 안감을
노래했다. 흰색은 순결함을 상징하는 그리스도의 색채로 여겨졌다. 그래서 오
늘날까지도 결혼식의 신부복은 흰색이다. 흰색은 의복뿐만 아니라 천막, 무기,
침대보에도 애용되었다.•• 흰색 천에 금색의 실로 새겨진 문양들은 의복에 화
려함을 더했다. 그 다음으로는 자연의 푸름을 상징하는 녹색이 자주 사용되었
다. 녹색은 평안한 삶에 대한 희망을 표현하는 색으로 인식되었다. 연회복에는
두 가지 색이 적절히 배합된 옷이 선호되었다. 이는 조화로운 삶에 대한 염원
의 표현으로 볼 수 있다. 삽화에서 녹색의 옷에 붉은 망토를 걸친 인물들이 자
주 등장하는 것도 이와 같은 이유에서다. 그런가 하면 통치자의 색으로 인식되
었던, 자주색은 왕과 같은 지배자들의 망토에 사용되었다. 반대로 귀족이 아닌
자들의 옷은 색과 디자인이 엄격하게 규제되었다. 따라서 이들의 옷은 대체로
어두운 계열의 색이었다.

밝은 색채의 의복은 당시 성에 거주하던 귀족들의 내적 의식의 변화를 상징적
으로 보여준다고 할 수 있다. 귀족들은 자신의 신분에 걸맞은 의복을 입음으로
써 스스로를 다른 사람과 차별화했다. 자아에 대한 인식, 자신에 대한 애착심
같은 것이 의복의 독특한 디자인과 화려한 색깔로 표현되기 시작했다. 또한 의

• A. Schultz, *Das höfische Leben zur Zeit der Minnesinger* Bd. I., pp.271-273.
•• Galbriele Raudszus, *Die Zeichensprache der Kleidung* (Hildesheim; New York: Olms, 1985), p.221.

복은 신분의 상징으로서 상대방에게 신분에 적합한 대접을 받기 위해서는 그에 상응하는 의복을 갖추어 입어야만 했다. 기사 서임식과 같은 중요한 축일에 참여하는 사람들은 당연히 신분에 걸맞은 값비싼 옷을 입고 와야만 했다.

치마

중세 전성기의 의복 중에서 가장 중요한 부분은 치마일 것이다. 중세 시대의 '치마'는 여성의 경우 하의下衣의 개념이었고, 남성에게는 상의上衣의 개념이었다. 남자의 치마는 무릎까지 내려왔고, 여성의 것은 바닥까지 내려왔다. 상체 부위는 대체로 몸에 꼭 맞게 재단되었다. 고급 제품은 모피로 치장되거나 금실 자수를 놓아 의복 색상과 형태가 눈에 띄었다.

치마의 아랫단은 삼각형 모양의 천으로 보강했는데, 그 색이 윗부분과 다를 때도 있었다. 목 주위에 장식용 브로치는 치마가 움직이는 것을 막아주는 역할을 했다. 13세기에 이르러서는 옷소매의 통이 넓어졌고, 남녀 모두 치마 위에 웃옷을 걸쳤는데, 이는 대체로 흰색 천이나 비단으로 된 옷이었고 목 주위에 단 브로치가 단추 역할을 했다.[*] 추운 날에는 털로 된 망토 같은 것을 치마 위에 걸쳤다.[**]

여성용 치마는 주름이 많고 통이 넓은 것이 특징으로, 허리띠에는 주머니나 다양한 장신구들이 달려 있었다. 상체에는 속옷을 입었으나, 팬티와 같은 것은 아직 일반화되지 못했다고 한다.[***] 망토는 남자의 것과 별반 차이가 없고, 오른쪽 어깨에 바늘을 꽂아 고정시켰다. 10세기까지만 해도 머리카락이 겉으로 드

- Elke Brüggen, *Kleidung und Mode in der höfischen Epik des 12. u. 13. Jhs.*, p.94; Schultz, *Das höfische Leben zur Zeit der Minnesinger* Bd. I, pp.188-190, p.227.
- Schultz, *Das höfische Leben zur Zeit der Minnesinger* Bd. I, p.195, p.223.; 만프레트 라이츠, 《중세 산책》, 227쪽.
- Raudszus, *Die Zeichensprache der Kleidung*, p.99.

왼쪽은 남성, 오른쪽은 여성의 모습을 그린 그림이다. 당시
에는 남자도 치마를 입었기 때문에 치마의 길이와 장식 등
으로 남녀의 옷을 구분했을 뿐이다.

러나는 것이 허락되었으나, 10세기 이후부터는 머리에 천을 두르고 머리카락
을 숨겨야만 했다.

남자도 여자들의 치마처럼 무릎까지 내려오는 연미복 형태의 웃옷을 입었는
데, 치마의 옆 자락이 터져 있어서 일을 하거나 말 탈 때 불편하지 않도록 했다.
영웅서사시의 파르치팔*Parzival*도 "고급 천으로 만든 진홍색 치마를 입고 등장"
했다. 일반적으로 치마 안에는 바지를 입고 허리춤에는 벨트를 둘렀다. 머리에
는 비나 햇빛을 막기 위해서 모자를 썼고, 종아리 아랫부분은 활동하기 편하게
끈으로 묶었다. 신발은 대체로 남녀 모두 끈 달린 가죽신을 신었다.

일종의 장신구 역할을 했던 허리띠는 음유시인들에 의해서 에로틱한 상징물로

읊어졌다. 여성들의 허리띠 끝자락은 길게 늘어뜨려 눈에 잘 띄게 했는데, 이 부분에 별도의 장식과 귀금속이 곁들여졌다. 옷에 사용되는 천처럼 멀리서 온 것일수록 값어치가 더 높았다.[*] 궁정 연회복의 소매통은 헐렁하고 넓어져서 바닥까지 늘어지는 경우도 있었다. 12세기부터 이러한 예복이 궁정을 중심으로 유행했다.[**]

바지

중세의 바지는 일종의 긴 양말과 같은 것으로, 무릎 부위에서 끈으로 속바지와 연결해 입었다. 특히 매끈한 다리를 강조하던 기사들은 다리의 맵시를 과시하기 위해서 꽉 끼는 바지를 애용했다.[*•] 그래서 독일의 서사시인 고트프리드 폰 슈트라스부르크는 "붉은색 천으로 만든 긴 양말바지는 용감한 자만이 입을 수 있었다. 그 양말바지를 입은 다리선이 얼마나 곱던지!"라는 글을 남기기도 했다.[**] 바지는 대체로 모직으로 짰고, 주홍색이었다. 특히 중세의 남자들에게 다리는 매우 중요한 신체 부위였다. 그래서 길게 찢어진 바지를 입거나 해서 속살을 드러내기도 했다. 속바지는 무릎까지 내려오는 일종의 속옷으로, 허리띠를 조여서 입었다.[**•]

망토

여성들에게 망토는 반드시 필요한 의복이었다. 실내에서는 여성들도 간편하게

• Brüggen, *Kleidung und Mode in der höfischen Epik des 12. u. 13. Jhs.*, pp.90-94.; Schultz, *Das höfische Leben zur Zeit der Minnesinger* Bd. I, pp.203-206.
•• Bumke, *Höfische Kultur. Literatur und Gesellschaft im hohen Mittelalter*. Bd. I, p.193; Schultz, *Das höfische Leben zur Zeit der Minnesinger* Bd. I, p. 191, 224}
*• Brüggen, *Kleidung und Mode in der höfischen Epik des 12. u. 13. Jhs.*, p.104.
** 만프레트 라이츠, 《중세 산책》, 231쪽.
**• *Das höfische Leben zur Zeit der Minnesinger* Bd. I, p.217, p.219.

치미를 입고서 움직일 수 있었으나, 사람들이 있는 곳에서는 망토를 둘러야만 했다. 겉감은 비단이나 모직이었고, 안감은 족제비와 유사한 담비 가죽이나 검은담비 가죽으로 만들어졌다. 망토의 겉과 안을 대조되는 색을 써서 미적인 감각도 곁들였다. 망토는 브로치나 줄을 이용해서 가슴 앞에서 조였는데, 줄을 이용한 망토는 금속으로 된 고리로 연결되었다. 이러한 디자인은 12세기에 새롭게 개발된 것으로, 궁정에서 많은 인기를 얻었던 품목이다. 일상적으로 착용하던 망토 외에 두건이 부착된 망토도 애용되었는데, 이는 비와 먼지로부터 보호를 하기 위한 것으로 주로 순례자와 같은 여행자들이 착용했다. 밭일을 하던 농부들도 이러한 형태의 망토를 입기도 했다.[•]

신발

중세 사람들에게 신발은 상당히 중요한 아이템이었다. 궁정 귀족들의 신발은 주로 가죽으로 제작되었고, 끈으로 묶는 방식이었다. 부츠 형태의 신발도 있었고, 11세기부터는 끝이 부리 모양으로 뾰족한 신발이 유행했다. 이 신발은 장딴지 부위에 묶어졌다.[••] 중세의 기사들은 외부의 시선을 중요시했다. 타인에게 자신의 명예로운 모습을 보이려는 욕망과 관찰자에 의한 인정 사이의 상호작용이 명예를 중시하는 기사의 행동 규범을 정의했다. 신발과 모자는 이러한 타인의 시선을 끄는 기제였으며, 신분에 상응하는 복장은 명예와 직결된 문제였다.

• Schultz, *Das höfische Leben zur Zeit der Minnesinger Bd. I*, p.201.
•• Schultz, *Das höfische Leben zur Zeit der Minnesinger Bd. I*, pp.220~223.

모자

남녀 모두 챙이 있는 모자를 애용했고, 이는 햇빛과 비를 막아주는 역할을 했다. 그 재질은 나뭇가지와 천으로 된 것부터 새의 깃털과 모피로 된 것까지 다양했다. 특히 공작의 깃으로 만들어진 모자는 인기가 좋았다. 모자의 재질과 모양도 신분에 따라 구분되어서, 귀족들의 것은 우단으로 제작되었던 반면 평민들의 경우는 일반 천으로 만들어졌다. 젊은 처녀들은 땋아 늘어뜨린 머리를 꽃이나 나뭇가지, 혹은 레이스가 달린 천으로 제작한 머리장식으로 치장했다. 멋을 부리기는 남자들도 마찬가지여서, 남성용 머리 장식도 따로 있었다. 유부녀들은 천으로 된 두건을 머리에 둘러야 했는데, 두건을 고정시키는 용도로 귀 옆에 달린 끈을 턱 밑에 단단히 매야 했다. 따라서 다른 사람과 대화를 하려면 끈을 풀거나 느슨하게 해야만 했다. 그런가 하면 단순히 머리에 두를 수 있는 얇은 천으로 된 실용적인 두건도 있었다.[*] 남자들도 턱밑으로 끈을 단단히 묶어서 머리에 밀착시키는 형태의 두건을 사용했다.[**]

●   Schultz, *Das höfische Leben zur Zeit der Minnesinger Bd. I*, p.184.
●● Brüggen, *Kleidung und Mode in der höfischen Epik des 12. u. 13. Jhs.*, pp.95-99.;
    Schultz, *Das höfische Leben zur Zeit der Minnesinger Bd. I*, pp.181-185, 210, 233.

기사수업

기사수업과 남성

《역사》에 나타난 기사의 이상

기사를 바라보는 랑베르의 관점은 전사적 남성미와 세련된 남성성을 동시에 인정했다는 점에서 이중적이지만, 당시의 변화하는 남성상이 반영된 결과이다. 《역사》가 작성되던 시기는 전통적 기사상으로부터 변화된 기사의 이미지가 등장하던 과도기적 시기였다.[1] 그래서 폭력적 남성성이 분출하는 마상경기에 대해서도 그는 양비론兩非論적인 태도를 보였다. 한편으로는 기사들이 폭력적 용맹성을 과시했던 마상경기를 비난하면서도, 동시에 귀족 남성의 군사적 활동에 대해서 적극 칭송하곤 했기 때문이다. 한 평범한 신부이자 교사가 저술한 《역사》에는 비-그리스도교적인 그리스-로마 신화 속의 인물들이 자주 등장한다. 특히 긴느-아르드르 가문이 배출한 기사들의 영웅적 남성의 위용을 묘사할 때는 이러한 신화적 인물들과 비교하곤 했다. 신화 속의 군사적 영웅성과 전우애는 중세 기사의 남성성을 설명하는 메타포였다. 그래서 《역사》 곳곳에 헤라클레스,[2] 헥토르,[3] 아킬레스,[4] 아약스[5]와

---

1   이러한 변화된 남성성을 상징적으로 보여주는 것이 남성들의 수염 길이의 변화가 아닌가 싶다. 수염을 남성성의 상징물로 여겼던 이전 시기와는 달리 12세기부터 적당한 길이로 수염을 자르는 것이 유행하더니, 이 세기 말이 되면 남성들은 수염을 깨끗하게 깎기 시작했다. 남성성의 변화와 더불어 몸의 개조改造가 진행되었던 것이다.

2   《역사》 Prologus: *quia maxima virtus est clavam Herculis ab eo quoquo modo extorquere*(여기서 랑베르는 불가능한 일을 하는 것을 '헤라클레스의 곤봉을 빼앗는 일'과 비교했다).; 《역사》 C. 63: *quasi respirantes et alterum Herculem, dum spiritum attrahat Athlas.*; 《역사》 C. 78: *Sic sic eiusdem loci mariscum, multiplicibus Idre capitibus amputatis, Herculina calliditate desiccavit.*; 《역사》 C. 99: *nobilitatis auctor Herredus,*

같은 신화 속의 전사들은 중세 기사들의 모델이 되었고, 이들의 용맹성과 남성성은 기사들의 본보기로 추앙되었다. 특히 108장에서 랑베르는 11세기 아르드르의 영주였던 아르눌 1세가 마상경기에서 보여준 대담함은 헥토르의 그것과 비견되는 것으로Hectorino animo 생각되었고, "사람들이여 무기를 들어라, 무기를 들어Arma, arma, viri!"라고 외친 아약스의 목소리를 빌어 아르눌의 호전적인 담력을 부각시켰다. 불가능한 것을 가능하게 만드는 헤라클레스의 힘과 지혜, 주군에게 충성하고 맡은 바 임무를 책임감 있게 수행하는 헥토르, 적을 향해서 정의의 칼을 휘두르는 아킬레스와 아약스. 랑베르에게 있어서 이들 모두는 당대의 기사들이 본받아야만 했던 '영웅'이었다.

신화 속 인물에 대한 알레고리적 해석은 《역사》 114장에서 그 정점에 달한다. 앞서 언급한 아르눌 1세는 아르드르 가문의 시조격인 인물로, 1066년 노르만의 잉글랜드 정복에 참여해서 공을 세운 바 있는 전형적인 기사였다. 이 같은 전사에 대한 인물 묘사를 위해, 랑베르는 자신이 갖고 있던 신화적 지식을 총동원한다. "그는 조언을 할 때는 네스토르와 같았고, 미래를 통찰하는 능력은 율리시스에 버금갔다. 심판을하는 모습은 양치기 파리스와 견줄 수 있고, 우아함은 압살롬에 버금갔다. 또 전투에서 보여준 그의 무공은 그가 트립톨레모스라기보다 아

---

iustiori tamen appellatione digne nominandus Hercules…Herredus, immo Hercules; 《역사》C. 102: sane cum Herredus noster, dignissime nominandus Hercules.'《역사》에 나타난 기사의 이상'과 관련해서는 차용구, 〈랑베르의 Historia comitum Ghisnensium을 통해서 본 중세 문화 속의 그리스 신화〉 참조

3 《역사》C. 113: Gonfridus, frater eiusdem Arnoldi, qui simul sub Hectorine probitatis clipeo diucius ei servierunt.

4 《역사》C. 114: Arnoldus…per totam Franciam…famosissimus fuit et notissimus… Achilles se ipsum in armis suis contra quosque hostes exhibens.

5 《역사》C. 108.

킬레우스에 가까웠음을 보여준다. 게다가 지혜와 통치술에 있어서 솔로몬을 능가하는 인물이었다."[6]

랑베르는 네스토르가 산전수전을 다 경험한 노장군으로 슬기로운 지략가이자 지혜로운 조언가라는 사실을 전래해오던 신화를 통해서 익히 알고 있었고, 율리시스의 예지력과 파리스의 판단력을 수사적으로 표현할 정도로 신화 속 등장인물의 속성을 낱낱이 파악하고 있었던 것으로 보인다. 엘레우시스 왕이자 농경의 전파자인 트립톨레모스와 적들에 대항해서 무기를 들고 싸웠던 아킬레우스를 비교함으로써, 평화스러운 분위기보다는 전투와 마상경기에 익숙했던 아르눌 1세의 성품을 평했다.

신화 속 인물들에 대한 랑베르의 박식함은 율리시스와 페넬로페의 관계licet alicuius solatium non haberet Penelope, 양치기 파리스에 대한 비너스의 간계tantum absint Veneris insidie를 서술한 대목에서 더욱 빛난다. 또한 오랜 앙숙관계에 있던 긴느 백작과 아르드르 영주 사이의 화해 장면을 설명하면서 '테세우스와 페이리토스의 우정'을 인용한 것을 떠올려보면, 랑베르에게 신화는 현재를 바라보는 과거의 거울이었다.[7] 이처럼, 랑베르는 중세 기사가 갖추어야할 남성적 덕목을 비유하기 위

---

6 《역사》 C. 114: Fuit enim in consilio Nestor et calliditatis prescientia, licet alicuius solatium non haberet Penelopes, alter Ulixes, in iudicio-tantum absint Veneris insidie-pastor Alexander, in pulcrudinis elegantia, quamtum permisit adhuc invida et satis spectabilis etas, Absalon, in milicie gloria non Triptolemus, sed Achilles se ipsum in armis suis contra quosque hostes exhibens, in sapientia, quod superest, et dominandi continentia Salomon, ut magis appareret regni heros quam Ardensis heres.

7 《역사》 C. 70: Comes autem Arnoldus et Ardensis dominus de Colvida nominatus Arnoldus in tantam amicicie coniuncti sunt confederationem, ut unum par amicicie et quasi novi et nuper in vitam revocati Theseus et Perithonus predicarentur.

해서 고전적 지식을 적극 차용했다. 랑베르가 신화적 모티프를 통해서 묘사한 기사는 조언을 할 수 있는 능력, 미래 통찰력, 판단력, 우아함, 무공, 지혜, 통치술을 겸비한 인물이어야 했다. 이러한 조건들은 랑베르가 살았던 12세기 후반의 사회가 수용했던 '남자의 자격'으로, 진정한 남성성의 토대가 되었다.

그러나 남자들의 스포츠였던 마상경기에 대한 랑베르의 평가는 늘 후하지 않았다. 《역사》 18장에서 랑베르는 11세기 초 긴느의 백작이었던 랄프라는 인물에 대해 상세히 묘사한다. 대외적으로 그는 마상경기 torniamenta에서 혁혁한 공을 세운 용맹스러운 기사였으나 경기 후에 보여준 관대함이 너무 지나친 나머지 proflue prodigalitatis nota perfusus, 그의 추종자들을 제대로 거둘 수 없을 정도로 재정 상태가 악화되었다. 마침내 그는 백성들에게서 부당한 조세를 거두어들이며 이들을 괴롭혔다. 결국 이 포악한 백작에 대한 평판은 매우 나빠졌다. 사람들은 랄프가 비록 헤라클레스, 헥토르, 아킬레스처럼 탁월한 전사가 되고자 노력했다는 사실 대신 불법을 자행한 잔혹한 영주로서 기억했다.[8]

이와 같이 랑베르는 남성적 용맹성과 정의를 위한 무력의 사용에 대해서는 동의하면서도 마상경기와 같은 낭비적 활동에 대해서는 고개를 돌렸다. 랑베르는 전투적 남성미보다는 교육을 통해 획득한 세련된 남성적 기풍을 중요시하는 경향이 있었다. 기사의 덕목을 언급하면서 그는 감정의 절제, 차분함, 현명한 사람들의 조언 경청, 독단적 결정보다는 집단적 협의, 상대방에 대한 예의범절, 협동심, 예측 능력 등

---

8 《역사》 C. 18: *O mortiferum terre sue virum, qui, dum Herculi, Hectori vel Achilli coequari nititur, excoriando et torquendo suos et flagellando sevit in suos.*

을 언급했다.[9] 아무리 용맹하고 훌륭한 전사_in militia strenuissimus_라도 권력을 올바로 사용하지 않고 타인을 괴롭히는 데_intollerabilia mala et dama_ 사용한다면 그는 '악마의 대리인'이나 마찬가지라고 보았다.[10]

혈통은 기사가 되기 위한 필요조건은 될 수 있지만, 기품 있는 기사는 교육을 통해서 만들어진다. 긴느 가의 보두앵 1세("the Advocate")는 당대의 이러한 생각을 입증하는 인물로 묘사된다. 부친인 외스타슈로부터 직접 교육을 받았던 그는 문무를 겸비한 기사로 성장했다.[11] 올바른 교육을 받은 그는 연장자에게 공손하게 말을 하며_humiliter et pacifice loquitur_, 솔로몬의 지혜와 지도력을 갖춘 남자로 성장했다. 이러한 충분한 자격을 갖춘 자에게만 남자로서의 명예_gloria_가 주어지는 것이었다. 그러나 랑베르는 그리스도를 위해서 싸우는 사람만이 진정한 명성을 얻을 수 있다고 강조한다.[12]

랑베르의 고전 지식의 깊이가 당대 최고의 고전 전문가였던 솔즈베리의 존이나 '12세기의 인문주의자' 일드베르_Hildebert de Lavardin_[13] 같은 인물과 비교할 수는 없다. 하지만 사제로서, 혹은 수도자로서 일정한 교육을 받았던 당대의 지식인들과 견주어 보았을 때, 그의 고전 지식은 '평균적'이었다. 특히 평신도들에 대한 원활한 사목司牧 활동을 위해서 수도사들과는 달리 일반 사제들에게는 자유7학문이 오히려 권장되는 시대적 상황에서,[14] 고전 지식은 바로 '난장이가 올라앉은

9 《역사》C. 9, 126.

10 《역사》C. 20.

11 《역사》C. 23: liberalibus literarum studiis......militaribus elementis......erudivit.

12 《역사》C. 130: Christo militantibus......vel humane laudis vel etiam temporalis lucri ambitione.

13 이에 대해서는 Wolfram von den Steinen, "Humanismus um 1000", Archive für Kulturgeschichte 46 (1964), pp.1-20 참조.

거인의 어깨'였다.[15]

랑베르가 《역사》에서 고전 문헌을 인용하고 신화적 문구들을 알레고리화한 것은 12세기의 지식 세계에서는 관례적인 일이었으며, 그의 고전 인용은 자신의 학식을 과시하기 위한 것이라기보다는 의사소통의 한 방편으로 — 아벨라르두스의 표현에 의하면 '언어적 소통의 기예ars sermocinalis'[16] — 보는 것이 더 타당할 것이다. 그는 이러한 '언어적 소통의 기예'를 통해서 자신의 시대에 전파되고 있던 기사와 남성성의 이미지를 구축했던 것이다.

집을 떠나다

중세의 사료에서 유아기와 아동기에 대한 기록을 찾기는 매우 어렵다. 대부분의 사료가 유아기와 아동기에 대해서 별다른 관심을 기울이지 않기 때문이다. 한 인간의 어린 시절은 보통 유년기infantia, 아동기pueritia, 청소년기adolescentia의 세 단계로 나뉜다. 우선 유년기는 대체로 7살 때까지를 말하는데, 이 시기의 아이들은 자신이 태어난 곳에 머물면서 부모의 보호하에 성장한다. 유년기의 남자와 여자 아이들은

---

14 Thomas Renna, "St. Bernard and the Pagan Classics: An Historical View", E. Rozanne Elder and John R. Sommerfeldt (ed.), *The Chimaera of His Age: Studies on Bernard of Clairvaux*, Cistercian studies series, no. 63. (Kalamazoo, Mich.: Cistercian Publications, 1980), pp.122-131.

15 John of Salisbury, *Metalogicon* 3,4: *Dicebat Bernardus Carnotensis nos esse quasi nanos gigantium humeris insidentes, ut possimus plura eis et remotiora videre, non utique proprII visus acumine aut eminentia corporis, sed quia in altum subvehimur et extollimur magnitudine gigantea.*

16 이에 대해서는 강상진, 〈서구 중세의 수사학 – 수사학의 그리스도교화를 중심으로〉, 《한국서양중세사학회》 제44회 연구발표회 발표문(2006).

성의 구별이 어려울 정도로 비슷한 모양의 의복을 착용했고, 아이들은 이 기간에 유모와 같은 여인들의 손에 의해서 양육되었다. 그러나 예닐곱 살만 되면 부모는 아들과 딸을 구분해서 키우기 시작했다.

중세의 가부장적 질서에서 남자아이는 이 무렵부터 집을 떠나 다른 남성들과 함께 성장할 것을 강요받는다. 성직에 입문할 자제들은 인근의 수도원이나 성당에 딸린 학교에 보내졌고, 기사로 키워질 아이들은 아버지나 다른 영주의 성에서 기사 훈련을 받는다.[17] 이제부터 여성과 남성은 각각 다른 곳에 나뉘어져 각자의 세계를 가꾸도록 강요된다. 어린 아이들에게 타지에 대한 낯설음은 정신적 두려움과 슬픔으로 표출되었지만, 진정한 남성으로 성장해야만 영주의 자격을 획득할 수 있었기에 집을 떠나는 것은 바로 '남성적 행위'로 인식되었다. 그런 의미에서 기사수업은 진정한 남성이 되기 위한 과정의 시작이었다. 어린 소년은 어른의 세계에 편입되어 새로운 자아를 형성하고, 진정한 기사로 태어날 수 있었다.

어머니와의 단절, 탈여성화

남성 지배적인 사회에서는 성인식成人式과 같은 일련의 제도화된 의례를 통한 성적 차별화가 시도되어 왔다. 이러한 남성 사회는 성적 차별과 구분이라는 기제를 이용하여 어린 아들을 어머니로부터 '분리'시킴으로써 남성성을 강화시켰다. 인류학적으로 볼 때, "성적인 구별짓

---

17 긴느-아르드르 가의 남자아이들도 일정한 나이가 되면 '각자의 능력에 따라 학교로 가서 수업을 받거나 혹은 기사 훈련을 받았다(《역사》C. 89)'.

기distinction"[18]는 고유한 성 정체에 어긋나는 행동들을 금지하며 "어머니와의 관계에서 소년을 해방시키고", "점차적인 남성화를 확고히 하는 기능을 갖는다."[19] 이제 소년들은 사냥과 스포츠 같은 남성적 활동들 통해서 "어머니 세계와 단절"되고, "어머니와의 타고난 유사類似 공생으로부터" 벗어나는 과정을 거치게 된다. 기사 교육의 시작은 사내아이를 여성의 세계로부터 분리시키는 사회적 작업이었다. 더욱이 어려서부터 유모의 손에서 자란 아이들은 어린 나이에 다시 어머니의 곁을 떠나야 했기 때문에, 어머니와의 관계가 더 멀어질 수밖에 없었다. 정치와 전쟁을 비롯한 공적영역을 책임졌던 아버지의 경우, 부성부재父性不在의 현상은 어린 아들의 기사 훈련으로 더욱 심각해진다. 반면에 딸들은 이러한 격리와 단절 없이 어머니와의 관계 지속성을 유지하게 된다.

기사교육의 시작과 더불어 소년들은 어머니와의 유착을 부정하고, 자신에게 남아 있던 여성적인 부분을 제거하길 주문받았다. 이러한 분리 과정을 통해서 소년의 남성화 내지는 탈여성화가 진행된다. 12세기 후반 최고의 기사로 이름을 알렸던 윌리엄 마셜에게도 어머니에 대해서는 "단지 그녀의 이름과 그녀가 속했던 유명한 가문만이 알려져 있을 뿐"이었다.[20] 이러한 사회화 작업의 단계를 거치면서 소년은 남성들의 세계로 입문하게 된다.

이곳에서 그는 남성의 정체성을 형성하는 기본 교육을 받게 된다. 처세술과 걷는 방식, 시선을 처리하는 방식, 신체 단련, 생각하고 행동

---

18 이 용어와 관련해서 부르디외, 《남성지배》, 40쪽 이하 참조.
19 피에르 부르디외, 《남성지배》, 41쪽.
20 조르주 뒤비, 《위대한 기사, 윌리엄 마셜》, 102쪽.

하는 방식 등의 사회화 작업을 통해서 남성다움이 몸에 주입된다. 성적으로 차별화는 구별짓기에 의해서 "구성된 사회적 정체성이 생물학적 성격 안에 새겨져서 합일화된 사회적 법칙인 아비투스habitus가 된다."[21] 이러한 사회적 구축 작업은 역사가 신체에 체화되어가는 과정으로, 부르디외는 이를 "역사적 무의식", "남성 중심적 무의식의 충동"이라는 용어로 설명했다. 젠더적 관점에서 보자면 기사교육은 신체의 남성화라는 "신체의 변형 작업"[22]으로, 어린 소년들은 자신의 몸에서 여성적인 것을 사라지게 하는 "신체의 사회적 구축" 과정을 경험하게 된다. 국가와 학교, 가정은 남성에게 "지배의 원칙을 만들어내고 강요하는 장소"[23]였다.

프랑스의 루이 13세는 일곱 살의 나이에게 이미 "아이 옷을 벗어버렸고 교육은 남자들의 손으로 넘어갔다. 몽글라 부인에 이어 수비즈 씨가 왕세자의 교육을 담당하게 된 것이다." 아직 어머니와 하녀들의 치마폭을 맴돌던 어린아이에게 이것은 엄청난 충격이었다.[24] 아르눌도 일곱 살이 되자 남자아이들 틈바구니에서 새로운 삶을 시작했다. 그리고 그가 십 대에 접어들고 나서 얼마되지 않은 어느 날 그의 아버지는 어린 아들을 하인 하나 딸려서 플랑드르 백작의 성으로 보냈다.[25]

정든 고향을 떠나 낯선 곳에서 생활하는 일은 쉽지 않았을 것이다. 비슷한 나이에 수도원에 청원자로 지냈던 오르데리쿠스Ordericus Vitalis

---

21 부르디외, 《남성지배》, 74쪽.
22 이 개념에 대해서는 부르디외, 《남성지배》, 79-81쪽.
23 부르디외, 《남성지배》, 11쪽.
24 기사 윌리엄 마셜도 기사 교육을 받던 중, 그가 체류하던 곳으로 온 자기 집안의 하인에게 처음으로 물어본 것이 "그의 어머니와 여자 형제들에 대한 소식"(뒤비, 《위대한 기사, 윌리엄 마셜》, 155쪽)이었다는 사실은 식구들과의 이별이 쉽지 않았음을 의미한다.
25 《역사》 C. 90. 루이 13세의 사례는 필리프 아리에스, 《아동의 탄생》, p.138.

가 훗날 술회한 것처럼 향수병과 정신적 충격에 시달렸을 수도 있다. 아르눌과 비슷한 연배에 수도원에 입회한 기베르 드 노장은 선배와 동료들로부터 "질투", 혹은 "내적인 동요"를 겪어야만 했다. 아니면 이러한 환멸과 분노에서 비롯된 "악마가 자신에게 달려드는 환영"[26] 때문에 고통스럽게 밤을 지새웠을지도 모른다. 위대한 기사 윌리엄 마셜조차도 기사 수련 중에는 동료들의 입방아에 오르내렸던 것으로 보아, 여성의 품을 벗어나 남성들만의 세계로 입문하는 과정에서 남자아이들은 혹독한 시련의 시간을 체험했던 것으로 보인다.

하지만 귀족 가문의 장남은 기사가 되어야 했고, 기사만이 진정한 남자로서 인정을 받았다. 보르스트A. Borst는 서기 1100년부터 1250년까지를 기사의 전성기로 보았는데, 아르눌은 '기사의 시대'를 살았던 것이다. 아르눌의 아버지 보두앵 역시 자신의 봉신들에게 아들들을 자신의 성으로 보내도록 했다. 보두앵의 군주였던 플랑드르 백작도 앞으로 플랑드르 지역의 영주로 성장하게 될 사내아이들을 직접 교육시켰다. 이렇게 함으로써 "장기적인 충성을 확보"하고 미래의 동료 전사로 키우고자 하는 생각을 하고 있었다. 이러한 개인적인 우정과 친분 관계를 바탕으로 점차 안정적인 정치 체제가 조성되어갔다. 플랑드르 백작은 자신을 '양부'처럼 받드는 아이들을 보고 기뻐했을 것이고, 앞으로 이들이 자신의 영원한 전사가 될 것이라는 사실에 흡족했을 것이다.

이러한 이유로 플랑드르 백작은 신하의 아들들을 기꺼이 자신의 성에 받아들였다.[27] 어른들에게 아이들이 느끼는 이별의 슬픔 따위는 큰

---

26 기베르 드 노장, 《기베르 드 노장의 자서전》, 박용진 옮김, (파주: 한길사, 2014) 102쪽, 106쪽, 112쪽, 178쪽.

27 중세 기사 교육이 이러한 과정은 훗날 19세기 유럽 상류층 자제들의 교육에서도 이와 유사한 흔적을

의미가 없었던 것으로 보인다. 어린 아르눌이 백작의 성에 보내진 뒤에도 랑베르는 아르눌이 또래의 아이들 중에서 재능이 출중했다는 사실만을 밝히고 있기 때문이다.[28]

이렇게 해서 아르눌은 자신을 낳아준 아버지 외에 두 번째 아버지를 얻게 된다. 플랑드르의 백작 필리프 1세가 바로 그였다. 말년에 십자군 원정에 참여하여 아콘 전투에서 혁혁한 공을 세우기도 했던 당대의 베테랑 기사인 필리프는 플랑드르 각 지역에서 모여든 소년들을 자신의 성에서 머물게 하면서 미래의 기사로 성장시켰다. 이러한 행동에는 이들을 어린 나이부터 길들여 자신의 충성스러운 봉신으로 만들려는 정치적인 포석이 깔려 있었다. 어린 아이들은 경쟁적으로 양부의 사랑을 얻기 위해 노력했고, 새로운 아버지와의 관계는 종종 친아버지의 그것보다도 더 좋아서, 간혹 새 아버지를 더 존경하는 경우가 발생하기도 했다. 더욱이 자신이 나고 자란 성보다 더 크고 화려한 성을 소유하고 있었으니 플랑드르 백작은 아버지보다 훨씬 더 대단한 인물로 여겨졌을 것이다.[29]

모든 것이 낯선 곳에서 어머니와 형제자매를 그리워하며 눈물을 흘려야 했지만, 그의 앞에 펼쳐진 운명은 12년 동안 새 아버지와 같이 식사를 하면서 비슷한 또래의 다른 아이들과 기사수업을 받는 것이었다.

볼 수 있다. 영국의 경우, 엘리트 계급의 아들들은 "대부분 7, 8세에 가까운 작은 퍼블릭 스쿨에 보내지고, 11, 12세가 되면 다시 그레이트 퍼블릭 스쿨로 진학했다. 18, 19세가 될 때까지 기숙사 생활을 원칙으로 하는 교육 과정이 끝나면 옥스퍼드나 케임브리지와 같은 대학으로 진학하는 것이 정해진 엘리트 코스였다."(설혜심, "19세기 영국의 퍼블릭 스쿨", 95~96쪽).

28 《역사》 C. 90: *primus inter primo Flandrensis nobilitatis iuvenes et merito nominatus est et numero.*

29 필리프 백작령 소유의 헨트 성은 당시 최첨단의 시설을 갖춘 곳으로, 두 개의 대형 홀이 있는 백작의 거처를 포함해 그 규모만도 1/2헥타르에 이른다. 뒤비, 《사생활의 역사 2》, 591쪽.

1180년부터 1200년 사이에 필리프가 건설한 헨트Ghent의 성. 성지순례 중 팔레스타인의 석조 건축물에 깊은 감명을 받은 필리프는 백작령의 수도격인 강의 성을 석조로 건축했다.

그래서 백작의 성은 늘 아이들로 붐볐다. 일종의 대리 아버지였던 백작에게 이 아이들은 자식과 같았고, 이들이 전사가 되어 자신을 보호해주리라는 생각에 아이들이 경쟁하는 모습을 보면서 그는 늘 흐뭇한 미소를 띠었다. 이런 과정을 거치면서 자신을 낳은 친아버지에 대한 기억이 서서히 사라져갔다.[30]

거친 남성들의 공동체

기사수업은 일종의 전인교육이었다. 교육은 어린 기사들의 훈육을 담당하는 궁정집사Hofmeister의 주도하에 이루어졌고, 간혹 음악이나 문학, 개별 학문 분야의 경우는 전문가가 초빙되기도 했다. 그 외에도 기사로서 필수인 7예septem artes probitates, 즉 활쏘기와 말타기, 수영, 검술, 사냥, 체스, 수사학(시학) 등의 교육이 이루어졌다. 이러한 것들을 위한 기본적인 훈련으로 돌 던지기, 혹은 멀리뛰기와 같은 것이 있었고, 사냥꾼으로서 갖추어야 할 기본적인 지식의 습득도 중요한 교과목이었다.

이제 아르눌의 활동 무대는 유모의 따스한 가슴이나 어머니의 치마폭이 아니라 거친 남성들의 공동체였다. 플랑드르 백작의 궁에 도착한 아르눌은 강인하고 유연한 몸매를 만들기 위한 훈련에 치중했고, 동시에 담력을 키우는 데 주력했다. 새로운 성에 도착한 다음 날 아침부터

---

30 윌리엄 마셜도 친아버지에 대한 기억이 별로 없었고, 1165년 그의 아버지가 죽었을 때 장례식에 조차 참석하지 않았다. 그 이유는 "무기에 대한 기초 지식을 배우고 자수성가할 수 있는 상태에 이를 수 있는 좋은 가문에 윌리엄을 보냈다는 사실을 제외하고는 정작 윌리엄이 아버지에게 빚진 것은 아무 것도 없었기 때문이다."(조르주 뒤비, 《위대한 기사, 윌리엄 마셜》, 156~159쪽).

선임 기사 수련자들은 아르눌을 마구간으로 데리고 가서 말에게 여물을 어떻게 먹이는지, 또 말을 어떻게 다루는지 시범을 보여주었다. 아르눌은 마구간 옆에 있는 대장간에서 대장장이가 마구를 수선하는 모습을 한 귀퉁이에서 쭈그려 앉아서 호기심 어린 눈으로 지켜보았다. 이렇게 해서 아르눌은 시동page으로서 새로운 삶을 시작했고, 평생 기사의 동반자가 될 말과 친해질 수 있는 기회를 얻게 된다.

낮 시간은 일종의 자연학습 시간이었다. 숲은 당시 사람에게 매우 유용한 자원을 제공하는 곳이다. 목재나 꿀과 같은 생활필수품뿐만 아니라 귀중한 약재도 숲에서 구할 수 있다. 비록 몇 세대 전부터 늘어나는 인구를 부양하기 위해서 영주와 농민들이 화전을 일궈 숲을 상당 부분 개간했지만, 아직도 광활한 지역이 숲으로 덮여 있었다. 야생동물이나 늪과 같은 위험한 요소들이 곳곳에 산재해 있던 숲은 많은 기사들에게 두려움의 장소이기도 했다. 실제로 얼마나 많은 기사들이 숲에서 길을 잃고 헤매다가 아까운 목숨을 잃었는지 모른다.

구사일생으로 목숨을 건진다 해도 숲에서 끔직한 경험을 해야만 했던 기사들의 이야기를 어린 기사 수련생들은 잘 알고 있다. 아르눌이 기사수업을 받던 당시, 14살이었던 프랑스의 필리프 왕자는 랭스로 가는 도중 숲에서 그만 길을 잃어버려 꼬박 이틀을 숲속에서 헤매야 했다. 사람들이 필리프가 죽었을 것이라 생각할 무렵, 기적적으로 살아 돌아왔다. 하지만 젊은 시절 숲에서 겪은 악몽과도 같은 이 사건 때문에 그는 더 이상 숲에 들어가려 하지 않았다고 한다. 앙주의 백작 조프루아 플랜태저넷Geoffroy Plantagenet는 사냥개와 함께 들짐승을 쫓다가 그만 숲 한가운데서 일행을 놓치고 말았다. 사냥개마저도 정신없이 사냥감을 뒤쫓아 더 깊은 숲속으로 사라져버리고 그는 혼자 남겨졌다.

해가 지고 어둠이 서서히 몰려오면서 한치 앞조차 분간하기 어려웠을 때, 나무 사이에서 사람 한 명이 튀어나왔다. 가슴이 콩알만해지는 순간이었으나 정신을 차리고 자세히 살펴보니, 그는 마을 대장장이에게 숯을 구워 팔아서 근근이 연명하는 사람이었다. 숯장수의 도움으로 겨우 숲을 빠져나올 수 있던 백작은 숨도 돌릴 겸 길가에 앉아 그와 이야기를 나누게 되었다. 이렇게 해서 백작은 자신의 숲 관리인들이 불쌍한 백성들을 얼마나 심하게 착취하는지 낱낱이 알게 되었다.

숲에는 정체를 알 수 없는 요정이나 용 같은 괴물들이 산다는 소문이 공공연히 돌았고, 죄를 짓고 도망친 범법자나 법의 망을 피해 숨어 사는 도적들이 숨어드는 곳이 또한 숲이라, 웬만큼 뱃심이 좋지 않고서는 기사들도 감히 숲에 홀로 들어가려 하지 않았다. 따라서 숲은 기사 수련생들에게 생존의 공간이자 극복의 대상이었다.

사냥

기사 후보자들은 '숲과 냇가를 알도록' 자연 속에서 수련을 받았다. 사실 숲에는 그 수를 헤아릴 수 없을 정도로 다양한 동물들이 뛰놀고 있었다. 아침마다 망루에서 풍요롭기만 한 숲을 바라보던 긴느-아르드르의 귀족들은 경작지 개간으로 점점 숲이 사라지는 것을 아쉬워했다.[31] 더욱이 늘 아이들과 하인들로 붐비던 성을 벗어나 대자연 속에서 자유롭게 말을 타고 돌아다닐 기회만을 노리고 있던 이들은 사냥하는 날만을 손꼽아 기다렸다. 사냥은 부족한 영양분을 섭취하기 위해서도

---

31 이 시기 경작지 개간과 개척에 대해서는 II장-시대적 환경 참조.

필수적이었다. 운이 좋아 먹음직스러운 들짐승을 잡은 날에는 그 자리에서 불을 피우고 동료들과 야외파티를 즐기기도 했다. 성에서 가지고 온 와인을 마시면서, 자신이 지난 사냥에서 얼마나 용감하게 멧돼지와 맞서 싸웠는가 하는 무용담을 늘어놓기도 했을 것이다. 반면에 고기를 굽는 동안 행여 불이 꺼질까 걱정하던 하인들에게는 귀에 못이 박일 정도로 자주 들었던 이야기들이었다. 하지만 사냥이 늘 즐거운 운동경기였던 것은 아니다. 숲에는 늑대와 같이 사나운 짐승들이 돌아다녔고, 기사들은 들짐승의 공격을 받아 심각한 부상을 당하거나 목숨을 잃는 경우도 있었다. 그나마 사납기 그지없는 사냥개가 곁을 지켜줘서 큰 위안이 되었다. 평상시에는 하인들이 보살피던 사냥개들은 사슴이 지칠 때까지 쫓아가 목덜미를 물어뜯어 죽일 정도로 잔인했다. 늑대나 곰도 도망칠 정도로 사나웠지만 주인에게는 충성스러웠던 사냥개는 영주에게 든든한 동반자였다. 부유한 귀족들은 매를 키우기도 했는데, 새를 사냥하거나 공중에서 숲 속으로 도망친 사냥감의 위치를 알려주는 등의 역할을 톡톡히 했다.

대담함과 지구력, 그리고 야생동물의 습성에 대한 전문가적 지식을 요구하는 사냥은 기사 수련에 아주 좋은 훈련이었다. 특히 편을 짜서 들짐승들을 요리조리 몰아가면서 죽이는 것은 전투와 유사한 점이 많았다. 전투와 마찬가지로 사냥을 하는 동안 기사들은 서로에게 신호를 주고 소리치면서, 필요시에는 나팔을 불면서 대형을 만들어 사냥감을 공격했다.

여타 기사들과 마찬가지로 사냥은 긴느-아르드르의 기사들이 가장 좋아했던 일이었다.[32] 그중 매사냥의 인기는 단연 으뜸이었다. 긴느 백작령의 주인들은 가문을 위해서 아침, 저녁으로 기도하는 사제들보

사냥을 소재로 한 15세기의 작품. 날카로운 이빨로 사슴을 공격하는 사냥개들의 모습이 인상적이다.

다 날갯짓하면서 허공으로 세차게 날아오르는 참매를 더욱 애지중지
했을 정도이다. 사냥은 사회적 관계를 수반한다. 기사 계층의 남성들
은 사냥이라는 사회적 행위를 통해서 여성과 피지배 계층에 대한 우월
성과 지배성을 과시하고 강화했다. 사냥은 귀족 남성의 특권으로, 남
성들은 사냥과 같은 집단적 행위 속에서 '남성 유대male bonding'를 공
고히 했다. 동시에 사냥은 남자들 사이의 경쟁과 위계질서를 구축하는
역할을 했다.

---

32 남자들의 사냥에 대한 열정은 《역사》 C. 15, 21, 88, 99.

중세에 사냥veneris은 육체적 사랑venus과도 밀접한 연관성이 있었다. 라틴어 'veneris'는 'venus'의 소유격 형태로, 중세 사람들은 동물 사냥과 남성의 여성에 대한 육체적 정복은 유사한 상징성을 지닌다고 생각했다. 사냥은 동물의 '고기를 욕망'하는 것이고, 육체적 사랑은 '여성의 몸을 욕망'하는 행위였던 것이다. 그래서 사냥에서 불의의 사고로 인한 신체장애는 곧 남성성의 상실이나 마찬가지였다. 그는 동물도 여성도 정복할 수 없기 때문이다. 실명을 하거나 불구가 되는 경우, 수도원으로 들어가는 경우가 많았다.

어른 닮아 가기

기사 수련은 사냥과 더불어 시작된다. 사냥터에서 성주와 그의 사냥개 뒤를 쫓아 뛰어다니면서 숲과 자연을 배우는 것이다. 사냥 도중 쉬는 틈을 타서 어린 수련자들은 간간이 활 쏘는 방법도 터득하고, 날아가는 새를 향해서 시위를 겨누기도 했다. 하지만 열네 살이 되면 어린 수련생들은 말의 뒤꽁무니를 따라다니면서 장난치는 일 이외에 좀 더 진지한 임무를 부여받게 된다. 종자squire로서 이들은 기사의 운반하기 힘든 장비를 짊어지고 다니는 일이었다. 특히 무거운 방패를 운반하는 것은 열네 살 소년의 힘만으로는 벅찬 일이었다. 아서 왕이 백 명에 달하는 자신의 종자들을 "화려한 알렉산드리아 비단으로 만든"[33] 옷을 입히고 모두 기사로 서임시키고자 했던 것처럼, 이들에게는 기사가 되

---

33 유희수, 〈크레티엥 드 트루아의 로망에 나타난 기사 서임〉, 《프랑스사 연구》 31 (서울: 프랑스사학회, 2014), 8쪽에서 재인용.

는 것이 직면해 있는 현실이자, 꿈이었다.

다행히도 기사에게 생명과도 같은 존재인 말을 보살피는 일은 하인들이 맡아서 해주었다. 기사 한 명당 대략 대여섯 마리의 말을 소유하고 있었기 때문에, 20여 명의 기사들이 거주했던 아르드르 성에는 언제나 백여 마리의 말이 있었다. 농민들은 말에게 먹일 귀리를 충당해야 했는데, 이게 여간 힘든 일이 아니었다. 전투에서 말이 부상당하거나 죽을 경우, 혹은 적에게 빼앗겼을 때에는 당장 새로운 말로 대체되었다. 수명을 다했을 경우에도 당연히 새로운 말로 대체되었다. 전투에 쓰이는 말은 보통 값비싼 수컷이었고, 스페인 남부 안달루시아의 무어인들이 키우는 말을 최고로 쳤다. 하지만 용맹하고 힘센 말을 구하기는 쉬운 일이 아니었다. 완전 무장을 했을 경우 대략 100킬로그램에 달하는 기사를 태우고 전력 질주할 수 있고, 전장의 소용돌이 속에서도 겁먹거나 당황하지 않는 말이어야 했다.

어느 정도 나이가 되어 말타기를 배우는 어린 기사들은 우선 거친 말을 길들이는 방법부터 배워야 했다. 떨어지고 멍들고, 다치면서 미래의 기사들은 말과 친숙해져갔다. 하지만 운이 안 좋은 경우 종종 목숨을 잃기도 했다. 기사 종자의 역할을 맡은 남자아이들은 성인 기사들과 숙식을 같이하면서 성장하게 된다. 이들은 아이들에게 새로운 인생 설계를 위해 도움을 주는 조언자이자 후견인으로서, 이러한 성인과 아이의 관계는 아이들이 기사 서임을 받을 때까지 수년간 지속된다. 중세에 귀족 남성은 기사 서임을 통해서 진정한 '성인' 남성으로 재탄생한다. 그때까지 남자아이는 다른 성인 기사로부터 도제적인 교육과 훈련을 받았다. 엑터 경의 성에서 자란 "수염도 나지 않은 소년" 아서도 엑터 경의 아들이자 1년 전에 기사 서임을 받은 케이 경의 시종으로서 그를 보필하다가 훗날 왕으로 등극한다.

몇 년 동안 마상경기와 전투를 따라다니면서 소년은 다시 한 번 큰 변화를 경험한다. 기사 서임을 받은 젊은 기사들은 "대지를 순회하러" 끊임없이 이동했기 때문에, 기사의 종자도 함께 방랑 생활을 시작했다. 윌리엄 마셜도 종자 외스타슈를 대동하고 마상 시합을 전전하면서 그에게 '말 관리'와 '돈 관리'를 맡겼다.[34] 이렇게 해서 남자의 세계로 들어선 10대의 소년들은 자신이 모시던 기사와 대부분의 시간을 보내면서 남자의 삶을 답습하게 된다. "모든 대화는 남성들의 전유물"이었고, "여성들은 전부, 아니면 거의 대부분 매우 짤막하게 등장"할 뿐이었다.[35]

기사의 무기

아르눌은 검과 창을 다루는 기술을 배우면서 진정한 남성 전사로 성장해간다. "무기는 권력의 상징"으로, 칼과 창을 다루는 교육을 받는다는 사실 자체가 권력자로 양육됨을 의미한다. 공적 권력은 남성만의 영역이기에, 기사 교육은 남자아이들만을 위한 폐쇄적 공간에서 이루어졌다. 그렇기 때문에 여성은 권력 관계가 작동하는 이러한 교육의 장에서 철저히 배제되고 소외되었다. 반면에 남자들만의 공동생활과 교육 과정은 남성 아비투스로 재생산되고, 남자아이들은 검과 활을 다루는 '군사화' 과정을 거치면서 사회 통제의 핵심 세력으로 성장할 수

---

34 조르주 뒤비, 《위대한 기사, 윌리엄 마셜》, 109~113쪽.
35 조르주 뒤비, 《위대한 기사, 윌리엄 마셜》, 102~103쪽.

있는 기회를 갖는다.

학습된 공격과 지배 기술은 아르놀에게 '남성다운 행동'으로 자연스럽게 인식되어, 또래들은 남성다움을 입증하기 위해서 '경쟁적'으로 훈련에 참여했다. 서서히 세상을 승자 독식의 경쟁 구도로 보는 훈련이 시작되었던 것이다. 하지만 이는 동시에 그들을 키워주고 보호해주었던 영주에 대한 감사의 표시이기도 했다. 봉건 영주에게 있어서도 자신의 지배 권력을 유지하기 위해서 봉신들의 자제들을 일정기간 '보호' 하에 둘 통제의 기제가 필요했던 것이다. 결국 기사 교육은 봉건 영주의 권력 재생산을 위한 도구이자 수단이었고, 이는 남자아이들의 사회화를 위한 일종의 종합 기획이기도 했다. 이러한 태도는 기사 교육과 관련된 당대의 많은 글에서 입증된다.

당시의 군사 장비의 흔적을 파악하기란 쉬운 일이 아니다. 이는 마구를 함께 매장하는 풍습이 사라진지 이미 오래되었고, 아직 철이 희귀하던 시대라 낡은 무기는 신무기를 제조하는데 재사용되었기 때문이었다. 당시 기사들의 장비에 대해서 알 수 있는 것은 결국 인장, 채색삽화, 부조, 세공품 등에 남아 있는 이미지들을 통해서이다. 남성성의 형성과 무기의 관계에 관련한 흥미로운 사실은 근대적 무기 제조 기술이 등장하기 이전부터 무기는 남성성의 강화를 의미했다는 점이다. 리오 브로디Leo Braudy는 그의 저서 《기사도에서 테러리즘까지》에서 '무엇이 진정한 남성을 만드는가?'라는 질문에 대해서 전쟁을 언급한다. 그는 역사적으로 전쟁이 국가적 관심사였던 시기에는 남성성이 부각되었던 반면, 전쟁이 없었던 시기에는 남성성이 오히려 쇠퇴했다고 보았다. 전쟁과 남성성은 상호 밀접한 관련이 있다는 이야기이다. 근대에 와서 대량 살상무기가 개발되기 전까지 중세 기사의 전유물이었던 창, 검, 갑주와 같은 전쟁 무기는 전사 집단의 남성성을 차별적으로 강화하는 역할을 수행했다. 그래서 브로디는 "맨몸에 비해 훨씬 웅장하고 위협적인 모습을 투영하는 중세 시대 갑옷의 단단한 껍질은 그 자체가 기사도를 담아내는 형이상학적 인조 신체."[36]라는 결론에 도달한다. 어린 아르눌에게 무기는 명예의 상징이자 그를 남자로 만드는 도구 중 하나였다.

기사의 몸, 신체의 언어

몸에 대한 담론은 전통적으로 정신과의 관계 속에서 파악되어왔고 비주체적인 몸은 정신과 대비하여 상대적으로 열등한 것으로 평가되어 왔다. 심지어 몸은 오랫동안 이성의 작용을 방해하는 '위험한 것'으로 간주되었다. 그래서 서양의 지적 전통에서 플라톤은 정신을 감금하고 있는 감옥인 몸에 대한 통제 필요성을 강조했고, 서양 중세의 기독교 전통은 '정신=영원한 것, 몸=일시적이고 순간적인 것'이라는 이분법적 설명을 시도했다. 근대에 들어와서도 데카르트는 몸과 정신을 독립적인 이원 항으로 분리시켰다. 사회학자들도 자연적인 것보다는 사회적인 것을, 감성적이고 본능적인 것보다는 이성적이고 사회적인 조건과 영향을 중시했다.

하지만 이처럼 오랫동안 정신에 억눌려 있던 몸에 대한 담론은 후기 근대 사회에 들어서 인문학의 중요한 흐름을 형성해 가고 있다. 몸에 대한 의미 영역이 생물학적 범주에서 벗어나 서서히 새로운 의미체

---

36 리오 브로디, 《기사도에서 테러리즘까지》, 109쪽.

로 다가서고 있다. 이성주의에 저항하는 몸에 대한 관심이 시작된 것이다. 역사학계에서도 몸은 학문적 관심영역에서 배제되어왔다. 그동안 몸은 자연에 속하는 것이지 문화에 속한 것이 아니라는 생각이 지배적이었기 때문이다. 그러나 사회과학이 몸의 중요성을 밝히면서 지난 한 세대에 걸쳐 몸의 역사를 둘러싼 연구가 이루어졌고, 국내외에서 적지 않는 연구 결과가 나왔다. 이렇게 역사학은 잊혔던 몸을 깨웠고, 그 풍부한 역사를 파헤치기 시작했다.

몸은 이제 하나의 역사를 갖는다. 몸은 사회·경제·정신적 표상으로서 역사를 구성하기 시작했고, 이 분야에 대한 연구는 몸을 중심으로 발달한 상징, 표상, 기호, 물질문명의 풍부한 문화사로 들어가는 입구이다. 1970년대 이래 소통 수단으로서 몸이 갖는 의미에 대한 연구가 진행되면서,[37] 인간의 표정, 몸짓, 태도는 중요한 소통 수단으로 이용되어 왔음이 학술적으로 밝혀지면서, 의복과 언어, 행동은 과시적 수단Repräsentationsmittel이 되었다.

최근에는 남성호르몬(테스토스테론)과 여성호르몬(에스트로겐)에 대한 사람들의 반응이 제각각이어서 인간의 뇌가 사회적 맥락에서 역사와 환경의 언어로 반응한다고 보는 것이 합당하다는 연구 결과가 도출되기도 했다. 즉, 인간은 남자와 여자를 구분하는 생물학적 차이보다는 남자다움이나 여자다움이라는 문화코드에 따라서 행동하는 법을 배운다는 설명이다. 그러나 역사상 오랜 동안 남성성은 고정된 원형으로서 불변적이라는 문화적 담론이 지배적이었고, 생물학적 유전자 구

---

37 대표적으로 Klaus Schreiner·Norbert Schnitzler, *Gepeinigt, begehrt vergessen: Symbolik und Sozialbezug des Körpers im späten Mittelalter und in der frühen Neuzeit* (München: W. Fink, 1992).

성으로 인해서 남자와 여자의 몸은 명확히 구분된다는 믿음이 확고했다. 호전성과 공격성은 남성의 유전자에 전가되었으며, 이러한 타고난 생리학적·유전적 차이로 남자의 몸은 여성의 그것과 구분되었다. 즉 남녀의 행동과 특성에 몸에 의해 발생하는 차이가 분명히 있다는 것이다. 따라서 남성성을 변화시키려는 시도가 성공할 가능성은 희박했다. 진정한 남성성은 고정적이라는 확고한 인식을 바탕으로 젠더 이데올로기가 통용되었다.

푸코는 "어떤 사회에서나 신체는 매우 치밀한 권력의 그물 안에 포착되는 것이고, 그 권력에 신체의 구속이나 금기, 혹은 의무를 부과해 왔다."고 지적했다.[38] 중세 기사의 신체도 수년 동안 반복적이고 지속적으로 엄격한 훈련을 거치면서, 규율에 적응하고 순응해갔다. 그래서 중세의 작가들은 남성의 이상적인 신체를 강조하곤 했다.

남자의 몸은 '골격이 크고', '사지가 튼튼하며', '신체는 균형 잡혀야 하고', '명예로운 상처의 흔적이 패어 있고, 어깨는 우람하며', '가랑이는 말을 타기에 좋도록 튼실해야' 했다.[39] 진정한 남성성은 남자의 몸에 내재해 있기에, 남성의 몸은 생물학적 메커니즘에 의해서 작동한다. 중세의 성직자들조차도 기사들의 강간과 같은 성폭력을 개탄하면서도 수수방관할 수밖에 없었던 이유도 몸을 '진정한 남성성'이 표출된 '기계'와 같은 것으로 이해했기 때문이다.

명예와 체통은 기사의 윤리적 덕목으로, 여성성에 대립되는 남성성을 두드러지게 하는 것이다. 1415년경 요하네스 로테Johannes Rothe가

---

38 미셸 푸코, 《감시와 처벌》, 오생근 옮김, (나남, 2003), 215쪽.
39 마르크 블로크, 《봉건사회I》, 56쪽.

쓴《리터슈피겔》에는 중세 시대 기사들이 갖추어야 할 요건들을 명시되어 있다. 이에 따르면 기사는 말을 잘 다루어야 할 뿐 아니라, 수영, 활과 창을 다루는 능력, 사다리나 밧줄을 오르는 능력이 뛰어나야 하고, 마상시합에서도 능력을 발휘해야 했다. 한편 이러한 직접적인 전투 능력 외에도 기사는 식탁에서 예의를 지키고, 춤을 잘 추고, 장기를 잘 두며, 연회 등에서 품위 있는 행동을 해야 한다고 언급하고 있다.

하지만 아르눌에게 기사 훈련은 선택이 아닌 강요였고, 동년배들과의 경쟁과 갈등, 상급자들의 괴롭힘을 이겨내야 했기에, 기사수업은 귀족 가문의 남자아이들에게 "본격적인 고단한 삶의 시작"[40]이었다. 기사 훈련을 야만성과 잔인성으로 묘사하면 이는 지나친 과장일지 모르나, 훈련을 통해서 아르눌의 남성성이 극대화되었음은 틀림없는 사실이다. 규율과 체벌을 인내하고 가족과 떨어져 지내는 정서적 박탈감을 극복하는 과정에서 끈끈한 형제애가 발생했다. 그리고 때로는 남성적 사랑Manly love이 싹트기도 했다.

그러나 동성애는 이성애Heterosexuality를 강제하는 가부장적 사회에서 '비정상적인 것'으로 여겨져 철저히 배제·거부되었다. 중세 그리스도교 사회처럼 강제적 이성애주의를 기반으로 한 조직은 동성애를 가부장제의 토대를 뒤흔드는 것이자, 남녀 위계적인 "창조의 질서"에 어긋나는 '죄'로 인식했기 때문이다.

그럼에도 불구하고, 중세의 모든 남성들이 고정된 남성 역할을 성공적으로 수행하고 잘 적응했던 것 같지는 않다. 적지 않은 통치자들이 남성적이지 못하다unmanly는 이유로 비난을 받았고, '남색'과 같은

---

40 만프레트 라이츠,《중세산책》, 190쪽.

금지된 행동을 함으로써 성 역할 고정관념으로부터 벗어나는 경우가 종종 있었기 때문이다.

문학 교육

루앙의 대주교가 1167년부터 1168년 사이에 잉글랜드의 왕 헨리 2세에게 보낸 편지에서 기사수업을 받고 있던 헨리의 아들이 지나치게 무술 연마에만 몰두하고 인문 교육liberal arts을 등한시한다고 경고한 바 있다.[41] 이는 당시 기사 교육 과목에 문학도 포함되어 있었음을 알 수 있다. 실제로 학자들과 신학자들의 세속 귀족 자녀들의 성서 교육과 라틴어 학습과 같은 인문 교육을 자주 강조하곤 했다. 앙주의 백작도 자식들을 위해서 최고의 교사들을 초빙했고 이렇게 해서 앙주 백작들은 학문의 후원자이자 스스로 학문의 탐구자로 칭송되었다. 루앙 대주교의 서한을 받았던 헨리 2세도 당대 최고의 스승들로부터 교육을 받은 인물로 상당한 지적 호기심을 소유했던 것으로 알려져 있다. 이러한 학문에 대한 관심 때문인지 그의 궁정에는 늘 문인들이 머물고 있었다.[42]

41 Migne, *Patrologia Latina* 207, cols. 210-212.
42 Ralph V. Turner, Eleanor of Aquitaine, (New Haven; London: Yale University Press, 2009), p.327.

아버지의 도서관

정신 수련

중세의 사료는 지적 수련 역시 기사 교육에 있어서 중요한 부분이었음을 보여준다. 물론 훌륭한 기사가 되기 위해서는 무엇보다도 강인한 체력과 무력이 요구되었다. 기사는 잘 훈련된 몸으로 무기를 능수능란하게 다룰 줄 아는 전사여야만 했다. 하지만 다가올 위험을 예측하고 이에 대한 대응책을 마련하기 위해서는 지적인 수양도 못지않게 중요했다. 그래서 일부 가문에서는 지식 교육의 중요성을 일찍부터 인식하고 있었다.[43]

　기사라고 해서 매일 전투와 같은 공적인 영역에만 매달릴 수는 없었다. 자신의 장원에서는 자상하면서도 엄정한 영주로서 품위에 걸맞는 행동을 해야 했다. 때에 따라서는 신하들에게 현명한 조언을 해주어야 했고, 일상적인 일들과 그렇지 않은 사건들에 대해서 적절한 판단도 내려야 했다. 이처럼 존경받는 영주가 되기 위해서는 별도의 인문 교육을 받는 것도 기사수업의 한 부분이었다. 이렇게 해서 어린 기사들에게 영주의 성은 학교, 성주 자신은 선생이 되었다. 간혹 성주의 부인이 어린 기사들의 수련을 돕기도 했지만, 성에 거주하면서 영주와 그의 가족들을 위해서 봉사하던 사제들이 어린 기사들에게 미치는 영향이 더 컸다. 성내에서 유일하게 글을 읽고 쓸 줄 알았던 성직자는 그

---

43 Fenske, *Der Knappe*, p.80.

리스도교적 윤리에 대한 강론을 펼쳤고, 정의로운 기사의 덕목이 무엇인지 이야기했다. 올바른 일을 위해서만 검을 사용해야 한다는 그의 설교는 나이 어린 수련자들에게 강한 인상을 남겼다.

무용담을 엮은 책도 성직자들이 읽어주었던 책 목록에 포함되었고,[44] 이러한 종류의 책들은 주로 북부 프랑스 지역의 방언으로 기록되었다. 하지만 대부분의 서적들, 예를 들면 종교와 관련된 책자나 자연의 신비를 설명하는 책은 고급 언어였던 라틴어로 적혀 있었다. 아르눌의 부친은 문맹이었으나 자신의 성에 상당한 양의 책을 보관하고 있었는데, 그는 이 사실을 매우 자랑스럽게 생각했다. 이 덕분에 랑베르는 시간이 나면 책을 읽으면서 지적 욕구를 충족시킬 수 있는 기회를 가질 수 있었고, 이에 대해 그는 《역사》에서 "다른 지역에 근무하는 내 동료들은 이를 매우 부럽게 생각하곤 했다."고 적고 있다.[45]

아르눌의 시기였던 12세기 말이 되면, 예비 기사들의 정신 수련에는 춤과 노래와 같이 사교를 위한 교육도 병행되었다. "사회적 동질성"을 중요시하던 남성들의 세계에서 "개인적 유대"를 쌓고 인맥을 형성하는 데 "예의범절과 심지어 춤이나 악기 연주를 배우는 것"은 매우 중요한 부분이었다.[46] 하지만 이러한 심성을 함양하는 훈육의 본질적인 목적은 폭넓은 지식을 축적하기보다는 "이들이 스스로가 아주 특별한 존재이면서 자신을 위해 다른 사람에게 일을 시킬 수 있는 권리를 가졌다는 것에 대한 자부심을" 심어주기 위함이었다.[47]

---

44 12세기 무훈시의 탄생과 수도사와 성직자들의 관련성에 대해서는 마르크 블로크, 《봉건사회 I》, 253~274쪽.
45 《역사》 C. 81. 비록 왕실의 사례이기는 하지만, 잉글랜드 헨리 2세의 아들 존도 고전과 종교와 관련해서 상당한 장서를 소유한 도서관을 갖고 있었다.
46 콘스탄스 부셔, 《귀족과 기사도》, 121~123쪽.

기사 수련생들은 역사, 지리, 법학, 군사 외에도 나중에 매우 긴요하게 사용될 농업과 축산 관련 지식도 습득했다. 긴느 가문의 딸들이 문예, 변증법, 수사학, 산술, 기학, 천문학, 음악 등의 "자유7학문liberali-bus studiis"[48]을 배웠고 다른 지역에서도 이를 중요한 교과목으로 가르쳤다는《역사》의 증언이 있다. 물론 남자 기사 훈련생에게도 자유7학문의 교육이 강조되었고 일부 기사들은 이 분야에서 탁월한 능력excel-lentiam studiis liberalibus을 보이기도 했다.[49]

아버지의 책들

이 시대의 책은 필사자들의 세심한 노력에 의해서 만들어졌다. 우선 좋은 재질의 양피지를 구해야 했고, 일일이 손으로 베껴야 했기에 상당한 시간이 소모되었다. 이렇게 해서 만들어진 서적들의 가격은 당연히 비쌀 수밖에 없었다. 하지만 랑베르가 동료들의 부러움을 받을 정도로 보두앵의 성에는 플랑드르 지역에서 손꼽힐 정도로 장서가 풍부한 도서관이 있었다.[50] 학교에서 교재로 사용되는 기본적인 책에서부

---

47 만프레트 라이츠,《중세 산책》, 191쪽.
48 《역사》 C. 122. 자유 7학문에 대해서는 David L. Wagner, "The Seven Liberal Arts and Classical Scholarship", David L. Wagner, (ed.), The Seven Liberal Arts in the Middle Ages (Bloomington: Indiana University Press, 1983), pp.1-31 참조. 자유7학문에 대한 여성들의 관심은 교육을 받는 수동적인 수준에만 그치지 않았던 것으로 보인다(중세 여성의 교육에 대해서는 Danielle Régnier-Bohler, "Literacy and Mystical Voices", A History of Women in the West II, pp.427-482; Chiara Frugoni, "The Imagined Woman", A History of Women in the West II, pp.336-422, 특히 pp.397-420 참조). 자유7학문에 대한 불로뉴 백작 부인 이다의 관심과 재정적 지원에 대해서는《역사》 C. 31: personis morum compositione et liberalium arcium non minus quam theologice scripture informatione.
49 만프레트 라이츠(《중세 산책》, 193쪽)에 의하면, 영주는 아들들에게 7학예를 가르쳤다.
50 이에 대해서는《역사》 C. 81: Tot et tantorum ditatus est copia librorum. 보두앵의 도서관

중세 시대에는 일일이 필사해야 했기 때문에 책이 굉장히 비싼 물건이었다. 도서관이라 부를 정도로 책을 많이 보유하고 있다는 것은 상당한 자부심을 갖기에 충분한 것이었다.

터 교부들의 사상을 담고 있는 신학서적에 이르기까지 그 종류도 다양했다. 일부 책은 라틴어를 프랑스어로 번역된 것이었다.

그는 인근 수도원에서 필사된 책을 충분한 사례를 지불하고 구입하거나, 간혹 이 지역을 지나던 성직자를 자신의 성으로 초대해서 그에게 새로운 책을 제작하도록 부탁하기도 했다. 물론 초대받은 손님은 성에서 머무르는 동안 최고의 환대를 받았음은 물론이다. 발테루스 실렌스Walterus Silens라는 박식한 인물에게는 자신을 위한 로망을 쓰게 한

에 대한 랑베르의 장황한 묘사에 대해 아르투아Artois 대학의 쿠르베이에Stéphane Curveiller 교수는 필자와의 인터뷰(2014. 7. 10)에서 그 내용의 신빙성을 의심한 바 있다. 그는 무엇보다도 장서의 풍부함을 뒷받침할 만한 여타의 다른 사료적 근거가 없다는 이유를 들었다. 반면에 아키텐의 기욤 3세가 이미 10세기 후반에 "훌륭한 도서관을 만들어 거기에서 종종 밤 깊도록 책을 읽곤 했다."는 사실(마르크 블로크, 《봉건사회I》, 226쪽)은 보두앵의 도서관이 예외적이지 않았음을 암시한다. 중세의 세속귀족들은 "무학"일지라도 "무지"하지는 않았으며, 필요한 경우에는 속어로의 번역을 통해서 "수많은 기억이나 사상을 전달받을 수 있었다."(마르크 블로크, 《봉건사회I》, 229~230쪽).

대가로 여러 필의 말과 의복 등의 선물을 주기도 했다.[51] 일과가 끝난 저녁 시간에는 연회장에 모여서 책을 낭독하게 했고, 이때에는 성내에 거주하는 사람 대부분이 모여들어 장소가 비좁을 정도였다. 주로 보두 앵의 도서관에서 일하던 사서가 낭독을 담당했다.

글을 읽을 줄 몰라*illiteratus* 비록 책을 즐겨 '들었던' 보두앵이지만, 이 책들이 단순히 장식용이나 과시적인 목적으로 수집된 것은 아니었 다. 그는 탁월한 기억력의 소유자였던 것 같다. 책 낭독이 끝나면 이 어서 성직자의 부연 설명이 있었는데, 보두앵은 "풍부한 어휘들과 아 름다운 금언들을 사용해가면서" 이의를 제기하곤 했다. 이렇게 해서 논쟁이 붙으면 보두앵은 자신이 과거에 들었던 이야기들을 인용하면 서 자신의 논지를 관철시켰으며, 주위의 사람들은 그의 기억력과 달 변에 탄복하면서 박수를 치곤했다. 그는 주기적으로 방문하던 다른 영주의 집에서도 간혹 그곳에 머무르던 성직자의 이야기를 듣곤 했는 데, 이 모든 것이 그의 정신적 역량을 넓히는데 큰 힘이 되었던 것으로 보인다.

랑베르가 전하는 바에 의하면, 문맹이었던 보두앵은 기억을 간직하 는 법을 터득하여 '거의 학식을 갖춘 것이나 다름없는 인물'로서 설전 에 능한 달변가였다. 그는 인근의 학자들을 초빙하여 함께 '공개적으 로' 토론하기를 좋아했고, "모든 학문을 제대로 파악하려는 열의에 불 타고 있었다."[52] 초빙된 학자들은 그가 관심을 갖고 있는 분야의 책을 구해서 프랑스어로 번역해주었고, 간간이 주석을 달아가면서 설명을

51 《역사》 C. 81.
52 《역사》 C. 81.

했다. 알프레드, 조프루아 그리고 《알렉산더 로망스Roman d'Alexandre》
의 공저자인 시몽 드 불로뉴 같은 교사들이 그러한 임무를 담당했다.

보두앵은 단순한 청중이 아니었다. 그는 교회에서 집전되는 전례에
참석하여 사제가 낭독하는 예언서와 역사서 그리고 복음서에 귀를 기
울였고 강론을 주의 깊게 새겨들었다. 뿐만 아니라 구약의 아가, 성 안
토니우스의 책과 사물의 본질과 창조에 관한 것들을 주제로 한 다양한
책들을 읽고 배웠다. 그가 공개 토론에서 학식 있는 교사들과 필적할
수 있었던 것은 그의 지식이 종교적인 것에만 국한되지 않았고, 무훈
시나 모험담, 혹은 평민들의 우화와 같은 세속 문학작품들에도 정통했
기 때문이었다. 읽기보다는 듣는 것에 익숙했던 보두앵은 구전문화 속
에서 자신의 기억력에 의존해서 종교문화 등과 의사소통을 할 수 있었
던 것이다.

보두앵의 경우에서 볼 수 있듯이, 중세 기사의 덕목은 무기 사용과
전투 능력만이 아니라 지적 수양도 그에 못지않게 중요했다. 하지만
아르눌의 아버지 보두앵이 경험한 지적 세계를 살펴보면, 그의 이러한
탁월함은 그리 놀랄 일만은 아닐 것이다. 당대 최고의 지식인이자 캔
터베리의 대주교였던 토머스 베케트는 잉글랜드의 왕 헨리 2세와 벌
인 논쟁으로 인해서, 1164년부터 1170년까지 잉글랜드를 떠나 유배
생활을 했다. 이 과정에서 대주교의 편을 들어주었던 프랑스 왕 루이 7
세의 도움으로 대주교는 프랑스에 머물 수 있었는데, 이때부터 보두앵
은 토머스와 지적 교류를 시작한다.

보두앵과 토머스의 인연은 보두앵 자신의 기사 서임식 때까지 거슬
러 올라간다. 젊은 보두앵의 기사 서임식에 직접 참석한 토머스는 다
른 성직자들과 함께 서임식을 주관하는 역할을 맡았다. 둘 사이의 끈

끈한 정은 이후에도 지속되었고, 토머스가 오랜 망명생활을 뒤로하고 잉글랜드로 돌아가던 중에도 보두앵의 권유로 아르드르 성에 손님으로 초대되어 머물기도 했다.[53] 토머스가 살해된 뒤에도 보두앵의 존경심은 지속되었다. 몽뚜와르La Montoire 교회를 지어 토머스로부터 서품을 받은 성직자를 그곳의 본당신부로 임명하고 토머스의 유품을 관리하도록 했다.

기사가 구비해야 할 덕목 중 하나인 손님에 대한 관대함을 몸소 실천이라도 하듯이, 보두앵은 자신을 찾은 객들을 언제나 환영했다. 그 자신이 플랑드르 지역에서 둘째가라면 서러울 정도로 탁월한 무술 실력을 갖춘 자였지만, 세속의 일을 처리함에 있어서도 그는 매우 현명한 인물in omni secularitatis sapientia eloquentissimus이었다. 자신의 후원자였던 보두앵에 대한 랑베르의 평가가 과장된 면이 없지는 않지만, 보두앵의 지식은 지적교류의 소산물이었으며, 동시에 보두앵의 사례는 12세기에 기사 문화와 성직자 문화가 융합되는 현상을 보여주고 있다.[54]

학문을 보호하고 장려했던 보두앵의 열정은 당대의 예외적인 사례가 아니었다. 보두앵의 경쟁자로 뒷날 그를 구금하고 마침내 사망에 이르게까지 한, 불로뉴의 르노[55]도 상당수의 장서를 소장하고 있었으며, 라틴어 서적의 프랑스어 번역 사업에 관심을 가졌던 인물이다. 학문과 문화 영역에서 남성들 간의 이러한 선의의 경쟁은 궁정문화가 태동하는 배경이 되었다. 이러한 문화의 후원자들은 성이나 장터, 연회

---

53 《역사》C. 87.
54 조르주 뒤비,《12세기의 여인들》, 158쪽.
55 자세한 내용은 X장-부빈전투 참조.

에서 다양한 청중들의 이목을 사로잡았던 음유시인과 유랑 가객의 칭송의 대상이 되었다. 이는 물론 자신과 가문의 명예를 드높이기 위함이었지만, 그로 인해서 로마제국 멸망 이후 처음으로 귀족 사회에서 학문과 문화가 장려되고 '지적인 전사'가 칭송되기 시작했다.

긴느-아르드르의 궁정문화

보두앵의 사례에서 볼 수 있듯이, 기사들의 세계관이 변하기 시작하면서 이들이 이제 중세문화의 새로운 주체로 나서기 시작했다. 새로운 문화의 중심지로 대두된 곳은 기사들의 거처인 궁정이었다. 그때까지의 중세 문화가 수도원과 대성당에서 생성되면서 종교적 색체를 강하게 띠고 있었다고 한다면, 궁정문화는 종교적 색체와 세속적 취향을 적절히 배합한 혼합문화의 결정체였다. 문학 분야에서도 기사들이 문화의 주체로 나서면서 이른바 궁정문학이 태동하게 된다.

특히 플랑드르 지역에서 기사문화와 종교문화가 융합된 중세의 독특한 궁정문화가 만개할 수 있었던 것은 카롤링 시대의 문화적 유산과 이 지역 대귀족들의 적극적인 후원이 있었기 때문에 가능했다. 플랑드르 백작 필리프는 '당대 최고의 이야기꾼'이었던 크레티엥 드 트루와를 적극적으로 지원했고, 에노의 보두앵 백작은 샤를마뉴의 업적을 프랑스어로 정리하도록 했다. 문학 작품에 대한 이러한 관심과 다양한 지적 욕구는 대귀족의 궁정에서부터 권리 대행인의 수수한 거처에 이르기까지 만연해 있었다. 기사들은 이제 역사 속의 위대한 지휘자들을 모델 삼아 교양인이 되기 위해서 부단히 노력하기 시작했다. 이를 위해서 훈련된 교사들을 초빙하여 라틴 고전문학을 프랑스어로 번역하

도록 했고, 음유시인들이 노래하던 내용을 글로 옮겨 적게 했다.[56]

아르눌의 아버지 보두앵의 성도 점차 지역 궁정 문화의 중심지로 명성을 얻게 되면서, 문화교류의 장으로 변해갔다. 랑베르가 속어로 된 문학 작품을 통해서 그리스 신화에 친숙할 수 있었던 것[57]도 당대 최고의 궁정시인이었던 크레티엥 드 트루아와의 교류 덕택이었던 것 같다. 크레티엥이 10여 년 이상을 플랑드르 백작 필리프의 궁정에서 보냈다는 사실로 미루어 보아, 긴느 성과도 어느 정도 교류가 있었음을 추정할 수 있다.[58] 그가 작품 활동을 위해서 보두앵의 도서관을 이용했거나 열렬한 문예후원자인 보두앵의 초청으로 긴느 성에 머물렀을 가능성 역시 배제하기 어렵다. 아르눌의 후원을 받았던 궁정시인 로베르Robert de Coutances, 필리프Philippe de Montjardin, 고티에Gautier de l'Ecluse[59] 같이 당시 음유시인들 간의 활발한 상호교류를 고려해볼 때, 크레티엥과 긴느-아르드르 가문의 관련성은 더욱 높아 보인다.

보두앵의 아들 아르눌도 기사로서 성장한 뒤에 음유시인들의 후원자 역할을 계속 수행했다. 어린 시절부터 플랑드르 백작의 성에 거주했던 아르눌은 떠돌이 이야기꾼들을 통해서 상당히 많은 지식들을 축적할 수 있었다. 기사 수련을 마치고 성인이 되어서도 그는 옛이야기들을 듣는 것을 좋아했고, 다른 사람들의 기억은 그를 새로운 세계로 이끄는 즐거운 통로였다. 그가 설사 글을 읽을 줄 알았다 하더라도, 그

---

56 조르주 뒤비, 《12세기의 여인들2》, 158~159쪽.
57 랑베르의 《역사》 속에 나타나는 그리스-로마 신화적 요소에 대해서는 차용구, 〈랑베르의 Historia comitum Ghisnensium을 통해서 본 중세 문화 속의 그리스 신화〉, 《서양고전학연구》31 (2008), 109~134쪽 참조.
58 Urban T. Holmes, Jr., "The Arthurian Tradition in Lambert D'Ardres", Mediaeval Academy of America, vol.25 (Speculum, 1950), p.102.
59 이들에 대해서는 《역사》 C. 96.

시대의 기사들은 자기가 직접 읽기보다는 다른 사람이 낭독하도록 시켜놓고 듣기를 좋아했다.[60] 다행스럽게도 아르눌의 주위에는 구전되어 내려오는 이야기를 잘 아는 사람들이 있었다. 로베르는 로마 황제들과 아서 왕의 모험담을 즐겨 들려주었다. 그의 입에서는 브르타뉴 지방의 우화나 무훈시뿐만 아니라 샤를마뉴, 롤랑과 올리비에, 고르몽과 이장바르, 트리스탄과 이졸데, 메를랭과 아서 왕에 관한 이야기들이 끊임없이 이어졌다.[61] 특히 아서 왕의 모험은 듣는 사람을 "눈물짓게 했다".[62]

또 다른 이야기꾼이었던 필리프는 십자군 원정대의 무용담을 이야기했다. 비가 내리던 겨울밤에 '바다 건너 안티오크나 아라비아, 바빌로니아를 포위했던 이야기나 성지 예루살렘'의 십자군 이야기들을 들으면서, 아르눌도 언젠가는 자신도 선배 기사들의 위대한 업적에 버금가는 위용을 보여주리라 스스로 마음을 다졌을 것이다. 하지만 무엇보다도 친척 중 한 사람이었던 고티에가 들려주던 아르드르 가문과 관련된 이야기들은 그의 마음을 사로잡기에 충분했다. 중세 사람들은 역사에 큰 관심을 가지고 있었으며 지난날의 이야기를 듣는 데 즐거움을 느꼈다.[63]

특히 신검을 사용했던 자신들의 선조에 대한 이야기가 나올 때면 남녀노소 누구나 마음이 설레었다. 그러면 고티에는 더욱 신이 나서 마법 이야기까지 섞어서 듣는 이들의 관심을 더욱 자극해갔다. 어느

---

60 마르크 블로크, 《봉건사회 I》, p. 256: "서사적 '무훈시'는 원칙적으로 눈으로 읽히는 것을 목적으로 삼고 있지 않았다. 이것은 낭독하기 위해서, 또는 차라리 읊기 위해서 만들어지곤 했다."

61 《역사》 C. 97.

62 마르크 블로크, 《봉건사회 I》, p. 259.

63 마르크 블로크, 《봉건사회 I》, p. 263.

누구보다도 아르눌 또래의 기사들은 이야기 속 용맹한 기사들을 본받으리라 마음속 깊이 다짐하면서도, 그들이 행한 선행과 미덕이 자신의 피 속에 흐르고 있음에 더할 나위 없는 자부심을 느꼈다.

간혹 이들은 인근의 성직자나 지역을 지나가던 사제들을 초대해서 성지 예루살렘의 역사나 붉은 수염 황제와 그의 12명의 동료 이야기, 혹은 마법을 소유한 떠돌이 기사들의 모험담을 듣곤 했다. 랑베르가 《역사》 97장에서 전하는 중세 기사문학의 등장과 관련된 이야기는 상당히 흥미로운 주제가 될 것이다. 출신지와 신분이 불명확한 로베르, 필리프, 고티에는 어디에서 이런 무궁무진한 이야기를 들었을까? 이 문제에 대한 대답은 의외로 가까운 곳에 있었다. 아르눌의 아버지, 보두앵 백작의 긴느 성에는 늘 학자들과 이야기꾼들이 머물고 있었다. 문예에 조예가 깊었던 백작은 상당한 장서를 보유한 개인도서관을 소유하고 있었다.

보두앵의 개인적인 지적 호기심은 장서를 수집하는데 그치지 않았고, 지식을 자기 것으로 소화하고 활용하는 데도 적극성을 보였다. 학자들을 초빙하여 그가 읽을 수 없었던 라틴어로 된 책들을 프랑스어로 번역하도록 했고, 필요하면 주석을 붙이거나 필사본을 만들어서 지식을 전파하는데 후원을 아끼지 않았다. 중세에 궁정문화가 뿌리를 내릴 수 있었던 것은 보두앵과 같은 세속 귀족들이 물심양면으로 지역의 인재들을 발굴하고 지원했기 때문에 가능한 일이었다. 자신을 위한 로망을 쓰는 대가로 여러 필의 말과 의복 등을 선물로 주었다는 사실[64]만으로도 문예부흥에 대한 보두앵의 열정을 엿볼 수 있지 않을까?

---

64 《역사》 C. 81.

보두앵과 아르눌의 이러한 문예진흥정책은 무엇보다도 남성적 '기사문학의 활성화'에서 그 성과를 볼 수 있었다. 이제 세속 귀족들의 궁정이 정치·경제·문화의 중심지로 급부상하면서 문화의 중심지도 더 이상 수도원이 아닌 궁정의 연회장으로 바뀌어갔다. 여기서 작가들은 기사들의 무용담을 엮은 로망을 저술했고, 이를 여러 청중들 앞에서 낭송했다. 이렇게 해서 '아서 왕과 원탁의 기사들'이 태동했다. 몬머스의 제프리가 쓴 《브리타니아 열왕사》가 알려지면서 아서 왕은 뭇 기사들의 영웅이 되었고, 그의 책은 수없이 필사되면서 순식간에 베스트셀러가 되었다.

노르만 왕실에서 집필된 이 작품은 노르만 왕조의 잉글랜드 지배를 합법화하고, 이들이 아서의 후예라는 설정이 녹아 있었다. 어쨌든 그의 작품은 유럽 대륙에서도 아서의 이야기에 관심을 불러일으키는 촉매제 역할을 했고, 작가들에 의해서 제프리의 책은 프랑스어로 번역이 되었다. 크레티엥 드 트루와 같은 작가는 이보다 한 발 더 나가서 랜슬롯과 기네비어, 그리고 트리스탄과 이졸데의 사랑 이야기를 첨부하면서, 원작과는 다른 새로운 작품이 탄생하기도 했다.

보두앵과 그의 아들 아르눌의 사례는 12세기 말부터 성직자 중심의 라틴어문화에서 속어문학으로, 문화의 중심지가 수도원과 성당에서 궁정으로 옮아가는 과정을 보여준다. 이제 보두앵과 아르눌 같은 남성 귀족들이 문화의 전면에 나서게 되었다는 뜻이다. 이러한 탈종교적인 분위기에도 불구하고, 성직자 출신으로 상당 수준의 고전교육을 받은 시인과 작가들이 세속 군주의 궁정에서 활동을 하면서 세속적 궁정문화가 등장하게 된다.

신新 남성

보두앵과 아르눌은 12세기 말의 변화된 사회적 분위기 속에서 탄생한 새로운 지적인 전사 계층의 대표적인 사례로, 그 바탕에는 이른바 '궁정적 신체höfischer Körper'가 전제되었다. 이상적인 '남자다움'은 강인한 육체와 교양의 정신이 결부되어야 진정한 것으로 여겨지면서, 신체적 연마 외에도 독서를 통한 지식의 습득이 권장되고 du solt diu buoch gerne lesen, 읽고 쓰기schrifte와 같은 훈련이 진정한 남자의 조건으로 자리 잡았다. 그 외에도 지적 호기심과 탐구력vrâgen은 남자의 사회생활에 도움이 될 뿐 아니라 자신의 명성을 드높이는 데도 꼭 필요할 것이 되었다.[65]

보두앵과 아르눌 부자는 바로 이러한 변화된 남성상의 대표적 실례이다. 12세기 말에 귀족 남성들은 새로운 가치, 감정, 행동 양식을 추구했다. 부르디외의 표현을 빌리면, 문화와 사회적 조건의 변화와 더불어 문화적 구성 과정의 결과물인 '아비투스'가 형성된 것이다. 즉, 기사문화와 성직자 문화의 융합, 부활된 고전문화와 기사문화의 결합으로 새로운 행동 양식이 탄생했고, 보두앵과 아르눌 같은 12세기 말의 남자들은 선배들의 거칠고 폭력적인 전사 문화에 새로운 사고방식과 감정 구조를 재생산했다.

물론 당대의 모든 기사들이 새로운 변화를 모두 받았다고 할 수는 없을 것이다. 귀족 부모들이 교육의 중요성을 중요시했더라도, 자격을 갖춘 교사를 구하기가 쉽지 않았던 것도 주요한 이유 가운데 하나였다.[66] 그러나 12세기 후반 이후 궁정문화의 등장은 대세였고, 보두앵

---

65 Ruth Weichselbaumer, *Der konstruierte Mann*, pp.168-171.

과 아르놀은 당대의 서사시와 로망스 작가, 성직자와 교훈시 작가들이 강조했던 남성적 행동 규범이 실천되었음을 보여준다. 이제 중세는 남성들에게 "단단한 갑옷"만을 입히는 것에 만족하지 않았다.

새로운 남성 문화의 등장은 '신新 남성'의 대두를 암시했다. 귀족 가문에서는 남녀를 불문하고 자유7학문[67]을 교육하면서 지식과 올바른 대인관계의 필요성을 강조했다. 훌륭한 기사가 되기 위해서는 탁월한 전사이자 세련된 예법의 소유한 지식인이어야 했다. 단순히 남의 이야기를 청취하고 이를 수동적으로 받아들이는 수준을 넘어서,[68] 궁정의 남성들은 이제 학술적 대화를 나누고 때로는 설전을 벌였다.[69] 성경euangelia과 성인전vita sancti monachi, 물리학phisice artis, 철학philosphice 등 "모든 학문을 제대로 파악하려는 열의"에 차 있던 보두앵은 학자들의 강론과 주해를 통해서 "거의 학식을 갖춘 인물"이 되지 않았는가![70] 아르놀도 동년배의 젊은 사람들과 지적인 대화를 사랑했고,[71] 연장자들이 들려주는 교훈적 이야기를 열렬한 자세로 경청하는 남성으로 성장했다.

실제로 아르놀의 시대에 와서는 육체적 훈육 못지않게 정신적 수련도 중요해졌다. "폭력적 남성 집단의 위험성"[72]은 궁정식 예의범절을 통해서 순화될 필요가 있었고, 그래서 도덕과 윤리적 행동 코드가 그 위상을 높여갔다. 비록 구시대의 전사와 같은 낡은 남성성이 여전히

---

66 콘스탄스 부서, 《귀족과 기사도》, 123쪽.
67 《역사》C. 31, 122.
68 《역사》C. 80: non refrenans linguam suam aut cohibens.
69 《역사》C. 80: contra artium doctores disputabat.
70 《역사》C. 80: quasi literatus.
71 《역사》C. 96: et iuvenes et coevos cum eo conversantes diligebat.
72 리오 브로디, 《기사도에서 테러리즘까지》, 152쪽.

효력을 발휘하고 있지만, 남성성의 무게 중심은 서서히 옮아가고 있었다. 시대에 뒤쳐진 행동 양식과 새로운 남성성의 양식이 융합되면서, 새로운 남성적 미덕들이 중요시되어갔다.

지금까지는 무예와 용맹, 충성심, 완력이 남성적 덕목으로 칭송되었다면, 이제는 지혜와 점잖고 세련된 화술, 지적인 대화가 기사의 기풍을 구성하는 필수적인 미덕으로 등장했다. 거칠고 야만적이던 전사문화의 틈바구니로 지적이고 절제된 기사문화가 스며들기 시작했다. 학계에서는 궁정예절과 순화된 기사도가 교훈시와 로망스 작가들에 의해서 창안된 것으로 받아들여지곤 했는데, 긴느-아르드르 남자들의 사례는 12세기 말의 사회적 현실이 새로운 기풍의 남성성을 이끌어냈음을 보여준다.

중세의 무기

기사의 검

검은 '귀족적 고귀함'의 상징으로, 평민에게는 원칙적으로 접근이 불가능한 물건이었다. 동시에 검은 다스리겠다는 의지의 표명으로, 무단적武斷的 이미지와 상대방에게 공포감을 주는 정치적 도구로도 이용되었다. 따라서 검을 소유한다는 것은 일종의 정치적 제스처였다. 수천 년간 전투를 해온 인류에게 있어서 검은 헤게모니적 남성성의 상징이었다. 역사가 진행되면서 남성은 검을 이상화했고, 이들이 지배하는 사회에서 '검의 문화'는 주도권을 잡아나갔다. 폭력적 남성성의 상징물인 검*은 중세 기사의 권력과 특권을 상징하는 가장 대표적인 무기로, 아르놀의 아버지 보두앵이 차고 다녔던 검은 클로드비히 시대의 프랑크 족이나 샤를마뉴 시대의 바이킹 족들의 그것과 매우 유사한 모습이었다. 혁혁한 공을 세웠던 위대한 옛 전사들의 검에는 신비로운 힘이 깃들어 있다고 생각한 기사들이 선배 전사들의 검과 가급적 비슷한 모습으로 칼을 주조했던 것이다.

서유럽에서 제조된 검은 단단하고 날카로워서 무슬림의 제후들에게 선망의 대상이었다. 적에게 무기를 수출하는 것을 교회가 엄격하게 금했음에도 불구하고, 검은 이슬람 지역으로 끊임없이 밀수출되어갔다. 날카로운 검 끝으로 적의 심장을 찌르도록 고안된 이 살인무기로 대략 1미터 정도의 크기였는데, 적의 몸을 향해 내리쳐서 목이나 신체의 일부를 베어내는 데 매우 효과적이었다. 기사가 3~4킬로그램 정도의 검을 두 손으로 휘두를 때의 파괴력은 가히 위협적이었다. 특히 십자가 모습의 검은 기사에게 종교적인 힘까지 실어주었다. 이런

• 검의 상징성에 대해서는, 리안 아이슬러, 《성배와 칼》, 김경식 옮김 (서울: 비채, 2006) 참조.

이유로 간혹 검자루 끝에는 성인들의 남긴 성유물이 박혀 있기도 했다. 이렇게 해서 만들어진 검의 세속적인 단단함과 종교적인 신비로움이 더해져 기사에게 무한한 힘을 실어주었다. 검을 자신의 피붙이처럼 여겼던 남성들은 검에 이름을 붙이기도 했다. 아서 왕의 검은 '엑스칼리버*Excalibur*', 롤랑의 그것은 '듀란달*Durandal*', 올리비에의 것은 '오뜨클레르*Haute-Claire*'로 불리었다.

좋은 무기는 매우 비쌌다. 그만큼 손질도 많이 필요해서, 시종을 들던 종자는 날을 벼리고 광을 내는 데 몇 시간씩 허비했다. 무기에 녹이 슬 경우에는 혹독한 벌을 감수해야만 했다. 그럼에도 불구하고 무기는 자주 마모되거나 파손되었다. 전투에서 돌아와서 보면 무기들은 휘어지고 찌그러져 있었고, 때로는 부러지고 쪼개져 손잡이 부분만 남기도 했다.

경쟁심이 강했던 기사들은 동료보다 더 화려한 신식 무기를 소유하고자 했다. 롤랑의 절친한 동료 올리비에의 검은 "날밑은 황금으로, 그리고 칼자루의 끝은 수정으로" 만들어졌다. 유행이 지난 무기들은 녹여서 새로운 무기의 재료로 사용되면서, 이 시기 무기들은 남아 있는 것이 드물다.[*] 그리스도교가 전파되기 이전에는 전사들이 죽으면 그들이 사용하던 무기를 같이 매장하던 관습이 있어서, 간혹 당시의 무기가 발견되기도 한다. 하지만 아르눌 시대의 무기들은 기사의 죽음과 함께 '죽음을 당하는 것'이 일반적이었다. 이러한 이유로 아르눌 시대에 사용되었던 무기들은 남아 있는 것이 거의 없으며, 후대인들은 단지 당대에 그려진 그림이나 조각 작품들을 통해서만 그 모습을 추정할 뿐이다.

창, 쏜살같이 적진 속으로
정작 아르눌이 기사수업을 끝마칠 무렵에는 기사의 공격용 무기는 더 이상 검

---

[*] 이형식,《롤랑전》(서울: 궁리, 2005), 87쪽.

이 아니었다. 이제는 창이 기사의 주요한 무기가 되었다. 전투는 주로 달리는 말에서 창으로 이루어졌다는 《롤랑전》의 내용도 이러한 사실을 입증한다. 사실 단단한 나무 끝에 날카로운 쇠의 날이 박힌 창은 이미 오래전부터 전투에서 사용되었고, 기사들이 검을 들고 적진에 뛰어들기 전에 상대방의 대형을 무너뜨리는 데 종종 창이 이용되었다. 이후 창은 더 이상 단순히 적진을 향해서 발사하는 투창용 무기가 아니라, 전속력으로 달리는 말 위에서 기사들이 손에 들고 적진을 뚫고 들어가는 무시무시한 공격용 병기로 그 용도가 변모되었다. 살상용 무기로 더 정교하게 다듬어진 결과, 창은 더 두꺼워졌을 뿐만 아니라 길이도 늘어났다. 대략 2미터 50센티미터 정도의 창은 상대방의 갑옷을 뚫고 들어가거나 말에서 떨어뜨리는 데 매우 효과적이었다.

상대방이 가시권 내에 들어오면, 기사는 그때까지 타고 있던 말에서 내려 종자가 끌고 온 말로 갈아탄다. 한 손으로는 가슴팍에 방패를 단단히 대고, 다른 손으로는 긴 창을 수평으로 들고서 적을 향해 서서히 다가간다. 그러다가 적과의 간격이 대략 30미터가 되면 상황은 급박하게 돌아간다. 창을 오른편 겨드랑이에 끼우고 창끝을 약간 위로 올리고는 전속력으로 돌격하여 상대방의 왼쪽을 공격한다. 이것이 지난 한 세기 동안 프랑스 북부 지역에서 벌어진 일반적인 전투 유형이었다. 이제 전투의 승패는 창을 앞세우고 돌격하는 기병들의 활약에 달려 있었다.

검을 '휘두르고' 창으로 '찌르는' 행위는 남성적 행위였다. 반대로 이를 거부하거나 할 수 없는 경우는 남성성의 상실을 의미한다. 그래서 전투에서 오른팔을 잃는다는 것은 남성성의 상실이나 다름없었다. 진정한 남성은 휘두르고 찌를 수 있는 자였다. 무기를 착용하고 사용할 수 있는 권리가 없었던 비-귀족 계급의 남성성은 일종의 종속적 남성성subordinate masculinities으로, 이는 가부장 사회 내 남성 집단에서도 종속적 남성성이 존재했음을 말한다. 기사 서임을 받고 창과 검으로 무장을 하고 전투에 참여할 수 있는 자만이 진정한 남자였던 것이다.

투구와 갑옷을 입은 남성성

투구 쓰기와 갑옷 입기는 일종의 호전적 남성주의의 표현이자, 착용자로 하여금 초자연적인 힘을 부여한다고 인식되었다. 그래서 용과 싸우고 아리따운 아가씨를 구출하는 중세 기사들의 영웅담은 하나같이 갑옷으로 몸을 감싼 채 출격하는 기사의 모습을 그리고 있다. 전사는 갑옷 입기를 통해서 남성성을 부각시킴과 동시에 불사신으로 재탄생했다. 중세의 복식 규정은 남성적 헤게모니, 혹은 헤게모니적 남성성hegemonic masculinities을 유지하기 위한 또 다른 기제였다. 그래서 후대에 잔 다르크Jeanne d'Arc, 1412~1431가 남성의 전유물인 갑옷을 걸쳤다는 이유로 재판에 회부되었던 것이다. 여전사 잔 다르크의 남장변복男裝變服 행위는 남성성에 대한 도전으로 인식되었다.●

전투에서 기사의 머리 부위는 주공격 대상이었기에, 투구는 기사의 목숨을 보호하는 매우 중요한 장비였다.《아서 왕의 죽음》에서도 싸움은 대체로 "강한 일격을 가해 그의 목이 부러지거나", "투구를 강하게 내리쳤고 그 일격으로 상대방의 투구와 머리가 잘려져 땅에 떨어졌으며", "투구가 찢겨나가 상처를 입히는" 방식으로 전개되었다. 상대방이 휘두르는 검에 맞으면 말에서 떨어지거나 심하면 목숨을 잃을 수도 있기 때문에, 투구는 기사가 반드시 착용해야 할 장비였다. 기사는 투구를 착용하기 전에, 머리를 짓누르는 투구의 무게를 견뎌낼 수 있도록 면으로 된 두건을 두르고 그 위에 쇠사슬 갑옷을 썼다. 면 두건 위에는 쇠사슬로 된 모자를 덮어씀으로써 목과 어깨 부위 그리고 턱과 이마를 보

● 남장변복에 대해서는 차용구, 〈서양 중세의 남장여성男裝女性 : Hildegund von Schönau의 역사성 재검토〉,《역사학연구》37 (호남사학회, 2009), 137~163쪽 참조.

기사들은 투구가 누르는 압박을 최소화하기 위해 머리를 보호하기 위해 쇠사슬 조각으로 만들어진
서 투구 밑에 두건을 썼다.   다양한 모습의 보호 장비들.

호할 수 있었다. 면 두건과 쇠사슬 보호대를 두른 다음 그 위에 마지막으로 다
양한 형태의 투구를 썼다. 투구가 얼굴과 목을 덮는 원통형의 철모로 변해가면
서 눈 부위만 노출되자, 전쟁에서는 신무기가 개발될 정도였다. 손잡이 부분까
지 길고도 가늘며 끝이 예리한 검이 전투에서 사용되었다.

기사들의 목숨을 담보로 하는 다양한 형태의 전투는 점차 견고한 갑옷의 생산
으로 이어졌다. 기사는 격돌 시에 발생할 수 있는 충격을 최대한 완화하기 위해
서 가죽이나 두꺼운 천으로 된 웃옷을 입거나, 수많은 쇠사슬을 연결해서 만든
'쇠사슬 갑옷'을 걸친다. 본래 상체에만 걸치던 이 쇠사슬 갑옷은 점차 그 길이
가 길어져서 허벅다리까지 내려오게 되었다.

머리와 목, 소매, 정강이, 손등, 엉덩이 부위에는 각별한 보호를 위해서 별도의
천을 둘렀다. 손에는 쇠사슬 장갑을 착용했다. 몸을 보호하기 위해서 기사 한
명이 입은 장비의 무게를 모두 합치면 30킬로그램에 달했다. 설상가상으로 전
장에서 작열하는 태양의 열기를 최소화하기 위해서 전사는 천으로 된 겉옷을

걸쳐야 했고, 전투 직전에는 시종의 도움으로 투구가 씌워졌다. 투구는 떨어지지 않도록 가죽으로 쇠사슬 갑옷에 단단하게 고정되었다. 어쨌든 두꺼운 갑옷은 적의 검에 의한 웬만한 공격으로부터는 기사를 보호해줄 수 있었다. 그래서 애꿎은 말이 공격의 대상이 되기도 했다.

이러한 무장을 한 기사의 갑옷은 매우 고가였다. 아르눌 시대에는 머리와 가슴, 허벅지를 보호하는 기존의 쇠사슬 갑옷에 새로이 팔과 발 부위를 보호하는 금속 보호대를 착용했다.* 쇠사슬의 두께가 굵을수록 보호 성능이 더 뛰어났고, 그럴수록 값어치는 높았다. 금으로 치장된 갑옷의 가격은 부르는 게 값일 정도로 비싼 물건이었다. 그래서 간혹 혼자 여행을 하던 기사는 도적들의 표적이 되곤 했는데, 이러한 이야기는 중세 말기 기사문학의 소재가 되었다.

전사에게 갑옷과 투구는 신비로운 힘을 부여하는 전쟁 도구였으며, 용기를 북돋워주는 상징물이기도 했다. 동시에 이것들은 기사의 위엄을 자랑하는 수단이기도 했다. 호머는 《일리아드》에서 전장으로 떠나는 헥토르의 이야기를 전하면서, 헥토르가 자신의 아들을 안으려고 팔을 내미는 순간 아이는 아버지의 거대한 투구에 놀라 울기 시작했다고 기록한다. 아이를 무섭게 한 것은 헥토르의 머리가 움직일 때마다 마치 살아있는 것처럼 번쩍이는 투구와 말총으로 만든 깃 장식이었을 것이다.** 빛나는 색상의 갑옷을 입고 말을 타는 기사는 모든 남성들의 선망의 대상이었다.

중세의 교회도 기사 계층의 사회적 책무를 인정하면서 성스러운 전쟁을 축복했고, 그 결과 폭력은 정의로운 전쟁이라는 이름으로 신성화되어갔다.•• 11세기 이후 사회와 종교, 모든 영역에서 평화의 수호를 위한 무력 사용의 필요성

---

* 조르주 뒤비, 《부빈의 일요일》, 30쪽.
** 리오 브로디, 《기사도에서 테러리즘까지》, 110쪽.
•• 본서 VII장-십자군 원정 참조.

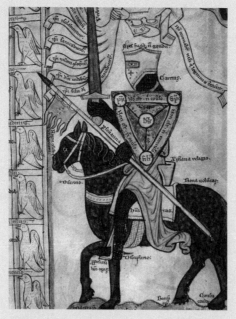

문장이 새겨진 방패의 아랫부분에 몸통을 보호하기 위해 걸친 가죽으로 된 갑옷을 일부가 보인다.

이 인정되었고, 이는 기사 계층의 신분 상승과 이들에 대한 미화 작업으로 확산되어갔다. "남성적 '코드'가 그 가치로 인정받았을 뿐만 아니라" 정치적인 명예와 영적인 명예를 얻게 되는 "초월적인 전사 남성성"이 빚어졌다.[*] 이제 '남성의 자아감'은 갑옷이라는 복장 속에 갇히게 되었고, "남성성은 외부에서 내부를 향해 구축되었다."[**] 작가와 예술가들은 '정의로운 폭력'을 축성했고, 기사들은 전신을 갑옷으로 감싸고 자신이 남자임을 경쟁적으로 입증하려 들었다.

• 리오 브로디, 《기사도에서 테러리즘까지》, 102~103쪽.
•• 리오 브로디, 《기사도에서 테러리즘까지》, 107~108쪽.

가족 로망스

기사 서임식과 전우애

통과의례와 호모 리츄얼

인간은 호모 파버*Homo Faber*, 호모 사피엔스*Homo Sapiens*, 호모 에코노미쿠스*Homo Economicus* 등으로 다양하게 정의되어 왔다. 그러나 인간은 출생, 성년, 혼례 등의 통과의례를 거치면서 자신의 정체성을 확인해가고, 마침내 장례 의례를 통해 생을 마감한다. 그래서 인간은 호모 리츄얼*Homo Ritual*이기도 하다.

아르눌에게 기사 서임식은 각별한 의미였다. 세례가 삶의 시작을 알리는 통과의례라 하면, 기사 서임식은 삶의 성장을 의미했다. 기사 서임식은 신임 기사가 자신이 속해 있던 기존의 사회 집단으로부터 분리를 표현하는 상징적 행위이자, 새로운 질서 체제로의 편입을 의미했다. 즉 기사 서임식은 어린아이가 성인 남자*vir*로 새롭게 탄생했음을 의미했다. 기사 서임식도 다른 의례와 마찬가지로 '통과*passage*'라는 과정적 형식을 가지고 있지만, 기사 서임식의 통과의례를 거친 제의적 주체는 이제 남성 공동체의 구성원들에게 공식적으로 알려지고 이들과 통합*aggregation*된다는 점에서 각별한 의미를 지닌다.[1] 그래서 서임식은 일생에서 가장 기억에 남는 날이다.

랑베르도《역사》에서 유일하게 정확하게 날짜를 기록한 날이 바로

---

1 의례가 갖는 분리separation – 전이transition – 통합aggregation의 인류학적 의미에 대해서는 반 게넵의《통과의례》참조. 그 외에 로버트 무어 · 더글라스 질레트,《남자 바로보기》, 권경선 옮김 (서울: 푸른나무, 1997); 빅터 터너,《의례의 과정》, 박근원 옮김 (서울: 한국심리치료연구소, 2005) 참조.

아르눌의 기사 서임식 날이었다. 1181년 5월 24일이 바로 그날이다.[2] 그러니까 성령강림절(오순절)에 아르눌은 기사로 서임되었다. 기사 서임식은 대체로 종교적 축일날에 거행되었는데, 특히 영적 계시의 측면을 강조하기 위해서 성령강림절이 가장 선호되었다.[3] 따라서 기사 서임식은 성聖과 속俗이 어우러진 의례였다.

고달픈 수련기를 마치고 이제 스무 살의 청년으로 자란 그에게 기사에게 분신과 같은 무기와 장비들을 선사하는 날이었다. 기사만이 전사로서 완전히 무장할 수 있는 권리를 가졌기에, 이 날의 무기수여식은 아르눌에게 많은 것을 의미했다. 어머니의 품에서 강제로 떨어져 플랑드르 백작의 성으로 온 지 13년만의 일이었다. 동료 수련자들 중에서도 용맹성과 대담함, 친절함과 관대함 그리고 낙천적인 성격까지 고루 갖춘 것으로 알려진 그는 기사수업에서 늘 눈에 띌 정도로 탁월한 재능을 보였다.[4] 아르눌은 어른들의 기대를 한 몸에 받으면서 이제 기사단의 정식 일원이 될 자격을 얻는다. 기사 서임식은 수련자가 마상경기와 전투에 참여할 자격이 있는 기사가 되었음을 의미하는 것이 아니라 청년juvenis에서 성인 남성, 진정한 남자vir가 되었음을 나타낸다.[5]

아르눌의 서임식은 본래 플랑드르 백작의 성에서 거행될 예정이었

2 《역사》C. 91. 기사 서임식에 대한 다양한 글에도 불구하고, 대부분의 자료들이 문학 작품에서 비롯된다. 기사 서임식의 '역사적' 실체를 보여주는 사례는 매우 드문 실정으로, 이러한 점에서 《역사》는 의례로서 기사 서임식을 이해하는 소중한 자료가 되고 있다. 기사 서임식의 사료 문제에 대해서는 Jeffrey D. Haas, "The Development of Medieval Dubbing Ceremony", *Michigan Academician* 28(1996), pp.123-133.
3 조르주 뒤비, 《부빈의 일요일》, 41쪽.
4 《역사》C. 90.
5 콘스탄스 부셔, 《귀족과 기사도》, 181쪽.

는데, 이는 통상 교육을 받은 장소에서 "젊은이를 키우거나 훈련시킨 사람에 의해서 집전되"[6]는 관례 때문이었다. 제2의 아버지와 같았던 백작도 청년 기사 아르눌에게 무기를 수여하면서, 그간의 노고를 치하할 생각을 하고 있었다. 전투용 말, 안장과 박차, 검과 망토, 이 모두 고가의 물품들로 백작에게는 상당한 재정적인 지출을 의미하기도 했다. 그러나 백작의 입장에서 볼 때 이러한 선물을 통해서 평생 자신을 보좌하고 다양한 의무를 수행할 충실한 신하를 얻는 일이었기에, 이 모든 것들을 기꺼이 선사할 준비가 되어 있었다.

하지만 정작 아르눌은 자신의 기사수업이 끝나자, 아버지가 있는 긴느 성으로 돌아갔다. 그를 교육시키고 어릴 때부터 지켜봐왔던 플랑드르 백작은 섭섭한 마음을 금할 수 없었지만, 본인과 그의 부친의 바람대로 아르눌이 자신의 고향에서 기사 서임식을 갖는 것을 허락해야만 했다.[7] 보두앵은 이러한 행동을 통해서 자신의 독립적인 지위를 영주였던 플랑드르 백작에게 과시하고자 했던 것 같다. 보두앵의 이러한 생각은 《역사》 그 자체가 잘 대변한다. 세속문화가 싹트던 12세기 말 프랑스 북서부 지역에서 대제후뿐만 아니라 군소 가문에서도 가계 문학이 성행했는데, 이는 군소 영주들이 자신의 자율성을 가문의 계보도를 통해서 입증하고자 했던 일종의 "방어 무기"[8]였기 때문이다.

사실 보두앵 자신도 상위 군주에 의해서 기사로 서임되지 않았었

---

6 콘스탄스 부서, 《귀족과 기사도》, 180쪽.
7 《역사》 90: *volens per omnia et pre ommnibus patri placere et ei milicie sue novitatem et gloriam reservare, licet reverentissimus princeps et principalis Flandrie gloria Philippus eum militem facere et militarem sumptibus et armis honorem cum reverentia omnino exhibere voluisset.*
8 조르주 뒤비, 《중세의 결혼》, 284쪽.

다.[9] 보두앵의 부모는 당시 긴느 성에 손님으로 머무르고 있었던 캔터 베리의 대주교 토머스 베케트에게 아들의 서임식 주관을 부탁했고, 토 머스도 이에 흔쾌히 응했다.[10] 이러한 사실은 12세기 초반의 기사 서 임식은 일종의 종교적 성향을 지니는 의식으로 성직자의 도움이 꼭 필 요했음을 암시한다. 이렇게 해서 "근본적으로 정치적이고 군사적인" 기사 서임식에 "종교적 요소들이 이식되었다".[11] 그래서 학계에서는 기사 서임식이 일종의 '제8의 성사'로 이해되곤 했다.[12] 그러나 그의 아들 세대, 그러니까 12세기 후반에 와서는 기사 서임식이 더 이상 종 교적 행사에 그치지 않았다. 기사 서임식은 일종의 성년식으로, 가문 의 대를 잇는 아들이 진정한 남자로 태어났음을 공식적으로 알리는 가 문의 경사스러운 행사로 진행되었다.

아르눌의 서임식

기사 서임식은 유럽 대륙에서 12세기 초에 처음 등장한 것으로 알려 져 있다. 이후 기사 서임식은 점차 귀족들 사이에서 빠르게 확산되어

---

9 《역사》C. 75.
10 보두앵은 1157년과 1163년 사이에 서임되었다. 캔터베리 주교의 플랑드르 여정에 대해서는 Oksanen, *Flanders and the Anglo-Norman World 1066-1216*, pp.35-38. 잉글랜드의 왕 헨리 2세와 불화를 겪던 베케트 주교는 잉글랜드를 탈출해 긴느 백작령에서 멀지 않은 생토메르St. Omer에서 망명생활을 시작했고, 그 이전에도 플랑드르 지역에 체류했다. 망명 생활을 끝내고 잉 글랜드로 귀국한 그는 캔터베리 대성당에서 무참히 살해된다. 베케트에 의한 보두앵의 기사 서임은 12세기 중엽 서유럽 세계의 귀족 사회가 어느 정도로 촘촘히 연결되어 있었는가를 보여주는 좋은 사 례이다.
11 콘스탄스 부셔, 《귀족과 기사도》, 181쪽.
12 Derek A. Rivard, *Blessing the World: Ritual and Lay Piety in Medieval Religion*, (Washington D.C.: Catholic University of America Press, 2009) p.155. 뒤비도 11, 12세기 의 교회는 기사 서임식을 '성사'로 만들었다고 이해했다(The Chivalry Society, 1977, p.180).

같은 세기의 중엽에는 상당히 일반화되었다.[13] 중세 초기의 게르만적 전통 속에도 왕과 고위 귀족층에서 무기와 말, 방패, 투구, 갑옷 등의 군사 장비를 수여 받은 의식이 있기는 했으나, 이는 젊은 전사를 전사 집단의 일원으로 받아들이거나, 관직을 수여 받는 의례의 일부에 불과했다. 그래서 서임식도 자연스럽게 세속 권력자의 주도하에 진행되었다. 혹은 아버지가 아들의 의식을 직접 거행하기도 했는데, 샤를마뉴도 자신의 아들 루이를 기사로 서임했다.[14]

그러나 킨Maurice Keen의 연구에 의하면, 그 시기를 정확히 측정할 수 없으나 교회도 이 세속적 행사에 적극적으로 관여해서 검을 축성하기 시작했고, 이는 "사람을 죽이는 기술의 수련을 기독교적이고, 또 사회적으로 용인될 수 있는 것으로 만들려는 시도"였다.[15] 이렇게 해서 세속적 의식인 기사 서임식에 종교적 색체가 유입되었다. 그로 인해 앙주의 백작 조프루아가 기사로 서임되던 1128년에는 몇 주간 지속된 축제와 마상경기 외에도 종교적 의식인 목욕재계ritual bath가 등장했다.

11세기 후반 이후, 교회 개혁과 십자군 원정으로 교황과 교회의 사회적 영향력이 커져가면서 교회는 적극적으로 검을 축성하려 했고, 기사 서임식은 성직자에 의해서 거행되기 시작했다. 11세기 초부터 '신의 평화 운동'을 통해서 유럽 내부의 평화 정착에 적극적으로 관여하기 시작했던 교회는 기사 서임식에도 관심을 보여 기사에게 약자를 보호하는 검을 수여하고 이를 축복했다. 그래서 성직자들은 이미 오래전부터 결혼식처럼 기사 서임식도 본연의 임무로 생각하고 주관을 하

---

13 콘스탄스 부서, 《귀족과 기사도》, 179쪽.
14 Haas, "The Development of Medieval Dubbing Ceremony", p.124
15 콘스탄스 부서, 《귀족과 기사도》, 182쪽.

려들었다. 이미 몇몇 지역에서는 이러한 의도가 관철되기도 했다. 그 결과 서임식 전날 밤에 신출내기 기사는 목욕재계를 해야 했다. 이는 일종의 종교적 상징성을 지니는 절차로, 자신의 과오를 씻어내고 새로운 삶을 시작할 것을 다짐하는 의미를 가진다. 이로써 신임 기사는 새로운 삶을 시작하게 된다. 그리고는 교회당에서 참회의 기도를 드리며 밤을 지새웠다. 다음 날 제단 위에 놓여 있던 검을 신부로부터 받으면서 그에게 축도가 내려진다. 이렇게 해서 기사 서임식은 일종의 종교적 서품식과 같은 것으로 이해되어졌다. 축성된 기사는 신부로부터 인계 받은 무기를 신의 영광과 성직자, 과부나 고아, 가난하고 약한 자들을 보호하는 데 사용할 것을 맹세한다. 이제 기사 서임식은 완연하게 종교적인 색채를 띠게 되었고, 기사는 자신의 권력으로 군림하는 자가 아니라 신에 복종하고 백성을 보살피는 임무를 부여받은 자로 새롭게 태어나게 된다. 기사들의 무차별적인 폭력성을 제거하기 위해 혼신의 힘을 다했던 교회가 150년 만에 결실을 보게 되었다. 이제 기사의 새로운 종교적 이상이 싹트게 되었다.

그러나 교회는 결국 기사 서임식이라는 오랜 세속적 의식을 진정한 '제8의 성사'로 만들지는 못했다. 하지만 기사 서임식이 갖는 이러한 이중적 특징은 성과 속이 섞여있는 당시의 사회적 분위기와도 무관하지는 않을 것이다. 이는 결국 새로운 해결책을 찾게 되었다. 즉, 대부분의 11세기와 12세기의 기사 서임식은 세속 군주이자 동시에 주교직을 수행했던 종교적 지도자들에 의해서 진행되었다. 하인리히 4세의 의식도 1065년 트리에르의 대주교가 집전했고, 1146년 헝가리의 교회도 게저 2세의 서임식을 주도했다. 잉글랜드의 헨리 1세도 랑프랑 Lanfranc 주교에 의해서 서임되었다.

서임식이 세속적으로는 성년식의 성격을 지니면서, 기사 서임식은 성인 남자로서 사회적 인정을 받은 통과의례가 되었다. 아르눌의 기사 서임식이 거행된 성령강림절은 왕래하기 좋은 5월의 봄날이었기에, 그동안 떨어져 지내던 형제자매들이 모두 오랜만에 다시 성에 모였다. 서임식은 세례나 결혼, 혹은 성직 서품식 못지않은 집안의 큰 경사였고, 장남이 기사로 서임되고 온 식구가 오랜만에 모였으니 성대한 잔치가 베풀어졌다. 인근 마을의 방랑 곡예단도 초대되었고, 모든 백성들을 위해서 곡식 창고의 문이 활짝 열리게 되었다. 이처럼 기사 서임식은 상당한 비용이 드는 행사였다. 며칠 동안 먹고 마시는 잔치가 열리고 인근 지역에서 몰려든 떠돌이 곡예단에게까지 섭섭지 않게 대접하려면 적지 않은 돈을 써야만 했다.[16] 아버지 보두앵의 기사 서임식은 종교적인 분위기 속에서 진행되었지만, 아르눌의 서임식은 조금 달랐다. 서임식은 가족들의 축복 속에서 아버지가 아들에게 갑옷과 투구를 입혀주는 세속적인 분위기 속에서 끝났다. 단지 종교적 의미를 지니는 것이 있었다면, 이는 아마도 아버지가 아르누의 목을 손바닥으로 세차게 내려치는 행위 정도였다. 이는 견진 성사 때에 뺨을 치는 행동과 비슷한 의미를 지닌다고 할 수 있다. 목 주위를 때리는 것이나 뺨을 치는 것 모두 일종의 인내력과 극기심을 시험하기 위한 것으로, 위기 상황에서 남자다우면서도 침착하게 행동하라는 상징적 행동이었다. 이 모든 것이 끝난 뒤에는 무기 수여식이 이어졌다. 보두앵은 아들의 허리춤에 검대를 두르고 다리에는 보호대를 둘러주었다. 이로써 아

---

16 《역사》 C. 91: *ministralibus, mimis, nebulonibus, gartionibus, scurris et ioculatoribus omnibusque nomen eius invocantibus et predicantibus satisfecit*

르눌은 기사로서 독자적인 행동을 할 수 있는 권리를 획득했고 자신의 보호인으로부터 자유로워질 수 있었으며 결혼을 할 수 있는 자격도 얻게 되었다.

아버지와 아들의 세대 갈등

게걸스럽게 먹고 마시던 흥겨운 축제가 끝나고 여흥에 젖었던 사람들이 본연의 일상으로 돌아가기도 전에, 아르눌은 그의 정치적 조언자였던 필리프Philippe de Montgardin의 권유로 아버지를 찾아갔다. 그리고 그 자리에서 이미 오래 전부터 이야기되었던 아르드르 성과 콜비다Colvida의 상속 문제에 대해서 구체적인 논의가 오갔다.[17] 비록 아들이 고달픈 수련기를 잘 견디고 훌륭한 기사로 성장해 주었지만, 아직 세상 물정 모르는 아들이 미덥지 않았던 아버지는 삼 년 전 부인이 죽으면서 유산으로 남겨준 아르드르 성을 당분간 직접 통치할 생각이었다.[18] 이제 아버지는 성년이 된 아들이 자신에게서 재산과 권위를 빼앗을 거라는 두려움에 휩싸이게 된다.

하지만 정식 기사가 된 아들에게도 이제는 법적으로 성을 직접 통치할 수 있는 자격이 있었다. 아르눌은 그러한 속내를 숨기지 않았고,[19] 아버지는 내키지는 않았으나 오랜 망설임과 설전 끝에 결국 성을 아들에게 내어주기로 한다.[20] 자신이 아직 살날도 많은데, 재산을

---

17 《역사》C. 92: frequenter, immo indesinenter instigabat, ut Ardeam et ea que ex parte matris ei contingebant patrem postularet et repeteret.
18 《역사》C. 92 : Philippus autem de Mongardinio, consiliarius eius patre eius invito comite, infra patriam fuit.
19 《역사》C. 93: Ad terram et......dignitatem......aspiravit.

놓고 장남과 싸운다는 좋지 않은 소문이 돌 것만 같아 내린 결정이었다. 그러나 정작 두 사람의 갈등은 "플랑드르 백작의 개입consilium...... Flandrensis comitis으로 겨우 무마되었다"[21]고 전해지는 것으로 보아, 상위 군주인 백작이 관여하지 않았다면 아들과 아버지 사이의 대립은 무력 충돌로 이어질 수도 있을 만큼 긴박했던 것으로 보인다.[22]

대부분의 귀족 재산은 상속받은 가산이고, 그런 상속재산을 두고 부자간에 싸움이 벌어지는 일이 종종 발생했다. 아들은 혹시라도 아버지가 가문의 재산을 교회에 기증해버리지 않을까 걱정했고, 아버지도 상속에 관심이 많은 아들을 늘 경계하고 심지어는 적대적인 눈으로 바라보기도 했다. 부자간의 세대 갈등은 중세 귀족 남성들의 세계를 이해하는 중요한 단서이다. 린 헌트도 '사회와 정치적 권위를 이해하는 결정적인 단서'라고 생각했다.[23] 역사 속의 부자관계는 보통 정치적 맥락 속에서 해석되곤 했지만, 아버지에 대한 아들들의 음모와 반란은 '대항적 남성성competitive masculinities'이라는 관점에서 파악할 필요가 있다. 일부 연구가 있기는 하지만,[24] 부자갈등은 사료의 문제로 인해서 아직까지 중세사학계의 큰 주목을 받지 못했다. 일찍이 독일의 철학자 헤르더는 남성의 감정과 경험, 심리적 고뇌를 파악하는 것이 얼

---

20 《역사》C. 92: multis tamen prius interiectis sermonibus, diebus et collocutionibus.
21 《역사》C. 92.
22 부자간의 재산 분할 문제로 인해서 발생한 무력 충돌에 대해서는 Yongku Cha, "The Relationship between Fathers and Sons in the Twelfth Century: Baldwin of Guines and his Eldest Son", Journal of Family History 39(2) (Thousand Oaks, Calif.: Sage Publications, 2014) pp.87-100.
23 Lynn Hunt, The Family Romance of the French Revolution (Berkley: University of California Press, 1993), p.8.
24 William M. Aird, "Frustrated Masculinity: the Relationship between William the Conqueror and his Eldest son," pp.39-55.

마나 어려운 작업인지를 고백한 바 있다.[25] 물론 '전사의 뇌'를 심층적으로 분석하는 일은 불가능한 작업일 수도 있다. 하지만 전사 집단에 대한 중세 문헌에서 '폭력과 명예'가 매우 밀접한 관련성을 지닌다는 사실은 이들이 남성 문화에서 매우 중요한 부분을 차지하고 있음을 입증한다.[26]

젠더화된 개념인 명예는 한 남성의 위상, 권위, 입지와 직접적인 관련이 있다. 따라서 중세 사회에서 명예의 손실은 남성성의 실추이자, 동시에 사회적 고립이나 배제와 직결되었다.[27] 기사는 사회적 존경을 받고 자신의 생존 기반을 확보하기 위해서 명예를 지켜내야만 했다.[28] 명예의 상실로 사회적 존경을 받지 못하는 군주는 추종자와 동료의 신뢰를 잃게 되고, 이는 결국 공신력의 상실을 의미하기 때문이다.

아버지와 아들의 관계도 마찬가지였다. 기사 서임을 받고 성인이 된 많은 아들들이 불명예와 굴욕을 감수하곤 했는데, 특히 아버지의 가부장적 권한이 강하면 강할수록 그 정도는 더욱 심해졌다. 부친의 권위에 눌려 종속적 위치에 있었던 아들은 여자나 하인처럼 사회적 하급자로서 열등감을 느껴야만 했다. 12세기의 연대기 작가 오데리쿠스 비탈리스Ordericus Vitalis에 의하면, 정복왕 윌리엄의 장남인 로버트 2세

---

25 Johann G. Herder, *J. G. Herder on Social and Political Culture* (Cambridge: Cambridge University Press, 2010), p.181.

26 Kirsten A. Fenton, *Gender, Nation and Conquest in the Works of William of Malmesbury* (Woodbridge: The Boydell Press, 2008).

27 Knut Görich, "Verletzte Ehre. König Richard Löwenherz als Gefangener Kaiser Heinrichs VI.," *Historisches Jahrbuch* 123 (München[etc.]: K. Alber[etc.], 2003), pp.65-91; Thelma Fenster and Daniel L. Smail, (eds.), *Fama: The Politics of Talk and Reputation in Medieval Europe* (Ithaca, NY: Cornell University Press, 2003).

28 Robert Walinski-Kiehl, "Males, 'Masculine Honor', and Witch Hunting in Seventeenth-Century Germany," *Men and Masculinities* vol. 6 no. 3 (2004): pp.254-271.

Robert Curthose는 더 이상 부친의 재정적 지원에 의존하는 고용인mercen-narius과 같은 존재로 머무는 것을 거부했다. 그는 이러한 종속적인 지위를 불명예스러운 일로 생각했다. 20대의 나이에 들어섰던 프리드리히 바바로사 역시 자신의 혁혁한 군사적 업적에도 불구하고 사회적으로 '소년puer'에 불과했다. 아직 결혼도 하지 못하고 자신의 가정을 일굴 만한 재정적 자립도 하지 못한 상황이라 그는 성인 대접을 받지 못했던 것이다.[29]

반면에 사회적으로나 문화적으로 절대적인 권력을 점유했던 아버지는 헤게모니적 남성성Hegemonic masculinities을 과시했다. 이는 여성에 대한 남성의 지배적 위치를 의미하며,[30] 동시에 남성 집단 사이의 지배와 종속적 관계를 설명하기도 한다.[31] 《역사》는 헤게모니적 남성성을 독점한 아버지가 아들을 어떻게 제도적으로 억압하는지 보여준다. 상속 재산을 둘러싼 아버지와 아들의 협상이 끝났음에도 불구하고, 보두

---

29 M. Chibnall, (ed.), *The Ecclesiastical History of Orderic Vitalis*, III, p.98; Otto of Freising, *Gesta Friderici I. Imperatoris* 1.27, p.44: *Haec et alia tam ardua in ipsa puerili aetate gessit negotia*.

30 Tim Carrigan, Bob Connell and John Lee, "Toward a New Sociology of Masculinity," *Theory and History* 14/5(1985): pp.551-604; Raewyn Connell, "An Iron Man: The Body and Some Contradictions of Hegemonic Masculinity," *Sport, Men and the Gender Order: Critical Feminist Perspectives*, (ed.) Michael A. Messner and Donald F. Sabo (Champaign, IL.: Human Kinetics Books, 1990), pp.83-95.

31 Vern L. Bullough, "On being Male in the Middle Ages," in *Medieval Masculinities: Regarding Men in the Middle Ages*, pp.31-45; Karras, *From Boys to Men*, pp.17-19; Aird, "Frustrated Masculinity," p.47; Jennifer D. Thibodeaux, "Odo Rigaldus, the Norman Elite, and the Conflict over Masculine Prerogatives in the Diocese of Rouen," *Essays in Medieval Studies* 23 (2006): pp.41-55; Lewis C. Seifert, *Manning the Margins. Masculinity and Writing in Seventeenth-Century France* (Ann Arbor, MI: University of Michigan University, 2009); Derek G. Neal, *The Masculine Self in Late Medieval England* (Chicago: University of Chicago Press, 2009), p.22; Matthew Bennett, "Military Masculinity in England and Northern France c. 1050-c. 1225," in *Masculinity in Medieval Europe*, p.77; Thibodeaux, "Odo Rigaldus," pp.41-55.

앵은 아들을 옆에서 충실히 재산을 관리하는 일을 담당해줄 믿을 만한 사람을 조언자로 추천한다.[32] 이는 분할된 재산에 대한 통제권을 계속해서 유지하기 위한 정책의 일환이었다. 까유 출신의 아르눌Arnoldus de Cayeux은 전투 경험도 많고 신중하며 판단력이 뛰어난 인물로, 그는 아들 아르눌의 후견인이자 스승의 역할을 충실하게 수행했다. 마상경기를 좋아하던 아르눌을 위해 경기장까지 쫓아가서 상대방의 장단점을 소상하게 알려줄 정도로 그 지역 소식에 통달했다. 하지만 그는 젊고 성질이 급한 이 젊은이의 뒤를 따라다니기에는 너무 노쇠해 있었다. 결국 그는 자신의 조카를 아르눌과 동행토록 했다. 이 조카 역시 잉글랜드의 헨리 왕을 보필하면서 여러 전투에 참여한 경험이 있었기에, 아직 경험이 일천한 젊은 기사 아르눌에게 인생의 스승이자 조언자가 되기에 부족함이 없었다. 아르눌은 그에게 봉사의 대가로 리크Licques 근처의 에어블링엄Hervelinghem을 봉토로 주었다.

아르눌의 주위에는 까유 출신의 조언자 외에도 외스타슈와 위그Hugh de Moulle와 같은 절친한 동료들이 있었다. 이 시기에는 미천한 출신이지만 능력이 있던 자들이 영주들의 눈에 들어 성직자, 토지 관리인, 다른 임무를 맡은 관리인으로 등용되는 경우가 빈번했다. 이들 중 몇몇은 부를 축적할 수 있는 기회를 얻어 영주들과 비견될 만큼 풍요로운 생활 수준을 영유하기도 했다. 특히 자신의 추종자들을 후하게 보상하는 것이 좋은 영주의 덕목이었기에, 충성심 강하고 성실했던 자들은 주군의 든든한 후원 속에서 자신의 이익들을 챙겼다.

---

32 《역사》 C. 92: *ad consilium patris......Arnoldum de Chaioco......consiliarium et...... monitorem.* 이처럼 반란을 일으켰던 아들이 부친이 권유한 조언자를 곁에 두는 경우는 자주 있었다. 이에 대해서는 다음을 참조. Weiler, "Kings and Sons," p.20.

관대함은 중요한 귀족적 덕목 중에 하나로, 모든 귀족들에게는 상위와 군주들에게뿐 아니라 자신을 추종하는 동료와 하위 기사들에게도 관대해야 했다. 그러나 이러한 덕목의 실천은 재정적 뒷받침을 필요로 했고, 실제로 많은 젊은 기사들이 재정적 어려움을 겪기도 했다. '현자'로 소문이 자자한 아르눌의 부친인 보두앵조차도 젊은 시절에는 자주 물질적 어려움을 경험했다고 한다.[33] 이러한 이유로 중세의 도덕론자들은 젊은 기사들이 자신의 신분에 어울리는 생활을 해야 한다고 조언했으나 이는 탁상공론에 불과했다.

아르눌의 재정 상황은 그의 추종자 집단이 늘어날수록 더욱 심각해졌다. 전투와 마상경기들에서 명성을 얻으면 얻을수록 그를 따르는 패거리의 수는 증가했지만, 이들에 대한 보상의 의무는 그만큼 무거워졌던 것이다. 그러나 자신의 추종자들을 만족시킬 수 있을 때, 그는 '진정한 남자vir'로 인정받을 수 있었다. 그렇지 않으면 그는 영원히 청년 juvenis으로 간주되는 불명예를 감수해야만 했다. 청년은 독자적인 가정을 꾸릴 수도 없으며, 다른 남자의 종속적인 지위에 만족해야만 했기 때문이다. "정착해서 영주로서 통치를 담당하기 전까지는, 그가 40대가 되어도 '젊은이'일 수밖에 없었다".[34] 이는 귀족 사회에서 남성적 불명예 그 자체였다.

많은 경우 젊은 기사들은 정치적 조언자들youthful counsels과 함께했는데,[35] 필리프 역시 이러한 역할을 수행했던 인물이다. 윌리엄 정복

---

33 《역사》 C. 74: *in adolescentia......plerumque corporalis sustentationis et rerum constrictus penuria.*

34 콘스탄스 부서,《귀족과 기사도》, 124쪽.

왕의 장남이 아버지에 대들면서 재산 분할 상속을 요구할 때에도 어김없이 이러한 조언자들이 배후에 있었다.[36] 이처럼 아르눌과 보두앵의 대립은 '실질적' 아버지와 '정치적' 아버지인 조언자 사이의 갈등이기도 했다.

역사적으로 흥미로운 사실은 아르눌과 보두앵의 경우에서처럼, 아버지와 아들의 세대 갈등이 매우 자주 있었다는 사실이다. 1078년 윌리엄 정복왕의 장남 로버트는 아버지에 대해 반란을 일으켰는데, 그가 원했던 것은 자신의 추종자 집단을 부양할 수 있는 재정적 기반이었다. 그러나 아버지는 가문의 재산을 분할하는 것에 적극 반대했고, 결국 아들은 아버지에게 칼을 들었다. 물론 그를 추종했던 또래 집단의 기사들도 이 반란에 동참했다. 사실 아버지에게 재산 분할을 요구하도록 로버트를 몰아세웠던 것도 바로 이들이었다.[37] 잉글랜드의 통치자 헨리 2세의 장남이 아버지에 대항해서 일으킨 반란(1173), 신성로마제국의 황제 프리드리히 2세의 장남 하인리히 7세의 반란 모두 유사한 이유와 배경에서 발생했다.

장자 상속제가 관철되면서 상속은 가장의 죽음과 더불어 진행되었고, 이는 결국 연령상으로 성인이 된 장남은 아버지의 죽음을 기다려야만 하는 예상치 못한 결과를 초래했다. 인내심의 한계를 경험한 장남들은 마침내 가문 재산의 일부를 상속해줄 것을 요구했고, 이러한

---

35 Chibnall, The Ecclesiastical History of Orderic Vitalis, IV, 122: prudenter precauere ne per pereamus.

36 Neil Strevett, "The Anglo-Norman Civil War of 1101 Reconsidered," in Anglo-Norman Studies 26: Proceeding of the Battle Conference 2003, (ed.) John Gillingham, (Woodbridge: The Boydell Press, 2004), p.169.

37 Chibnall, The Ecclesiastical History of Orderic Vitalis, III, pp. 98-102; Aird, "Frustrated Masculinity", p. 47.

요청은 동료 기사들에 대한 물질적 보상의 책임이 커질수록 더욱 심해졌다. 반면 아버지의 입장에서도 오랫동안 자신을 보필해온 동료 기사들이 있었고, 이들을 지속적으로 후원하기 위해서는 재산 분할이 현실적으로 어려웠다. 결국, 아들 패거리와 아버지의 패거리 간의 헤게모니 싸움은 반란, 협상, 타협 등의 다양한 정치적 양상을 띠게 된다. 무엇보다도 중세의 아버지들은 자식들에게 사랑받는 가장이라기보다는 가족을 보호하고 부양하며 자식을 훈육시키고 식구들을 관리하며 군림하는 존재였다.

기사 서임식에서 무기의 수여는 이와 같은 남성으로서의 권리와 의무를 부여하는 상징적인 행위였다. 신임 기사는 더 이상 어린 아이가 아니라 성인 남성으로서 사회적 인정을 받게 되며, 동시에 이에 상응하는 책임감을 떠맡게 된다. 기사 서임식 직후 많은 경우에 아들과 아버지의 대립과 갈등이 시작되었다는 사실은 이제 두 '성인' 남자가 한 가정에 거주하는 부담스러운 상황이 전개되었음을 의미한다. 이는 두 남성 집단이 한 가족 내에서 불편한 공존을 해야만 하는 어려운 국면을 초래한다. 이 갈등은 기사 서임식을 통해서 어른이 된 한 남자의 정체성의 변화와 함께 시작된다.[38]

---

38 이와 관련해서 부서도 "많은 젊은 귀족들은 일단 기사가 되고...아직 영주권을 포기할 준비가 전혀 되어 있지 않은 아버지들과 혈기왕성하지만 마음이 편치 않은 아들들 사이에서 마찰이 자주 발생했을 것이다."고 적고 있다(콘스탄스 부서, 《귀족과 기사도》, 124쪽.).

저주받을 축제들

축제가 시작되다

기사 서임식과 더불어 본격적인 축제가 시작된다. 축제는 기마 경기와
더불어 그 막을 올렸다. 신참 기사 아르눌은 성의 모든 사람들이 보는
가운데 창으로 사람 모양의 인형들을 과녁으로 삼아서 멋들어지게 찌
르는 기술을 선보였다. 그의 뒤를 이어서 오늘 아르눌과 함께 서임된
다른 기사들이 갈고닦은 무예를 선보였다. 관례대로 이 날 다른 청년
들도 무기를 수여받고 정식 기사가 되었는데, 아르눌까지 모두 네 명
이 기사로 임명되었다. 그중 두 명은 보두앵의 휘하에서 수련을 받았
던 자였고, 나머지 한 명은 아르눌의 절친한 친구 외스타슈Eustache de
Salperwick였다. 그는 어린 시절부터 플랑드르 백작의 성에서 아르눌과

중세의 축제는 떠돌이 악사와 광대가 분위기를 띄우고 먹고 마실 게 밤새도록 제공되었다.

동고동락했던 고향 친구였다. 이들의 우정은 서임식 이후에도 지속되어 외스타슈와 아르눌은 평생의 동지로 온 천지를 함께 돌아다녔다.

축제는 아침부터 저녁까지 이어졌다. 잘 자라준 아들을 자랑스러워했던 보두앵은 이날 자신의 모든 것을 내줄 것처럼 흡족해했다. 그는 시종장에게 미리 충분한 돈을 주어서 최고급 고기와 포도주를 상인들로부터 사두도록 했다. 특히 포도주는 멀리 파리와 랑스의 포도 산지에서 제조된 최고급으로 주문하도록 했다. 마을 사람들에게 먹고 마실 것이 밤새도록 끊임없이 제공되었고, 아르눌도 축제의 흥을 북돋우던 음유시인과 떠돌이 악사, 광대, 익살꾼에게 과할 정도로 많은 돈을 뿌렸다.[39]

이렇게 해야 이들이 다른 마을에 가서 자신의 부와 관대함을 칭송하는 노래와 연극을 하지 않겠는가. 아르눌의 외증조부는 한 음유시인에게 진홍빛 짧은 바지 한 벌을 주는 것을 아까워했다가 그 시인이 읊은 〈안티오키아의 노래〉에서 빠져버리고 말았다. 어쨌든 아르눌로부터 충분한 보상을 받은 음유시인들은 축하의 노래를 불렀고, 광대들의 묘기는 참석자들의 탄성을 자아냈다.

축제에서 흥을 돋우는 데는 역시 음악이 최고였다. 궁정문화에 있어서 음악은 남녀를 막론하고 귀족적 삶의 중요한 요소로, 이는 어린 시절 배워야 할 교육의 한 부분이었다. 교양 교육을 받은 상류층 자제라면 하프를 타면서 노래 한 곡조 정도는 뽑을 수 있어야 했다. 축제가 진행되는 동안 실내에서는 현악기가 주축이 되는 '실내악' 연주가 손님들의 식사와 대화를 책임졌으며, 바깥에서는 북과 나팔 소리가 사람

---

39 《역사》C. 91.

들을 불러 모았다. 특히 이 시기에는 이슬람 세계와의 교류를 통해서 당시 알려지지 않았던 많은 악기들이 유럽 지역에 유입됨으로써 중세 음악은 새로운 부흥기를 맞게 된다. 이날만은 축제 주관자들이 전문 악사들을 고용해 사람들의 귀를 즐겁게 했다.

중세의 귀족들도 춤을 추었을까? 추었다면 궁정 사회에서 귀족들이 어떠한 형태의 춤이었을까? 이에 대해서는 알려진 바가 거의 없지만, 13세기 초반에 작성된 파르치팔Parzival과 티투렐Titurel 등의 중세의 문학 작품 속에는 상류층 귀족 남녀가 모두 춤을 즐겼다는 기록이 남아 있다. 하지만 일반 농민들의 춤과 비교했을 때, 귀족들의 그것은 매우 절제된 형태였을 것이고, 현악기나 성악에 맞추어 진행되었던 것으로 보인다. 뒤비가 '조심스럽게' 재구성한 모습에 의하면, "여성들과 남성들은 윤무를 즐기기 위해 서로 손을 잡고 선다. 악사들은 없었고 이들은 그저 노래에만 의지하여 춤을 추었다."[40] 그러나 어떤 유형의 춤이든 성직자의 눈에는 악마의 유혹에 빠진 자들의 행위처럼 보였고, '춤바람'을 외설적이라며 맹렬히 비난하고 금지시켰다. 그래서 랑베르도 곡예단과 연회에 대해서 설명하면서도 춤에 대한 기록은 남기지 않았다.

중세 교회를 이끌어가던 성직자들에게는 세속적인 유머와 심지어 웃음조차도 금기시했다. 르 고프의 연구에 의하면, 웃음은 수도사와 성직자들을 게으름과 안일한 삶에 빠져들게 하는 위험한 것으로 인식되었다. 이러한 이유로 일부 수도회는 '웃음 금지'를 교단의 규칙으로 정하고, 웃음이야말로 수도생활을 방해하는 '가장 경박한 행동'이라

---

40 조르주 뒤비, 《위대한 기사, 윌리엄 마셜》, 107쪽.

고 보았다. 그러나 일상의 모습은
이와는 사뭇 달랐다. 축제에서 사
람들을 웃게 만드는 이는 바로 광
대였다. 익살스러운 모습으로 우
스갯소리를 해대는 광대 주위에
는 많은 사람들이 모여들었다. 무
궁무진한 이야기들을 꺼내어놓고,
간혹 옛 시의 구절이나 우화를 인
용하거나, 청중들에게 수수께끼를
내면서 광대들은 인기를 얻었다.
노래를 부르고 악기를 다루며 곡
예까지 할 줄 알았던 광대들은 어

엄숙한 분위기의 중세였지만 축제에 음악이 빠
질 수는 없었다.

찌 보면 중세의 진정한 예술인이라 할 수 있을 것이다. 성주나 다른 귀
족들의 성대모사를 하면서, 이들의 생활을 풍자하고 때론 비판했던 장
면에서 광대는 이 시대 문화의 전파자이자 진정한 평론가이기도 했다.
자신을 고용한 상층 집단을 비판하고 조롱하는 다른 사람들에게는 허
락되지 않았을 권한이 이들에게만은 용인되었다. 결국 이들은 일종의
문화적 특권을 향유했던 집단이었다. 이들의 비판은 단순히 현실 비판
에만 머무르지 않았다. 상류층 남성들이 권위와 무력으로 자신의 남성
성을 드러냈다면, 하층민 남성은 권세가들의 폭력적인 남성성에 대항
해서 풍자와 해학을 통해 남성성을 구현했다. 신분제 사회였던 중세
에는 이처럼 계층과 신분에 따라 복수의 남성성masculinities이 존재했던
것이다.

《역사》18장에서 랑베르가 랄프 백작에 대해 전하는 이야기에서도

상류층-하류층 남성성의 대비가 잘 드러난다. 탐욕스럽기 그지없던 백작은 길에서 우연히 마주친 목동들로부터 민심을 들어보기 위해 접근하면서, 자신의 정체를 숨기기 위해 변장을 하고는 언어조차 평민의 말투로 거짓 흉내를 냈다*ficto verborum idiomate*. 단순하기 그지없던 이 목동들은*ut erant nimie simplicitatis* 백작에 대한 원망을 여과 없이 쏟아냈고, 목동들의 '불평'에 화가 난 백작은 바로 자리를 떴다고 한다. 하층민들의 이러한 '불평'은 이들의 정치적 불만을 드러내는 방식이었다. 이러한 불평이 폭동으로 비화했던 경우를 잘 알았던 위정자들은 이러한 민심의 동요를 미연에 방지하려 들었다.[41]

여기서 중요한 사실은 계층 간의 남성성은 상이하게 표출된다는 사실이다. 상류층 남성은 자기통제적이고 권위적인 남성성을 보여주었던 반면, 하류층 남성은 단순하지만 우회적인 방법을 통해 남성성을 표출한다는 점이다.

이렇게 각자의 남성성이 어우러진 축제가 며칠씩, 혹은 몇 주에 걸쳐서 벌어지곤 했다. 랑베르는 아르눌의 외조부 결혼식 축하연 장면을 다음과 같이 묘사한다.[42] "사람들은 바쿠스의 삼년 축제*triatherica Bachi*처럼 삼일 동안 잔치를 벌였다. 이들은 흥에 겨운 나머지 먹고 마시면서 다양한 볼거리와 게임들에 빠져들어 시간이 가는 줄 몰랐다".

---

41 Thomas N. Bisson, *Tormented Voices; Power, Crisis, and Humanity in Rural Catalonia, 1140-1200* (Harvard University Press, 1998); Paul Freedman, "Peasant Anger in the Late Middle Ages", *Anger's Past: The Social Uses of an Emotion in the Middle Ages* (Cornell University Press, 1998), pp. 171-188; Jan Dumolyn/ Jelle Haemers, "'A BAD CHICKENWAS BROODING': SUBVERSIVE SPEECH INLATE MEDIEVAL FLANDERS", *Past and Present* 214(2012), pp.45-86; Michael Alan Sizer, *Making Revolution Medieval: Revolt and Political Culture in Late Medieval Paris Vol. 1* (Dissertation University of Minnesota), pp.296-299.

42 《역사》C. 123.

마상경기와 남성성: 명예와 경쟁심

아르눌의 기사 서임식이 있던 날, 성직자와 수도사들이 교회에서 조촐한 환영식을 열었다. 교회의 종소리가 은은히 울려 퍼지는 가운데 성직자와 백성들의 환호 소리가 간간이 들렸다. 이 자리에는 아르눌의 절친한 동료 기사들뿐 아니라 긴느에서도 기사들이 참석했다. 하지만 다음 날 아르눌과 그의 동료들은 먼 길을 떠나기 위해 다시 짐을 싸야했다. 수년간의 육체적 단련에 이골이 난 그는 이제 좀 더 넓은 세상으로 나아가 자신의 솜씨를 뽐내고 싶었던 것이다.[43] 이처럼 마상경기에 출전하기 위해서, 집을 떠나는 것은 젊은 기사들에게 일상적인 일이었다. 훗날 플랑드르의 백작이 된 보두앵도 1168년 기사 서임 직후, 바로 마상경기에 참가했다. 이들의 방랑은 단순한 기량 과시가 목적이 아니었다. 그것은 명예와 재산, 그리고 부유하고 고귀한 가문 출신의 결혼 상대자를 얻을 수 있는 기회였다.

마상경기torneamenta는 일종의 '세속문화'로, 중세 유럽 귀족 남성의 마음을 온통 사로잡았다. 더욱이 아르눌의 고향이 위치한 프랑스 북부와 플랑드르 남부 지역은 서기 1100년을 전후로 해서 마상경기가 시작되었던 곳으로, 아르눌이 기사로 활동하던 12세기 후반에는 이 지역뿐 아니라 잉글랜드에서 스페인 북부, 폴란드에 이르기까지 마상경기는 기사들의 삶의 중요한 부분이 되었다.[44] 이처럼 마상경기의 인기가 유럽 곳곳에 확산되어갔다. 게다가 아르눌의 고향은 마상경기가 탄

---

43 Gilbert of Mons, *Chronicle of Hainaut*, (trans.) L. Napran (Woodbridge: Boydell Press, 2005), p.57.

44 마상경기의 기원에 대한 최근의 논의에 대해서는 Crouch, *Tournament*, pp.2-12; D. Barthélemy, "The Chivalric Transformation and the Origins of Tournament as Seen through Norman Chroniclers" *HSJ* 20(2008), pp.141-160.

생한 본고장으로, 마상경기가 가장 활성화된 곳이었다. 이는 플랑드르의 백작들이 대대로 최고의 기사이자 동시에 마상경기의 후원자였기 때문에, 무엇보다도 아르눌을 기사로 교육시켰던 필리프 백작이 당대 최고의 후원자 역할을 자임하면서 어린 시절부터 아르눌은 윌리엄 마셜과 같은 전설적인 기사들을 지척에서 지켜볼 수 있었다.[45]

또한 당시에는 일반적으로 정식 기사로 임명된 신참자들은 2년 정도 여러 지역을 돌아다니면서 마상경기에 참석하는 것이 관례이기도 했다. 그러나 무엇보다도 검보다 지혜를 사랑했던 그의 아버지는 백작령 내에서뿐만 아니라 대외적으로도 무력 사용을 강력히 반대했다. 게다가 젊은 기사들 사이에서는 "젊은 기사가 한곳에 오래 머무는 것은 창피한 일"이라는 분위기가 있었다. 당연히 아르눌과 같은 젊은 기사가 아버지의 영지에서 오래 '머무는 일'은 견딜 수 없을 정도로 수치스러운 일이었다. 모의전투라고 할 수 있는 마상경기는 젊은 혈기와 전투욕구를 배출할 수 있는 공간이자 동시에 새로운 무예를 습득할 수 있는 수련장이기도 했다. 당대의 걸출한 전쟁 영웅들이 마상경기가 번창했던 지역 출신이었던 것도 우연은 아니었다.

이제 막 기사 서임식을 마친 혈기 넘치는 아르눌은 고향에서의 평온한 삶이 지루함 그 자체였다. 자신의 몸속에는 덴마크를 떠나 전 유럽을 휩쓸고 다녔던 바이킹족의 피가 흐르고 있다는 말을 음유시인들로부터 누차 들어왔던 터라, 떠돌아다니며 세상을 경험하려는 그의 호기심 어린 생각은 전혀 이상할 것 없었다.[46] 또한 당시 그 또래의 젊은

---

45 Oksanen, *Flanders*, pp.114-144; Crouch, *William Marshal*, p.193.
46 《역사》 C. 7, 8.

이들에게 방랑벽은 일종의 시대적 흐름이었다. 이러한 떠돌이 기사들에게 마상경기는 자신의 무용과 남성미를 뽐낼 수 있는 절호의 기회였다. 더욱이 아르눌 가문은 대대로 마상경기에서 탁월한 기량을 뽐낸 기사들을 이미 여럿 배출한 집안이었다. 그중 외가 쪽의 먼 할아버지뻘 되는 아르눌 1세와 관련된 이야기는 마상경기에 대한 기사들의 열정을 잘 보여준다. 나이가 들어 아르눌은 자신이 젊은 시절에 경험했던 마상경기에 대해서 다음과 같이 솔직하게 고백한다.

> "나는 기사로서의 명예를 추구하기 위해서 그 무엇보다도 값진 마상경기 대회에 참여했다. 이에 대한 나의 사랑*diligendo*과 열정으로 인해서, 나는 여러 지역을 돌아다니면서 많은 사람들을 사귈 수 있었다. 그들 중에는 왕과 백작도 있었다. 그로 인해서 나는 많은 정치적 도움을 받을 수 있었고, 남들이 부러워하는 상당한 부와 명성을 얻을 수 있었다."[47]

중세의 기사들은 외부의 시선을 중요시했다. 타인에게 자신의 용맹과 실력을 자랑하고픈 욕망과 관찰자의 인정 사이의 상호 작용이 명예를 중시하는 기사의 행동 규범을 정의했다. 그러나 명성도 명성이지만 젊은 기사들이 매료되었던 것은 바로 '돈벌이'였다. 내기를 수반하지 않은 경기는 없었고, 승리와 함께 엄청난 배당금을 챙기는 것이 참여자들의 공통된 바람이었다. 모든 것을 잃거나 따겠다는 심정으로 시작된 경기는 저녁이 되면 그날의 정산이 이루어졌다. 이때 기사를 수행하는 종자가 정산 업무를 담당하곤 했다.

---

47 《역사》 C. 108.

포로로 잡힌 기사들은 값비싼 말을 인도하거나 담보를 제공하고, 혹은 친척의 보증하에 약속된 석방금을 추후 지급할 것을 확약한다. 당시에는 전쟁에서건, 혹은 마상경기에서건 동료 기사를 의도적으로 죽이는 일은 기사의 도리가 아니라는 공감대가 형성되면서, 기사를 생포하는 것이 경기의 주목적이 되었다.[48] 이처럼 영리적인 목적에서 운영되던 마상경기는 가난한 기사가 한 밑천 잡을 수 있는 기회였다. 당대 최고의 기사 윌리엄 마셜도 평생 500여 명의 기사를 생포하면서 부와 명성을 쌓아 나갔다는 사실은 잘 알려진 바다. 따라서 마상경기에서 사망 사고는 드물었다. 죽이는 것보다 포로로 생포하는 것이 그 '상품가치'가 더 높았기 때문이었다. 이렇게 해서 귀족 사회에도 상인 집단과 마찬가지로 이윤 추구의 정신이 파고들었고, 실력과 운이 없는 기사들은 '부를 획득할 수 있는 기회' 대신 막대한 채무를 지고서 고향으로 돌아갔다.

마상경기에서 두 편으로 나뉜 기사들이 무리를 지어 처음에는 예리한 무기들로 맞서서 경기를 벌였으나, 이는 점차 마상경기를 위해서 고안된 장비들로 대체되었다. 그 외에도 13세기에 와서는 날카로운 무기 대신 부드러운 가죽으로 덧댄 무기를 사용하는 경기가 인기를 끌었고, 날이 무딘 무기를 가지고 제한된 공간에서 일 대 일로 싸우는 시합으로 발전했다. 이러한 마상경기는 대체로 결혼식이나 평화협정 체결, 혹은 동맹협정 등의 특별한 계기가 있을 때 벌어지는 것이 원칙이었다. 경기와 더불어 사제가 주관하는 미사와 먹고 마시고 춤추는 연회가 개최되었다.

---

48 Oksanen, *Flanders*, p.116.

아르눌이 기사로서 세상에 명함을 내밀던 1170년대와 1180년대는 그 어느 시절보다 마상경기가 인기를 얻고 있던 시점이었고, 그가 살고 있던 프랑스 북부 지역은 마상경기의 천국이었다. 브리, 루지, 몽바르, 루즈몽 지역, 수와송, 샤르트르, 드뢰, 구르네Gournai, 라니Lagny, 조이니 주변 삼림의 공터에서는 정기적으로 마상경기가 개최되었고, 인근 지역에서 온 참가자들로 북새통을 이루었다. 이러한 기회를 아르눌이 놓칠 리 없었다. 이 당시의 마상경기는 폐쇄된 울타리 안에서 일 대 일로 싸우는 후대의 순화된 경기와는 달리, 각각 깃발과 수장을 둔 집단과 집단의 대결이었다. 물론 경기가 끝나고 '결산'은 개개 참가자들이 획득한 포획물이나 포로의 수에 따라 이루어지기에 마상경기는 철저하게 '개인 사업'과 같은 것이었지만 말이다.

정해진 시간과 장소에서 출발 신호가 내려지면, 기사단들은 경계가 없는 드넓은 공간에서 편을 짜서 싸움을 벌이고 매복과 기습을 하는 '실제 전투의 축소판'이었다. 따라서 최강의 기사단을 이끌고자 했던 제후들은 유능한 기사를 자기편으로 끌어들이기 위해서 경쟁을 했다. 윌리엄 마셜과 같은 당대 최고의 기사는 경기마다 엄청난 거금을 제안받기도 했고, 평범한 기사들도 자신의 이름에 걸맞은 일당이 보장되었다. 하지만 명예와 영광을 지상의 최고 가치로 여겼던 대제후들은 언제나 주머니를 열 의향이 있었다. 마상경기를 진행하기 위해서는 이러한 부의 재분배 과정이 반드시 필요했다. 기사들은 전투 장비를 마련하고 좋은 말을 사는 데 막대한 비용을 지불해야만 했기 때문이다.

기사 서임식을 갓 마친 초보 기사에 대해서는 일종의 기사 대부代父가 일정 기간 동안에 들어가는 비용을 부담하곤 했는데, 아르눌의 경우에는 자신을 기사로 직접 임명해준 아버지가 2년 동안 필요한 생활비와 활동비를 지불해줄 것을 약속했다. 면도날이라는 별명의 외스타슈, 살페르빅 출신의 또 다른 외스타슈, 위그 그리고 몇몇 다른 기사들이 아르눌과 함께 미지의 세계로 향하는 모험을 시작했다. "전쟁과 같은 마상경기"의 위험에도 불구하고 아르눌의 마음은 설레기만 했다. 플랑드르 백작의 성에서 기사수업을 받기 시작하면서부터 또래 기사들과 함께 선배 기사들의 마상경기를 관전하면서 자라온 그가 이제는 나설 차례가 된 것이다.[49]

마상경기는 부와 명예가 걸린 중세의 "군대 스포츠"였다. 그런데 정작 마상경기를 부추겼던 것은 남성들 사이의 경쟁심이었다. 당대인들의 마상경기에 대한 열정은 대단했다. 윌리엄 마셜의 전기 작가는 프랑스 북부 지역에서 마상경기는 "거의 매주 여기저기에서 열렸고", "추위도, 악천후도 오랫동안 마상시합을 중단시킬 수는 없었다."고 기록했다. 신참 기사들의 순회여행은 "남에게 보이기 위한 것이었고, 몇 개월 혹은 몇 년 동안 집안의 영광을 사방에 널리 알리는 것"을 목적으로 한다. 이를 위해 "가족들은 돈을 아끼지 않고 그에게 모든 것을 제공"했다.[50] 그래서 아르눌의 부친도 기사 서임식 직후 길을 떠나는 아들을 적극적으로 지원했다.[51] 중세의 과열된 마상경기에는 가문의 문장을 드러내고 다녔던 아들을 내세워 집안의 명성이나 평판을 드높이기 위한 가장들의 경쟁심도 한몫을 했다.

이들이 시합에서 승리하거나 돋보이고자 했던 또 다른 이유는 신붓감을 물색하고 가정을 이루기 위함이었다. 마상경기에 참여하는 자

---

49 《역사》C. 90.
50 조르주 뒤비, 《위대한 기사, 윌리엄 마셜》, 103, 169쪽.
51 《역사》C. 91: non omnio sine patris auxilio et patrocinio.

들은 대부분 결혼을 하지 않은 총각들이었다. 마흔 살이 다 되도록 총각이었던 윌리엄 마셜도 마상경기를 순회하던 중 어느 귀족의 딸을 1,000리브르의 지대와 함께 부인으로 맞을 기회가 있었다. 보통 뚜쟁이들이 중재인 역할을 하면서 기사들의 중매를 주선하기도 했다.[52]

방랑기사로 천방지축 돌아다니던 아르눌도 불로뉴 백작령의 상속녀인 이다와 염문에 휩싸였다.[53] 그러나 "불로뉴의 영지와 백작의 지위terram tamen et Boloniensis comitatus dignitatem"[54]에 관심을 가졌던 것은 아르눌만이 아니었다. 다른 경쟁자도 차고 넘치는 상황이었다. 아르눌과의 혼담이 오가면서 혼인이 거의 성사되기 직전에 이웃 백작령의 르노가 그녀를 채갔다. 격분한 아르눌이 르노가 체류하던 로렌으로 쫓아갔다가 오히려 그곳에서 구금되는 수모를 겪기도 한다.[55] 아르눌과 이다의 스캔들은 혈기 넘치는 젊은 기사들 사이에 구애 경쟁이 얼마나 격렬했는지를 보여준다. 젊은이들을 거친 평야로 이끌었던 또 다른 이유는 바로 결혼이었다.

이처럼 마상경기는 단순히 기사들이 무예를 겨루는 격전의 장소가 아니었다. 이는 총각 기사들이 신붓감을 구할 수 있을까 하는 희망을 가지고 모여드는 일종의 '중세판 사교장'이기도 했다. 거친 경기를 마치고 날이 어둑해질 무렵, 젊은 기사들은 뒤풀이 장소에 모여 낮에 있었던 경기를 무용담 삼아 떠들면서 자신을 선전하고 타인의 시선을 끌던 곳이었다. 당시의 이러한 세태는 랑베르에게도 잘 알려져 있어서,

---

52 조르주 뒤비, 《위대한 기사, 윌리엄 마셜》, 206, 207, 210, 243쪽.
53 《역사》C. 93-95.
54 《역사》C. 93.
55 이와 관련해서 구체적으로 본서 VI장-대역부인 참조.

아르눌의 외증조부인 아르눌 2세("the Old")와 관련해서 그가 어떻게 결혼하게 되었는지 세세하게 묘사한다.

"기사로서의 명성과 위엄을 프랑스 전역에서 떨치고 있는 아르눌의 이야기를 들은 알로스트의 보두앵 경은 자신이 주최하는 마상경기에 그를 직접 초청했다. 아르눌은 그의 기대를 저버리지 않았다. 투르네에서 벌어진 경기에서 쟁쟁한 경쟁자들을 물리치고 우승을 차지한 그는 동료 기사들과 함께 보두앵의 초대를 받아 연회에 참석했다. 그곳에서 진수성찬을 대접받으며*lautissimis cibis et potibus* 밤새워 술을 마시던 이들 사이에서 자연스럽게 혼담이 오고가게 되었다. 보두앵의 여동생과 총각기사 아르눌의 혼사가 어느새 결정되어버린 것이다. 물론 그녀가 가지고 있던 재산도 상당 부분 따라왔다. 마상경기에서 획득한 명성이 아르눌을 일등 신랑감으로 만들어버렸던 것이다."56

이러한 행운이 아르눌에게만 해당된 것은 아니었다. 수많은 총각 기사들은 자신들에게도 행운의 여신이 찾아와 주기만을 기다렸다. 마상경기가 끝날 무렵이 되면 기사들은 초조해지기 시작했다. 자신의 무예와 용맹성에 감복한 어느 부유한 귀족이 여동생이나 딸의 남편감으로 자신을 찾지 않을까 하는 꿈에 부풀어 떠도는 소문에 귀를 기울이면서 경기장 주위를 떠나지 못했다. 마상경기는 자신의 용기와 남성미를 뽐낼 수 있는 장소였다. 랑베르도 용기를 남성의 미덕 가운데 으뜸으로 꼽으면서 상세하게 설명했다. 목숨을 잃을 수 있는 위험에도 불

---

56 《역사》C. 123.

구하고, 마상경기는 젊은 남성들에게 미래에 대한 희망을 심어주었다. 그래서 남성들은 더욱 공격성을 뿜어낼 수 있었다.

축제와 남성성

매년 정기적으로 개최되었던 마상경기는 젊은 기사들이 검과 창을 이용하여 그 동안 연마한 기예를 과시할 수 있는 축제의 장이었다. 유사시 사용할 목적으로 수련한 무예를, 평화로운 시기에 기사들은 마상경기에서 선보였다. 젊음을 과시하고 잠재된 공격성을 해소하면서 두둑한 상금과 함께 명성까지 얻을 수 있다는 희망을 품고 각지에서 기사들이 모여들었다. 비록 끝이 뭉뚝한 무기를 사용했으나, 경기 중에 심한 부상을 당하거나 목숨을 잃을 위험은 언제나 있었음에도 불구하고 말이다. 이런 이유로 마상경기를 바라보는 랑베르와 같은 성직자의 시선은 곱지 않았다. 그는 마상경기를 서슴지 않고 "저주받을 축제execra-biles nundinas"라고 비난했다.[57]

실력도 실력이었지만 아르눌에게는 마상경기와 같은 공개적인 장소에서 사람들을 이목을 끌어모으는 재능이 있었던 것 같다.[58] 아르눌은 연배가 비슷한 무리의 우두머리 격이었는데, 그것은 바로 그의 넉넉한 씀씀이 때문이었다. 당시에는 사람 됨됨이가 그의 관대함에 따라 평가되던 시기였다.[59] 부친이 마련해준 자금과 마상경기에서 획득한

---

57 마상경기에 대한 다른 성직자들의 유사한 입장에 대해서는 Barber and Barker, *Tournaments*, pp.139-151; Keen, *Chivalry*, pp.83-102 참조.

58 《역사》C. 93.

59 이에 대해서는 구체적으로 본서 V장-남성동맹과 정치문화 참조.

두둑한 상금으로 그는 주변에 모여드는 떠돌이 기사들에게 크게 한 턱 쏘는 후한 인물로 알려지게 되었다. 그러면 그럴수록 그를 따르는 패거리의 수는 늘어만 갔다. 하지만 그만큼 씀씀이가 더욱 헤퍼졌다. 결국 아버지가 마련해준 자금을 흥청망청 쓰더니, 십자군 원정에 참여하도록 부친이 별도로 마련해준 자금마저 날려버리고 말았다. 그럼에도 불구하고 '관대했던' 그는 어느새 젊은 떠돌이 기사들의 우상이 되었고, 이들 사이에서는 우두머리 같은 존재로 부상했다.

기사 무리는 폭력적인 집단이지만 동시에 중세의 남성 문화를 이해하는 중요한 단서를 제공한다. 남성적 힘과 용맹성을 과시하는 남성들의 축제인 마상경기에 구름같이 모여든 젊은 기사들은 오랜 시간을 함께 동고동락하면서 공동체 생활을 한다. 아르눌과 동시에 기사 서임을 받았던 동료들은 기사 훈련, 서임, 떠돌이 기사 생활을 합치면 최소 10년 이상 공동생활을 한 사이다.

기사단의 우두머리로 아르눌이 보여준 지나칠 정도의 관대함은 이러한 집단의 결속 강화를 위해서 필요한 행동이었다. "기사들이 든 창 사이로 바람조차 뚫고 지나갈 수 없다."라는 〈아스프르몽의 노래〉 가사처럼, 이들은 10명 내지 30명으로 대오를 구성하고 전투에 참여했다. 대오가 흐트러지고 구성원이 도망치면 시합은 사실상 패배한 것이나 마찬가지였다. 협동심과 팀워크를 중요시했던 이런 집단주의 문화는 성장하는 아르눌의 정체성을 구성하는 요소로 작용했고, 이 과정에서 표출되는 '남성다움'은 최고의 덕목으로 칭송되었다.

아르눌의 시대에 마상경기는 이곳저곳에서 거의 매주 개최되었다. 매서운 찬바람에도 참가자들의 열의는 식을 줄을 몰랐다. 비가 많이 오거나 하면 값비싼 쇠사슬 갑옷이 녹슬어버릴 수도 있었지만 대회는 어김없이 시작되었다. 기사들이 장비를 수선하면서 휴식을 취하던 기간은 금육기간인 사순절, 부활절, 성신강림축일, 제성첨례일(11월 1일)과 같은 종교적 축일 정도였다. 결국 일 년 내내 열리다시피 했던 마상경기들은 젊은 기사들을 끌어모았다. 라니에서 벌어진 시합에는 3,000명의 기사들이 수행원들을 대동하고 참가했고, 비록 그 신분은 기사에 미치지 못했으나 갈고리와 같은 무기들로 경기마다 결정적인 공헌을 했던 용병 무리들도 있었다. 이 경기에 참여한 수는 족히 만 명은 되었을 것이고, 이들이 타고 오거나 데리고 온 말의 수도 그 정도는 되었다. 마상경기가 열리는 곳을 따라다니는 상인들 외에도 말을 사고파는 전문 상인들, 기사들의 활약상을 노래하는 음유시인이 빠질 수 없었고, 환전상과 매춘부들도 어김없이 모여들었다. 경기가 벌어지는 동안 라니는 사람과 돈으로 넘쳐났다.

  "왼편에서도 오고 오른편에서도 오며
  지방 자체가 사람으로 득실거리고……
  스페인, 롬바르디아, 시칠리아에서 가져온
  말들을 여러분은 볼 수 있다……."

마상경기는 시작 전부터 치밀하게 계획되었다. 시합은 보통 보름 전에 공지되었는데, 소식은 전령들을 통해서 불과 일주일 만에 프랑스 전역에 퍼졌다. 개최 측에 의해서 고용된 어설픈 음유시인들이 주로 전령의 역할을 맡았는데, 대회의 규모는 이들의 노력 여하에 달렸다고 해도 과언이 아니었다. 이렇게 해서 모여드는 참가자들은 시합이 벌어지는 날 경기장에 무리를 지어 입장하는데, 이들은 쇠사슬 갑옷,

그물형 넓적다리 가리개, 투구, 방패, 목을 보호하는 투구면갑, 목덜미를 보호하는 머리쓰개 등으로 무장했다. 하지만 이 '이교도의 경기'에서는 부상자가 속출했고 여차하면 치명적인 상처를 입을 수도 있었다. 아르드르 출신의 외스타슈가 볼리외Beaulieu에 교회를 세웠던 것도 그가 마상경기에서 죽인 상대방 기사에게 사죄하는 의미에서였다.[60]

이러한 이유로 1130년 클레르몽 공의회에서 마상경기를 금지하는 결정이 내려진 이후 2세기 동안 교회의 입장은 변하지 않았다. 랑베르도 "전쟁과 같은 경기bellicis deliramentis"인 마상경기에 대해 "혐오스럽다"는 반응을 보였다. 교회와 성직자들은 이교적 색채를 띠고 있던 마상경기와 같은 민간 축제의 개최를 적극 반대했고, 이렇게 해서 죽은 기사들이 설사 임종 시 회개를 하더라도 교회 공동묘지에 묻히는 것이 거부하는 경우도 있었다. 하지만 잘하면 상대방의 값비싼 무기와 말을 획득할 수도 있고, 포로로 잡은 사람으로부터 지위에 상응하는 몸값을 차지할 수 있다는 현실적인 매력으로부터 젊은 기사들이 쉽게 헤어나지 못했다. 이렇게 해서 이 경기 저 경기 찾아다니는 순회 기사들의 수가 적지 않았다.

마상경기를 곱지 않은 시선으로 보기는 일반 백성들도 매한가지였다. 상금으로 벌어들인 것보다 더 많은 돈을 쓰고 돌아온 영주들이 파산 직전의 재정 상태를 만회할 심산으로 더 많은 조세를 거두어들이는 경우가 자주 발생했기 때문이다.[61] 아르눌의 먼 조상 중의 한 명이 일

---

60 《역사》C. 40
61 마상경기에 참가하기 위해서 참가자들은 일정액의 참가비를 지불해야 했고, 무기와 갑옷, 군마를 구비하기 위해서는 상당한 비용이 필요했다. 그 외에도 각지의 기사들과 귀부인들이 모여들었던 마상경기는 자신의 귀족적 정체성을 과시하는 장이기도 하여, "화려한 장비"와 "훌륭한 외관"에 적지 않은 돈이 소요되었다. 또한 추종자들의 환심을 사기 위해 경기가 끝나고 시합에서 거둬들인 상금의 대

드 프랑스에서 벌어진 시합에서 사망했다는 소식을 접한 긴느 가의 농부들은 그의 죽음을 애도하기는커녕 반가워했다고 한다.

중세에 용맹성과 고귀한 혈통은 불가분의 관계였다. 공개적인 장소에서 무력을 시연할 수 있는 것은 귀족 남성만의 특권이었기 때문이다. 따라서 '남자다움', '용맹스러움'과 같은 찬사는 신분이나 계급과 연관이 있었다. 남자다움은 사회적 서열을 강화했고, 남성성은 귀족적 남자의 전유물이었다.[62] 귀족 가문의 장남으로 태어난 아르눌은 전쟁과 마상경기 같이 폭력으로 얼룩진 피비린내 나는 행위를 통해서 자신의 '남성적' 정체성을 찾아야만 했다.

뿐만 아니라 귀족들은 차별적이고 폐쇄적인 신분구조를 공고히 하는데 남성성이라는 기제를 사용했다. 호전적 남성성을 강조하는 가부장제는 여성의 남성에 대한 순종뿐만 아니라 피지배 계급의 남성들을 지배 계급의 헤게모니에 복종적으로 만드는 이데올로기였다. 가부장제는 여성과 남성 모두를 억압하는 기제로서, 남성들도 가부장제 문화 속으로 무기력하게 빨려 들어갔다. 남성 중심의 억압적 성 담론은 남녀를 막론하고 피지배 계급 모두를 지배 계급의 헤게모니에 순종적으로 만들었다.

부분을 지출했기 때문에, "수백 명의 기병들을 포로로 잡았다"고 말했던 윌리엄 마셜조차도 "이 기간 동안 재산을 조금도 모으지 못했다"(조르주 뒤비, 《위대한 기사, 윌리엄 마셜》, 240쪽).
62 리오 브로디, 《기사도에서 테러리즘까지》, 116~117쪽.

곰 싸움

"아르눌의 외증조부인 아르눌 2세가 잉글랜드에서 귀국할 무렵 왕으로부터 그 동안의 노고에 대한 답례로 곰 한 마리를 하사받았는데, 그 덩치가 엄청났다고 한다. 영주의 귀환을 축하하는 자리에 곰이 관리인의 손에 이끌려오자, 사람들은 흥미로운 눈으로 괴물 같은 크기의 동물을 보기 위해서 몰려들었다. 그러자 좀 더 자극적인 구경거리를 원하던 몇몇 사람들이 영주에게 사냥개와 곰의 싸움을 제안하고, 아르눌 2세도 흔쾌히 승낙했다. 싸움이 시작되자마자 몇 마리의 개가 달려들어 곰을 공격했다. 곰은 사냥개의 날카로운 이빨에 물리고 찢겨 고통스러운 소리를 질러댔다.
이 경기가 있은 후 기회가 있을 때마다 사람들은 곰싸움을 보기 원했다. 이에 영주의 명을 받아 곰을 돌보던 곰 관리인은 곰의 상처 치유와 사육을 이유로 사람들에게 빵을 요구한다. 어리석고 아둔하기 짝이 없는 백성들insipiens populus은 영주의 요구에 순순히 응하면서, 앞으로는 오븐에서 빵을 구울 때마다 한 덩어리씩 곰 사육용으로 납부하기로 약속한다. 그러자 영주 측에서도 축제날에는 곰 싸움을 다시 개최할 것을 약속했다."[63]

이 글의 진위는 파악하기 어렵지만, 12세기 후반까지도 왕과 군주의 동물원에는 곰이 사육되고 있었다. 곰은 왕과 귀족들이 최고의 선물로 생각하는 동물이었다.[64] 아르눌의 시대에는 재갈이 물린 곰이 곡예를 부리는 것을 축제나 장터에서 쉽게 볼 수 있었다. 13세기의 도상

---

63 《역사》C. 128.
64 미셸 파스투로, 《곰, 몰락한 왕의 역사: 동물의 위계로 본 서양 문화사》, 주나미 옮김 (인천: 오롯, 2014), 84쪽, 191쪽, 217~221쪽.

영국의 목판화. 개들에 둘러싸여 싸움을 벌이는 곰을 볼 수 있다. 곰이 도망치는 것을 막기 위해서 쇠사슬로 묶어놓았다. 관중들은 내기를 벌이기도 했는데, 이러한 형태의 잔인한 게임은 이후에도 지속되어서 셰익스피어의 〈윈저의 즐거운 아낙네들Merry Wives of Windsor〉의 소재가 되기도 했다.

에는 곰이 단단한 말뚝에 묶여서 여러 마리의 개에게 공격당하는 모습이 등장한다. 파스투로는 이러한 잔인한 모습은 오래된 구경거리였다고 말한다. 루이 13세가 어렸을 때부터 "곰과 황소, 불도그가 싸우는 것을 보기 위해 왕이 있는 무도회장"을 찾곤 했다는 기록으로 보아, 곰싸움은 오랫동안 인기를 끌었던 모양이다.

그러나 랑베르 자신은 곰싸움을 "사악하고 저주받을 일"로 비난하면서 이러한 관례는 없어져야 마땅한 것으로 보았다.[65] 그럼에도 불구하고 이 흥미진진했던 구경거리는 쉽게 사라지지 않았고, 이후에도 아르드르와 여타 지역의 흥미로운 구경거리로 남았다.[66] 곰싸움이나 개

---

65 《역사》C. 18. 이처럼 농민들로부터 더 많은 세금을 징수하려는 영주의 욕심은 끝이 없었다. 10세기 후반에 살았던 랄프 백작과 관련해서, 랑베르는 그가 주체할 수 없는 낭비벽*prodigalitas*으로 인해서 심각한 재정난에 빠졌다. 그래서 자신의 농노와 신하들에게 불법을 자행하고, 무력을 행사했으며, 약탈도 서슴지 않았다. 상황이 이렇게 되면서 그에 대한 불만은 극에 달했고, 그가 신의 천벌을 받아서 죽기를 고대하는 사람들의 수가 적지 않았다고 한다.

싸움은 당시의 전통적인 놀이 문화가 얼마나 난폭하고 잔인하며 공격적이었는지를 보여준다. 게다가 이들 싸움에는 돈이 걸려 있었는데, 사회 전반에 이런 도박 문화가 얼마나 뿌리 깊게 박혀 있었는가를 짐작케 하는 부분이기도 하다. 《역사》 20장에 묘사된 범죄자에 대한 일벌백계의 처벌 관행은 이 같은 긴장된 사회분위기를 잘 보여준다.

---

66 《역사》 C. 128: *ursi ludo, per quem Ardensis populus illusus est.*

남성동맹과 정치문화

귀족적 사랑

랑베르는 남성들 사이의 유대감과 그 표현에 대해서 흥미로운 정보를 제공한다. 《역사》 9장이 전하는 이야기에 의하면 플랑드르 백작이 긴느 가문의 지그프리드를 소환하자, 그는 이 문제를 놓고 원로들과 협의를 거친 뒤에 혈족cognatis과 친구amicis를 이끌고 백작을 찾아갔다.[67] 그러나 예상 밖으로 협상이 잘 마무리되자 백작과 지그프리드 두 사람은 친구Facti sunt....amici가 되기로 합의했고, 이후 "서로를 매우 사랑하여ferventi dilexerat amore 서로에 대해 많은 보상이 이루어졌다". 이러한 사랑과 이해관계는 지그프리드와 백작의 아들 사이에도 지속되어, 두 사람 역시 "열정적으로 사랑하는" 관계가 되었다.[68]

플랑드르 백작가문과 긴느 백작 가문 사이에 처음으로 신뢰 관계가 형성되는 과정을 설명하는 이 이야기는 두 가문의 남성들이 '사랑amor'을 매개로 깊은 유대 관계를 맺었음을 보여준다. 중세의 사료에는 이처럼 절친한 관계에 있던 남자들 간의 관계를 '사랑'이라는 용어로 묘사했는데[69], 신성로마제국의 황제 오토 3세도 그의 절친한 동료

---

67 《역사》 C. 9.
68 《역사》 C. 10: *Et quia pater eius eum ferventi dilexerat amore et in multis et pre multis honoraverat, ipsum ampliori venerabatur dilectione, ardentiori diligebat affectu.* 이처럼 우정이 '상속 재산'처럼 계승되었던 다른 사례에 대해서는 Antonella Liuzzo Scorpo, *The Idea of Friendship in the Literary, Historical and Legal Works of Alfonso X of Castile (1252-1284)* (Thesis for the degree of Doctor of Philosophy in Hispanic Studies to the University of Exeter, March 2009), p.29.

이자 후에 쾰른 대주교로 임명된 헤르베르트를 만나면서 "극진한 사랑infinito amore"의 감정을 표현했다. 이 관계는 상호 간의 동성애라기보다는 남성들 사이의 동성적 유대male homosocial bonding를 의미한다. 그렇지 않을 경우, 성직자인 랑베르의 입에서 두 남자 사이의 사랑 관계를 이처럼 자연스럽고 공공연하게 나왔을 것으로 보이지 않는다. 그래서 아르눌과 그의 동료들에 대해서도 "매우 사랑했던miro venerabatur affectu" 관계로 묘사했다.

긴느와 플랑드르 백작 가문 남자들의 우정 이야기는 아르눌의 아버지 보두앵과 그리고 역시 보두앵(9세, 재위 1195-1206)으로 불렸던 플랑드르 백작 사이에서도 등장하는데, 생토메르에서의 격렬한 전투로 맺어진 두 사람의 전우애는 이후 '진정한 친구amicus precipuus' 관계로 이어졌다. 랑베르는 아르눌이 그의 동료 기사들과 추종자들과 맺은 관계도 '진정한 사랑'으로 묘사했고, 이처럼 우정으로 맺어진 '친구'의 중요한 책무를 무엇보다도 '정치적 조언'으로 꼽았다.[70] 남자들의 우정은 정치적·사회적인 면에서 서로 도움을 주고받는 '상호 보상성'에 근거했고, 친구들 사이에 있었던 호의를 표시하는 방식 중 하나는 신부를 '선사'하는 일이었다. 긴느 가문의 아르눌 1세도 생토메르의 성주와 화평을 맺고 친구의 우정을 쌓은 뒤에conciliat et confederat amicum, 이 두 남자가 제일 먼저 논의한 것은 혼사였다. 이렇게 해서 아르눌과 성주의 딸 사이에 결혼이 성사되었다.[71]

---

69 오토 3세가 그의 정치적 동료들과 맺은 우정과 사랑에 대한 구체적인 사례로는 Gerd Althoff, *Otto III*, (University Park, Pa. : Pennsylvania State University Press, 2003) pp.189-207.
70 《역사》 C. 150; C. 96: *militibus, quos miro venerabatur affectu*;《역사》 C. 144: *Ad consilium tamen amicorum suorum.*
71 《역사》 C. 47.

귀족 남성들 사이의 우정과 사랑은 귀족 사회에서 사회적 네트워크를 형성하는데 기여했으며, 이러한 남성들의 사회적 관계는 정치 행위에도 일정한 영향력을 행사했다. 즉 관계의 형성은 연대를 의미했다. 그러나 학계에서는 남성 간의 우정 문제에 큰 관심을 기울이지 않았다. '우정'이라는 주제가 중세사 학계에서 관심을 끌게 된 것은 1990년대에 들어서이다.[72] '우정'이라는 단어 자체가 근대 이후로는 남자들 사이와 혹은 남녀 간의 개인 감정적 관계를 지칭하기도 했으나, 중세에서 남성들 간의 '우정amicitia'은 단순한 개인적 감정의 결과가 아닌, 남성으로서 획득해야만 하는 대상이었다. 이는 곧 남성의 명예나 사회적 지위의 보장과 연결되었다. 따라서 우정의 관계를 만드는 일은 단순한 개인적 관계의 형성이 아니라 공적 행위이자 현실의 문제였다.

우정은 부자 관계처럼 숙명적이거나, 봉건제의 군신 관계처럼 인위적이지 않은 자의적으로 선택되는 평등의 윤리 관계였다. 아르눌의 시대인 1120~1180년을 '우정의 황금시대a golden age of friendship in the Christian West'로 보았던 외스터베르크Eva Österberg에 의하면, 상호신뢰와 평등원칙에 근거한 우정은 때로는 혈족의 연대보다 우선시되어, 참된 우정으로 맺어진 동맹은 중세 귀족 정치의 근간이자 활력소 그 자체였다.[73] 무엇보다도 우정으로 맺어진 당사자들은 서로에게 군사적, 경제적 도움이라는 실용적 목적을 추구하고 있었기 때문이다.

중세 봉건사회에서 '참된 우정amicitia vera'은 정치 공동체를 구성하고 유지하는 중요한 요소였다. 이러한 우정은 축제와 연회를 벌이는

72 Julian Haseldine (ed.), *Friendship in Medieval Europe* (Stroud: Sutton, 1999).
73 Eva Österberg, *Friendship and Love, Ethics and Politics* (Central European University Press, 2010), pp.36-37.

장소에서 주로 결속되었다. 이와 같은 과정을 거쳐 형성된 중세의 정치 구조는 '인적 결속 관계에 근거한 정체Personenverbandsstaat'로 규정되기도 한다. 근대적 '국가'가 존재하지 않았던 시대에는 인적 결합이 '제도'를 대체했고, 사적 영역에서 결속되는 이러한 연대와 관계의 네트워크는 더욱 특별한 의미를 지닌다. 인적 결합은 개인의 정치적 활동을 제약하고, 가족과 동료의 관계를 규정한다.

중세의 남자아이는 부친의 동맹관계, 즉 아버지와 영주, 봉신, 동료들과의 관계 속에서 자라며 이러한 관계망을 계승한다. 지그프리드와 플랑드르 백작의 관계에서 볼 수 있듯이, 이러한 동맹관계는 곧 재산과 같이 상속되었다. 이렇게 해서 중세의 남성은 자연스럽게 영주, 봉신, 동료들과의 인적 연대를 형성하고, 이 관계망은 개인과 가문을 보호하는 역할을 한다.

남성 연대의 형성

귀족들의 인적 네트워크 형성에는 남성들 사이의 우정 외에도 혈족과 봉건제도가 중요한 작용을 했다는 점은 이미 잘 알려진 사실이다.[74] "친족제도라는 것은, 과거부터 이어져 내려온 유달리 끈질긴 유산"[75]으로, 지금까지 많은 역사가들이 혈연 공동체에 바탕을 둔 혈족을 중세의 정치를 이해하는 기본적인 단위로 보았다. 봉건제 역시 많은 역사가들이 중세 사회를 주종관계가 지배하는 '절대적 계서階序 조직'으

---

74 남성 연대와 봉건제에 대해서는 마르크 블로크의 《봉건제도》를, 혈족과의 연관성에 대해서는 필리프 아리에스·조르주 뒤비, 《사생활의 역사 2》, 148~241쪽 참조.
75 마르크 블로크, 《봉건제도 I》, 314쪽.

로 이해한다.

그러나 어떤 특정한 역사적 행위에서 우정·혈족·봉건제도 중 어느 것이 더 중요했는가는 판단하기가 쉽지 않을 정도로, 이 세 요소는 중세 남성 사회를 구성하는데 복잡하게 얼기설기 얽혀 있다. 그래서 경우에 따라서 친구는 친족의 일원으로 생각되기도 했다. 과거에는 블로크 등의 학자들이 혈족 간의 유대 관계를 "아주 강력한 것으로"[76] 여겨졌으나, 최근에는 정작 혈족의 구속력이 절대적이지 않았음이 드러났다. 오히려 우정이 군주와 신하의 주종 관계보다 더 강력한 힘을 발휘했기 때문이다. 특히 아르눌이 태어나 활동했던 12세기에는 우정이 매우 중요한 역할을 했다. 따라서 남자의 우정에 근거한 수평적 통치 유형은 계서적 봉건제도와 함께 중세 정치의 토대를 형성한다고 할 수 있다. 이는 왕과 제후, 귀족과 그의 추종자들 사이에 형성된 관계다. 이처럼 중세 전성기에 들어서 우정이 혈족과 더불어 귀족 사회를 구성하는 가장 중요한 요소가 되면서, 우정, 혈족, 봉건제도 사이의 구분은 점차 불명확해져 갔다. 오랜 동안 가정과 여성으로부터 격리된 생활을 하던 남성 동료들은 일반적으로 상호간에 깊은 유대 관계를 맺었고, 이러한 상황에서 남자들끼리의 우정은 다른 어떠한 관계보다도 우선시되었다. 전쟁과 죽음에 대한 지속적인 공포는 남성 전사들의 유대 관계를 더욱 부추겼고, 이들은 장기간 집단생활을 하면서 동성적 유대 관계를 형성했다. 이러한 남성적 연대homosocial community는 서로에 대한 배려와 신의, 결속, 헌신을 지속적으로 요구했다.

남성들 사이의 동성적 유대male homosocial bonding는 간혹 동성연애

---

76 마르크 블로크, 《봉건제도 I》, 314쪽.

의 의혹을 받기도 했으나, 중세의 기사들의 동성 연대는 이성애를 정상적으로 규정하는 이성애 중심주의에 근거하여 구조화되었다. 그 결과, 남성과 여성의 성별위계gender hierarchy 구조를 더욱 공고히 했다. 이는 동시에 동성애에 대한 금지와 혐오를 수반했기에, 동성애적 욕망은 억압 내지는 은폐되어야 했다. 젊은 기사들의 동성 연대는 장기간 여성과 가정으로부터 격리되고 전쟁이나 죽음과 같은 절망적이고 긴장된 상황 속에서 더욱 강화될 수 있었다.

남성의 언어

알트호프는 남성들끼리의 입맞춤, 선물 교환, 연회 등의 제스처가 지니는 의례적 상징성에 대한 분석을 통해서 남성들의 권력 관계를 이해하고자 했고, 이를 통해 남성 사회에 일종의 '게임 규칙들Spielregeln'이 존재했음을 밝힌 바 있다.[77] 이러한 행위는 당사자들에게 명예와 사회적 위상을 부여하는 사회적 기능을 수행했고, 이렇게 구축된 남성 간의 우정은 정치적, 도덕적 의미를 지니면서 우정으로 맺어진 당사자들은 중세의 공적인 정치 문서에서 '친구'로 지칭되었다.

이미 뒤비 자신도 "남성들의 절정에 달한 우정이란 말은 매우 강한 의미를 지닌다."고 했고, 최근에는 다른 중세사 연구자들도 남성들 간의 우정을 정치적 맥락에서 접근하기 시작했다.[78] 그러면서 알트호프

---

77 G. Althoff, *Verwandte, Freunde und Getreue. Zum politischen Stellenwert der Gruppenbindungen im früheren Mittelalter* (Darmstadt, 1990); G. Althoff, *Amicitiae et pacta. Bündnis, Einung, Politik und Gebetsgedenken im beginnenden 10. Jahrhundert (MGH Schriften 37)* (Hannover, 1992).
78 조르주 뒤비, 《위대한 기사, 윌리엄 마셜》, 94쪽.

는 남성들의 우정은 중세의 '정치 질서를 구성한다constitutive of political order'고 보았다. 우정을 통해 형성된 정치 동맹과 네트워크는 동시에 다양한 제스처를 통해서 표출되는데, 남성들 간의 입맞춤, 손잡음, 공동 식사, 선물 교환 등은 단순한 감정 표현이 아닌 정치적 상징성을 띤다. 그래서 신성로마제국의 황제 오토 3세도 그의 정치적 동지이자 친구가 찾아오면, 그를 '사랑의 마음으로' 반기면서 포용하고 신뢰의 입맞춤familiarissima devotione을 나누었다. 이러한 행위는 공개적으로 보여줌으로써 우정은 공적인 행위가 되는 것이다. 이처럼 우정의 시작, 지속, 종료는 소통의 기제인 다양한 의식 행위로 드러난다.

입맞춤은 가장 보편적인 행위로, 우정 관계가 형성되거나 적대적 관계가 종료될 때 행해진다. 후대에는 얼굴과 손에 주로 키스를 했지만, 중세에는 입에 하는 것이 가장 일반적이었는데, 이것은 호흡과 신뢰의 교환을 상징했기 때문이다. 성서 속 '평화의 입맞춤kiss of peace'에서 비롯된 남자들 사이의 입맞춤에 대해 스릿R. Slitt은 중세의 역사적 사료와 문학 작품에 등장하는 입맞춤의 횟수를 일일이 셀 수 없을 정도로 많다고 한다. 12세기 후반 《그라알 이야기》의 기사 서임식 장면에서도 서임을 해주는 자와 받는 자 사이의 "입맞춤le baisa"이 있었다.[79] 보스웰Boswell과 같은 학자들은 이러한 친밀한 접촉을 동성애의 표현으로 해석하기도 했으나, 남성끼리의 입맞춤은 우정의 표현이었다.[80] 중세 교회도 입맞춤을 종교 공동체적 귀속성을 상징하는 것으

79 유희수, 〈크레티엥 드 트루아의 로망에 나타난 기사 서임〉, 12쪽에서 재인용.
80 Rebecca Slitt, Aristocratic male friendship, p.78.; J. Boswell, Christianity, Social Tolerance, and Homosexuality, pp.188-191, pp.222-226; J. Gillingham, Richard I and Berengaria of Navarre, p. 135; K. Petkov, The Kiss of Peace: Ritual, Self, and Society in the High and Late Medieval West (Brill, 2003).

로 이해했기에, 성직자들끼리도 서로 우정과 평화의 입맞춤을 나누었다. 이는 세속인과 성직자 사이에서도 마찬가지여서, 잉글랜드의 헨리 2세는 갈등관계에 있던 성직자들과 화해를 하면서 캔터베리 대주교의 주선으로 사람들이 보는 앞에서 입맞춤을 해야만 했다ut amici se deosculando. 아르눌이 즐겨들었던《지라르 디 비엔Girart de Vienne》에서 롤랑과 올리베르도 서로의 동료애를 확인하면서 우정의 입맞춤을 했다. 긴느 가에 머물렀던 크레티엥이 쓴《에렉과 에니데》의 주인공 에렉은 기브레에게 '너는 나의 주인이자 친구'라는 말을 하면서 입맞춤을 했다.《롤랑전》에서는 교활한 배신자 가늘롱 백작이 자신에게 충성을 맹세하는 무슬림 장군들과 서로 볼과 턱을 비비거나 입술과 볼을 비비며 우의를 다짐했다.

이처럼 아르눌의 시대에 입맞춤은 우정, 화해, 친밀함을 천명하는 '공적인 행위public act'로 이해되었다. 그래서 생폴의 한 백작도 1183년 구르네에서 개최된 마상경기에서 많은 사람들이 보는 가운데 윌리엄 마셜과 껴안고 입을 맞추었다.[81]

남자들 사이의 우정을 표현하는 또 다른 공적인 행위는 선물[82] 교환이었다. 세속 작가나 종교 작가나 중세의 작가들은 우정을 유지하기 위한 수단으로서 이러한 공조共助 관행을 긍정적으로 받아들였다. 선물의 종류는 금화나 은화, 말, 귀금속, 의복, 무기 등 다양했다. 특히 말과 무기는 전사 집단 내부에서 주고받을 수 있는 최고의 선물이었다.

---

81 조르주 뒤비,《위대한 기사, 윌리엄 마셜》, 244쪽.

82 Rebecca Slitt, *Aristocratic male friendship*, pp.82~88. 선물에 대한 역사적 연구 성과로는 대표적으로 나탈리 제먼 데이비스,《선물의 역사: 16세기 프랑스의 선물 문화》, 김복미 옮김 (서울: 서해문집, 2004).

아르눌도 그의 동료들에게 수백 마르크centum marcas의 현금, 은으로 된 성배calicem argenteum, 은으로 된 포도주 잔cifos argentos, 철제 방패와 박차scutellas metalli cum calicibus, 의복vestium, 침구와 양탄자pictas culcitras et tapetia, 무기와 말arma et equos 등을 선물로 주었다.[83] 이러한 선물은 새롭게 우의를 맺는 자리에서도 공공연히 주어졌다. 또한 갈등과 대립 상황을 종결할 때도 선물을 주고받았다.

선물을 주는 행위 역시 일종의 보여주기 위한 것으로, 이를 통해서 제3자가 당사자들 간의 우정을 확인할 수 있었다. 따라서 선물은 입맞춤과 마찬가지로 공개 석상에서 공공연하게 교환되었다. 그래서 잉글랜드의 헨리 3세가 프랑스의 루이 9세를 샤르트르에서 만났을 때, 두 통치자는 샤르트르의 모든 사람들이 보는 자리에서 공개적으로 선물을 교환했다. 입맞춤의 의식에서처럼, 남자들 간의 선물 교환은 공개적으로 우정을 확인하는 의례이자 친분의 유지와 강화의 통로였던 것이다.

마르셀 모스가 그의《증여론》에서 밝혔듯이, 선물 교환은 호혜성의 원리를 따른다. 따라서 선물을 주고, 받고, 되갚음은 의무적인 것으로, 수혜자가 답례를 하지 않거나 더 많이 답례하지 않으면 증여자에게 종속되거나 더 낮은 지위로 떨어진다. 결국, 선물 수수는 법적·계약적 함의를 지니며, 사회적 의무를 규정하는 성격도 지니고 있었다. '주기giving'와 '돌봄care'을 핵심 가치로 하는 호혜적 선물 교환은 남성들의 통치와 지배의 구조를 강화하고 유지하는 효과를 발휘했고, 사회적 연결망과 유대를 형성하는 역할을 했다. 경제적으로 상품 시장이 따로

---

83 《역사》 C. 95.

없었던 시기였기에, 선물 교환은 선물 경제gift economy를 형성해 그 자체로 부를 재분배하는 역할을 수행했다.

'선물 교환'은 당사자들 간에 평화를 이끌어내는 역할을 했지만, 선물의 답례적 성격 때문에 종종 재정적인 측면에서 적지 않은 부담이 되기도 했다. 잉글랜드로 가다가 잠시 보두앵의 초대로 긴느 성에 머물렀던 랭스의 대주교는 백작에게서 지나칠 정도의 환대를 받았고*lib-eralitatis et largitatis manu modum excedendo*, 그것도 부족해서 떠나던 날에는 값비싼 선물까지 받았다.[84] 이처럼 외부 사람들에게 과시적으로 헤프게*largitate diffusus et munificus* 선물을 하다 보니, 이를 충당하기 위해서 일부 귀족들은 자신의 백성들에게 견디기 힘든 재정적 고통*intollerabilia mala et damna*을 떠안겼다.[85]

하지만 이러한 선물 공세는 정치적 효과를 기대할 수 있는 선물 정치였다. 보두앵의 아들 아르눌이 르노 드 다마르탱에게 포로로 잡혔을 때, 그를 구출하기 위해서 백방으로 노력했던 인물이 바로 랭스의 대주교였다.[86] 선물은 감사나 축하의 마음을 전하는 수단이기도 했지만, 상호 의사소통의 통로로서 관행적으로 그리고 경쟁적으로 이루어진 남성 정치의 일환이었다.

연회와 식탁에서의 교제[87] 역시 우정을 드러내는 주요한 방법이었다. 연회는 축하와 위로, 환영과 석별의 정을 음식을 통해 나눈다는 점에서 선물을 주는 행위와 유사하다. 알트호프는 게르만 시대부터 연회

---

84 《역사》C. 87.
85 《역사》C. 20.
86 《역사》C. 95.
87 Slitt, *Aristocratic male friendship*, p.88.

는 결혼, 서약, 계약 등에 필수적인 요소로, 쌍방 간의 우정과 신뢰를 확인하는 계기로 보았다. 반대로 다른 사람의 초대에 응하지 않거나 참석한 연회의 음식을 받지 않는다면, 그것은 소통을 거부한다는 의사 표현이 된다. 연회는 집단의 기본적인 가치를 공유하는 장소이기도 했다. 연회는 사회적 통합을 상징하며, 연회의 참석 여부는 공동체에 포함됨과 배제됨을 암시했다. 이는 사회적 교제의 문제였다.

세네샬은 귀족의 집사를 뜻하는 말로, 중세에는 주로 음식과 연회를 준비하고 나눠주는 역할을 담당했다.

　귀족의 집은 늘 개방되어 있었다. 영주는 자신의 봉신들을 수시로 불러 모아 함께 식사를 하고 연회를 개최하는 것을 자신의 당연한 임무로 생각했다. 간혹 순례지를 향해 가는 도중에 자신의 영토를 지나가는 성직자나 기사들에게 하룻밤 머물 장소와 따뜻한 음식을 기꺼이 제공했다. 자신을 찾는 손님이 많으면 많을수록 권위가 더 높아지는 것처럼 여겼다. 영주의 주위에 머무는 사람의 수와 그들에 대한 영주의 개방적이고 관대한 태도가 그 사람의 됨됨이를 평가하는 척도가 되던 시기였기에, 이 점에 있어서 아르눌도 인근 성주들에 뒤지지 않으려 했다. 그러나 관대함은 단순히 위신의 문제가 아니었다. 영주들은 자신의 추종자들을 가족과 같은 존재로 생각했기에, 영주의 지위를 통해서 획득된 것을 다시 나누는 것은 그의 의무이자 도리였다. 도움을 받기 위해서는 도움을 주어야만 하는 법이다. 랑베르는 아르드르 가문의 역사에서 인색한 군주는 나쁜 영주로 기술하고 있다. 신하들에게 인색하게 굴었던 아르눌 3세는 결국 신하들의 손에 의해서 참수되었다는 사실을 기록했다.

매번 이루어지는 식사시간은 일종의 의식과 같았다. 일반적으로 신하들 가운데 '세네샬Seneschalls'로 불리는 사람이 늘 식사를 주관했는데, 식사 전에 손님들의 손을 닦을 수 있도록 깨끗한 물을 제공하고 고기를 적당한 크기로 잘라서 각자에게 나누어주는 일도 그의 임무에 속했다. 당시에는 대체로 손으로 음식을 집어먹었기 때문에 식사 전 손을 닦는 것이 일반적이었다. 고기는 빵 조각 위에 놓였고, 이를 칼로 잘라서 먹었다. 음료는 큰 컵에 제공되었는데, 각자 돌아가면서 한 모금씩 마셨다. 간혹 떠돌이 악사가 손님들의 여흥을 돋우기도 했다.

초대된 손님들에게 최고급 흰 빵과 먼 동방에서 수입된 후추와 같은 고급 향신료를 제공할 수 있다는 것 역시 아르눌의 어깨에 힘이 들어가는 부분이었다. 물론 최상급 와인도 곁들여졌다. 식사 후에는 플랑드르와 아르트와Artois에서 사온 멋진 옷감이 선물로 주어졌다. 이렇게 될 수 있었던 것은 손님들이 집에 돌아가 자신의 관대함을 칭송하기를 기대했고, 동시에 위급할 때 이들이 자신을 도와주리라는 기대심리가 작용했다.

연회는 단순히 집회와 식사만을 의미하지 않는다. 이곳은 선물교환이 이루어지고 주인의 부와 신분을 시각적으로 보여줄 수 공간이기도 했다. 그래서 귀족들은 "벽에는 벽걸이 융단으로 장식을 했고, 바닥에는 양탄자를 깔았다. 좋은 향기가 나도록 바닥에 향긋한 꽃잎을 뿌려놓기도 했다. 기사의 방패는 연회장에서 가장 눈에 잘 띄는 곳에 걸어놓았다. 연회장에는 성주 자신의 방패뿐만 아니라 친분이 있는 기사들의 방패도 함께 걸어놓았다". 자연스럽게 연회의 음식을 준비하는 주방은 성에서 가장 중요한 장소로 "주방장은 모두가 선망하는 자리였다. 주방장은 자신이 모시는 기사가 죽으면, 그가 남긴 재산 중에서 특별 사례금 명목으로 추가 상여금을 받기도 했다".[88]

랑베르에게도 세속 남성들의 자기과시 욕망이 간간이 눈에 띄었다. 아르눌의 아버지 보두앵도 자주_frequenter_ 그의 기사들을 초대해서 "근사한 식사_deliciosis epulis et conviviis_"를 베풀었고,[89] 랭스의 대주교도 그의 초대를 받았다. 대주교와의 식사 장면을 묘사한 랑베르의 기록은 매우 흥미롭다. "대주교를 위해서 아르드르 성의 연회장에서 개최된 식사_convescendum_에는 다양한 종류의 음식들이 넘쳐날 정도로_ad affluentiam_ 제공되었다. 키프로스와 그리스 메가라, 보르도 등지에서 온 와인이 담긴 포도주잔이 식탁에 올랐고, 와인의 도수가 높았기 때문에 주교는 생수를 섞어서 마셨다. 참석한 사람들은 성직자건 세속 귀족들이건 모두 즐거운 분위기 속에서 식사를 할 수 있었다".[90]

대범함과 관대함은 중세 기사가 갖춰야 할 미덕인 양 칭송되었다. 그러나 이러한 남성적 덕목은 자기 과시적이고, 다른 사람들에게 결속력을 보여주기 위한 남성적 제스처이다. 플랑드르의 백작이 자신을 찾아온 아르드르의 백작을 위해 "최고급의 음식과 음료_lautissimis cibis et potibus_만을 준비하도록"[91] 고집했던 것도 이러한 이유에서였다. 연회

---

88 만프레트 라이츠, 《중세 산책》, 131, 138~140쪽. 주방에서 일하는 하인들의 교육을 긴느 백작이 직접 담당했다는 랑베르의 이야기(《역사》C. 87)는 귀족들이 얼마나 음식의 질과 수준에 관심을 기울였는지 알 수 있는 대목이다.

89 《역사》 C. 84.
90 《역사》 C. 87.
91 《역사》 C. 123.

를 주관하는 자는 호화스러운 만찬에 대해 자부심을 느꼈고, 정성을 다해 성대하게 손님을 대접하는 것은 당연한 일이었다. '선물 회사'와 융숭한 식사 대접은 남성들 상호간의 이러한 기대심리의 표출이었고, 신분에 어울리지 않는 지나친 호의에 대한 사회적 경고에도 불구하고[92] 이는 계속해서 남성적 미덕으로 칭송되었다. 권력과 지위는 인정받기 위해 공개적으로 '과시될 필요'가 있었고, 그래서 연회는 단순히 먹고 마시는데 그치지 않고 이틀 삼일, 혹은 일주일 이상 지속되었다. 그래야 그날 있었던 행사가 사람들의 기억 속에 오래 남을 수 있었기 때문이다.

---

92 Ruth Weichselbaumer, *Der konstruierte Mann*, p.125.

중세의 식탁

주방과 식음료

랑베르는《역사》에서 아르드르 성의 가옥에 대해 설명하면서 부엌의 구조, 식
자재의 종류, 요리 도구, 음식 준비 과정, 식사 담당자, 음식이 거실로 옮겨지
는 과정 등을 비교적 상세히 설명했다. 중세 귀족 남성의 빼놓을 수 없는 책임
가운데 하나는 집안사람들, 친구, 외부인, 손님을 배불리 먹이고 충분한 음료
를 제공하는 '부양의 의무'였다. 따라서 곳간에 충분한 음식물을 저장하고 이
를 관리하는 집사장을 고용하는 일은 필수적이었다. 아낌없이 호의를 베푸는
자만이 사람들의 환심을 살 수 있었다. 결국, 주방과 식사용 도구들은 권력을
유지하기 위한 기제機制였던 것이다. 영주는 음식을 제공하는 대가로 남성들
의 우정과 충성을 보장받았다. 그래서 식사는 일종의 의례이자 "공적인 행위"
였다.* 그래서 가내 관리들 중에서 직책이 가장 높았던 집사장이 식사 준비를
담당했다. 식사가 가진 의미의 중요성만큼이나 식사를 준비하는 이들의 직책
도 다양했다. 식자재 '구매관', '음식 간수인', 조리를 담당하는 '숙수', 집안의
불을 관리하는 '수위', 손님을 맞는 '문지기', 소금을 담당하는 '쿠틸리에', 포도
주 관리인, 창고지기 등이 집사장을 보좌했다. 근대적 관점에서 볼 때 비위생적
인 식습관이었음에도 불구하고, 왕성한 식욕은 남성성의 상징과도 같았다. 돼
지 어깨살, 빵, 몇 갤런의 와인, 공작새 구이 등등을 한 끼 식사로 먹었다는 기록
이 이를 뒷받침한다. '왕성한 식욕'을 가진, 남자다운 남자를 끌어모으기 위해
서 영주들은 재정적 출혈을 감수하기도 했다.

귀족의 음식에서 술은 중요한 요소로, 손님 접대와 의례 때는 물론이고 일반적

---

* 조르주 뒤비,《사생활의 역사2》, 133쪽.

인 식사를 할 때도 술은 빠짐없이 제공되었다. 종교적 시각에서 술은 부정적으로 평가되었으나, 호음豪飲과 대식은 내면적 자질과 연관해 긍정적으로 묘사되었다. 랭스의 대주교와 캔터베리의 대주교 토머스 베케트와 같은 고위 성직자에게도 "산해진미와 키프로스 와인, 그리스 남부의 메가라 와인, 향료주, 프랑스 산 와인"이 끊임없이 제공되었다는 사실만[•] 보더라도 술은 단순한 취하게 하는 음료가 아니었다. 남성들 간의 연대와 결속을 다지는 매개적 역할을 했다.

그릇과 접시

오늘날과 달리 중세에는 식사용 도구가 많이 사용되지 않았다. 음식을 잘게 자르기 위한 칼 정도가 식탁 위에 놓여 있었을 뿐이고, 그나마도 개인용이 아니라 식사하는 사람 모두가 돌아가면서 사용하는 것이었다. 죽이나 수프를 먹을 경우에는 숟가락을 사용했지만, 이것도 공동으로 썼다. 포크가 없었기 때문에, 손가락을 포크 대신 사용했다. 따라서 식탁에는 식사 전후에 손을 씻을 수 있도록 물이 담겨져 있는 용기가 있었다.

중세의 식사 장면에서는 접시를 볼 수가 없다. 사람들은 그릇에서 음식물을 직접 손으로 떠먹었고, 식탁보를 더럽히지 않기 위해서 빵을 접시 대용으로 사용했다. 그래서 음식물은 작은 그릇들에 나뉘어 식탁에 놓였다. 대체로 금이나 은, 동과 같은 금속 혹은 나무나 진흙으로 만들어진 그릇을 사용했다.

벽장식

벽을 돌로 쌓고 회반죽으로 덧칠했지만, 성의 실내는 늘 썰렁했다. 조금이라도

[•] 《역사》 C. 87.

더 온기를 보존하기 위해서 벽에는 자수가 새겨진 직물이 걸려 있었다. 자수는 주로 영웅들의 활동을 다룬 서사적 내용의 것이었는데, 이는 단순히 실내 장식을 위해서가 아니라 영웅적 인물들의 위업을 기억하도록 하기 위함이었다. 때론 벽에 직접 그림을 그려넣거나, 헨트Ghent에서처럼 벽돌을 정교하게 배열해 우아한 분위기를 자아내기도 했다.[•]

벽화나 직물의 다양한 모티프는 당시 사람들에게 강한 인상을 심어주었던 것 같다. 랑베르도 아르드르 성의 예배당 벽화가 솔로몬의 거처의 장식물과 유사하다고 술회할 정도였다.[••] 다른 귀족들의 저택 역시 샤를마뉴, 십자군의 영웅 고드프루아 드 부이용, 랜슬롯과 싸우는 가웨인 등을 주제로 하는 벽걸이 융단으로 치장했다.[ː•] 11세기 후반 제작된 베이유의 벽걸이 융단은 당대의 벽장식이 전하는 이러한 메시지를 잘 보여준다. 전쟁, 왕권, 맹세와 배신, 살상, 축제 등을 모티프로 설정한 이 장식물은 보는 이로 하여금 강한 전율을 느끼게 했을 것이다. 아르눌이 성장한 거실에도 유사한 주제의 벽화들이 장식되어 있었을 것이고, 저녁 시간에는 기사들이 모여 앉아서 옛 왕들의 연대기와 십자군 원정대의 무용담을 들었을 것이다.[ːː] 이

[•] 조르주 뒤비, 《사생활의 역사 2》, 583쪽.
[••] 《역사》 C. 127: in oratorium sive capellam Salomoniaco tabernaculo in celatura et pictura assimilatam
[ː•] 이 사실에 대해서는 Lewis, *Kingship and Masculinity*, p.18 참조.
[ːː] 당대의 플랑드르 지역의 기사문학과 영웅숭배 풍조에 대해서는 《역사》 C. 81, 97 참조. 상세한 내용

러한 '남성' 문학과 예술이 만개한 세계에서 아르드르 성의 거실은 점점 더 전투적이고 남성적인 색체로 치장되어 갔다.

조명과 난방시설

일상적으로는 기름과 삼베로 만든 램프나 횃불로 어두운 실내를 밝혔으나, 특별한 모임이 있을 때는 초가 사용되기도 했다. 커다란 촛대는 부의 상징으로, 귀한 손님을 초대했을 때만 촛대와 양초를 꺼내 불을 붙였다. 영주와 영주의 식구들이 식사할 때는 이들을 위한 양초가 따로 준비되었고, 주로 사적인 공간을 책임지는 시종장은 다른 하인들의 도움을 받아 양초를 직접 만들고 비치하는 역할을 담당했다. •

헨트의 벽난로

은 VII장 – 교회와 전쟁 참조.
• 조르주 뒤비, 《사생활의 역사 2》, 133~135쪽

아르드르 성에는 불을 지필 수 있는 시설*secretum diversoium*이 구비되어 있었는데, 그 구체적인 형태를 파악하기는 쉽지 않다. 고고학적 발굴에 의해 다른 성에서도 화로가 발견되었고 일부 석조 건물에서 벽난로의 존재가 밝혀지면서, 이는 학계에서 "삶을 개선시키려는 노력이 일찍부터 있었음을 뒷받침하는 증거"로 받아들여지고 있다.[*] 난방시설과 같은 편의시설은 당시 사람들이 주어진 환경 속에서 삶의 질을 향상시키기 위한 지속적인 노력의 결과였다.

---

[*] 조르주 뒤비, 《사생활의 역사 2》, 583쪽.

결혼하기

결혼과 남성성

신부 구하기

기사 서임식이 인생 초반부 삶의 중요한 관문이라고 한다면, 결혼은 개인의 독립성을 획득하고 자신의 가족을 형성하는 중간 기착지다. 그래서 결혼을 하지 못한 총각들은 나이가 아무리 많더라도 '젊은이*juvenis*'로 불렸고, 결혼을 한 남자만이 독자적인 가계를 형성하여 '남자로서' 사회적인 대접을 받을 자격을 얻게 된다. 그래서 이 당시에 총각 기사가 독립적인 성주가 될 수 있는 가장 빠른 길은 자신을 낳아준 부친이 사망하거나 많은 재산을 물려받은 무남독녀와 결혼하는 것이었다. 물론 부친 재산의 일부를 결혼 자금으로 증여받는 방법도 있으나, 가문 재산의 분할을 우려했던 대부분의 아버지들은 이를 그다지 선호하지 않았다.

그러나 아르눌이 결혼을 할 무렵에는 신부를 구할 수 있는 기사의 수가 매우 제한적이었다. 남자들은 위험천만했던 마상경기, 십자군 원정, 전쟁, 질병 등으로 꽃다운 나이에 죽어갔기에 아내를 구하는 남성보다는 결혼 상대자를 구하는 귀족 여성들의 수가 더 많았다고 한다.[1] 더욱이 어린 나이에 많은 귀족 자제들이 성직에 입문했기 때문에 적절한 남편감을 구하는 일이 쉽지만은 않았다. 딸을 둔 아버지는 가급적 빨리 좋은 조건의 신랑을 구하려고 사방으로 수소문했지만, 아들을 둔

---

1 콘스탄스 부셔, 《귀족과 기사도》, 139쪽.

집의 경우는 사정이 달랐다. 아들이 결혼할 경우, 아버지는 이들을 부양하고 독립적인 주거지를 제공해야 했으며 이에 상응하는 권리를 양도해야 했다. 이는 곧 재산의 분할을 의미했다. 그래서 이런 경제적 부담을 덜기 위해서 아버지들은 한두 명 정도의 아들들을 성직자가 되길 권유했다. 그렇다고 속인으로 남은 아들이 모두 결혼의 기회를 갖은 것은 아니었다. 결혼의 기회를 얻지 못한 기사들은 총각으로 살아가야 했다. 이들은 스스로 신부를 찾아야 하는 쉽지 않은 과제를 해결해야만 했고, 이는 새로운 모험의 시작을 의미했다.

그러나 이러한 자신의 노력과 힘으로만 신붓감을 찾을 수 있었던 기사는 그다지 많지 않았다. 대부분의 총각 기사들은 자신들이 섬기던 영주의 딸이나 조카딸을 신부로 맞았고, 간혹 과부가 된 영주의 신하 부인과 결혼하는 경우도 있었다. 잉글랜드의 왕 헨리 2세에게 오랫동안 봉사를 했던 윌리엄 마셜도 이러한 방법으로 결혼을 한 경우다. 거의 50이 다 되었던 그는 "남편 없는 여성들이 풍부한 양성소에서 많은 수의 배우자 후보를 데려올 수" 있는 왕의 주선으로 결혼하기를 원했고, 그렇게 해서 왕궁 집사의 딸과 약혼을 할 수 있었다.[2]

정작 아르눌의 아버지는 장남 아르눌의 결혼을 서두르지 않았다. 이미 서른 후반의 나이가 되었지만, 고집불통의 아들은 한곳에 느긋하게 마음을 두는 경우가 드물었다. 적은 나이도 아니건만 그는 늘 마상 경기와 실제 전투에 빠져, 이곳저곳을 떠돌아다녔다. 그나마 나름대로 마상경기와 전장에서 탁월한 전투 능력을 보여 프랑스 북부와 플랑드르 지역에서는 상당히 이름을 날리고 있던 터였다.[3] 아버지는 젊은 아

---

2 조르주 뒤비,《위대한 기사, 윌리엄 마셜》, 257쪽.

들의 방랑벽을 탐탁하게 여기지는 않았지만 적극적으로 개입하지도 않았다. 가뜩이나 씀씀이가 컸던 아들의 결혼을 섣불리 서둘렀다가는 자신의 재산이 크게 축날 것이 뻔했기 때문이다. 그래서 장남이 세상 물정에 익숙해질 때까지 결혼을 재촉하지 않았다.

그나마 다행이었던 것은 당시에는 만혼이 유행했다는 사실이다. 총각 기사들은 재산을 상속받거나 어느 정도의 재산을 마련한 뒤에 결혼했기 때문에, 30대 심지어 40대가 될 때까지 결혼을 늦출 수밖에 없었다. 그래서 오랜 총각 생활은 이 시대에 일반적인 현상이었다. 무기 다루는 재주가 뛰어났던 젊은 기사들은 운이 좋으면 귀부인이나 딸 가진 아버지의 눈에 들어 부유한 가문에 장가를 갈 수도 있었다. 그러다 보니 굳이 결혼을 서두를 이유도 없었던 것이다.

오랜 총각 생활과 방랑은 긴느-아르드르 가문의 내력이기도 했다. 집안에 나이 드신 어른들은 종종 지그프리드라는 선대의 인물에 대해 이야기를 하곤 했는데, 그 역시 오랜 유랑생활 끝에 긴느 지방까지 흘러들게 되었다. 당시 그의 젊음과 패기는 이 지역의 통치자였던 플랑드르 백작을 흡족하게 했고, 백작의 누이도 그에게 호감을 갖게 되었다. 이후 두 젊은 남녀는 쾌락에 빠져들었고, 결국 결혼도 하지 않은 둘 사이에서 아들이 태어났다. 그러나 지그프리드는 또 다시 유랑의 길을 떠나야만 했다.[4]

이런 집안 내력 때문인지 아르눌은 기사 서임식 이후 상류 사회에서 유명세를 타고 있었던 터라 종종 스캔들에 휘말렸다. 마상경기에서

3 《역사》 C. 93.
4 《역사》 C. 11.

이름을 날리던 아르눌에게도 마침내 기회가 찾아왔다. 부유했고 유서 깊은 가문 출신의 과부를 알게 되었다. 전투와 마상경기, 동방원정으로 점철되는 거친 사회에서 과부는 차고 넘쳤다. 아르눌과 염문에 휩싸였던 이다라는 여인도 불로뉴 백작령의 상속녀로 비록 두 번이나 결혼을 했던 과부였다.[5] 염문설이 붉어진 때는 1188년경이었다. 당시 불로뉴에는 잉글랜드로 들어가는 길목에 위치한 항구가 속해 있었는데, 대륙과 잉글랜드 사이의 해협을 최단거리로 이어주는 곳이었다. 연안에는 청어가 넘쳐났고 영내에는 최상의 군마들이 자라고 있었다.[6] 이 결혼이 성사되면 아르눌은 조세 수입도 보잘것없는 초라한 아르드르 성을 벗어나 불로뉴 성을 차지할 수 있을 것만 같았다.[7] 실제로 랑베르도 아르눌 결혼의 주된 관심사가 "불로뉴의 영지와 백작의 지위 terram tamen et Boloniensis comitatus dignitatem"[8]였음을 숨기지 않았다. 더욱이 그녀가 이름을 물려받은 이다 성녀가 그녀의 3대조였고, 십자군 원정의 영웅이었던 전설적인 기사 고드프루와 드 부이옹이 바로 그녀의 증숙부였다. 또한 세도가 막강했던 플랑드르 백작 필리프의 조카딸이기도 했으니, 막대한 재산과 권력을 소유한 그녀와 결혼한다면 신분의 수직 상승과 더불어 엄청난 부를 거머쥘 수 있는 절호의 기회였다.[9] 비록 그

---

5 《역사》 C. 93-95.
6 조르주 뒤비,《부빈의 일요일》, 최생열 옮김 (서울: 동문선, 2002), 46쪽.
7 《역사》 C. 93; Erin L. Jordan, "The "Abduction" of Ida of Boulogne", *French Historical Studies* 30(2007), pp.1-20; William M. Reddy, *The Making of Romantic Love: Longing and Sexuality in Europe, South Asia, and Japan, 900-1200 CE* (Chicago; London: The University of Chicago Press, 2012), pp.208-213.
8 《역사》 C. 93.
9 당시의 장남들은 "자신보다 우월하거나 대등한 집안의 여성을 찾았다. 그들은 자기네보다 신분이 낮은 집안과 결연을 맺느니 차라리 기다리는 쪽을 택했다"(필리프 아리에스·조르주 뒤비,《사생활의 역사 2》, 성백용 외 옮김 (서울: 새물결, 2006), 194쪽). 이러한 이유로 아르눌이 이다에게 적극적인

녀가 두 번이나 결혼했지만, 매번 남편이 사망하여 번번이 과부가 된 경우였다. 아르눌보다 나이도 많았고 궁정 화류계에서는 음탕하기 짝이 없다느니 누구와 염문이 있다느니 하는 소문이 적잖이 흘러나왔지만, 그녀는 부유한 불로뉴 지역의 어엿한 여주인이자 통치자였다. 무엇 하나 부족할 것 없었던 그녀가 원했던 것은 용맹한 남자였다. 아르눌은 가뜩이나 아버지가 보내주던 돈도 거의 다 떨어져갔고, 아버지에게 또 손을 벌리기에도 멋쩍은 상황이었다. 게다가 예루살렘 원정[10]을 위해서 거두어들인 세금에까지 손을 댔으니, 이제 인생의 돌파구를 마련해야 할 절박한 시점에 다다라 있었다. 그래서 그는 자신에게 모든 것을 가져다 줄 수 있던 이다를 부인으로 맞이하기 위해서 어떤 연극과 모험이라도 기꺼이 할 작정이었다. 그녀가 소유하고 있던 불로뉴만 차지할 수 있다면, 화류계에서 소문이 자자했던 여인과의 결혼도 마다할 이유가 없었다.

여자 쪽에서도 관심이 전혀 없었던 것은 아니다. 사실 수많은 마상 경기를 통해서 그의 명성이 자자했다. 그리고 그의 주위를 맴돌던 기사들의 입을 통해서 그의 씀씀이와 남자다움이 그녀의 귀에까지 들어온 터이라, 그녀는 그가 머물고 있던 곳을 직접 찾아가 그의 외모를 염탐하기로 했다. 예상했던 대로 호탕한 성격과 늠름한 그의 모습은 그녀의 마음을 사로잡았다. 그래서 이다는 아르눌에게 전갈을 보내 그의 의중을 떠보기도 하고, 긴느 가문의 사람들과 접촉을 하면서 결혼은 성사 직전까지 이르게 되었다.[11]

구애를 했던 것은 충분한 이유가 있었다.

10 제3차 십자군 원정에 맞춰 부친은 그가 원정에 참가할 수 있도록 세금을 거둬주었으나, 정작 아르눌은 이 돈을 자신의 마상경기 참가비와 치장비로 홍청망청 낭비하고 말았다.

아르눌과 이다의 연애 스캔들은 당시에 귀족들의 궁정에서 막 유행하기 시작했던 연예 이야기에 근거한 것으로, 남녀가 호감을 갖고 있다가 사랑에 빠져 결혼한다는 이러한 '현대적인' 결혼 이야기가 12세기 귀족사회에서 유행하기 시작했다.[12] 어쨌든 아들의 연애 소식을 접한 아버지 보두앵도 오랜만에 들려온 낭보에 기쁜 마음을 주체할 수 없었다. 그러나 현실은 그리 호락호락하지 않았다. 아르눌보다 훨씬 더 부유했고, 카페 왕조에 충성을 바치면서 대대로 왕가의 집사직을 역임했던 가문 출신의 르노 드 다마르탱이 이다를 낚아채갔다. 르노는 프랑스의 왕 필리프 2세와는 어린 시절부터 함께 자란 친구였고, 왕으로부터 직접 기사로 서임되어 왕가의 집사로 활약하던 인물이었다. 비록 성격이 변덕스럽고 이해관계에 따라 정치적 노선을 바꾸어왔던 그였지만,[13] 가난했던 긴느 백작의 아들과는 비교할 수 없을 정도로 여러 모로 좋은 조건의 신랑임에는 틀림없었다.

부유한 상속녀와의 결혼을 성사시키기 위해 그는 조강지처와의 이혼을 서두를 정도로, 이 결혼에 목숨을 걸고 달려들었다. 용맹하고 혈기 넘치는 아르눌과 정치적 의도가 농후했던 르노 사이에서 줄타기를 하던 이다는 결국 르노에게 마음이 끌리는 듯했다. 그러자 그녀의 숙부인 플랑드르 백작 필리프가 이의를 제기하고 나섰다. 프랑스 왕과 껄끄러운 관계에 있던 그가 자신의 후견권 하에 있던 조카딸을 르노에게 순순히 주려고 하지 않았다. 게임은 다시 원점에서 시작되었다.

"아르눌 드 긴느가 보여준 눈부신 사랑에 감명 받았노라!"는 연락

---

11 《역사》C. 93.
12 콘스탄스 부셔, 《귀족과 기사도》, 133~134쪽.
13 조르주 뒤비, 《부빈의 일요일》, 45쪽.

을 주고받았던 이들은 두 영지의 경계를 이루는 곳에 있던 '침실과 비밀의 공간들' 등 여기저기에서 만났다는 연애 이야기가 다시 회자되었다. 마침 둘 사이의 소식을 전하는 심부름을 하던 하녀가 아르드르에 갔다가 급사하는 일이 발생했다. 이를 핑계로 백작부인은 공개적으로 아르드르에 가서 애인을 만날 수 있는 구실을 만들어냈다. 죽은 하녀의 장례식을 치른 뒤, 아르눌에게 손님을 위한 만찬을 준비하도록 했다. 이 자리에서 많은 이야기를 나눈 백작부인은 "금세 돌아오겠다는 약속"을 하고는 다시 돌아갔다. 결혼은 사회적 지위를 향상시키는 좋은 기회였기에 높은 신분의 부유한 여성들을 뭇 남성들이 가만히 놓아둘 리 만무했다. 당연히 경쟁은 치열했다. 다급해진 르노가 이다를 납치해서 로렌까지 데려가서 그녀를 차지하고 말았다. 사실 12세기의 연애 이야기는 이러한 여자 납치와 같은 당시의 성윤리를 교화하기 위한 목적으로 시작되었으나, 남성들의 거칠고 목적지향적인 행동을 규제하기에는 역부족이었다.

혼인이 거의 성사되기 직전에 르노가 자신의 연인을 낚아챘다는 소식이 곧 세간에 알려졌다. 면전에서 약혼자를 빼앗긴 아르눌이 가만히 앉아 있을 리 만무했다. 그의 곁에는 몇 해 동안 동고동락한 충직한 추종자들이 있었다. 오랜 친구이자 동료인 외스타슈와 위그, 그리고 다양한 무기를 다루던 재주가 있던 모울 출신의 보두앵과 에구에랑Eguer-rand de Brunembert, 재정을 담당하던 토머스 바흐Thomas Bach, 용병으로 고용된 드록올린Drogolin과 잉글랜드 출신의 윌모트Willemot가 바로 그들이다. 하지만 자신의 심복들을 이끌고 로렌으로 따지러 갔던 아르눌은 오히려 그곳에서 르노에게 사로잡혀 구금되는 수모를 겪어야 했다. 다행히도 부친과 교분이 있던 랭스 대주교의 주선으로 어렵사리 석방

될 수 있었다. 이 사건으로 아르눌과 르노는 서로 씻을 수 없는 원한을 갖게 된다.[14]

이후 낙심해 있던 아르눌은 좋은 혈통의 가문이었던 생폴Saint-Pol 백작의 딸과 약혼을 했다. 그러나 그녀에게는 오빠와 남동생이 있었기에 아르눌이 백작령을 상속받을 가능성은 매우 낮았다. 이때 더 좋은 조건을 갖춘 부르부르의 베아트리스가 등장하면서 아르눌은 생폴 가문과 맺은 약혼을 주저 없이 서둘러 파기했다. 1194년 긴느 백작령과 인접한 부르부르의 성주가 숨을 거두었다. 이 두 가문은 오랫동안 영토 문제로 다투고 있던 터라,[15] 성주의 죽음은 절호의 기회가 되었다. 성주에게는 다섯 명의 형제가 있었는데, 이들 모두 성인이 되기도 전에 후사를 보지 못하고 죽었다. 그래서 유일하게 남은 딸 베아트리스만이 홀로 성을 지키고 있었다.

당시 프랑스 북부와 플랑드르 지역 등에서는 장자상속제가 정착되어가고 있었지만, 아들이 없을 경우 봉건법적으로 방계 친인척보다는 장녀가 우선적으로 상속권을 가지게 되었다. 가문 재산의 분할을 방지하고 재산의 영속성을 보장하기 위한 이 같은 봉건 관습은 결과적으로 일부 귀족 여성들에게 이전 시기보다 더 많은 권위와 권력을 부여하는 계기가 된다.[16] 재산 상속권이라는 법적 토대를 배경으로 여성의 적

---

14 《역사》C. 94-96. 1214년 부빈 전투에서 아르눌은 프랑스의 왕을 지원했고, 르노는 다른 편에 서게 되면서 이들의 원한 관계는 이후에도 지속되었다. 부빈 전투에서 두 사람 사이의 관계에 대해서는 뒤비의 《부빈의 일요일》 26쪽과 38쪽 참조.

15 아르눌의 친할아버지(아르눌 드 헨트)는 긴느 백작령의 상속 문제로 부르부르 성주였던 앙리와 치열한 싸움을 벌였다. 이와 관련해서는 《역사》C. 59 참조.

16 Erin L. Jordan, "The "Abduction" of Ida of Boulogne", pp.1-20, 여기서는 p.9; 여성 상속권에 대해서는 F. L. Ganshof, *Was ist das Lehnswesen?* (Darmstadt: Wissenschaftliche Gesellschaft, 1983),pp.155-156; 플랑드르 지역 여성의 봉토상속권에 대해서는 Karen S. Nicholas, Karen S. Nicholas, "Countesses as Rulers in Flanders", (ed.) Theodore

극적인 정치 활동과 권력 강화가 가능했던 것은 당대의 사회적 상황과 밀접한 관련이 있었다. 프랑스 북부와 플랑드르 지역에서 십자군 원정 대에 대규모의 기사단이 가담하면서, '남성' 권력의 공백현상이 나타났고 이를 여인들이 대신 메우면서 일시적이나마 '여인천하'의 시대가 도래했기 때문이다. 그래서 플랑드르의 백작 티에리가 예루살렘 원정에 참가하는 사이에 아르드르의 새로운 주인이 되었던 아르눌 경은 플랑드르 백작부인 시빌에게 신종 서약을 해야만 했고,[17] 베아트리스와 동시대를 살았던 플랑드르의 마틸다 백작부인은 미망인의 신분으로 자신의 과부산이었던 부르부르 영지에 세금 징수를 위해 군대를 파견하는 '남성적 권력'을 행사하기도 했다.[18]

아르눌과 베아트리스의 결혼은 '수직적 신분 상승' 효과를 노린 대표적 정략결혼의 사례로, 당시의 장남들은 "자신들보다 우월하거나 대등한 집안의 여성을 찾았다. 그러니 아르눌이 상당한 재산과 권력의 적법한 상속녀*unicam et justissimam heredem*였던 베아트리스에게 적극적인 구애를 하면서 상당한 과부산을 약속한 것은 나름 충분한 이유가 있었다. 긴느 가문의 입장에서 막대한 재산과 권력의 증식을 가져다줄 수 있었던 베아트리스와의 결혼은 가문의 중대사였고, 그래서 아르눌의 부친 보두앵은 혼사를 서둘렀다. 마침내 베아트리스의 후견인 역할을 맡고 있던 외삼촌들의 환심을 사기 위해서 그녀에게 과부산으로 아

Evergates, *Aristocratic Women in Medieval France* (Philadelphia: University of Pennsylvania Press, c1999), pp.111-137, 여기서는 p.113; 아르드르에서도 상황은 유사하여, 아들린의 경우에서도 두 명의 오빠가 먼저 사망하자 가문의 법적 상속인이 되었다(《역사》 C. 66: *hereditaria successione heredem*).

17 《역사》 C. 144: *Arnoldus...ad Flandrie comitissam Sibilam...properavit. Comes enim Flandrie Theodericus Ierosolimam peregere profectus nondum rediit.*

18 《역사》 C. 153.

르드르와 콜도바가 약속되었다.[19] 아르눌과 베아트리스의 결혼은 중세의 전형적인 정략결혼의 사례로, 궁정 작가들이 노래했던 혼인 당사자의 결합의지affectatio maritalis는 그다지 중요해보이지 않았다. 양가의 성혼에 대한 동의는 신부 측에서 베아트리스가 아니라 그녀의 외숙들이 했다는 사실[20]은 결혼이 양측의 계산속에 맺어졌음을 여실히 보여준다. 중세에서 결혼은 정치·경제적 동맹을 목적으로 했으며,[21] 정략결혼은 한 정치 공동체의 운명을 좌우할 정도로 중요한 의미를 지닌다. "결혼은 값비싼 투자였지만 '나중에' 그만큼의 보상을 가져다준다"[22]는 관념이 이를 잘 대변한다.

신부 베아트리스

베이트리체가 비록 막대한 재산과 권력의 적법한 상속녀unicam et justissimam heredem였지만, 오랜 총각 생활을 즐기던 아르눌의 나이는 이미 30대 후반이었던 반면, 이제 막 결혼한 신부는 아직 앳된 티를 벗어나지 못한 10대 소녀였다.[23] 랑베르는 긴느-아르드르의 신임 백작부인

---

19 《역사》C. 149. 물론 남편이 살아 있는 동안에는 부인이 과부산에 대해서 직접적인 권리를 행사할 수 없었으나, 과부산으로 주어지기로 한 땅이나 성을 팔거나 양도할 경우 부인의 동의가 필요했을 정도로 과부산은 여성의 권력 행사에 힘이 되는 경제적 기반이었다. 특히, 남편이 먼저 죽고 재혼을 거부하고 계속해서 독신으로 살 경우, 과부산은 부인의 차지가 된다. 중세의 과부산에 대해서는 홍성표, 《서양 중세사회와 여성》(서울: 느티나무, 1999), 63~95쪽 참조.

20 《역사》C. 149: legitimam uxorem legitimo sibi adiunxit et copulavit martimonium.

21 이에 대해서 구체적으로 조르주 뒤비, 《중세의 결혼: 기사, 여성, 성직자(Le chevalier, la femme et le prêtre)》, 최애리 옮김 (서울: 새물결, 2001) 참조.

22 엠마뉘엘 르루아 라뒤리, 《몽타이유: 중세말 남프랑스 어느 마을 사람들의 삶》, 유희수 옮김 (서울: 도서출판 길, 2006), 306쪽.

23 《역사》C. 149. 신랑과 신부의 이러한 나이 차는 중세의 귀족 사회에서 매우 흔한 사례였다. 이에 대해서는 David Herlihy, Medieval Households, (Cambridge, Mass.: Harvard University

베아트리스의 지혜와 미모를 칭송해 마지않았다. 그러나 결혼으로 인해서 발생하는 이점은 무엇보다도 가문의 재산 증식이었다. 성직자였던 랑베르도 결혼을 통해서 증가한 재산 목록을 빠짐없이 기록할 만큼 신부의 상속재산이나 결혼 지참금으로 가문의 재산이 늘어난다는 사실을 무시할 수 없었다.[24] 여성은 이처럼 "단순한 재산증식의 수단"이기도 하지만 동시에 가문의 정치적 연결망을 촘촘하게 연결시켜주는 매개자이기도 했다. 이러한 이유로 시집을 온 며느리는 시댁 식구들이 무시할 수 없는 존재로, 그에 상응하는 권위가 부여되었다. 그래서 랑베르의 《역사》는 베아트리스 친정 식구들의 정치적 계보를 상세하게 기록한다.[25]

중세에서 결혼이 갖는 이 같은 정치·사회적 함의를 고려한다면,[26] 정략결혼Marriage Policy은 한 정치 공동체의 운명을 좌우할 정도로 중요한 의미를 지닌다. 긴느의 백작 마나세스와 엠마 백작부인에게는 외동딸이 있었는데, 그녀마저도 딸 하나만을 남기고 죽는다. 결국 긴느 가문의 운명은 이들의 외손녀인 베아트리스의 혼사에 달렸다. 이 순간 가문의 미래를 결정한 것은 바로 할머니였던 엠마였다. 왜냐하면 그녀의 '조언에 따라' 베아트리스의 남편으로 잉글랜드 왕실에 봉사하고 있던 알버트라는 기사가 간택되었기 때문이다.[27] 이렇게 해서 긴느 백작령은 대외적으로 바다 건너 잉글랜드에까지 이름을 알리고 교류를

Press, 1985) pp.103-111.

24 《역사》 C. 73: *apud Niventoniam in propria mansione, que cum pertinentiis eius ex parte Ghisnensis quondam comitisse Emine.*

25 《역사》 C. 122.

26 이에 대해서 좀 더 구체적으로는 조르주 뒤비, 《중세의 결혼: 기사, 여성, 성직자》 참조.

27 《역사》 C. 43: *uxoris sue Emme consilio.*

할 수 있는 기회를 맞을 수 있었다. 남편의 검이 아니라 백작부인이 가지고 있던 인적 네트워크를 통해서 말이다.

딸의 결혼에 대해서 아버지가 절대적인 발언권과 결정권을 가지고 있었다는 일반적인 설명에 대해서 이의를 제기할 사람이 별로 없을 것이다. 그러나 딸의 후견인이었던 아버지도 형식적이나마 당사자의 동의consensus가 필요했고, 딸의 혼사에는 '남편뿐 아니라 그의 부인도' 함께 관여했다.[28] 딸의 결혼에 대한 어머니들의 적극적인 개입은 시집온 어머니들 대부분이 타 지역 출신으로, 그 지역 출신의 남편보다 대외적으로 폭넓은 관계를 형성하고 있었다는 사실에서도 쉽게 설명될 수 있다. 더욱이 여성의 친정 가문이 일반적으로 시댁보다 좋았던 관계로 어머니를 통한 중매에서 더 좋은 조건의 사위를 맞을 수 있었을 것이다. 딸의 정략결혼에 있어서 어머니들의 적극적인 개입과 책략가로서의 역할은 긴느 백작령뿐만 아니라 다른 지역에서도 목격된다.

결혼이라는 것이 애초부터 가문과 가문간의 결속과 평화를 위한 것이고, 가족을 대표해서 남자들만이 관여했던 일이기에 나이 차는 별로 대단한 것이 아니었다. 아르눌과 베아트리스 사이에서 자식이 여럿 태어났지만, 부부관계는 그다지 행복하지 않았던 것으로 보인다. 특히 어린 시절부터 수녀원에서 생활했던 베아트리스는 나름대로 자립심을 갖고 규칙적인 생활을 해왔으나, 남편은 늘 태평하고 게으른 사람이었다. 수녀원에서 글을 배우고 교양을 쌓을 기회를 갖았던 그녀는 은연중에 정치적 야망을 꿈꾸게 된다. 그녀에 가슴 한구석에는 수많은

---

28 《역사》 C. 67: Ardensis dominus et eius uxor...filiam suam ad consensum eius postulandum convocaverunt.

인재를 배출한 명문가의 유일한 계승자라는 자부심이 늘 도사리고 있었다. 이는 결국 그녀가 독자적으로 정치적 행보를 걷도록 하는 계기가 되었던 것으로 보인다.

결혼식 장면

하지만 우리 모두 잘 알고 있듯이, 세상 어느 일이 자기 마음먹은 대로 이루어지던가? 베아트리스와 혼담이 오가는 도중에 아르눌은 교회로부터 파문되고 만다. 세상 물정을 알 나이도 되었건만, 그의 불같은 성격은 여전했다. 사소한 문제로 어느 과부 소유의 물레방아를 파괴한 사건이 커지면서 그는 교회 공동체로부터 축출되는, 이른바 '파문'이라는 벌을 받게 된다. 당시에는 과부와 같은 연약한 사람들을 공격하는 것이 철저히 금지되었던 시기다. 교회에 들어오는 것조차도 금지되었기 때문에, 파문의 형벌이 속죄되지 않는 한 그가 결혼식을 올리기는 불가능해졌다. 신의 평화 운동이 전개되면서 과부나 고아, 성직자와 같이 무방비 상태에 있던 사람들을 공격하는 것은 신의 분노를 사기에 충분한 사건이었다. 이러한 파렴치한 행동에 대해서 당시 사회와 교회가 거세게 반발하고 있었던 중 일어난 사건이라, 아버지 보두앵마저도 어쩔 수 없는 상황에 처하게 되었다. 힘들게 성사된 절호의 기회가 물거품으로 사라질 것만 같았다. 결국 보두앵은 그의 아들이 자신의 어리석은 행동을 신 앞에 진심으로 회개하고 재산상의 피해를 입은 과부에게 충분한 보상을 약속한다는 내용의 서한을 랭스 대주교 앞으로 보냈다. 그리고 랭스 대주교와 테루안Thérouanne 주교의 중재로 아르눌에게 내려진 파문이 풀리게 되었다.

그러나 뒤늦게 아르눌에 대한 사면 소식을 들은 랑베르는 서둘러 결혼식이 진행되는 곳으로 달려갔으나, 이미 때는 늦은 뒤였다. 랑베르는 그때의 다급한 심정을 이렇게 적었다.

"한 부유한 사람의 집 앞 노천에서 양가 식구들의 축복 속에서 거행된 결혼식은 벌써 끝나고 말았다. 정신없이 달려오는 나의 모습을 본 보두앵은 자리에서 벌떡 일어나 참고 있던 역정을 토해내기 시작했다. 허연 거품을 물고 온갖 욕지거리를 하더니 급기야는 그의 눈빛이 살기를 띠자, 나는 달리던 말에서 뛰어내려 끽소리 한번 내지 못하고 그의 발 앞에 머리를 조아렸다. 결혼식을 끝내고 피로연장으로 향하던 사람들의 표정에 어두운 빛이 내리면서 순간 정적이 흘렀다. 이때 몇몇 기사들이 나를 부추겨 세우고 말에 태워서 집으로 돌려보냈으니 망정이지, 그렇지 않았으면 나의 운명이 어떻게 될지 몰랐을 일촉즉발의 상황이었다. 지금 생각해도 등골이 서늘해지는 순간이었다. 이후 나를 바라보는 보두앵의 눈빛은 차갑기만 했다."[29]

당사자 간 합의하에 성립된 결혼식 당일 날, 우여곡절 끝에 교회 종소리가 울려퍼질 수 있었다. 보두앵 자신이 신방에서 신랑, 신부에게 축복을 내려주었고, 결혼 피로연은 삼 일간 지속되었다. 기사 서임식과 마상경기 못지않은 성대한 축제가 열렸고, 오랜만에 먹고 마시면서 즐길 수 있는 기회가 다시 왔다. 첫날밤 신랑과 신부는 일찌감치 잠자

---

[29] 《역사》 149. 이 사건을 계기로 그의 잘못을 보상하기 위해서 《역사》를 쓰기로 작정하고, 글의 내용이 주인의 마음에 들도록 노력했다.

리에 들었다. 랑베르는 다른 사제들과 함께 신혼부부가 누운 침대 주위를 돌며 축사를 했다. 그리고 침대에 성수를 뿌리고 향로를 흔들어 성스러운 연기가 방안 가득히 퍼지도록 했다. 이는 정욕에 사로잡힌 두 남녀가 벌이는 성적 유희로 인해서 생겨날 수 있는 악을 미연에 방지하기 위해서 교회가 정해 놓은 규칙에 따른 것이었다.

이제 보두앵이 나설 차례가 되었다. 그는 마치 자신이 사제라도 되는 것처럼 두 팔을 위로 치켜들고 도마행전의 한 구절을 읊기 시작했다. "오, 주여! 이제 제 아들과 며늘아기가 서로의 동의하에 성스러운 결혼을 했습니다. 이제 이들은 부부의 인연을 맺는데 필요한 법과 예식의 절차를 거쳐 결합했으니, 이들이 화목하게 가정을 일굴 수 있도록 보살펴주실 것을 간절히 기원하나이다. 그들의 씨가 날이 가고 해가 갈수록 퍼져나가 가문의 명예와 부가 존속하도록 이들을 축복해주시옵소서. 아멘!" 이는 결혼식 당일에 일반적으로 낭송되는 구절이었으나, 은혜로운 주님께서는 보두앵의 간절한 기도를 들어주셨다. 아르눌과 베아트리스는 상당한 나이 차에도 불구하고 모두 10명의 자식을 보게 된다.

결혼과 남성성

부부는 '가족'의 핵심이었다. 성인이 된 형제와 사촌들이 함께 거주했던 가족 공동체에서 가문의 전통은 장남과 며느리에게 대물림되었다. 물론 결혼은 정치적 필요에 의해서 진행되었고, 그 중심에 남성이 있었다. 아버지는 자기 딸을 사위에게 주고, 사위는 그녀를 아내로 취했다. 그래서 결혼은 남성들이 여성을 주고받는 행위로 이해되었다. 여성들은 "대가를 요구하는 선물" 가운데 하나였다.[30] 결혼은 남성의 가문에게 위신과 명성을 가져왔으며, '행운'을 잡은 기사는 사회적 신분 상승의 기회를 거머쥐었다. 따라서 중세의 결혼은 "대단한 주의를 요구했으며"[31], "숙고에 숙고를 거듭한 끝에 맺어졌다." 이러한 정략결혼은 다채로운 결말을 보여준다.

남편이 장인이나 처남과 같은 친정 식구들과 대적한다면, 부인들의 운명은 어떻게 될 것인가? 남편의 편을 드는 경우가 대부분이었지만, 친정 식구들의 '첩자나 공모자'의 역할을 하는 아내의 수도 적지 않았다. 때로는 원한을 품은 아내가 배우자에게 "무기를 들도록" 안간힘을 쓰기도 했다.[32] 봉건적 전쟁이란 이처럼 사적인 복수심의 양상을 띠곤 했고, 아르눌과 베아트리스의 관계가 이를 잘 보여준다.

많은 경우 귀족 남성들은 "끊임없이" 아내를 갈아치웠다. 그러나 일부 남자들에게 있어서 결혼 생활은 "끊임없는 경계를 요구하는 거친 싸움"과도 같았다. 그래서 결혼한 남자는 부인을 불신하기도 했고, 때로는 "배신당하는 것을 두려워"했다. 여성에 대한 남성의 종속은 11세기의 교회 법학자 부르크하르트가 경계했던 남성성virtus을 빼앗기는 행위였다. 부르크하르트에 의하면, 여자들은 주술적인 행위를 통해서 남자의 '정신mens'을 홀릴 수도 있었다. 그래서 남편은 부인에게 정부情夫나 공모자가 있지 않나 잘 감시해야만 했다. '과격한' 성격의 여장부들은 특히 경계 대상이었다.

11세기의 연대기 작가들은 얼마나 많은 제후들이 아내에게 독살 당

---

30 조르주 뒤비,《사생활의 역사 2》, 194쪽.
31 조르주 뒤비,《중세의 결혼》, 62쪽.
32 조르주 뒤비,《사생활의 역사 2》, 195쪽.

했는지 기억하고 있다. 그래서 부인의 간통이나 살해 위협에 대한 두려움이 컸다. 11세기의 한 기사는 "매일 저녁 침대에서 만나는 이브 …(중략)… 당장 오늘밤에라도 자신이 자는 동안 베개로 그를 질식시킬지 모르는 아내에 대한 의구심에 떨었던 것"이다. 특히 서기 1000년을 전후로 해서 부계父系, agnatio의 중요성이 강조되면서 부부 재산에 대한 남편의 권한은 강화되었다. 상대적으로 결혼 지참금과 남편이 부인에게 주는 혼인 증여재산 등의 재산을 보존하려는 부인의 열정은 더욱 커져갔다. 그만큼 "남편의 은밀한 두려움이 더 심화되었다. 그것은 간통이나 살인에 의한 음험한 보복에 대한 두려움"이었다.

이처럼 아르눌 시대의 결혼은 정치 동맹의 매개체이자 지배 집단의 권력 통합을 위한 도구였다. 동시에 가문 상호 간의 우의와 연대를 강화하는 계기가 되지만 불화와 대립의 근원이기도 했다. '좋은 결혼은 개인이 아니라 가족의 문제다.'라는 말을 떠올리면 될 것이다. 따라서 정혼을 하면서 남녀가 새로운 가정을 꾸미는 것보다 양가의 재산 분배가 더 중요했으며, 신부는 "완전한 한몫의 동업자"로서 남자의 집안에 들어간다. 물론 표면상으로는 정혼 직전에 작성되는 스폰살리키움, 즉 결혼 문서에 재산 분배에 관한 내용이 명시되지만 11세기 중반부터 남편이 부부 재산을 실질적으로 소유하게 되면서 아내의 권리는 큰 의미가 없게 되었다.

베아트리스의 입장에서는 아르눌과의 결혼이 본인의 의사와 상관없는 전형적인 정략결혼이었다. 대부분의 문헌들이 '문화적 전권'을 지고 있던 성직자들에 의해서 작성되었기 때문에, 결혼이 중세의 남성에게 갖는 의미를 총체적으로 파악하기는 쉽지 않을 것이다. 하지만 결혼에 대한 사제들의 윤리와 전사들의 윤리는 차이가 있었다. 가문의 재산을 합법적으로 아들에게 물려주는 '가계 윤리'는 중세의 귀족 전사들에게 있어서 결혼이 갖는 중요한 의미일 것이다. 아르눌에게 있어서도 결혼은 가문의 지속을 보장하는 수단이었다. 아들을 생산해 내는 결혼만이 가문의 영속을 지켜주었다. 그랬기 때문에 상속할 재산이 없는 농부는 짝을 구하기는 했지만 결혼은 하지 않았다.[33]

아르눌은 결혼을 통해 재산과 명성을 얻었으나, 동시에 인위적으로 맺어진 부부 간에 존재하는 긴장과 갈등을 경험했다. 그와 그의 부인을 어릴 적부터 가르치고 양육했던 양가 친척과 보호자들은 친족권을 내세워 자연스럽게 부부의 결혼 생활에 끼어들었고, 이렇게 해서 부부 관계는 가족들 내부의 권력 게임에 휘말려들었다. 가문 사이의 경쟁과 복수는 《아서 왕의 죽음》에서처럼 개인의 삶을 파멸에 이르게 하는 화근거리이기도 했다.

친정의 정치적 계보[34]

베아트리스는 분명 같은 세기에 살았던 아키텐의 알리에노르, 그녀의 딸이자 샹파뉴의 백작부인이었던 마리, 혹은 플랑드르의 백작부인들처럼 화려한 삶을 영위하지는 못했다.[35] 플랑드르 남부에 위치한 부르부르는 아르트와와 인접한 지역으로, 규모는 그다지 크지 않았다. 그러나 강력한 생토메르 백작령에서 독립을 획득한 뒤로는 성주가 이 지

---

33 조르주 뒤비, 《중세의 결혼》, 26쪽, 31쪽, 35~74쪽, 89쪽, 93쪽, 116~134쪽.
34 베아트리스의 가문에 대한 랑베르의 기록은 《역사》 C. 122 참조.
35 Leah Shopkow, "The Narrative Construction of the Famous (or Infamous) and Fearsome Virago, Beatrice of Bourbourg", *Historical Reflections* 30 (2004), pp.55-71.

역을 직접 통치되었고, 기록상 그 첫 번째 성주가 베아트리스의 증조부였다. 그녀는 오빠였던 앙리 2세가 1194년에 사망하자, 10대의 어린 나이에 여성 성주로서 이 지역의 통치자가 되었다. 또한 그녀는 플랑드르 북동부의 알로스트Aalost의 상속녀였는데, 이 지역은 그녀의 할머니 쪽 가계를 통해서 그녀에게 상속되었다. 그녀 아버지의 숙모는 부르부르에 수녀원을 세우고, 그곳의 수녀원장으로 살았다. 베아트리스가 어린 시절에 교육을 받았던 곳도 바로 이 가문 수녀원에서였다.[36]

이처럼 베아트리스와의 결혼은 상당한 상속 재산과 함께 정치적 배경을 얻을 수 있어 전략적으로 매우 중요한 결정이었다. 양가의 전략적 결합은 긴느 가문의 오랜 문젯거리였던 불로뉴 지역을 삼면에서 둘러쌀 수 있는 절호의 기회였다. 동시에 불로뉴의 새로운 주인이 된 르노를 보기 좋게 한 방 먹이는 격이었다. 더욱이 여러 지역에서 활동하고 있던 베아트리스의 친인척들이 이제 아르눌의 정치적 동료가 되었다. 그러나 이러한 정치 구도는 부부의 관계가 좋을 경우에만 유효했다. 부부 관계가 좋지 않을 경우, 부인에게 친정의 친인척들은 그녀의 정치적 후원자이자 남편의 견제 세력이었다. 혈족은 그녀의 정치력을 뒷받침해줄 수 있는 가장 믿을 만한 존재였다. 남자들은 우정amicitia을 나눈 정치적 동반자가 있었지만, 이러한 연대를 형성할 수 없었던 여성들에게는 혈족만이 유일한 보호자였다.

베아트리스의 어머니 쪽은 베튄Béthune 지역의 영주로, 아라스Arras

---

36 《역사》 C. 122 : Soror autem eius Beatrix apud Broburgum in claustro santimonialium non tam nutrienda quam moribus erudienda et liberalibus studiis imbuenda tradita est. 12세기 귀족 사회에서 여성들의 교육과 지적 수준은 남성을 능가했던 것으로 보인다. 이에 대해서는 조르주 뒤비, 《12세기의 여인들 1》, 12쪽 참조.

의 생 바스St-Vaast의 세속 통치자이기도 했다. 그녀의 증조모 아델리사 Adelisa는 생폴 백작 가문의 사람이었다. 따라서 대귀족 가문 출신은 아니었지만, 베아트리스는 대대로 플랑드르 백작에게 충성하면서 이 지역에서 무시 못 할 세력을 형성했던 가문의 여인이었다.[37] 이러한 혈족의 든든한 정치적 후광으로 그녀는 남성들의 정치 세계에 성공적으로 발을 들여놓았다. 그래서 랑베르는 그녀를 '여장부virago', '막강한 여주인prepotens matrona'으로 기억했다.[38] 베아트리스의 동시대 인물로 앙드르의 수도사였던 기욤도 사람들이 그녀의 명령과 지시에 불복하는 경우가 없었으며, 심지어 그녀를 남편 아르눌보다 더 '두려워했다 famosa'고 기록한다.[39]

랑베르가 베아트리스에 대해서 붙였던 '남성적인 대담함'은 당대의 다른 여인들에게서도 발견된다. 이들은 "아들에게 물려줄 유산을 빼앗으려는 친척들에 맞서 싸웠고 마침내 지켜냈다." 또한 이들은 "마치 성경에 나오는 강한 여인들처럼, '남자답게' 환란을 겪어냈다. 그리고 나이가 들어 남편을 잃은 후로는, 한층 더 남자답게 되었다."[40] 비록 중세의 '남성' 작가들이 이러한 여성들에 대해 좋지 않게 평가했지만, 이는 역으로 정치적 의사 결정 과정에 적극적으로 개입한 여성들의 수와 그 영향력이 상당했음을 반증한다.[41]

---

37 Ernest Warlop, *The Flemish Nobility before 1300 1/1* (Courtrai: Desmet-Huysman, 1975), p.45, p.112.
38 《역사》 C. 150.
39 William of Ardres, *Chronicon Ardrensis monasterii*, p.833.
40 조르주 뒤비, 《중세의 결혼》, 288쪽.
41 Kristi DiClemente, "The Women of Flanders and Their Husbands: The Role of Women in the Liber Floridus", *Essays in Medieval Studies* 23 (2006) pp.79-86; Thérèse de Hemptinne, "Women as Mediators between the Powers of Comitatus and Sacerdotium: Two Countesses of Flanders in the Eleventh and Twelfth Centuries", *The Propagation*

베아트리스의 친정은 대대로 플랑드르 백작의 충실한 신하들이었다. 반면 긴느 가문은 플랑드르의 정치적 영향력에서 벗어나 독자적인 세력을 확보하려는 중이었다. 문제는 여기에 외부 세력, 즉 프랑스의 왕권이 개입할 경우 상황은 더욱 복잡해진다. 사실 12세기 말부터 프랑스 북부 지역에는 전운이 감돌고 있었다. 파리를 거점으로 한 프랑스의 왕권이 팽창하기 시작하면서, 대대로 이 지역에서 기득권을 행사하던 플랑드르의 백작과 소소한 충돌이 발생한다. 그러다가 상황은 1180년에 급변한다.

프랑스의 왕 필리프 2세와 에노Hainaut의 이자벨이 결혼하여 긴느, 아르드르, 생토메르가 이자벨의 결혼 지참금 명목으로 프랑스 왕권에 실질적으로 귀속된 것이다. 이자벨의 외삼촌이자 플랑드르의 백작 필리프Philip of Alsace, 1168~1191는 계속해서 이 지역에 대한 지배권을 계속해서 행사할 수 있는 권한을 가질 수 있으리라 기대했다. 그러나 1182년 이자벨이 사망하면서 상황은 급변했다. 둘 사이에 자녀가 없음을 이유로 들어 이자벨의 여동생이 언니가 통치하던 베르망두아의 소유권을 주장하자, 필리프가 이를 거들고 나선 것이다.

플랑드르의 백작 필리프가 죽고 그의 매형이자 이자벨의 아버지인 보두앵 8세가 플랑드르의 신임 백작으로 등극하면서 문제는 해결되는 듯했다. 그러나 보두앵 8세도 금방 죽고 다시 그의 아들 보두앵 9세가 백작으로 등극하면서 이자벨의 결혼 지참금 지역에 대한 욕심을 보이

of Power in the Medieval West: Selected Proceedings of the International Conference, Groningen 20-23 November 1996 (Groningen: Egbert Forsten, 1997.), p.287; Ellen E. Kittell, "Women in the Administration of the Count of Flanders", Frau und Spätmittelalterlicher Alltag: Internationaler Kongress Krems an der Donau (Wien: Verlag der Österreichischen Akademie der Wissenschaften, 1986.), p.492.

면서, 프랑스 왕과 플랑드르 백작 사이에 갈등이 다시 시작되었다. 결국 ⟨페론협정Frieden von Péronne⟩(1200)을 계기로, 긴느를 포함한 지역이 플랑드르 백작의 지배권에 귀속될 수 있었다.

왕과 백작의 이러한 갈등 상황 속에서 긴느-아르드르의 보두앵과 아르눌은 모두 플랑드르 편에서 싸웠다. 상황은 보두앵 9세가 십자군 원정 중에 갑작스럽게 사망하고, 프랑스의 필리프 왕이 다시 플랑드르 지역에 관심을 보이기 시작하면서 급변했다. 보두앵 9세가 채 다섯 살도 되지 않은 여자아이 둘만을 후사로 남겼기 때문에, 필리프가 상위 영주로서 이들에 대한 보호권을 주장했기 때문이다. 마침내 두 딸 중에 하나인 잔Jeanne을 포르투갈의 페르난도Fernandoer와 결혼시키고, 페르난도에게 이자벨의 지참금 중 일부(생토메르와 에르)를 포기하도록 강요한다.

에르와 생토메르의 성을 왕에게 상속세로 양도한 것에 대해서 불만을 품은 페르난도가 잉글랜드의 존, 불로뉴의 르노, 신성로마제국의 황제 오토 4세와 결속하면서, 반 필리프 전선이 구축되었다. 또한 1194년 십자군 원정의 귀로에서 체포되어 구금상태에 있던 리처드 사자심왕이 석방되자, 음모의 배후주동자였던 프랑스의 왕에 대한 공세는 더욱 거세졌다. 둘 사이의 대립이 격화되면서 플랑드르 지역은 분열에 분열을 거듭했다. 1197년 존엄왕 필리프는 프랑스 내에 리처드가 장악하고 있던 지역을 초토화시키면서 상황을 유리하게 끌고 가고 있었다.

원수는 외나무다리에서 만난다고 했던가. 그 해 여름 아르눌을 온 천하에 웃음거리로 만들었던 불로뉴의 백작 르노에게 원수를 값을 수 있는 절호의 기회를 맞이한다. 당시는 가문의 혼인 전략에 따라 가문과 가문의 충돌이 비일비재했고, 결국 거대한 원한 관계가 형성되기도 했다. 프랑스와 잉글랜드의 왕이 벌이는 전투에서 아르눌과 르노는 각각 상대편의 진영에서 맞섰고, 마침내 결전의 날이 왔다. 필리프는 르노와 협력하여 아르투아와 생토메르를 점령하면서 아르눌의 목을 조이기 시작했다. 하지만 아르눌 역시 그들이 만만하게 볼 상대가 아니었다. 아르눌은 당시로서는 첨단의 전술이었던 공성술空城術을 사용하여 생토메르를 점령할 수 있었다.

이러한 급변하는 정치적 상황 속에서 긴느 백작령은 페론 협정에서 1214년의 부빈 전투까지 어려운 시간을 보내야만 했다. 1201년 필리프Philip of Alsace의 미망인 마틸다가 부르부르에 대한 소유권을 주장하면서, 퓌르네Furnes를 공격하자 긴느의 아르눌 2세는 군대를 이끌고 가서 맞서야 했다. 하지만 상황은 아르눌에게 유리하지 않았다. 불로뉴의 르노가 1205년에 긴느로 쳐들어와 아르눌의 아버지인 보두앵 백작을 사로잡는 일이 벌어지고 말았다. 이 사건의 후유증으로 보두앵 백작은 다음 해인 1206년에 사망하게 된다. 르노는 1209년 필리프 왕을 등에 없고 다시 긴느를 침공한다. 아르눌의 동생 마나세스 소유의 로리초브를 파괴하고 콜비다, 상가트 등을 점령한다. 앙드르 수도원의 기욤은 1209년의 사건이 베아트리스의 사주에 의한 것으로 보았으나 사실은 알 수 없다.[42] 결국 프랑스 왕과의 싸움에서 엄청난 재정적 부담을 느낀 보두앵은 결국 프랑스 왕에게 백기를 들고 말았다. 아르눌

---

42 William of Ardres, *Chronicon Ardrensis monasterii*, p.847; MGH SS 24, p.748: *Tandem comes Bolonie assensu domine comitisse Beatricis de Gisnes, que e eiusdem castri dominum, scilicet Manassem, mariti sui germanum , non tenere diligebat , idem castrum triplici fossato cir* 1208. Dec. 20.

도 왕 앞에 무릎을 꿇고 스스로 봉신이 되겠다고 맹세를 해야만 했다.

1214년 부빈 전투에서는 아르눌이 프랑스 왕의 편에, 르노가 플랑드르 백작 편에 서면서 둘 사이의 대립은 지속된다. 반면에 베아트리스는 남편과는 다른 결정을 하게 되는데, 이는 그녀의 친정 식구들이 플랑드르 백작에게 충성심을 버리지 않았기 때문이다. 양쪽 가문의 상이한 정치적 노선으로 부부갈등의 골은 더욱 깊어갔다.

대역부인

긴느 가의 며느리들

봉건적 가부장제 사회에서 결혼은 개인의 문제라기보다는 가족 전체의 일로 여겨졌다. 결혼이 성사되면서 신부는 '한 집안의 볼모'[43]로 남지 않았는데, 이는 장남의 배우자로 자신의 가문보다 우월하거나(상향결혼) 비슷한 집안의 며느리를 찾았던(동류결혼) 중세의 결혼은 신랑 가문의 위신과 명예를 높이는 역할을 했기 때문이다. 그래서 '고귀한 피를 공급했던' 며느리들은 시댁에서도 당당한 구성원으로 받아들여졌다.

긴느 가문으로 시집온 새 며느리들은 집안의 재물 관리를 담당하면서 장원 운영의 중심부에 서게 된다. 이들에게 하인들을 다스리는 권한까지 주어지면서 집안 내에서 며느리의 권위는 더욱 높아져 갔다. 부계 위주의 가부장적 가문의식이 강화되면서 정작 시집을 가지 않은 딸들은 '출가외인'이라는 관념 때문에 입지가 좁았던 반면에, 오히려 긴느-아르드르 가문에 시집온 며느리들은 친정 가문의 '혈통'에 힘입어 시가媤家 식구들과 하인들 사이에서 안주인으로서의 권위를 누릴 수 있었던 것이다. 그래서 랑베르도 여러 차례 며느리들의 친정 가문을 낱낱이 기록하면서 이들의 고귀한 혈통을 부각하고 강조했다.[44]

---

43 조르주 뒤비, 《사생활의 역사 2》, 190쪽.
44 《역사》C. 11: Habuit...comes Balduinus...sororem...Elstrude; c. 14: famosissimi Bolonie comitis Erniculi filiam Mathildem duxit uxorem; c. 17: Rosella...filiam comitis Sancti-

며느리들의 혈통이 구체적으로 부각되었다는 사실은 그만큼 이들을 통해 남편 집안의 대외적 이미지도 향상되었음을 의미한다.[45] 결국 가문 좋은 집안의 신부와의 결혼으로 남자 집안의 명성과 평판도 더불어 상승했다. 여성은 단순한 정략결혼의 대상이 아니라, 한 가문의 대외적 권위를 높이는 능동적인 역할도 수행했던 것이다.

결혼은 동시에 재산을 증식할 수 있는 기회이기도 했다. 플랑드르의 명문가인 알로스트 출신[46] 제르트뤼드도 결혼을 하면서 많은 동산과 하인들을 결혼지참금으로 가져왔다. 긴느 백작 마나세스와 결혼한 노르망디의 명문가 탕카르빌 출신의 엠마[47]는 잉글랜드 왕으로부터 하사 받은 켄트 지역의 아름다운 영지를 소유하고 있었다. 재정 상황이 상대적으로 열악했던 긴느-아르드르의 남자들은 적합한 신부를 찾아내려고 혈안이었고, 출신 가문의 고귀한 혈통과 인맥, 상당한 결혼 지참금 등으로 신부들은 남편과 시댁 식구들이 무시할 수 없는 존재가 되었던 것이다. 이렇게 해서 상류층 귀족 여성들은 가부장적 관행과 규범을 따르는 녹록치 않은 현실 속에서도 새로운 '가족'의 중심부에 설 수 있었다.

랑베르는 미모와 인품 역시 며느리의 중요한 기본 자질로 보았다.

Pauli, militis strenuissimi Hugonis; c. 23: *Flandrie camerarii nobilissimi Sigeri de Gherminiis filiam nomine Susannam*; c. 25: *Lothariensis Florentini filiam Adelam nuncupatam Christianam...summi et incomparabilis viri Lotharie et milicie ducis florigeri Florentini filiam*; c. 35: *Emmam, filiam Roberti camerarii de Tancarvilla in Normannia, viduam Odonis de Folkestane in Anglia*;

45 뒤비가 《12세기의 여인들 2》에서 분석한 《앙부아즈 경들의 업적》의 저자도 12세기 여인의 평판을 가르는 요소들 중에 그 첫째로 혈통을genere 들었고, 다음으로 외모forma, 남편viro, 자식liberis 순이었다. 이에 대해서는 조르주 뒤비, 《12세기의 여인들 2》, 205쪽 참조.

46 《역사》 C. 129: *nobilibus orta natalibus generis.*

47 《역사》 C. 35.

그래서 랑베르는 의지할 사료가 절대적으로 부족했음에도 불구하고, 지그프리드의 부인으로 긴느 가문의 시조인 엘프트루데Elftrude를 언급하면서 그녀의 아름다움에 대해 극찬하는 것을 잊지 않았다.[48] 외모에 대한 칭송은 부인들에게만 해당되는 것이 아니었다. 혼기가 다 된 딸들의 아름다움도 흠모의 대상이었다.[49] '아름답다' 혹은 '사람 좋다'와 같은 칭송을 통해 며느리로서의 자질과 품성을 주목했다는 점에서, 집안에서 며느리의 역할과 비중이 커져갈수록 이들에 대한 세간의 관심도 높아졌다.

며느리에게 지적인 혹은 인격적 성숙함 역시 요구되곤 했는데, 이를 위해서 부모는 딸에게도 양질의 교육을 받게 했다. "그의 아들들을 훌륭한 전사로 키워냈던 외스타슈(1065년 사망)에게도 글을 배우고 책을 읽히는 데에 있어서는 아들과 딸의 구분이 없었다."[50]는 랑베르의 지적은 그래서 매우 값진 사료적 가치를 지닌다. 마찬가지로 보두앵 1세(1091년 사망)의 부인 아델의 인격적 성숙함 역시 랑베르에게 깊은 인상을 남겼다.[51] 랑베르가 장려했던 며느리의 덕목은 가계 경영과 재산 관리 능력, 남편의 인격 수양에 도움이 되는 지적인 성숙함으로 요약될 수 있을 것이다.

그래서 아마도 명망가의 딸로서 긴느 백작 가문에 시집을 온 며느리들에 비해 긴느 가의 딸들에 대한 랑베르의 설명과 찬사가 부족한 것인지도 모르겠다. 마나세스와 엠마의 무남독녀였던 시빌, '긴느 가문

---

48 《역사》C. 11: mire pulchritudinis.
49 《역사》C. 17: venuste faciei et laudatissime forme filias.
50 《역사》C. 23: Quos omnes liberalibus literarum studiis adprime imbuendos tradidit pater eorum Eustachius. 이렇게 본다면, 교육도 중세 봉건 엘리트 집단의 특권이었다.
51 《역사》C. 25: divini muneris actum...largitate.

의 마지막 적법한 계승자'[52]였던 베아트리스에 대해서도 랑베르는 별다른 정보를 주고 있지 않다. 며느리 아델의 가문뿐 아니라 심성과 인품에 대해서도 극찬을 아끼지 않았던[53] 《역사》의 저자가 그녀의 딸 기젤라와 관련해서 "그녀가 막강한 가문 출신의 용맹한 기사와 결혼했다."는 사실 정도만 기록하고 있다. 아르드르의 마지막 상속녀인 크리스틴에 대해서도 그녀의 약혼,[54] 임신,[55] 죽음[56]에 대해서 잠깐 언급하는 수준에 머물렀다. 사실 랑베르는 그녀를 무척이나 두려워했기 때문에, 개인적으로 각별한 기억이 있었을 법하지만 말이다.

마나세스가 죽은 뒤, 미망인이 된 엠마는 영지 내에 성-레오나르 수녀원을 세운다. 그리고는 초대 수녀원장으로 로렌에 살고 있던 백작의 외가 쪽 수녀 한 명을 초빙했다. 그리고 그녀 자신도 이곳에서 노년을 보냈다. 이후 수녀원장직은 긴느 영주 가문의 여인들에 의해서 대대로 수행되었다.[57] 여기서 주목해야 할 사실은 이 수녀원에 건축에 소요되었던 비용은 엠마의 과부산*de redditibus mense sue*에서 대부분 끌어왔다는 점이다. 이처럼 부유한 가문 출신의 며느리는 경제력이 뒷받침되어 운신의 폭이 넓었다.

수녀원은 남성중심적 사회 체제 속에서 여성이 권력을 누릴 수 있는 합법적인 공간이었다. 12세기에는 수녀원의 수가 급속히 늘어났는

---

52 《역사》C. 137: *progressiva successione Ghisnensis comitatus herede*; c. 139: *iustissima Ghisnensis comitatus herede*.
53 《역사》C. 25.
54 《역사》C. 66: *dictam iuvenculam filio suo primogenito Balduino acquirere et lege matrimonii copulare*.
55 《역사》C. 72; c. 77.
56 《역사》C. 85; c. 86.
57 《역사》C. 51.

데, 엠마처럼 과부가 된 귀부인들에게 수도원은 힘든 장원의 생활을 뒤로 하고 노후를 보내기 위한 곳이었다. 하지만 이곳에서도 긴느 가의 여인들은 능력과 권위를 한껏 발휘했다. 수녀원장의 신분으로 이들은 "하인과 수녀들을 포함한 수녀원 전체의 규칙을 정하고 용의주도하게 유지·관리했다".[58] 세속에서 권력을 행사하는 것이 쉽지 않았던 당시의 상황 하에서 여인들은 남자들의 손길이 미치지 못하는 폐쇄적인 공간으로 도피하여 스스로의 '왕국'을 건설했던 것이다.[59]

긴느 가의 며느리들은 수녀원에서만 자신의 능력과 힘을 보여주는 것에 만족하지 않았던 것 같다. 세속 세계에서도 이들은 제2의 실력자로 군림했다. 이와 관련해서 랑베르는 엠마에 대해 흥미로운 사실 하나를 전해준다. 백작령 내 하메스Hames라는 곳에는 오래 전부터 관습적으로 내려오는 봉건공납이 있었는데, 이는 이 지역 영주에 의해서 예속민들에게 불법적으로 부과되었던 악법mala et obprobia이었다. 어느 날 한 여인 이 지역 출신 남자와 결혼을 하면서 이곳으로 이주했는데, 자신에게도 불법적인 공납이 부여되는 사실을 알고 분개한 그녀는 엠마에게 '조속히 개입해서 문제를 해결해 줄 것caute et mature interveniat et subveniat'을 부탁한다. 이에 백작부인은 남편을 찾아가 내용을 소상하게 알리고 결단을 촉구한다. 이후 사태는 백작이 영주권을 발동한 하메스 영주를 소환하고, 불법적인 공납을 철폐하도록 강요하는 쪽으로 해결된다.[60]

---

58 《역사》 C. 122: *Ad eius enim nutum et voluntatem et dispositionem omnes sanctimonialium disponuntur actiones et negocia, necnon et eius providentia omnes eiusdem loci cenobiales tam servientes quam sanctimoniales proteguntur, gubernantur et procurantur.*

59 《역사》 C. 122; C. 155.

이 사건은 랑베르가 《역사》를 기록하기 한 세기 전에 발생한 일이었다. 그럼에도 불구하고, 그는 이 일을 여타의 사건들보다 더 상세하게 기록한 것으로 보아, 그는 전래해오는 다른 문헌을 통해서 이 사건에 접했던 것으로 보인다.[61] 만일 하메스 사태를 수습하면서 마나세스 백작이 어떤 형태의 문건을 남겼더라고 상정해보면, 후대의 역사가들은 이 문서를 백성을 위해 최선을 다했던 봉건 영주의 전형으로 칭송하는데 이용했을 것이다. 그러나 우리는 다행히도 랑베르의 《역사》를 통해서 사건의 이면을 들여다볼 수 있게 된다. 엠마의 적극적인 '개입'이 없었더라면 봉건 악법은 지속되었을 것이고, 이는 결국 백성들의 원망으로 이어졌을 것이다. 이러한 점에서 엠마의 개입과 남편에 대한 설득은, 비록 우회적인 방법이었으나 '안주인'의 정치·사회적 행위로 해석될 수 있을 것이다. 부인이 간접적으로 공적인 영역에 개입하고 백성의 하소연을 들어주었던 것이다. 동시에 엠마는 통치령 내 여인들의 보호자 역할을 했던 것으로 보인다.

때로는 집안의 중대사를 결정함에 있어서 다른 사람들을 멀리하고 부부가 단 둘이서만 머리를 맞대고 결정하는 베갯밑송사도 목격된다. 긴느 백작이 아르드르 가문과의 평화를 체결하기 위해서 내방했을 때도, "아르드르 경과 그의 부인 아들린"과 함께 담판협상을 벌였다.[62]

---

60 《역사》C. 36.

61 긴느 가에 비해서 아르드르 가문의 여인들에 대한 정보가 별로 없는 것으로 보아서, 랑베르가 긴느 가와 관련된 기존의 자료들을 이용했음을 알 수 있다. 그는 나름대로 합리적인 가문사 서술을 위해서 플랑드르 가의 연대기와 같은 사료들을 접할 수 있었을 것이다. 랑베르가 "다른 지역에 근무하는 내 동료들은 매우 부럽게 생각하곤" 했을 정도로 긴느 백작의 성에는 플랑드르 지역에서 손꼽히는 도서관이 있었다는 사실도 이를 뒷받침한다. 이에 대해서는 《역사》C. 81 참조.

62 《역사》C. 66: ...comes...inclavit se ad pacem, et secreto cum Ardensi domino Arnoldo et eius Adelina precutus.

이 같은 공적인 자리에 부부가 동석하는 행위는 집안의 가장이자 주군인 남편의 고유한 권한 행사에 부인이 안주인의 자격으로 동등하게 참여했음을 의미한다.[63]

여성의 정치적 비중은 봉건체제 속에서 여자의 재산 상속권이 인정되어가면서 더 두드러졌다. 여성의 봉토상속권은 이미 봉건제가 정착되어가는 상황에서도 서서히 자리 잡아가는 추세였다. 프랑스의 경우 10세기 후반 남부 지역에서 그 사례가 발견되기 시작한 이후, 12세기에는 관례화되면서 여자의 권리로까지 인정받았다. 유럽의 서부에서 불기 시작한 이러한 '여권 신장'의 움직임은 로트링겐을 거쳐 신성로마제국까지 그 영향을 받게 된다.[64] 플랑드르 지역에서도 무남독녀의 경우, 가문의 상속녀로서 법적 지위를 인정받는 관례가 뿌리를 내리면서 긴느 가문의 여성들도 당당하게 상속권을 주장할 수 있게 되었다. 시빌*successione...herede*과 그녀의 외동딸 베아트리스*iustissima...herede*가 그러했으며, 이보다 적은 규모의 영지에서도 비슷한 현상들이 목격된다.[65]

부유한 상속녀를 손에 넣기 위해 쟁탈전을 벌이던 기사들이 경쟁적으로 약속했던 과부산도 여성의 지위 향상에 기여했다. 랑베르의 직속 군주인 아르눌도 "결혼은 값비싼 투자였지만 '나중에' 그만큼의 보상을 가져다준다."[66]라는 계산 때문에 베아트리스에게 아르드르를 과부산으로 넘겼던 것이다.

---

63 조르주 뒤비, 《12세기의 여인들 2》, 190~191쪽.
64 Francois Louis Ganshof, *Was ist das Lehnswesen?* (Darmstadt : Wissenschaftliche Buchgesellschaft, 1975), pp.155-156.
65 아르드르의 아들린의 경우 (《역사》 c. 66: *hereditaria successione heredem*).
66 엠마뉘엘 르루아 라뒤리, 《몽타이유: 중세말 남프랑스 어느 마을 사람들의 삶》, 306쪽.

여성의 재산 상속권과 그리고 더 나아가 적극적인 정치적 활동이 가능했던 것은 당대의 시대적 상황과도 연관이 있었다. 긴느 백작령을 포함해서 플랑드르 지역에서 십자군 원정대에 대규모의 기사단이 가담하면서, 여인들이 남자들의 권력 공백을 대신 메우면서 일시적이나마 '여인천하'가 가능했기 때문이다. 긴느 백작의 상위 봉건군주로 영토를 접하고 있던 플랑드르 백작의 부인들[67] 역시 궁정운영과 장원 관리에 있어서 탁월한 능력을 보여주었다. 플랑드르의 백작 티에리의 부인 시빌은 남편이 예루살렘 원정에 참가한 사이에 아르드르의 새로운 주인이 된 아르눌 경으로부터 신종 서약을 받았고,[68] 플랑드르의 마오 Mahaut 백작부인은 남편의 부재를 틈 타 세수 징수를 강행하기 위해 군대를 파견하는 등 '남성적 권력' 행사도 불사했다. 남편의 부재 기간 동안 막강한 권력을 구축했던 클레멘스의 영향력은 남편이 원정에서 돌아온 뒤에도 지속되어, 백작의 귀국 이후에 발행된 특허장의 반 정도에 그녀의 서명이 들어 있을 정도였다.[69] 1111년 남편이 불의의 사고로 죽은 뒤에도 아들과의 공동 통치를 통해서 그녀의 권력은 유지되었다. 심지어 어머니의 과부산과 권력에 눈독을 들인 아들에 맞서 무력을 사용하는 초강수를 택하는 경우도 있었다. 이와 유사한 사례들은 다른 지역에서도 종종 발견되었음은 주지의 사실이다.[70]

---

67 Ellen E. Kittell, "Women in the Administration of the Count of Flanders", *Frau und Spätmittelalterlicher Alltag: Internationaler Kongress Krems an der Donau* (Vienna: Verlag der österreichischen Akademie der Wissenschaften, 1986), pp.487-508.; Karen S. Nicholas, "Countesses as Rulers in Flanders", *Aristocratic Women in Medieval France* (Philadelphia: University of Pennsylvania, 1999), pp.111-137.

68 《역사》 C. 144: *Arnoldus...ad Flandrie comitissam Sibilam...properavit. Comes enim Flandrie Theodericus Ierosolimam peregere profectus nondum rediit.*

69 Karen S. Nicholas, "Countesses as Rulers in Flanders", p. 118.

70 이에 대한 구체적인 사례들은 뒤비,《중세의 결혼》, 127~128쪽.

중세 여인들의 현실주의적 삶[71]

뒤비가 발굴한 중세 여성의 모습, 즉 수동적이고 때로는 억압받는 여성의 삶은 이제 학계에서 일반적으로 받아들여지는 정설이 되었다. 이후의 학자들도 유사한 그림을 그렸다. 스톤Lawrence Stone은 중세 여성에게 결혼 생활은 "잔인하고 견디기 어려웠으며, 부부간의 대화는 부재했고 대신 구타는 잦았다"고 보았다.[72] 중세 영국의 농촌 가정을 연구했던 베네트Judith Bennett의 결론도 이와 유사해서, 남편은 부인의 재산과 공적 활동을 통제하고 때로는 물리적 폭력을 이용해서 스스로의 주장을 관철시켰다. 베네트 역시 결혼 생활에서 남편의 배우자 구타는 일상적인 모습으로 생각했다.[73] 하나월트Barbara A. Hanawalt의 경우도 중세 영국 농촌 사회에서 가정 폭력은 용인 내지는 필요한 것으로 인식되었다.[74]

하지만 중세의 모든 여성이 결혼을 감옥과 같은 생활로 생각했을까? 자신의 제한된, 혹은 절망적인 운명을 적극적으로 바꾸고자 했던 경우는 없을까?

랑베르가 《역사》에서 묘사한 여인들은 장원 운영과 가내 경제에서

---

71 '중세 여인들의 현실주의적 삶'에 대해서는 필자의 논문 〈서양 중세 귀족 부인들의 정치력에 대한 연구 -긴느 가의 여인들을 중심으로-〉 참조

72 Lawrence Stone, *The Family, Sex and Marriage in England, 1500-1800* (New York: Harper & Row, 1977), p.117.

73 Judith M. Bennett, *Women in the Medieval English Countryside: Gender and Household* in *Brigstock Before the Plague* (New York: Oxford University Press, 1987), p.103.

74 Barbara A. Hanawalt, The Ties that Bound (New York: Oxford University Press, 1986), p.214; Barbara A. Hanawalt, "Violence in the Domestic Milieu of Late Medieval England", (ed.) Richard W. Kaeuper, *Violence in Medieval Society* (Rochester, NY: Boydell Press, 2000), pp.197-214.

비중 있는 역할을 수행했다. 긴느-아르드르의 여인들은 뒤비의 주장처럼 "세계에 대해 관심도 없고 별다르게 아는 것도 없"지 않았으며, "아무 것도 알려주지 않는" 존재가 절대 아니었다. 비록 알리에노르가 행사한 권력에는 못 미치지만, 플랑드르 지역의 군소 백작부인들이 보여준 권력 행사의 모습은 '나약한 성ob imbecillitatem sexus' 혹은 '무능력 fragilis'으로 규정할 수 없는, 지역적 차원에서 무시할 수 없는 현상이었다. 물론 가부장적인 남성 지배male dominance를 근본적으로 변화시키기에는 역부족이었고, 남성에 대한 여성의 의존성과 억압을 극복하기에는 한계가 있었으나, 이러한 권력 행사는 시공간적으로 제한적이나마 여성 자유의 상대적 개선으로 평가될 수 있을 것이다.

이미 카롤링거 왕조의 몇몇 왕비들은 궁정 운영과 왕령지 관리에도 적극 개입한 것으로 알려졌다. 남편의 부재 시에는 그의 대리자였던 왕비의 명령을 "재판관, 시종, 집사, 관리인은 철저히 따라야"만 했다.[75] 전문 관료의 조언을 받아야만 한다는 제한적 규정이 있기는 했지만, 왕비에게는 왕실의 재정 운영권도 양도되었다.[76] 비록 황제와 왕들이 주도한 전쟁과 영토 확장, 수도원 개혁과 성직자 서임 등과 같은 소위 '영웅적 행위'와 비할 바는 아니지만, 그렇다고 왕비의 왕실재정 운영과 왕령지 관리가 '사소한' 것으로 폄하될 수도 없다. 고위 귀족의 부인도 가문의 경작지 관리에 적극적이었으며, 9세기 중반의 귀족부인 기젤라Gisela는 여성 전문경영인을 고용하는 재치를 발휘하기도 했다. 기젤라를 도왔던 인물은 리우트베르가Liutberga라는 이름의 여인으

---

[75] 《Capitularis de villis》 16 (MG Cap. 1, p. 84).
[76] 《De ordine palatii》 22 (MG Cap. 2, p. 525).

로 회계에 능숙한 수녀 출신이었다.[77]

이처럼 기혼녀들이 정치, 경제, 사회의 각 분야에서 두드러진 역할을 수행하던 전통은 카롤링거제국의 붕괴 이후에도 지속되어, 10세기의 귀부인 중 상당수는 성주, 장원영주, 가문 소유교회의 관리자, 세속과 종교회의 참석, 군사와 사법권의 집행자로 왕성한 활동을 했다. 물론 그녀의 법적 보호자였던 남편이 먼저 죽었을 경우에만 이러한 권력 행사가 가능했다는 제한적 조건이 따랐음은 주지의 사실이다. 그럼에도 불구하고 이들은 자신의 여건이 허락하는 한 최대한의 권력을 향유하고자 했다. 그 과정에서 아들과 알력이 생기기도 했으나[78], 여성은 자신의 토지소유권, 친정 식구의 정치적 후원 등을 배경으로 장원 운영, 구빈 사업, 교육과 문화 사업, 교회 설립과 기부 같은 종교 사업 등에서 독자적인 업적을 남겼다.[79]

시간은 여성들에게 유리하게 작용한 것 같다. 결혼 지참금, 혼인 중 여재산Sponsalium 등 결혼과 더불어 발생되던 여성의 경제적 부는 중세 말기에 와서 법률적 보장을 받게 된다. 동산과 부동산에 대한 권리는 이를 처분할 수 있는 권한으로까지 확대되었고,[80] 비록 법적으로 남편이나 자식의 동의가 필요하기는 했으나 많은 귀족 여성들은 전문 능력을 구비한 집사들의 도움을 받아가면서 장원의 여주인으로 자리 잡아

---

77 《Vita s. Liutbergae》1-7 (MG SS. 4, pp. 158-160).
78 독자적으로 재산을 처분한 사건으로 아들 오토 1세와 심한 불화를 겪었던 마틸다의 경우를 들 수 있을 것이다. 이에 대해서는 《Vita Mathildis reginae posterior》(MG SS. 4, p.291) 참조.
79 Suzanne Fonay Wemple, "Women from the fifth to the tenth Century", *A History of Women in the West II*, pp.169-201, 여기서는 pp.183-186.
80 중세 여성의 재산 처분권과 관련해서는 Penny Schine Gold, *The Lady & the Virgin. Image, Attitude, and Experience in Twelfth-Century France* (The University of Chicago Press, 1985), pp. 116-144 참조.

갔다. 일부의 경우 상당한 규모의 장원을 직접 관리하면서, 농노 등의 예속민에게 봉건 영주로서의 권리를 행사했다. 귀부인들의 이러한 경제적 독립성은 남편과 아들에 대한 법적 종속이라는 이중적 구조는 중세 사회에 미묘한 성性 갈등을 초래하게 된다.[81]

하지만 중세 작가들은 여성의 이러한 정치적 능력을 과소평가했고, 간혹 이를 남성의 독점적인 영역으로의 침탈로 이해했다.[82] 그러나 다른 한편으로는 이 같은 여성의 통치력과 장원 운영 능력은 당대인들이 간과하기에는 너무 잘 알려진 익숙한 소재였다. 심지어 대표적인 여성 비하론자로 알려진 마르보드Marbode de Rennes도 그의 저서에서 "훌륭한 부인은 세상에서 제일 귀중한 존재로 이들은 세세한 일상사에서 반드시 필요한 독보적인 존재"로 보았다.[83] 돈과 명예 다음으로 남자들이 금기시해야 할 대상으로 주저 없이 여성을 들었던 12세기의 신학자 일드베르Hildebert de Lavardin도 6세기에 생존했던 라데군드Radegund의 성녀전을 새롭게 집필하면서 그녀를 고위 귀족 부인들의 표본으로 삼을 것을 요구했다. 이미 카롤링거 시대에서도 공적인 임무를 수행한 대부인들에 대한 칭송이 이어지면서, 여성과 여성성에 대한 긍정적인 평가가 내려졌다.[84]

10, 11세기 오토 왕조 치하에서도 에디트Edith, 마틸다Mathilda, 아델

---

81 Claudia Opitz, *Frauenalltag im Mittelalter: Biographien des 13. und 14. Jahrhunderts* (Weinheim, Beltz, 1985), pp. 126; Petra Kellermann-Haaf, *Frau und Politik im Mittelalter: Untersuchungen zur politischen Rolle der Frau in den höfischen Romanen des 12., 13. und 14. Jahrhunderts* (Göppingen, Kümmerle, 1986) 참조.

82 이는 여성 속의 남성성으로 표현되곤 하는데, 랑베르의 '여성 속의 남성성'적 사고에 대해서는《역사》c. 21(*uxor eius mulierbri sexui virilem interserens anium*) 참조.

83 *PL* 171, col. 1700.

84 Jacques Dalarun, "The Clerical Gaze", *A History of Women in the West II*, p.22에서 재인용.

라이데Adelaide 같은 왕비들은 여성 폄하적인 시선과 남성 중심적 이데올로기에도 불구하고[85] 통치권 행사에 적극적인 관심을 보였고 이들의 삶 또한 현실 지향적이었다. 사도 바울의 여성 억압적 성경 구절들이 중세 내내 반복적으로 인용되었을지라도,[86] 이는 이데올로기적 차원에 머물렀다. 백작부인들과의 교류가 잦았던 재속 사제들의 경우 이러한 여인들의 정치 참여를 오히려 긍정적으로 바라보는 경향이 강했다.[87]

이미 언급했듯이, 당시의 사회적인 분위기도 이러한 '여권 신장'에 호재로 작용했다. 특히 전투, 원정, 마상경기, 봉신으로서의 의무수행 등으로 결혼 생활 기간의 3분의 1에서 2분의 1 정도는 집을 비워야 했던[88] 기사의 부인은 영주의 대리인으로서 장원을 관리하고 피보호자들을 감독해야 했다. 노르만 정복(1066)과 십자군 원정은, 특히 프랑스 북부와 플랑드르 지역의 귀부인들에게는 실질적인 정치력을 행사할 수 있는 절호의 기회가 되었다. 위에서 언급한 긴느 백작령의 제르트뤼드나 엠마가 권력을 소유하고 이를 적극적으로 행사할 수 있었던 것도 십자군 원정과 노르만 정복 등과 같은 남편의 장기적인 외유가

---

85 이에 대해서는 차용구, 〈Femina est mas occasionatus〉, 67-98쪽; 차용구, 〈아우구스티누스의 여성관〉, 31~55쪽 참조.

86 대표적으로 1티모 2:12(나는 여자가 남을 가르치거나 남자를 다스리는 것을 허락하지 않습니다. 여자는 조용해야 합니다), 1코린 14:34(여자들은 교회 안에서 잠자코 있어야 합니다. 그들에게는 말하는 것이 허락되어 있지 않습니다. 율법에서도 말하듯이 여자들은 순종해야 합니다). 이에 대해서는 Carla Casagrande, "The Protected Woman", *A History of Women in the West II*, p.99.

87 Karen S. Nicolas, "Countesses as Rulers in Flanders", p.113 참조. 랑베르의 경우도 비록 여성의 본성을 '나약하고' '경박하며' '사악한' 것으로 묘사하기도 했으나(《역사》 c. 94: *feminee imbecillitatis levitate plena*; c. 96: *muliebrem inconstantiam et fallaciam*), 궁극적으로는 여성의 현실지향적 행동 양식을 수긍해야만 했다.

88 Claudia Opitz, "Life in the Late Middle Ages", *A History of Women in the West II*, pp. 267-317, 여기서는 pp.280-281.

배경이 되었다.[89]

랑베르의 지적처럼 남자들이 자신의 명예를 좇아 마상경기 대회를 순회하면서 재산을 탕진하고[90] 이를 충당하기 위해 세금을 더 거두어들이면서 백성들의 원성이 높아가는 동안,[91] 여인들은 막중한 책임감 속에서 '진정한 권력자'로 스스로의 영역을 확보해나갔다. 또한 '사방에서 무기 부딪치는 소리가 들렸던 시기'에 잦은 전쟁으로 엄청난 비용이 소모되면서 파산 직전까지 몰렸던[92] 가문을 되살린 것도 여성들의 경영적 마인드였고, 포로가 된 남편의 석방을 협상한 것도 여인들의 몫이었다. 과연 이러한 양상을 "지도자도 없이 고립된 상황에서 여인들끼리 지내다보면 타고한 연약함에 빠져들게 되었다."[93]고 해석하는 것이 타당한 것인지 의문이다. 물론 랑베르가 여인들이 이 세상에 태어난 이유를 "좋은 혈통의 자식을 낳기 위해"[94]라고 명확히 기록하고 "딸들의 순종은 그 무엇보다도 칭찬할 일"[95]로 기리고 있지만, 이러한 가부장적 이데올로기의 굴레에도 불구하고 그 이면에서 여성들은 정치·경제적 역할을 적극적으로 수행했다.

---

89 백작부인 시빌은 남편이 예루살렘에 머무르는 사이에 백작령을 공격한 적군에 대항해서 군대를 소집하고 침략군을 격퇴시켰다. 이에 대해서 구체적으로는 Karen S. Nicholas, "Countesses as Rulers in Flanders", p.123 참조.

90 랑베르가 자신의 책을 헌정했던 보두앵의 장남 아르눌은 십자군 원정에 떠날 수 있도록 부친이 세금을 거두어주었으나, 정작 그는 이 돈을 자신의 마상경기 참가비와 치장비로 흥청망청 낭비하고 말았다(《역사》 c. 95).

91 마상경기에서 상금으로 벌어들인 것보다 더 많은 액수를 소비하고 돌아온 영주들이 파산 직전의 재정 상태를 만회하기 위해 더 많은 조세를 거두어들이는 경우가 자주 발생했는데, 긴느 가의 선조 중 한 명인 랄프가 마상경기 도중 사망했다는 소식을 접한 농민들은 그의 죽음을 애도하기는커녕 반가워했다고 한다(《역사》 c. 18).

92 《역사》 C. 76; c. 150. 이에 대해서는 구체적으로 조르주 뒤비, 《부빈의 일요일》, 107쪽 참조.

93 뒤비, 《12세기의 여인들》, 152쪽.

94 《역사》 C. 46: *filias quoque ad magne generationis sobolem procreandam progenitas*.

95 《역사》 C. 48: *o per omnia predicandam filie subiectionem!*

랑베르의 《역사》는 "남자들을 위해 남자가 쓴 책이고, 남자들의 무훈과 그들이 했던 말로 가득 차 있다."고 할 수 있다. 그러나 랑베르가 여자들에 대해 "자신들만의 세계에 갇혀 사는 것 같다. 관심도 없고 별다르게 아는 것도 없었기 때문에 아무 말도 하지 않고 있는 것"[96]은 사실과 다르다는 것은 위에서 이미 밝혀졌다. 랑베르가 여성에 비해 상대적으로 남성에 더 많은 관심을 가지고 더 많은 분량을 할애했다고 해서, 여성사와 젠더사 연구에 있어서 그의 저서가 갖는 사료적 가치를 간과해서는 절대 안 될 것이다. 권력과 문자는 밀접한 상관성을 갖는다는 푸코의 지적대로, 약자였던 여성의 역사적 목소리를 발굴하는 일은 쉬운 작업이 아니다. 그러나 사료와 기존 역사 해석의 틈새를 촘촘히 들쳐보면, 예상했던 것 이상으로 많은 성과를 거둘 수 있을 것이다. 이런 점에서 《역사》는 중세 여성사 연구의 '오아시스'와 같은 존재다.

12세기에는 '철의 여인'들의 손으로 권력이 이양되는 것이 추문으로 여겨지지 않았다. 비록 부분적이고 제한적이었지만 여인들은 자신의 자질과 배경을 이용하여 권력을 손에 넣었다.[97] 남편의 부재 기간 동안 부인이 남편의 임무를 수행하는 것은 유럽적 현상이었다.[98] 이들의 또 다른 정치적 후원자는 교회였다. 교회에 대한 여성들의 기부와 기증으로 귀족 부인들은 전통적으로 주교와 수도원장과 우호적인 관

---

96 조르주 뒤비, 《12세기의 여인들 2》, 183쪽.

97 백작부인이 단독 혹은 남편과 공동으로 하사한 수많은 특허장은 이러한 사실을 방증한다. 이에 대해서는 Karen S. Nicholas, "Countesses as Rulers in Flanders", pp.111-137; Brigitte Bedos Rezak, "Women, Seals, and Power in Medieval France, 1150-1350", *Women and Power in the Middle Ages*, pp.61-82 참조.

98 Ellen E. Kittell, "Women in the Administration of the Count of Flanders", p.492.

계를 유지하고 있었고, 정치적으로 위기에 몰릴 경우 성직자들의 도움을 요청하곤 했다. 교회의 입장에서도 세속적 윤리를 따르고 다루기 거칠었던 남성들을 자신에게 유리한 쪽으로 이끌고 가기 위해서 여인들의 도움이 절대적으로 필요했다. 세속 남성 귀족과 교회의 이해관계가 엇갈릴 경우 종종 부인들이 중재자로 나서는 경우도 있었다.[99]

---

99 Karen S. Nicholas, "Countesses as Rulers in Flanders", p.116, pp.122-123.

아내의 반란[100]

정치적 대립과 화해

중세 봉건시대의 친족은 '항구적으로 함께 살지는 않는다 해도' 이해 관계와 애정으로 얽인 공동체였다. 귀족 가문의 혼사가 정치적 필요에 따라 성사되었듯이, 결혼한 여인들도 친정과 유대 관계를 긴밀히 유지하면서 정치적으로도 일정한 역할을 수행했다. 어차피 "남편이 죽으면 '바로 그러한 사실로써' 여자를 가계에서 배제 또는 해방되었으니, 여자는 남편의 가계에 '반쯤'만 속해 있던 셈"이다. 그래서 아내들은 친정에 의지하거나, 경우에 따라서 친정 식구들의 첩자나 공모자가 되기도 했다.[101] 반대로 친정 식구들의 지원을 받지 못한 미망인들은 빈곤으로 고통 받는 사례가 많았다. 베아트리스의 외숙들은 정치와 교회 분야에서 이름이 꽤나 알려진 사람들이었으며, 그녀가 친정 식구들의 정치적 영향력으로부터 자유롭지 못했던 것도 남편과 갈등을 빚게 되는 이유 중 하나였다. 마침내 남편은 독자적으로 행동하려는 그녀를 결국 구금했고, 이로써 이들의 결혼 생활은 사실상 끝나게 된다. 역으로 말하면, 베아트리스가 아르눌에게 위협적인 인물로 성장했음을 의미한다.

그녀의 외사촌이자 플랑드르 백작의 충신이었던 베튄의 로베르가

---

100 아래의 내용은 차용구, 〈아내의 반란-12세기의 부부갈등에 관한 사례 연구-〉, 《서양중세사연구》 vol.32 (2013), 107~134쪽을 재구성한 글이다.

101 조르주 뒤비, 《사생활의 역사 2》, 150쪽, 189쪽, 215쪽.

1214년에 긴느로 진군하여 그녀를 석방시키면서 구금 사건은 일단락
됐다. 베아트리스의 구출은 그녀가 친정 식구들과 긴밀한 연락을 취
하면서 도움을 받은 사례로, 12세기 이후 친족 개념이 확대되면서 이
처럼 사촌 등의 친족이 가문 정책에 깊이 관여하는 사례가 자주 발견
된다.[102] 이러한 경우 숙부는 대체로 조카의 재산을 탐냈으나, 외숙부
는 조카들의 권익을 보호하는 편이었다.[103] 이후 그녀는 긴느를 떠나
플랑드르에서 로베르의 보호를 받게 된다.[104] 그러나 장녀와 장남이
1216년경 어느 시점에서 아버지와 화해를 하고,[105] 베아트리스 자신
도 4년의 이별 생활을 청산하고 잠정적으로 '정치적 화해'를 하면서
다시 긴느로 돌아온다.

앙드르의 기음에 의하면, 그녀는 자신의 의사를 표현할 수도 없는
감금과 다를 바 없는 삶quam in castro Gisnensi contra voluntatem suam clausa
detineri보다는 자발적으로 플랑드르의 유배 생활을 선택했던 것이
다.[106] 베아트리스의 이러한 정치적 행보는 아키텐의 알리에노르와 매
우 유사한 모습을 보인다. 알리에노르 역시 남편에 대한 아들들의 반
란을 지원했다가 남편에게 구금당한다. 이후 반란이 실패하자 다시 남

---

102 Amy Livingstone, "Kith and Kin: Kinship and Family Structure of the Nobility of
   Eleventh- and Twelfth-Century Blois-Chartres", French Historical Studies, Vol. 20,
   No. 3 (1997), pp.419-458, 여기서는 pp.432-436.
103 조르주 뒤비, 《중세의 결혼》, 334쪽.
104 Leah Shopkow, "The Narrative", p.65.
105 William of Andres, Chronicon, p.853.
106 William of Andres, Chronicon, p.854; MGH SS 24, p. 756: et die sequenti totus
   exercitus inde recessit et dominam comitissam Beatricem cum omnibus liberis
   suis et tota familia secum abduxit . Que in comitatu Flandrensi per annos quatuor
   continue degens, a thoro maritali separata fuit, malens in Flandria, sicut dicebatur
   a multis, exulando morari, quam in castro Gisnensi contra voluntatem suam clausa
   detineri.

편과 화해를 했다.[107]

비록 남편과의 '정치적' 화해는 이루어졌지만 베아트리스에게 이제 보호 본능이 생겨나기 시작했던 것 같다. 특히 그녀가 어린 나이에 얻은 큰딸을 남편이 나이든 어느 영주에게 강제로 시집을 보내지 않을까 걱정이 앞섰다. 나이든 남편을 신랑으로 받아들여야만 했던 자신의 불행이 대물림되는 것을 원치 않았던 것이다. 큰딸을 위해 그녀가 찾은 장소는 바로 자신이 몇 해 전 설립한 본햄Bonham의 수녀원이었다. 시녀와 함께 본햄으로 온(1218) 베아트리스는 이곳에서 수녀원장으로 평생을 보냈다.[108] 딸에 대한 남편의 후견권 행사에 도전하는 이러한 베아트리스의 행동은 가부장적 이데올로기에 대한 저항이자 일탈 행위였다.

1220년 마침내 남편 아르눌이 죽자 그녀의 장남인 보두앵 3세와 자신의 과부산을 놓고 심한 논란multiplices discordias을 빚으면서, 가정은 다시 한 번 풍비박산 직전까지 가게 된다.[109] 아르눌은 베아트리스와 결혼하면서 아르드르와 콜도바를 과부산으로 약속했다. 남편의 죽음과 더불어 오랜 속박에서 벗어나 진정한 자유를 누릴 수 있으리라는 베아트리스의 소망은 아들과의 예기치 못한 싸움으로 어둠이 드리워졌다.

---

107 이처럼 별거나 이혼 후, 남편과 재결합하는 경우도 있지만 대부분은 그렇지 않았다. Sara Butler, "Runaway Wives: Husband Desertion in Medieval England", *Journal of Social History* 40/2(2006), pp.337-359, 여기서는 p.340.

108 *MGH SS 24*, p.759: Beatrix, comitis Gisnensis primogenita, de domo paterna clam egrediens, nuptias sprevit, et propositum eligens castitatis, sanctimonialis facta est in ecclesia Broburgensi, bonum virginibus relinquens exemplum volentibus et valentibus imitari.

109 *MGH SS 24*, p.763.

정상적 예외?

뒤비의 설명에 의하면, 부인과 아들이 결탁하여 남편과 무력 충돌을 벌이는 일이 흔하지는 않았다.[110] 하지만 그의 주장과 달리 역사적으로 이러한 사례를 찾기가 어려운 것도 아니다.[111] 특히 이 책의 주요 무대인 프랑스 북부와 플랑드르에서는 노르만 정복과 십자군 원정, 마상 경기, 봉신으로서의 의무수행 등으로 남편의 장기 외유와 잦은 부재로 귀부인들이 정치적 권위와 권력을 확보할 기회가 많았다.[112] 이는 유사시에 남편에게 반역을 도모할 수 있는 발판이 되기도 했다. 아들과 모의하여 남편에게 반란을 일으켰던 대표적인 사례는 아마도 남편 헨리 2세를 배신했던 알리에노르를 들 수 있을 것이다. 쉰의 나이에 '자유'[113]를 원했던 그녀는 1173년에서 1174년 사이에 십 대였던 어린 세 아들과 함께 아이들의 아버지이자 그녀의 남편인 헨리 2세에게 반란을 일으켰으나 결국 포로가 되고 만다.[114] 그러나 남편이 사망하자 그녀는 아들을 대신해서 국정을 떠맡았고 노구를 이끌고 유럽 각 지역을 돌아다니며 국가의 장래를 결정하는 중대한 협상을 벌였다. 그녀가

---

110 조르주 뒤비, 《12세기의 여인들 1》, 30쪽.

111 Ralph V. Turner, "Eleanor of Aquitaine and her children: an inquiry into medieval family attachment", *Journal of Medieval History* 14 (Amsterdam; Elsevier Science [etc.], 1988), p.331.

112 귀족들은 결혼 생활 기간의 3분의 1에서 2분의 1 정도는 집을 비웠다. 이에 대해서는 Claudia Opitz, "Life in the Late Middle Ages", *A History of Women in the West II*, pp.267–317, 여기서는 pp.280–281. 플랑드르 지역의 경우 Karen S. Nicholas, "Countesses as Rulers in Flanders", p.123 참조. 11세기와 12세기의 긴느 백작령에서도 전쟁이 그친 적이 없었고, 대외적으로도 잉글랜드 정복 전쟁과 십자군 원정으로 장기간 집을 비우는 경우가 잦았다. 이에 대해서는 조르주 뒤비, 《12세기의 여인들 2》, 140~152쪽 참조.

113 조르주 뒤비, 《12세기의 여인들 1》, 28쪽.

114 알리에노르에 대해서는 노만 F. 캔터, 《중세 이야기, 위대한 8인의 꿈》(서울: 새물결, 2001), 215˜244쪽 참조; Ralph V. Turner, "Eleanor of Aquitaine and her children", pp. 321–335.

자신의 '주인'인 남편에게 반기를 든 것은 이번이 처음은 아니었다. 헨리와의 결혼 전에 그녀는 프랑스 왕 루이 7세와 결혼한 바 있었는데, 알리에노르는 첫 번째 남편에게 맞서서도 이혼을 요구하는 "반역"을 일으켰다.

베아트리스의 행적은 여러 면에서 알리에노르와 유사했는데, 베아트리스와 마찬가지로 알리에노르도 십 대의 어린 나이에 '아버지가 고른, 본 적도 없는 남자'에게 시집을 갔다. 베아트리스가 열 명의 자식을 낳은 것처럼, 알리에노르 역시 루이 7세에게는 딸 둘을, 헨리 2세와 결혼하여 마흔한 살까지 20년에 동안 열 명의 자식을 더 낳았다. 그녀는 "폐경 이후에야 아들들에 대한 영향력을 이용하여 며느리들을 호령하고, 집사들로 하여금 자신의 재산을 관리하게 했다. 그리고 손녀들의 결혼을 좌지우지하며 가모家母로 자리를 잡았다."[115] 그리고 위에서 언급했던 것처럼, 두 여인 모두 남편에 반란을 일으키고 구금당하는 경험을 했다.

또한 프랑스 왕가 출신으로 플랑드르의 백작부인이 되었던 클레멘스가 살아온 궤적도 이들과 유사하다. 그녀는 결혼을 하면서 전체 백작령의 3분의 1에 해당하는 지역을 과부산으로 받았는데, 이는 그녀의 정치적 힘의 무시할 수 없는 배경이 되었다. 그녀는 남편이 죽고 장남이 어머니의 과부산에 눈독을 들이면서, 그녀의 권력에 도전하자 무력을 통해서 스스로의 권익을 방어하는 초강수를 택했다. 아들이 죽은 후에도 자신의 권리를 수호하기 위해서 타지 출신의 신임 백작과 무력 충돌도 불사했다.

---

115   뒤비, 《12세기의 여인들 1》, 28쪽, 34쪽.

봉건 전쟁은 '사적'인 면모를 지녔고 사적 영역은 여성적 세계였기에, 전쟁은 여성들의 일이기도 했다.[116] 공적 영역과 사적 영역의 명확한 구분이 없던 시대였기에 여성들의 정치적·군사적 행위가 가능했다. 그래서인지 여성이 군사력을 동원해서 정치적 이해관계를 스스로에게 유리하게 해결하려는 사례들은 다른 지역에서도 쉽게 발견된다. 앙부아즈 가문으로 갓 시집온 엘리자베트 드 잘리니는 그녀의 친정어머니가 물려준 유산에 눈독을 들이던 친정 식구들에 "남자답게" 맞서 자신의 몫을 지켜냈다. 남편이 죽은 뒤 이번에는 장남이 모친의 재산을 관리하려 들자 그녀는 상위 주군인 앙주 백작의 지원을 얻어내 아들의 주장을 일언지하에 거절했다.[117] 앙부아즈 가문 출신인 위그 경의 미망인 이사벨은 자신의 과부산에 욕심을 내던 장남과 맞서 싸워 과부산을 지켜낼 수 있었다.[118] 이러한 행적으로 그녀는 동시대인들에 의해서 "여장부virago"로 추앙되었다.[119] 이러한 사례들처럼 12세기에는 여인들의 손에 권력이 이양되는 것을 추문으로 여기지 않았다. 여인들은 비록 부분적이고 제한적이었지만 자신의 능력과 가문의 배경을 이용해 신중하게 권력을 손에 넣고자 했다.[120]

이런 공통점에도 불구하고 베아트리스는 다른 귀부인들과 근본적인 차이가 있었다. 그녀가 알리에노르, 혹은 클레멘스처럼 왕족이나

116　Penelope Adair, "Countess Clemence: Her Power and its Foundation", *Queens, regents and potentates* (Dallas: Academia, 1993), pp.63-72, 여기서는 p.64.

117　조르주 뒤비, 《중세의 결혼》, 287~289쪽.

118　조르주 뒤비, 《12세기의 여인들 2》, 203~205쪽.

119　조르주 뒤비, 《중세의 결혼》, 287~289쪽.

120　백작부인이 단독, 혹은 남편과 공동으로 하사한 수많은 특허장이 이러한 사실을 방증한다. 이에 대해서는 Karen S. Nicholas, "Countesses as Rulers in Flanders", pp.111-137.; Brigitte Bedos Rezak, "Women, Seals, and Power in Medieval France, 1150-1350", *Women and Power in the Middle Ages*, pp.61-82. 참조.

대귀족 출신이 아니었다는 점이 바로 그것이다. 아직 중세 여성의 '남편에 대한 반란'에 관한 연구가 축적되지 않아,[121] 베아트리스의 반란이 12세기 말 프랑스 북부와 플랑드르의 정치적 상황에서 기인한 특수한 사례로 비추어질 수도 있다. 하지만 여타 지역의 '중소' 귀족 여성들의 사례에 관한 조사가 더 이루어진다면, 베아트리스의 반란이 예외적인 경우는 아닐 것이라고 조심스럽게 예상해본다.

가족과 부부관계

중세의 가족은 부모와 자식 간의 정서적 교감 못지않게 가문의 재산을 보호하는 조직institution의 역할을 수행하면서, 가족 구성원들의 정치·경제적 이해관계가 큰 비중을 차지했다.[122] 중세에는 집단주의적 친족 개념이 부부를 중심으로 한 핵가족 개념보다 더 강했기 때문에,[123] 가족의 이해가 개인의 이해보다 우선했다고 할 수 있다. 아마도 이러한 이유로 뒤비는 중세의 가족에 대해 다음과 같은 결론을 내린다. 중세의 부부는 '가계'의 영향력에 대해서 속수무책일 경우가 많았고, "부부의 자율성은 아무 데도 없는 시대"였다. 그만큼 친족이 갖는 구속력은 강했으며 그 결과 남녀의 "결혼을 가족 집단의 중심에 놓는 것은 확실히 봉건시대의 현실을 크게 왜곡하는 일"일 것이다.[124]

---

121 최근의 연구 사례로는 Elizabeth Haluska-Rausch, "Unwilling Partners: Conflict and Ambition in the Marriage of Peter II of Aragon and Marie de Montpellier", *Queenship and Political Power in Medieval and Early Modern Spain* (Burlington: Ashgate Publishing, 2005), pp.3-20.
122 Ralph V. Turner, "Eleanor of Aquitaine and her children", pp.321-335.
123 Lawrence Stone, *Family, sex and marriage in England 1500-1800*, pp.4-9.
124 조르주 뒤비, 《사생활의 역사 2》, 149쪽, 150쪽.

이러한 친족 구조 속에서 혼인은 자연스럽게 가문 간의 정략혼으로 일반화되었고, 혼인 당사자들의 의사는 무시되었다. 하지만 중세 여성들은 결혼을 통해 양가를 연결하는 매개적이고 수동적인 역할에 국한된 것이 아니라, 비록 공적인 정치나 사회 활동이 허용되지 않았더라도 사적인 역할 수행을 통해서 중세 정치 세계의 형성에 능동적이고 적극적인 영향력을 행사했다. 베아트리스의 경우, 그녀의 고향인 부르부르의 친정 식구들과 수하들은 그녀의 정치적 후원자이자 동반자였다. 4년간 플랑드르에 체류할 수 있었던 것도 결국은 친정 식구들의 도움이 있어서 가능했으며, 어쩌면 친정에서 세운 본햄의 수녀원이 그녀의 거처 역할을 했는지도 모른다.

그녀는 긴느-아르드르 백작령 외부의 친인척들 외에도 과부산으로 받은 아르드르를 수십 년간 통치하면서 내부에도 많은 후원자와 세력을 결집할 수 있었다. 그 외에도 결혼과 더불어 발생되던 결혼 지참금, 혼인 증여재산Sponsalium 등과 같은 여성의 경제적 부는 비록 제한적이었지만 동산과 부동산을 처분할 수 있는 권한으로까지 확대되었고,[125] 이는 남편이나 아들의 동의를 필요로 하는 법적 구속력에도 불구하고 많은 귀족 여성들은 전문능력을 구비한 집사들의 도움을 받아가면서 장원의 여주인으로 자리 잡아갔다. 귀부인들의 이러한 경제적 독립성과 남편과 아들에 대한 법률적 종속이라는 이중적 구조는 중세 사회에 미묘한 성性 갈등을 초래하게 된다.[126] 결론적으로 귀부인들의 정치적

---

125 중세 여성의 재산 처분권과 관련해서는 Penny Schine Gold, *The Lady & the Virgin: Image, Attitude, and Experience in Twelfth-Century France* (Chicago: University of Chicago Press, 1985), pp.116-144. 참조.

126 Claudia Opitz, *Frauenalltag im Mittelalter: Biographien des 13. und 14. Jahrhunderts* (Weinheim: Beltz, 1985), p.126; Petra Kellermann-Haaf, *Frau und*

권위와 세속적 권력은 출신 가문, 남편과 친정으로부터 받은 경제적 여력, 백작부인으로서의 지위, 남편의 잦은 부재, 오랜 미망인 기간에서 기인했다.

베아트리스는 남편과 시댁 식구들과의 갈등 속에서 자의적 판단에 의해 남편을 떠났으며, 4년간의 플랑드르 체류는 그녀가 공식적으로 남편과의 별거를 선언했음을 의미한다. 이는 배우자가 다른 일방을 유기遺棄한 경우로, 부부간의 동거·부양·협조의 의무를 이행하지 않고 책임을 포기 혹은 거부하는 상징적인 행위이다.[127] 당시 여성이 홀로 지낸다는 것은 매춘부와 동일시될 정도로, 홀로된 여성의 지위는 보장되지 않았다. 또한 여성이 남편을 떠난다는 것은 종교적으로도 용납되기 어려운 시대였다. 특히 13세기 초반에 교회는 결혼을 성사로 만들었고, 교회 당국이 허락하지 않는 이혼은 당사자를 영적 위험 속으로 몰아갔다. 교회 법정은 달아난 부인들이 집으로 돌아가지 않을 경우 파문으로 위협하곤 했다. 남편으로부터 '달아나는 행동'은 법적 제재를 받았고, 이혼 법정은 대체로 부인의 몸과 그녀가 가지고 갔던 재산은 남편에게 귀속된다고 판결했다. 이러한 상황에서 부인의 저항은 당대의 사회적, 종교적, 법률적 통념과 어긋나는 행위로 인식되었다. 그래서 알리에노르의 반란에 대해 루앙 대주교는 "주군인 남편에게 돌아가라"는 준엄한 경고의 메시지를 전달했다.

중세 귀족 사회에서 부부 관계가 아르눌-베아트리스의 경우처럼

Politik im Mittelalter: Untersuchungen zur politischen Rolle der Frau in den höfischen Romanen des 12., 13. und 14. Jahrhunderts (Göppingen: Kümmerle, 1986) 참조.

127 중세 후기 부인이 남편과 가정을 떠난 영국의 사례 연구로는 Sara Butler, "Runaway Wives", pp.337-359.

파국에 이르는 사례가 많지는 않았던 것으로 보인다. 실제로 아르눌의 아버지 보두앵과 어머니 크리스틴의 관계를 묘사한 랑베르의 기록은 이를 잘 대변한다. 보두앵-크리스틴의 결혼 역시 정치적 결혼으로, 두 '아이'의 결혼으로 인해서 오랜 앙숙이었던 긴느와 아르드르 가문 사이에 평화가 도래*perpetua pace gauderet*하게 되었다. 이후 이들의 결혼 생활은 크리스틴이 급작스럽게 사망하게 될 때까지 20년 이상 지속되었다. 하지만 귀족 사회의 부부관계는 정치적 변동에 예민할 수밖에 없었다. 성스러운 혼인은 '평화 협정의 장'이 되었지만, 가문 간의 정략적 목적에서 맺어진 부부관계는 미묘한 긴장과 갈등을 수반하기도 했다. 중세와 같이 사회 전반에 사람 간의 감정 수준이 상대적으로 낮았던 사회구조 속에서 위기 상황이 발생하면 부부관계는 걷잡을 수 없는 상황으로 치닫곤 했다. 배우자 간에 정서적 애착보다는 복종과 존경심이 더 중요시되었기 때문이다. 결혼과 성性은 재산이나 사회적 지위를 다음 세대로 전달하는 기제로 인식되었다.

기존의 연구는 여성을 남성들 사이의 거래에서 단순한 화친和親의 희생물로 보았고, 그래서 여성의 수동적 이미지는 더욱 부각되었다. 이러한 남성적 시각과는 반대로 현실 속의 여성은 스스로 딸, 부인, 며느리의 권한과 책무를 인식했다. 그 대표적인 예가 베아트리스의 반란이다. 그녀의 반란은 12세기의 혈통집단 내에서 여성의 능동적 지위를 보여주고 있다. 그렇다면 과연 이러한 여성의 모습을 "지도자도 없이 고립된 상황에서 여인들끼리 지내다보면 타고난 연약함에 빠져들게 되었다."[128]고 해석하는 것이 과연 타당한 것인지 모르겠다.

---

[128] 조르주 뒤비, 《12세기의 여인들 2》, 152쪽.

전쟁과 남성성

십자군 원정

가문의 전통

1차 원정과 아르눌의 외증조부 — 아르눌이 태어났을 당시 유럽은 십자군 원정의 열풍에 휩싸였다. 1095년 클레르몽 종교회의에서 교황 우르바누스 2세가 성전을 주창한 이래, 그리스도교적 신앙심은 '정의로운' 전쟁과 폭력의 사용을 용인하고 교회는 전사 계층의 옹호자로 나섰다. 교회로부터 무력 사용을 공식적으로 허가 받은 전사 집단은 '살생'의 죄를 사면받게 되었을 뿐만 아니라 전쟁을 수행하는 일이 고귀한 임무로 격상되었다. 역사적으로 십자군 전쟁만이 공격적인 남성성을 양산해낸 것은 물론 아니다. 동서고금을 막론하고 남성성은 전쟁과 밀접한 관련이 있고, 잦은 전쟁을 경험하던 사회에서 '남자다움'의 관념은 일찍부터 견고하게 싹틀 수밖에 없었다. 전쟁이 남성을 만들었고, 남성성은 전쟁과 긴밀하게 연결된다.

아르눌이 태어난 시대는 새로운 전쟁 이념이 정착되는 때였다. 10세기 후반 이후 '신의 평화 운동', '신의 휴전 운동', '서임권 투쟁', '십자군 원정'으로 이어지는 일련의 개혁적 조치들이 단행되는 과정에서 그리스도교적 전쟁관은 새로운 양상을 띠게 되었다. 살인을 금기시하는 전통적인 교리가 평화 유지라는 대의명분을 위해서 무력 사용을 인정하거나 '축복'했고, 급기야 이교도에 대한 전쟁을 신성시하는 데까지 나아가게 된 것이다. 1차 십자군 원정이 시작되자 가장 먼저 성지로 향한 기사들은 아르눌의 고향이 위치한 프랑스 북부 지역에 근거지를 둔 자들이었다. 이 지역을 통치했던 대부분의 귀족들은 이후에도 여러 차례 원정에 참여했고, 성지를 탈환하기 위한 원정에 참여하는 것은 이 지역 가문의 전통이 되었다.

아르눌의 조상은 '아킬레스'와 같은 탁월한 전사들이었다.[1] 이들은 해외까지 나가서 전투를 벌였다. 어머니 쪽으로 자신과 같은 이름의 아르눌 1세는 노르망디의 윌리엄과 함께 잉글랜드 정복에 나서 혁혁한 공을 세웠고, 수년간 그에게 봉사한 대가로 상당한 토지를 보상받기도 했다.[2] 아르눌의 가문에서 십자군 원정에 참여해 가문의 이름을 빛냈던 가장 대표적인 인물은 아르눌 2세(the old, 1094-c.1138)로, 그는 아르눌의 외증조부였다. 아마도 그의 삶은 중세의 전형적인 기사의 삶을 보여줄 것이다. 아버지와 함께 1066년 불로뉴 백작을 따라서 노르만 정복 전쟁에 참여하여 다양한 군사적 경험을 쌓았던[3] 아르눌 2세는 이제 다시 새로운 대규모 원정대의 일원이 된다. 제1차 십자군 전쟁이 바로 그것이다. 십자군 원정이 언제 어디서 그리고 누구에 의해서 주창되었는가를 랑베르는 다음과 같이 상세하게 기록한다.

"플랑드르 지역에서 작성된 여러 기록물들을 통해서 파악한 바에 의하면, 1096년 11월 18일 교황 우르바누스는 자신의 전권*auctoritate apostolica*에 근거하여 클레르몽에서 종교회의를 개최하고, 이곳으로 전 세계의 사

---

1 《역사》C. 114: Achilles se ipsum in armis suis contra quosque hostes exhibens
2 《역사》C. 113.
3 《역사》C. 113. 소규모의 영토를 통치하던 아르드르 가문은 인근 대귀족들과의 결속을 통해서 가문을 지켰고, 이 과정에서 불로뉴 백작의 집사직을 수행했다. 1066년 잉글랜드 침공에 불로뉴 백작이 참여하자, 아르눌도 동참하게 되고 이후 수년간 정복왕 기욤을 지척에서 보좌한다*ei plurimis servivit annis*. 이에 대한 보답으로 기욤으로부터 토지와 이와 관련된 다양한 권리들을 하사받는다.

람들을 초청했다. 이 자리에서 교황은 예루살렘을 사라센인과 터키인에 게서*de manibus Sarracenorum et Turcorum* 해방시키기 위한 출정*bellico ap-paratu*을 주창했다."[4]

아르드르 가문의 기사들도 출정 준비를 서둘렀다. 플랑드르 백작 로베르가 이끄는 원정대에 합류하여 떠나는 아르눌the old의 결연한 심정을 랑베르는 〈마태복음〉 61장 24절의 성경 구절을 인용해서 표현한다. "나를 따라온 주 예수그리스도는 자신을 부정하고 십자가를 어깨에 짊어지고 나를 따르시네."

"아르눌도 어깨에 십자가 표식을 달고 무기를 챙기고 말을 타고서 프랑스의 왕 필리프, 플랑드르의 백작 로베르[5]와 같은 원정대와 함께 길을 떠났다. 원정을 위한 충분한 자금을 마련하는 것이 쉽지는 않았지만, 기사로서 갖추어야 할 강인한 신앙심은 그가 다른 백작들과 무리를 지어 안티오크에까지 도달하게 했다. 그러나 원정 비용을 스스로 충당해야만 했던 기사들이 겪어야만 했던 고충은 이만저만이 아니었다. 특히 콩 하나의 가격이 금화 한 냥이나 할 정도로 치솟은 물가로 인한 배고픔은 참기 힘들 정도였다. 우여곡절 끝에 안티오크를 함락시키고 예루살렘을 터키인들로부터 탈환한 뒤에, 불로뉴의 고드프루아[6]가 새로운 통치자로 등극했다"[7]

---

4 《역사》 C. 130.
5 플랑드르의 백작 로베르 2세(c.1065-1111). 앞에서 언급된 클레멘스의 남편이다.
6 불로뉴 백작 외스타슈의 차남이자, 부이용의 영주 고드프루아를 말한다.
7 《역사》 C. 130.

안티오크의 학살 장면.
귀스타브 도레Gustave Doré의 작품

안티오크 함락의 힘든 상황에 대한 랑베르의 묘사는 《안티오크의 노래Chanson d'Antioch》의 그것과 매우 유사한 것으로 보아, 랑베르가 이 노래를 자료로서 사용했던 것으로 보인다. 하지만 랑베르의 기록이 그 외에도 많은 전거를 이용했음에도 불구하고, 필리프의 원정 참여는 사실 무근의 내용이다. 그는 당시에 파문을 당한 상황이라, 원정 참여 자체가 불가능했기 때문이다. 또한 1095년에 있었던 클레르몽 종교회의 개최일을 1096년 11월 18일로 기록하는 오류를 범했던 것도 역시 그가 잘못된 다른 자료를 참고했기 때문이었다. 다른 연대기 작성자Alberic de Trois-Fontaines도 똑같은 날짜를 기록했다는 사실로 볼 때, 당시 플랑드르의 많은 기록들이 날짜를 잘못 알고 있었던 것으로 보인다.

어쨌든 예루살렘의 탈환으로 원정대의 소기의 목적은 달성되었고, 그래서 제1차 십자군 원정은 '유일하게 군사적으로 성공을 거둔 원정'[8]으로 평가된다. 가문이 대대로 모시고 있던 불로뉴 백작의 차남 고드프루아가 성지의 새로운 통치자로 등극하면서, 그를 지척 보좌했던

---

8 콘스탄스 부서, 《귀족과 기사도》, 126쪽.

아르눌 2세의 공적은 더더욱 빛나게 되었다. 비록 고향으로 돌아가는 길이 순탄하지는 않았지만, 그의 발걸음이 가벼운_prospero cursu rediens_ 이유가 있었다. 사실 그는 원정을 떠날 때부터 마음속에 담아 둔 소망이 하나 있었는데, 이는 바로 성지로부터 가급적 많은 성물과 성유물 _sacri insigne trophei...reliquias_들을 고향으로 가지고 오는 일이었다. 자신을 도와줄 적당한 인물을 물색하던 중, 어느 주교의 주선으로 그는 개인적 욕망을 충족시킬 수 있게 되었다. 그리스도의 턱수염의 일부와 십자가의 한 조각, 그리스도가 승천한 곳으로 알려진 바위의 한 부분, 그리고 안티오크에서는 성스러운 창, 전사戰士의 수호성인이었던 순교자 성 게오르그, 그리고 다른 또 다른 성인들의 유품을 얻을 수가 있었다. 그렇게 가지고 온 유물들은 아르드르 성당에 보존되었다.

아르눌이 동방에서 들여온 것은 성유물뿐만이 아니었다. 원정 기간 동안에 동방의 발전된 건축물들을 보고 돌아온 그는 곧 바로 손재주가 상당히 좋은 것으로 소문이 나있던 루이라는 부르부르 출신의 목수를 고용해서 기존의 성채를 보수하도록 했다. 이후 반세기의 세월이 지난 후에도 아르드르의 내성內城은 아직도 그 규모와 화려함 덕분에 이 지역에서 명성이 자자할 정도였다.

이처럼 십자군 원정은 유럽 대륙에 축성의 붐을 일으킨 장본인이었다. 콘스탄티노플, 아르메니아, 시리아, 팔레스타인에서 원정대가 보았던 석조로 지어진 웅장한 성들은 감탄과 동경의 대상 그 자체였다. 고향으로 돌아온 이들은 자신들이 보고 경험했던 데로 성을 건설하도록 했다. 기존의 목조로 된 성은 쉽게 무너졌기에 보수에 너무 많은 시간과 노력이 소모되었고, 특히 화재에는 거의 무방비 상태였다. 북 프랑스의 부유한 영주들이 석조 망루와 성벽을 돌로 대체하도록 하면서,

석조 건축물은 시대적 유행이 되었다. 망루는 예전의 사각형이 아닌 둥근 형태로 바뀌었다. 이제 이들보다 재정적으로 열악했던 중소 영주들도 서둘러 새로운 공법의 성을 짓도록 했고, 성벽 곳곳에는 동방에서 보았던 유형의 방어 장치들을 설치했다.

성직자 랑베르도 많은 십자군 기사들이 단지 신을 뜻을 따라서 원정에 참여했다기보다는 개인적 명예와 현세적 이득을 얻기 위함이었음을 솔직히 고백한다[9]. 〈안티오크의 노래〉를 부른 음유시인도 세속적 부에 대한 탐욕이 사람들을 전쟁에 끌어들였음을 부인하지 않았다. 진심으로 우러나오는 종교적 열정에 이끌려 유언장마저 작성하고는 예루살렘을 향해 달려간 십자군 기사들의 마음속 한구석에는 '금과 은'에 대한 미련이 강하게 남아 있었다. 예루살렘 탈환 이후, 팔레스타인 지역에는 십자군들이 새로이 세운 왕국들과 이슬람 세력 사이에 별다른 대립 상황이 전개되지 않았다. 그러나 1147년 에데사 공국이 이슬람 군에 의해 점령되면서 상황은 급변하게 된다. 유럽에서는 원정의 필요성에 대한 의견들이 분분했다. 그러자 당시 명성 높았던 설교가인 클레르보의 베르나르가 교황의 부탁을 받고 유럽 각지를 돌면서 십자군 참가를 권유하기 시작했다. 그 결과 프랑스의 루이 7세와 신성로마제국의 콘라드 2세를 비롯한 많은 기사들이 참전했지만, 큰 전과를 올리지 못한 채 소아시아 등지에서 이슬람 군에게 여러 차례 패배했다. 그렇게 천신만고 끝에 팔레스타인에 도달한 십자군은 다마스쿠스를 공격하지만 실패하고 철수를 하게 된다.

---

9 《역사》C. 130.

2차 원정과 아르드르의 보두앵 1세 — 1147년의 2차 십자군 원정과 관련해서 아르드르 가문의 운명도 여타의 원정대와 별반 다르지 않아 보인다. 원정을 떠나기에 앞서 보두앵은 만약의 사태에 대비해서 만반의 준비를 했다. 언제 돌아올지 모를 불확실한 원정에 대한 미연의 대비책이라고나 할까. 어쨌든 그는 아르드르 성의 관리를 충직한 신하에게 맡기고 자신이 돌아올 때까지 전권을 위임했다. 그리고는 프랑스의 왕 루이 7세와 플랑드르의 백작 티에리가 이끄는 원정대에 합류하여 기약할 수 없는 먼 길을 떠났다. 하지만 얼마 지나지 않아, 보두앵이 원정 도중에서 아사해서 그의 시신이 바다에 던져졌다는 소식이 전해졌다. 또 다른 소문에서는 그가 전투에서 적의 칼에 무참하게 살해되었다고 했다. 훗날에 전하는 바에 의하면, 원정대가 콘스탄티노플에 도착할 무렵 이들은 여러 가지 악조건에 시달려야만 했다. 특히 그들이 믿었던 동로마제국의 황제가 십자군 원정대를 의심했고, 결국 배신을 하면서 상황은 걷잡을 수 없는 방향으로 흘러갔다. 상당수의 군인들이 굶어죽거나 기후악화와 질병으로 인해서 고통을 받았다. 이런 상황에서 적의 매복에 걸리거나 습격을 받아 목숨을 잃는 경우가 많아 점점 전의를 상실해 갔다.[10] 보두앵의 죽음을 둘러싼 소문이 잔잔해질 무렵, 그를 사칭한 가짜 백작이 100여 킬로미터 떨어진 두에Douai 지역에 출현했다는 이야기가 전해지기도 했다.[11]

3차 원정과 아르눌 — 예루살렘이 기독교 세력에 의해서 함락된 지 90

---

10 《역사》 C. 141, 142.
11 이와 관련된 상세한 내용은 본서 IX장 – 중세의 모방 범죄 참조.

여 년이 지난 1187년 이슬람 세계의 영웅 살라흐 앗 딘(살라딘)이 성지를 재탈환하는 사건이 발생한다. 당황한 교황 그레고리우스 8세는 재차 십자군 원정을 호소하여 잉글랜드의 리처드 1세, 프랑스의 필리프 2세, 신성로마제국의 프리드리히 1세가 호응한다(1189). 하지만 프리드리히 1세는 1190년 원정 중에 무거운 갑옷을 입은 채 강을 건너다가 낙마해 익사했다. 같은 해에 리처드 1세와 필리프 2세는 악콘을 탈환하는 성과를 거둔다. 그러나 이내 필리프 2세는 귀국했으며, 리처드 1세가 살라딘과 휴전 협정을 체결하면서 성지 예루살렘 탈환 작전은 3년 만에 실패로 끝났다. 플랑드르의 백작 필리프도 기사들을 소집해 원정대에 합류한다. 하지만 플랑드르 백작은 이 원정으로부터 살아서 돌아오지 못했다. 그를 따르던 신하들과 함께 조국 땅을 밟기 전에 전장에서 죽음을 맞는다.[12]

아르눌은 이런 현실과 조금 동떨어져 있었다. 제3차 십자군 원정에서 아르눌의 부친은 그가 원정에 떠날 수 있도록 세금을 거두어주었으나, 정작 아르눌은 이 돈을 자신의 마상경기 참가비와 치장비로 흥청망청 써버려 원정에 참여할 수 없었다.[13] 그럼에도 불구하고 '관대했던' 그는 젊은 떠돌이 기사들의 우상이 되었고, 이들 사이에서는 제후와도 같은 존재로 부상했다.

랑베르가 보고 경험한 십자군 원정은 교과서에 서술된 역사적 사건과는 차이가 있었다. 종교적 열정 못지않게 세속적 명예와 부가 원정대를 이끄는 동력이었다. 원정과 더불어 동방의 문물이 유입됨과 동시

---

12 《역사》C. 84.
13 이에 대해서는《역사》C. 95.

에 돌아오지 못한 자들에 대한 흉흉한 소문이 돌기도 했다.

11세기의 평화 운동

신의 평화*Pax dei*[14] — 9세기 이후 유럽 사회는 바이킹, 무슬림, 마자르족 같은 이민족과의 전쟁으로 어려운 시기를 보냈다. 하지만 외부 침략으로부터 사회적 혼란이 극복되면서, 유럽 내부에서는 평화를 염원하는 목소리가 커져갔다. 이때 교회가 폭력이 난무하던 "무정부 anarchy"[15] 상태에서 사회적 약자를 보호하는 방안을 적극적으로 모색하게 된다.[16] 그 결과 10세기 말부터 남부와 중부 프랑스의 교구에서는 일련의 공의회가 개최되고, 사회를 안정화시키려는 '신의 평화'와 같은 교회 법령들이 제정되었다.

무엇보다도 중세의 비전투원 보호noncombatant immunity를 목적으로 했던 이 평화 운동은 초창기에는 성직자, 수도승과 같이 폭력 앞에 무기력한 사람들의 목숨과 재산을 보호하는 것을 목표로 했다.[17] 이후 이 운동은 순례자, 여행자, 상인, 농민 등의 세속인들까지 점차 그 영역을

---

14 아래의 내용은 차용구, 〈서양 중세의 정의로운 전쟁 : 11세기의 평화론과 전쟁론을 중심으로〉, 《역사학보》 216 (역사학회, 2012), 165~189쪽을 재구성한 글이다.

15 Thomas Head, *The Peace of God. Social Violence and Religious Response in France around the Year 1000* (Cornell University Press, 1992), p.1; Alex J. Ballamy, *Just War. From Cicero to Iraq* (Polity, 2006), p.31.

16 11세기 교회의 이러한 움직임에 대해서, 마이클 만(Michael Mann, *The Sources of Social Power: Vol. 1, A History of Power from the Beginning to A. D. 1760* (Cambridge University Press, 1986), p.377, 382)은 교회가 세속적 혼란을 극복하고 "규범체제normative system"를 정립하려는 과정으로 보았다.

17 '비전투원 보호원칙'은 아우구스티누스의 저작에서도 이미 발견되고 있다는 사실로 미루어 볼 때, 이는 신의 평화 운동만의 결과로 볼 수는 없을 것이다. 비전투원 보호원칙은 전쟁 수행과정의 정의ius in bello로 신의 평화 운동이 갖는 정전론적 성격을 의미한다.

넓혀갔다. 동시에 공의회 결의 사항의 실현을 위해서 세속 귀족들도 '평화와 정의의 서약'을 해야 했고, 서약을 어기는 자들은 '벌을 받기로' 맹세했다. 1038년의 부르주Bourges 공의회는 평화 수호를 위한 처벌 행위를 실천에 옮긴 대표적인 사례로 기억된다. 이 공의회는 '모든 그리스도교 성인 남성들은 신의 평화를 수호하는 군대militia에 복무해야 한다'는 규정을 제정하기에 이른다. 그 결과, 성직자와 평범한 사람들inermis vulgi로 구성된 평화의 군대는 평화를 파괴한 자들을 처벌하기 위한 전투를 벌였고 이 과정에서 수백 명이 목숨을 잃기도 했다.[18]

평화에 대한 유럽적 차원의 관심은 교회개혁의 시대를 거쳐 클레르몽 종교회의(1095)까지 이어진다. 이곳에서 교황 우르바누스 2세는 그리스도교 사회 내부의 혼란스러운 상황에 대한 우려를 표명하면서 교회와 사회의 평화 회복을 역설했다. 그리스도교 형제들 사이의 투쟁을 종식시키고 이교도에 대항한 전쟁을 강조한 그의 연설문은 무력으로 평화를 유지하려 했던 "평화 운동의 결정판"이었다고 할 수 있다.[19] 그 후 제1차(1123),[20] 2차(1139),[21] 3차 라테란 보편공의회(1179)[22] 에서도 신의 평화에 관한 규정이 재천명되었다. 전시의 비전투원 보호 원칙은 1140년경 편찬된 그라티아누스 교령집Decretum Gratiani에서도 확인되고[23], 1234년에 교황 그레고리우스 9세가 펴낸《교령집Liber

---

18 Bernhard Töpfer, *Volk und Kirche zur Zeit der beginnenden Gottesfriedensbewegung in Frankreich* (Rütten & Loening, 1957), p.91. 평화 운동의 서막을 알리는 르퓌Le Puy 공의회 (975)를 주도한 주교 귀Guy도 처음부터 세속 귀족과 농민들milites ac rustici의 지원을 통해 평화 유지를 도모했다.

19 장준철,〈13세기 교황중심 유럽질서와 파문제재〉,《서양중세사연구》, vol.25 (2010), 136쪽.

20 Can. 12[교회 재산 절도죄에 대한 제재], 14[강탈 행위 금지], 15[법령 갱신].

21 Can. 12[휴전 의무], 15[성직자에 대한 폭행 금지 및 성당의 비호권].

22 Can. 21[휴전 의무 위반에 관한 규정], 22[안전 유지].

23 F. H. Russel, *The Just War in the Middle Ages* (Cambridge University Press, 2003), p.186.

Extra》에도〈휴전과 평화*De Treuga et Pace*〉라는 제목으로 삽입된다. 민간인 보호 규정과 관련해서 이전보다 좀 더 구체적인 언급을 하는 이 교령집은 성직자, 수도사, 평신도 수사*conversi*, 순례자, 상인, 농민, 여행자*euntes et redeuntes* 등이 우선 보호대상이며, 그 외에도 경작에 필요한 동물에 대한 재산권 보장을 명시했다.[24]

그러나 신의 평화 운동은 알려진 것과는 달리 전쟁 자체에 반대하는 비폭력적 운동은 아니었다. 이는 카롤링거의 왕권이 붕괴되고 지방 호족 세력이 독자적인 세력을 확대해가는 과정에서 발생했던 무자비한 폭력을 자제시키기 위해 시행되었다. 따라서 신의 평화 운동은 방어적 성격을 지님과 동시에 폭력으로 인해 손상된 정의를 복원하기 위한 수단이기도 했다.[25] 성직자들은 침략에 대한 자기방어를 정당한 것으로 보았고,[26] 이러한 '정당한 명분'에 근거하여 협정 위반자에 대한 무력 사용도 불사했다.

교회는 평화 운동의 목적을 달성하기 위해서 농부와 상인들과 함께 평화 수호를 위한 서약공동체를 조직하는 등의 능동적 대응책을 모색했다. 평화 운동의 주창자들과 참여자들 모두 폭력을 예방하고 평화를

---

24 *CJC, Decretalium*, Lib. I, Tit XXXIV: *Personae hic enumeratae plena securitate gaudent tempore guerrae. Idem. Innovamus autem, ut presbyteri, [clerici], monachi, conversi, peregrini, mercatores, rustici, euntes et redeuntes, et in agricultura exsistentes, et animalia, quibus arant et quae semina portant ad agrum, congrua securitate laetentur. Nec quisquam etc.*

25 H. E. J. Cowdrey, "The Peace and the Truce of God in the Eleventh Century", *Past and Present* 46(1976), pp.46-47

26 1040년 아를의 대주교와 주교들은 평화의 파괴자에 대한 저항을 정당화했고, 평화를 지키는 일은 신을 위한 사역으로 보았다(MGH Constitutiones I, 596-597). 이에 대해서는 David Luscombe, *The New Cambridge Medieval History: Volume IV c. 1024 – c. 1198/ Part I* (Cambridge University Press, 2004), p.191.

정립하는 데 공동으로 노력했지만, 평화수호와 증진을 위한 수단으로 서 무력사용 자체를 반대하지 않았다. 평화 공의회를 소집한 주교들은 '전쟁에 대한 무관심'이 아니라, 힘의 균형원리를 전제한 적극적 의미 의 평화관을 견지했던 것이다. 결국, 전쟁에 대한 11세기 평화 운동주 의자들은 실용주의적 평화주의Pragmatic Pacifism의 입장을 취했다. 이는 공동체의 생존과 같은 극도의 비상상황에서 제한적 전쟁도 가능하다 는 생각으로, 정당 방위적인 살상 행위 자체를 부정하지 않는 전쟁관 이 11세기의 평화 운동의 또 다른 모습이었다.[27]

평화와 전쟁에 대한 이러한 이해는 아우구스티누스의 정전론과 일 맥상통한다. 아우구스티누스는 전쟁을 평화의 회복 수단으로 인정했 고, 평화를 위한 무력 사용을 정당화했다. 평화 공의회 역시 평화 운동 의 자기 방위적 성격에 '전쟁 개시의 정의'를 부여했다. 하지만 파문권 과 금지제재禁止制裁, interdict 이외에는 별다른 강제력을 소유하지 못한 교회가 세속 귀족 집단의 실질적 협력과 동조가 없이 이 운동을 성공 적으로 수행하기는 어려웠다.[28] 마침내 세속 권력의 공권력이 요구되 었고, 이는 평화 유지를 위해 무력에 의존하는 결과를 초래하게 된다. 이렇게 해서 비전투원에 대한 보호를 위해 시작되었던 신의 평화는 당 대에 실효를 거둘 수 있었고, 후대에도 기독교적 정전론의 중요한 골 격을 형성하는데 기여했다.[29]

---

27 11세기 평화 운동과 제한전limit warfare과의 연관성에 대해서는 Luscombe, *The New Cambridge Medieval History: Volume IV c. 1024 – c. 1198/ Part I*, p.189, 511.

28 장준철, 「주교의 파문 집행을 위한 세속 권력의 협력」, 『역사학연구』 21(2003), 315-338쪽.

29 James Turner Johnson, *Just War Tradition and the Restraint of War: A Moral and Historical Inquiry* (Princeton University Press, 1981), pp.130-131.하지만 신의 평화 운동 이 당대 사회에 끼친 실질적 영향력에 대해서는 회의적인 견해가 일반적이다. 잉글랜드에서는 이 운 동이 확산되지도 않았으며, 중세의 평화 운동이 세속 귀족의 전쟁행위 자체를 반대하는데 실패했기

신의 휴전Treuga dei ― 1020년대 이후의 교회는 특정 사람들을 보호하려는 평화 운동보다 더 강화된 평화 정책을 추진한 결과, 특정 기간 동안 일체의 무력행사를 금지하는 신의 휴전에 대한 규정을 정립할 수 있었다. 이 같은 전쟁 규약의 제정은 '신의 평화'와 더불어 '전쟁 수행 과정의 정의'를 정립하는 계기가 된다. 그러나 신의 휴전 운동도 전쟁 자체를 반대하는 평화주의적 관점은 아니었다. 11세기의 교회는 그리스도교 형제들 간의 싸움*guerra*은 경계했지만, 약탈과 살인 같은 올바르지 못한 행위를 저지른 자들에 대한 전쟁*bellum*은 필요하다고 믿었다. 신의 휴전은 '전쟁의 제약'을 강요하는 정전론이었고, 전쟁 자체를 금지하지 않았다. '신의 평화'를 주창했던 사람들조차도 신의 휴전일에도 평화의 수호를 위해서는 전투를 수행할 수 있다고 생각했다.[30]

현실적으로도 금요일 오전부터 일요일 저녁까지는 전투를 중단하라는 교회의 요청을 세속 귀족들이 받아들이기는 쉽지 않았다. 포위 공격전이 일반적인 전투 형태였던 당시에 이러한 금지조항은 준수되기 힘들었다. 교회법학자들의 입장도 마찬가지였다. 그라티아누스에게 조국*patria*의 방어 전쟁은 정당하며, 이러한 방어전은 사순절을 포함해서 어느 때고 가능했다. 프와티에의 피터Petrus Pictaviensis는 주일에도 방어를 위한 전투는 용인된다고 보았다. 피터 영장자Peter Cantor, 알렉산더 할렌시스Alexander Halensis, 장 드 라 로셸Jean de la Rochelle과 같은 법학자들도 방어를 위한 전투와 같이 위급한 상황에서는 안식일에도

때문이다. 이에 대해서는 Keith Haines, "Attitudes and impediments to pacifism in medieval Europe", *Journal of Medieval History* 7 (1981), p.377.

30 Luscombe, *The New Cambridge Medieval History: Volume IV c. 1024 – c. 1198/ Part I*, p.190.

전투를 할 수 있다고 보았다.[31] 또한 신의 휴전 규정 자체가 군주의 경찰력 사용을 예외적으로 인정했기에, '휴전' 조약은 오히려 국가가 폭력에 대한 독점적 권리를 확보하고 국가의 폭력을 정당화하는 계기가 되었다.

사회의 폭력행위를 규제하려는 교회의 노력이 가져온 예상치 못한 또 다른 결과는 1139년의 제2차 라테란 공의회의 결의사항이다. 이 공의회는 살상효과가 컸던 석궁_Ballista_, 활_auballista_과 화살, 공성무기 등의 사용을 금지시켰다.[32] 공의회 결의사항에는 이러한 무기가 "그리스도교인들 사이에" 사용되는 것은 파문을 통해서 엄격히 금지하고 있다. 그러나 이단과 이교도에 대해서는 언급이 없는 것으로 보아 이들과의 전쟁에서는 이러한 무기의 사용이 가능했음을 암시한다. 따라서 공의회는 이러한 살상 무기의 사용 자체를 금지하기보다는 "기독교인들 사이에" 사용되는 것을 금지했다. 결국 공의회의 주요 목적은 특정 무기 사용 금지 조항을 통해서 그리스도교 사회의 치안과 평화 유지였으며, 무력 사용 자체에 대해 반대한 것은 아니었다. 13세기 중반에 호스티엔시스_Hostiensis_가 했던 "정의로운 전쟁에서는 모든 무기의 사용이 합법적이다."는 말 역시 이러한 맥락에서 이해된다.[33]

11세기 이후의 '신의 평화'와 '신의 휴전'으로 대변되는 평화 운동은 전쟁과 폭력 자체를 부정하지 않았고, 오히려 비폭력이 사회와 정치적으로 효율적이라는 이유를 들어 비폭력을 옹호했던 실용주의적 평화주의에 가깝다. 초대 교회의 평화주의자들은 "악한 자를 대적하

---

31 Russel, _The Just War in the Middle Ages_, p.244.
32 Can. 29[특정 무기 사용 금지].
33 Johnson, _Just War Tradition and the Restraint of War_, p.129.

지 말라, 누구든지 네 오른 뺨을 치거든 왼쪽 뺨도 돌려대라.", "검을 가지는 자는 다 검으로 망하느니라."는 예수 그리스도의 가르침을 실천하고자 했고, 그 결과 전쟁을 악으로 보았다.[34] 그러나 이후 중세의 교회는 게르만적 전사 문화, 기사의 전쟁 코드와 타협안을 찾아야 했으며, 그로 인해서 초대교회의 비무장 평화주의와는 다른 평화론을 모색하게 된다. 따라서 11세기의 평화 운동은 현실 속에 잠재해 있는 악을 직시하고 이를 무력으로 응징하고자 했던 실천적 대안이었다. 교회는 그리스도교 공동체 전체의 안위를 염려한 나머지, 방어를 위한 무력 사용을 용인하게 된다. 공동체의 생존이라는 비상 상황에서 평화 유지는 최고의 가치sacramentum pacis로 여겨졌기 때문이었다.

이처럼 11세기의 평화 운동은 '전쟁 수행과정의 정의'를 준수하면서 무력 사용을 허용하는 정전론에 근거했으며, '정당한 원인'과 '정당한 의도'를 정의로운 전쟁의 핵심 조건으로 제시했던 아우구스티누스의 정전론은 결국 11세기의 교회에 의해서 현실화된다. 11세기 평화주의자들은 전쟁을 예방하기 위한 전쟁war upon war으로 이해했고, 침략에 대한 방어 전쟁을 주창했던 것이다. 1033년경 부르주의 주교 아이몽Aimon이 평화를 파괴하는 전쟁 수행자bellum ferens에 대한 방어전쟁을 주창한 것도 이러한 맥락에서 이해될 수 있다. 군인과 민간인을 철저히 구분하는 '식별의 원칙the principle of discrimination'이 적용되었다는 점에서도, 신의 평화 운동은 정전론에 그 이론적 토대를 두고 있다.[35]

---

34 조셉 L. 알렌,《기독교인은 전쟁을 어떻게 볼 것인가》(대한기독교서회, 1993), 33-37쪽; 신원하, 《전쟁과 정치》(대한기독교서회, 2003), 134~136쪽.

35 이와 관련해서, 마이클 만은 자신의 저서(Mann, *The Sources of Social Power*, p.382)에서 11세기의 평화 운동은 정의로운 전쟁과 부정의한 전쟁의 구분을 초래하는 계기가 되었다고 보았다.

교회와 전쟁

십자군 전쟁과 성전론의 대두

평화 운동이 유럽 전 지역으로 확대되면서, 의외의 결과를 초래했다.
평화에 대한 강조는 평화지상주의로 변질되었고, 이제 평화를 저해
하는 요소는 무력을 통해서 제거될 수도 있었다. "성스러운 평화holy
peace"에서 "성스러운 전쟁holy war"으로 이행하는 과정에서 '정당한 권
위'를 부여받은 세력이 행사하는 폭력은 더 이상 불법이 아니라, 잘못
된 것을 교정하는 수단으로 인정되었다.[36] 더욱이 11세기 중반 이후의
서임권 투쟁 기간에 종교 지도자들에게도 물리적 힘의 사용이라는 '교
정권'이 용인되면서, 교회는 세속권력과 더불어 정의로운 전쟁을 수행
할 수 있는 유일한 권력으로 인정받게 된다.

아우구스티누스도 전쟁이 정당성을 획득하기 위해서는 전쟁은 정
당한 주체에 의해서 치러져야 한다고 보았다. 그의 영향을 받은 12세
기의 주석학자들은 전쟁 수행과 참여의 권한이 교회에 있음을 확신한
나머지, 세속 군주들의 전쟁 개시권에 대해서는 대체로 침묵하는 편이
었다. 중세 초기까지만 해도 전투에 참여했던 군인들은 참회의 의무를
지녔으며, 참회를 하지 않을 경우 이들의 죄는 사함을 받지 못했다.[37]

---

[36] "잘못된 것을 시정할 목적으로 합법적인 포고절차를 거친 전쟁은 정의롭다"는 그라티아누스 교령집
의 규정(*CJC*, *Decretum*, Causa XXIII, Quaest. II, Can. II)은 이러한 맥락에서 이해될 수 있을
것이다.

[37] Daniel M. Jr. Bell, *Just War as Christian Discipleship: Recentering the Tradition in the
Church Rather Than the State* (Brazos Press, 2009).

하지만 11세기가 경과하면서 상황은 변했고, 성직자가 전쟁에서 손에 직접 피를 묻힐 수 있는 문제에 대해 의견이 개진될 정도로 교회는 전쟁 개입에 큰 관심을 보였다. 13세기의 법학자 후구치오Huguccio 같은 인물은 성직자들의 개별적인 전투 참여는 반대했음에도 불구하고, 이단과 불신자들에게 전쟁을 선포하고 세속군주로 하여금 전투에 참여하도록 강요할 수 있는 교회의 권리를 인정했다. 비록 아우구스티누스가 제국의 비그리스도교도 신자와 이단에 대한 물리적 박해를 옹호했는지에 대해서는 논란의 여지가 있으나,[38] 그는 신앙을 수호하기 위해 교회가 전쟁을 주도하는 행위에 동의하지 않았다. 따라서 11세기에 태동한 성전관은 새롭게 변한 시대상을 반영한다. 11세기 전반기에 시작된 신의 평화와 휴전 운동을 거치면서, 기사는 "교회와 가난한 이들을 보호하고 신의 평화를 실현하기 위해 그리스도의 적들을 제거하는 새로운 평화 운동에서 주도적 역할을 하게 된다."[39] 평화를 수호하는 기사의 무력 사용이 교회로부터 축성되면서, 클레르몽 공의회 이후 '정의로운' 폭력과 전쟁은 성스러운 것으로 여겨졌다.[40]

이미 교황 그레고리우스 7세는 '그리스도의 군사miles Christi' 개념을 고안해 내어 교회의 자유를 위한 전쟁에 '면죄absolutio peccatorum'라는 도덕적 대의명분을 부여한 바 있다. 성경도 "그리스도 예수님의 훌륭한 군사"가 되도록 권했고, 제롬도 영적인 싸움과 관련해서 그리스도

---

38 아우구스티누스가 이단 십자군에 제국의 물리력을 사용하는 것을 동의했다고 보는 견해로는 John Gilchrist, "The Papacy and War against the Saracens, 795-1216", *The International History Review* 10/2(1988), p.177.

39 이정민, 〈신의 평화 운동의 역할과 그 역사적 의미 : 샤루 공의회에서 클레르몽 공의회까지〉, 《서양중세사연구》 vol.25 (2010), 47쪽.

40 Tomaž Mastnak, *Crusading Peace: Christendom, the Muslim World, and Western Political Order* (University of California Press, 2002), pp.1-54.

예루살렘의 왕으로 대관되는 부이용의 고드프루아. 전쟁을 수행하는 것은 세속 권력이었지만, 전쟁을 기획하고 상대방에게 선전포고를 할 수 있는 권한은 교회에 있었다.교회는 자신의 의지를 관철시키기 위해 파문 등의 종교적 강제력을 활용했다. 결국 전쟁은 교회에서 처리해야 할 문제이기도 했다.

의 군사를 언급했지만, 그레고리우스는 이러한 영적인 임무에 세속적인 역할을 부여받은 새로운 인간상을 창출해냈던 것이다.

전쟁이 신의 평화를 수호하기 위한 일상적 업무로 이해되면서, 쉬제Suger는 기사를 "경이로운 검객이요, 용감한 전사"로 묘사하기에 이른다. 마침내 십자군 전쟁 중 설교자들과 신학자들은 군사적 행동을 이론적으로 뒷받침했고, 종교는 군사주의를 정당화했다. 올바른 질서 확립의 일환으로 전쟁이 축복되면서, 성전 이념은 전쟁에 참여하는 군인들의 죄를 사면해주게 된다.

시토 교단의 창시자 베르나르Bernard de Clairvaux도 '정의'의 명분으로 사용되는 기사의 무력과 폭력성을 옹호했다. 그는 성전 기사단을 새로운 전사로 칭송하면서, 엄격한 규율과 충성심을 맹세케 했다.《새로운 기사도를 위한 찬가》에서 베르나르는 이교도를 죽이는 그리스도교 기사는 죄를 짓지 아니하며, 이를 오히려 그리스도의 영광을 위한 공헌으로 정당화했다. 1200년경 하르트만 폰 아우에와 같은 시인들도 신앙인과 전사의 덕목은 동일하며, 전투 참여를 그리스도를 본받는 행위로 묘사했다.

이처럼 아르눌의 시대에는 전쟁이 그리스도의 뒤를 따르는 행위라는 인식이 당대인들에게 보편화되었다. 이는 교회가 십자군 전쟁을 신의 뜻을 따르는 성전으로 설파하고 전쟁 참여자들에게 면죄의 특권을 부여한 결과였다. 초대교회에서는 그리스도교 신자들이 군대에 복무해야 하는 문제에 대해 논란이 벌어질 정도였으나, 이제 무기를 잡고 전쟁터로 가는 것은 신앙인의 권리가 아닌 의무로 변해갔다.[41]

---

41 Waltraud Verlaguet, "Crusade sermons as factor of european unity", *War Sermons* (Cambridge Scholars Publishing, 2009), p.4; Kathleen G. Cushing, "Anselm of Lucca and the Doctrine of Coercion: The Legal Impact of the Schism of 1080?", *Catholic Historical Review* 81/3(1995), p.367.

교황권 옹호론자 안셀무스

십자군은 교황과 주교에 의해서 장려되고, 전쟁의 이론적 토대 역시 이들에 의해서 정립되었다. 성전론이 확산되어가던 1080년대에 루카Lucca의 주교직을 맡고 있던 안셀무스는 교회의 수호를 목적으로 하는 전쟁을 정당화하는 데 기여한 인물로 알려져 있다. 서임권 투쟁 당시 교황권 옹호자로 알려진 그는 자신의 동지이자 수트리의 주교였던 법학자인 보니죠1045-1095의 논지를 계승했다. 보니죠는 세속권력으로부터 '교회의 자유libertas ecclesiae'를 추구하던 시대에 아우구스티누스의 정전론을 적극 활용한 인물이었다. 보니죠는 자신의《친구에게 보내는 글Liber ad Amicum》[42]에서 올바른 신앙을 위한christiano pro dogmate 전쟁은 신의 영광을 위한 것이기 때문에 허용된다고 주장한다. '의로움 때문에 박해받는 자 복이 있나니'라는 성경구절을 인용하면서 그는 신을 위한 잔인한 행동pro Deo crudelitas은 죄가 아니라고 보았다.[43] 그래서 진리와 정의를 위해서 싸우는 신의 전사들Dei milites은 신의 가호를 입을 것이며, 설사 죽더라도 충분한 보상을 받을 것임을 확신했다.[44] 11세기 성전 이론의 형성에 결정적인 기여를 했던 보니죠의 생각은 교황 그레고리우스 7세가 유럽 내외에서 이슬람 세력과의 전쟁을 기획하는 교회법적인 토대가 되었다.[45]

---

42 *MGH Libelli de lite*, I, 568~620. 보니죠와 그의 작품 세계에 대해서는 Ian Robinson, *The Papal Reform of the Eleventh Century* (Manchester University Press, 2004), pp.36-63, 158-261.

43 *Liber ad Amicum*, 619: *Non est impietas pro Deo crudelitas*.

44 *Liber ad Amicum*, 589: Qui pro iusticia dimicantes bello prostrati fuerunt, hos Deus signis et miraculis sibi valde placuisse demonstravit, magnam pro iusticia posteris dimicandi dans fiduciam, quando hos in numero sanctorum connumerare dignatus est.

45 전쟁에 대한 보니죠의 이러한 입장은 교회개혁이 본격화되기 이전의 시기와 비교해서 큰 차이가 있었다. 1020년대에 작성된 부르크하르트의《교령집》에서는 성직자들의 전쟁 개입을 어떠한 이유에

보니죠의 평화와 전쟁관의 영향을 받은 안셀무스는 11세기의 전쟁관이 정의로운 전쟁론에서 성전론으로 변화하는 데 기여한 전략가이자, 교회법에 성전론을 최초로 명시한 인물이다. 1083년경에 편찬된 《교회법 모음집Anselmi Lucensis Collectio canonum》의 12권 〈파문에 대해서De excommunicatione〉와 13권 〈징벌에 대해서De vindicta〉에는 이러한 성전관이 뚜렷하다. '승리의 영광은 땅이 아니라 하늘에서 오기 때문에' 전투에 참여하는 자는 먼저 신께 기도를 올려야 한다. 그는 또 성전의 정당성을 부각시키고자 아우구스티누스의 《마니교도 파우스트스 논박》을 인용하면서, 모세의 살인사건은 신의 명령을 따른 것이기에 잔인한 행동이 아니라는 주장도 제기한다.[46] 전쟁은 더 이상 평화와 양면적인 것이 아니라, 평화의 추구pacificus는 전쟁을 통해서만 가능했다.[47]

이처럼 안셀무스 같은 11세기의 교회 개혁론자들은 아우구스티누스의 정전론을 성전론으로 재해석하는 과정에서 '전쟁은 죄'라는 관념을 지워갔다. 마침내 선이 악을 응징하기 위해서는 자의적 무력 사용도 가능해졌고,[48] 전쟁의 정당한 주체 즉, 전쟁을 치룰 수 있는 최종 권한ius belli을 가진 통치권자는 교회가 되었다.[49] 물론 물리적 폭력을 직

서든지 반대했고, 정의로운 전쟁이라고 하더라도 살생을 한 자는 참회를 해야만 했다(Decretum libri XX., II: 211). 부르크하르트에게 있어서 파문만이 유일하게 강제력을 갖는 수단이었다.

46 Collectio canonum XIII, 1: "Quod Moyses nichil crudele fecit quando praecepto Domini quosdam trucidavit."

47 Collectio canonum XIII, 3; Collectio canonum XIII, 4.

48 Collectio canonum XII, 55: De malis cogendis ad bonum; XIII, 12: Ut mali non occidantur sed corrigantur; XIII, 3: Quod bella cum benivolentia sunt gerenda. 안셀무스는 자신의 또 다른 저서 《Liber contra Wilbertum》에서도 같은 의견을 개진했다: et cum catholica matre nostra ecclesia persequar inimicos eius nec convertar, donec deficiant.

49 Collectio canonum XIII, 14: Quod aecclesia persecutionem possit facere.

접 행사하는 주체는 세속 권력이었지만, 세속 귀족들은 교회의 직무를 수행하는 하위 직급의 대리인에 불과했다. 전쟁을 기획하고 상대방에게 선전포고를 할 수 있는 상위 권한은 교회에 속했기 때문이다.[50] 교회는 자신의 임무를 완수하기 위해 파문은 물론이고 무력 사용도 강제 persecutio할 수 있는 권한을 갖게 된다. 더 나아가 위급한 상황에서 교회는 직접 무력을 사용할 수도 있었다.[51] 전쟁은 더 이상 세속적 문제가 아니라 교회가 처리해야 할 안건res ecclesiae이었다. 이는 중세 교회의 전통적인 전쟁관과의 결별을 의미했다. 전쟁에 대한 이러한 안셀무스의 견해는 학계에서 그를 성전주의자로 분류하는 원인이 되었다. 하지만 그의 전쟁론을 좀 더 면밀하게 살펴보면, 그는 몇 가지 조건들을 전쟁의 전제로 염두에 두고 있다. 비록 그가 그리스도교의 계율이 폭력 사용을 용인하지 않음을 강조한 바 있지만, 공동체의 평화가 위협받게 될 경우, 즉 자기 방어적 전쟁은 정당화되었다.

이 점에 있어서 그는 아우구스티누스 사상의 계승자였다. 안셀무스는 '사랑의 체벌'이 그 '의도'라면 전쟁은 정당하다고 생각했다.[52] 이웃에 대한 진정한 사랑caritas 때문이라면, 무력 사용도 가능하다는 것이다. 이처럼 사랑과 무력 사용을 조화시키려 노력했던 아우구스티누스의 정전론을 적극적으로 수용한[53] 그는 '악한 자를 죽이기보다는 교정

---

50 *Collectio canonum* XII, 46: *De scismaticis coercendis a secularibus; Collectio canonum XII, 54: Ut excommunicati cohibeantur a saecularibus*; Cushing 1995, 365.

51 하지만 성직자가 몸소 전쟁 참여하는 문제에 대해서 안셀무스는 명확한 입장을 취하기보다는 양가적인 태도를 보였다. *Liber contra Wibertum*(MGH Libelli de lite, I, 525)에서 안셀무스는 성직자의 전투 참여를 금지하고 있다.

52 *Collectio canonum* XIII, 3: Quod bella cum benivolentia sunt gerenda.

53 *Collectio canonum* XII, 55에서 안셀무스는 아우구스티누스의《주님의 산상기도》(I, cc. 64~65)의 "징벌은 증오가 아니라 사랑으로 행해져야 한다*De vindicta non odio sed amore facienda.*"는 구절을 인용한다.

시켜라*Ut mali non occidantur sed corrigantur*'는 주장에 이르게 된다. 사랑만이 무력을 사용할 수 있는 '정당한 원인'이라고 보았던 것이다. 따라서 전쟁의 목적은 상대방을 말살함이 아니라 적을 죄로부터 구원하는 것이어야 했다. 안셀무스에게 있어서 이러한 동기에 의한 전쟁은 올바른 의도에서 시작되었기 때문에, '정당한 명분'을 갖는다. 결국, 전쟁은 살생보다는 구원을 목적으로 하는 사목활동*ministrare*의 하나로 인식되었다.[54] 동시에 전쟁은 잘못된 길로 빠져든 자들*errantes*을 정의로운 교회 안으로 되돌려보내고,[55] 그렇게 해서 '주님의 집*domus Dei*'이 분열되는 것을 예방하는 수단이기도 했다. 공동체를 적으로부터 방어하는 기사를 정의의 전사로 그렸고,[56] 교회는 적들을 몰아낼 수 있는 권한을 가지게 되었다.[57] 전쟁의 도덕성을 강조한 그는 이러한 목적에 부합한 전쟁을 정의로운 전쟁으로 규정했다.[58]

자신의 또 다른 저서《비베르트에 대한 반박론*Liber contra Wibertum*》에서 안셀무스는 '어떠한 이유에도 불구하고 교회는 무력에 의지해서는 안 된다'는 주장에 반론을 제기한다. 교회는 오히려 적의 해악으로부터 스스로를 방어하기 위한 선의의 박해*beata persecutio*를 할 수 있다는 것이다.[59] 평화는 '정당한' 방어 전쟁을 통해서만 지켜질 수 있으며,

---

54 *Collectio canonum* XIII, 4: *Noli existimare neminem Deo placere posse, qui armis bellis ministrat.*

55 *Liber contra Wilbertum*, 525: *sed propter se, quantum ad iusticiae perfectionem, quantum spectat ad domus Dei docorem.*

56 *Collectio canonum* XIII, 4: *Quod militantes etiam possunt esse iusit*; XIII, 6: *De persequendo hostes*; XIII, 8: *De predando hostes.*

57 *Collectio canonum* XIII, 14: *Quod ecclesia persecutionem possit facere.*

58 *Collectio canonum* XIII, 4: *Quod militantes etiam possunt esse iusti et hostem deprimere necessitas non voluntas debet.*

59 *Liber contra Wibertum*, 523.

전쟁 수행의 정당한 주체는 교회와 국가였다. 그는 또한 생사여탈권을 의미하는 검의 권리ius gladii와 무력 사용vis armata은 이단자, 파문자, 평화의 적, 불신자에게만 사용될 수 있음을 명시함으로써 전쟁 수행 대상의 기준을 명확히 했다. 이는 무차별적인 무력 사용으로 인해 발생할 수 있는 부수적 피해를 최소화하기 위한 방책이었다. 이와 같이 그는 '식별의 원칙'을 준수하도록 지시함으로써, '전쟁 수행 과정의 정의'를 위한 규칙을 제시했다.

교회법학자 이보 샤르트르

샤르트르의 주교였던 이보Yves Carnutensis, c.1040-1115는 교황 그레고리우스 7세와 우르바누스 2세가 주창했던 성전주의가 유럽의 지식인 사회를 휩쓸던 격동의 시대에 활동한 인물이다. 당시 대표적인 교회법학자이기도 했던 그의 전쟁론에도 아우구스티누스의 정전론의 흔적이 남아 있다. 1차 십자군의 전운이 감도는 1095년경에 그가 편찬한《교령집》[60]과《파노르미아Panormia》[61]에는 이러한 연관성이 투영되어 있다. 여기서 그는 폭력과 살인 행위 자체를 교회법뿐만 아니라 세속법적으로 금지된 것으로 보고 있으며, 인간의 사적인 정욕avaritia[62]이나

---

60 Decretum Ivonis, *Patrologiae Cursus Completus*, CLXI, col. 9~1036.

61 Panormia Ivonis, *Patrologiae Cursus Completus*, CLXI, col. 1045~1343; 이보의《교령집 *Decretum*》과《파노르미아*Panormia*》의 교회법적 의미에 대해서는 장준철, 〈11세기 개혁시대의 교회법령집 분석〉, 《서양중세사연구》 vol.18 (2006), 21~23쪽.

62 Decretum Ivonis, X[60]; Panormia Ivonis VIII[42]: *Qui per odium vel malum ingenium et nisi propter iustitiam faciendam hominem punierit honorem suum perdat, et legibus contra quem iniuste fecit secundum penam quam intulerit emendet.*

증오심odium에서 비롯된 전쟁은63 정의롭지 못하다고 명시했다. 그러나 아우구스티누스와 마찬가지로 이보도 '정당한 명분'을 지닌 전쟁을 허용했다. 인간의 욕망이 아닌 신의 뜻을 따르는 전쟁은 가능하다는 것이다.64 그는《교령집》에서 이단자haereticos, 이교도schismaticos, 교회의 파괴자dissipatores ecclesiae, 그리스도를 거절하는 자들exsufflatores Christi로부터 교회를 수호는 일은 모든 기독교 통치자와 군인들의 의무임을 명시한다. 이보는 아우구스티누스의《요한 서신 강해Tractatus in Epistolam Johannis》의 문구(11, 13)를 인용하여, '악에 대항하는 전쟁은 정의롭다'는 교부철학자의 정전론을 성실하게 답습하고 있음을 보여준다. 이는 동시에 방어 전쟁은 시민의 의무라는 아우구스티누스의 정전론과 일맥상통한다.

그러나 이보는 더 나아가 '이웃에 대한 사랑에서 비롯된 전쟁은 그가 악한 행동을 하는 것을 막을 수 있으며, 이러한 행동을 막지 못한다면 이는 오히려 죄를 짓는 결과가 된다.'고 보았다. 안셀무스처럼 이보도 무력 사용의 의도는 상대방에 대한 사랑benevolentia에서 비롯되어야 함을 강조했다. 전쟁의 목적이 악을 물리치고 정의를 회복하는 것이라면,65 이 전쟁은 평화주의적 행동으로 볼 수 있다는 것이다. 군사적 개

---

63 Decretum Ivonis, X[152]: *Sed tamen opporet eos considerare, qui hanc necem nefariam cupiunt, utrum eos se coram oculis Dei quasi innoxios excusare possint, qui propter avaritiam, quae omnium malorum radix est, et idolorum servituti comparatur, atque propter favorem dominorum suorum temporalium aeternum Deum contempserunt.*

64 Decretum Ivonis, X[99]: *Quando vult Deus potestates concitare.*

65 Panormia Ivonis VIII[42]: bella *gererentur a bonis, ut licentiosis cupiditatibus domitis hec vitia perderentur*; Decretum Ivonis, X[105]: *Apud veros Dei cultores etiam ipsa bella pacta sunt, quae non cupiditate aut crudelitate, sed pacis studio geruntur, ut mali coerceantur, et boni subleventur.*

입은 평화를 지키기 위한 '최후의 수단'일 뿐이다. 죄를 징벌하고 죄의 본질을 깨닫게 하여 죄인이 신께 돌아오게 하려는 것이 전쟁의 최종적 목적이었다.[66]

이보 역시 안셀무스와 마찬가지로 정당한 전쟁의 또 다른 기준으로 '정당한 주체'를 든다. 합법적인 권위*accepta legitima potestate*를 가진 자가 타인을 위하거나*pro aliis* 혹은 국가*pro civitate*나 가족*domus*의 방어를 위해 전투를 할 경우,[67] 이 전쟁은 정당한 명분을 갖게 된다. 전쟁을 수행할 수 있는 정당한 권리를 가진 자는 군인이거나 관직을 가진 자였다.[68] 여기서 중요한 점은, 죄인을 벌하고 처형하는 주체는 인간이 아니라 법 그 자체라는 사실이다.[69] 반대로 사적인 권한*privata potestate*으로 일으키는 전쟁은 금지되었다. 따라서 개인적 욕망에 사로잡힌 잘못된 판단은 올바른 명령권*iusto imperio*을 가진 자에 의해서 무효화될 수 있으며, 그 결과에 대해 처벌을 받아야만 했다.

반대로 평화를 지키기 위해 목숨을 내던진 자들에게는 합당한 보상 *praetitulatum praemium*이 약속되었다.[70] 합법적 권위에 의해 주도되는 전쟁에서 싸우는 군인은 살인자가 아니라 신의 종*minister domini*이며, 그에게는 일종의 면책특권이 보장되었다.[71] 이보는 또한 자기 방어권을

---

66 Decretum Ivonis, X[114]: *Qui malos percutit in eo quod mali sunt, et habet vasa interfectionis ut occidat pessimos, minister est domini.*

67 Decretum Ivonis, X[97]: *Fortitudo quae vel in bello tuetur a barbaris patriam, vel domi defendit infirmos, vel a latronibus socios, plena justitiae est.*

68 Decretum Ivonis, X[1]: *non mihi placet consilium, nisi forte sit miles, aut publica functione teneatur.*

69 Decretum Ivonis, X[101]; Decretum Ivonis, X[101]: *cum homo iuste occiditur, lex eum occidit, non tu.*

70 Decretum Ivonis, X[1]; Decretum Ivonis, X[98]; Decretum Ivonis, X[110]; Panormia Ivonis VIII[30]; Panormia Ivonis VIII[42].

옹호하기 위해서 롬바르드족과 무슬림 세력에 대항해서 로마 교회를 수호했던 교황들의 전사적 업적들을 수합하는 노력을 기울였다. 그 결과 신앙의 진리, 조국의 구원, 기독교 세계의 수호를 위해 목숨을 바친 전사들에게는 천국의 보상이 약속된다는 결론에 다다른다.[72] 이보는 이처럼 '정당한 의도'가 있는 전쟁에 참여하는 자들은 죄의식을 느낄 필요가 없었다고 보았다.

안셀무스와 이보의 전쟁관은 11세기 후반 유럽 전역에 교회 개혁과 십자군 원정의 분위기가 조성되는 과정에서 형성되었다. 당시의 성전적 환경 속에서 교회는 내부의 평화와 질서의 파괴자에 대해서 살생을 허가했고, 교회의 지도자들은 기사들의 칼을 축성해주었다.

중세 예술에서 군인들의 수호자로 그려졌던 대천사 미카엘 숭배는 이러한 분위기 속에서 등장한다. 12세기에 들어서 시토 교단은 영성과 기사도 정신을 결합한 "전투적 신앙 체계"를 구축했다. 그 결과, 무력을 통한 그리스도교 세계의 수호라는 전사 이데올로기가 창출되었다. 전사와 성인은 동일시되었고, 영적인 싸움을 주도했던 그리스도의 군대*militia christi*는 교회와 사회를 수호하는 세속적 군대*militia secularis*로 그 성격이 변화되었다.

그러나 아우구스티누스의 정전론적 전통을 계승한 안셀무스와 이보의 전쟁관 속에서는 전쟁이 정의롭기 위해서 우선 그 목적, 의도, 주체가 명확해야만 했다. 사적인 탐욕에서 비롯된 전쟁은 철저히 금지되

---

71 Decretum Ivonis, X[98]: *Miles cum obediens potestati sub qua legitime constitutus est, hominem occidit, nulla civitatis suae lege reus est homicidii.*
72 Panormia Ivonis VIII[30]: *pro veritate fidei et salvatione patriae ac defensione Christianorum.*

었다. 그리고 전쟁은 최후의 수단임이 강조되었다. 비록 이들의 저서에는 '전쟁 개시의 정의'와 '전쟁 수행 과정의 정의'가 명확히 구분되지는 않았지만, 전쟁에 대한 이들의 생각은 무차별적 전쟁론은 아니었다. 이들은 정당한 이유로 무력 사용이 허용된다고 하더라도 이는 최대한 제한적이어야 한다는 입장이었다. 특히 안셀무스가 이야기한 '사랑의 체벌로서 전쟁'은 전쟁의 목적이 응징이 아니라 정의의 회복임을 말하고 있다. 교회법의 아버지로 불리는 그라티아누스가 기존의 교회법을 모아 1140년경 편찬한 《법령집Decretum Gratiani》도 남성의 용맹성은 신의 은총이며 평화의 정착을 위한 정의로운 전쟁은 합당하다고 명시했다. 그의 이러한 전쟁관은 이후 정당한 목적과 권위에 의해 수행되었던 군사행동을 축복하는 기사문학과 교훈서들의 사상적 토대를 제공했다.

기사도와 전쟁 그리고 남성성

서양 중세의 교회는 전쟁에 대해서 대체로 평화주의, 성전론, 정전론 등의 세 가지 입장을 보였다. 초대 교회의 평화주의 전통은 중세에도 '평화의 사자'로 불린 아시시의 프란체스코 등에게로 이어졌으며, 십자군 전쟁에서 교회가 보여준 성전론과 같이 무력 사용을 축성하는 경우도 있었다. 이러한 극단적 전쟁관 사이에 정전론이 위치한다. 아우구스티누스에서 비롯된 그리스도교 정전론은 중세의 신학자들과 철학자들에 의해서 그 이론이 더욱 정교해졌고, 더 큰 악을 방지하기 위한 수단으로 무력의 선별적 사용을 허용하기에 이른다.

그리스도의 평화Pax Christi를 지향했던 11세기의 평화 운동은 전쟁에 있어서 비전투원 보호와 무기 사용의 제한을 강조하면서 시작되었다. 그러나 이러한 중세의 평화사상은 단순히 전쟁의 회피만을 의미하지 않았고, 전쟁의 방어적 성격과 복원적 성격을 인정하는 정전론을 받아들였다. 물론 중세의 평화 운동은 전쟁을 정당화하기 보다는 제한하려는 의도를 가지고 있었으나, 이는 무력 사용에 대한 변화된 인식을 반영한 그리스도교 실재론Christian Realism의 대표적인 사례였다. 이는 모든 형태의 무력사용을 거부하기보다는, 사회적 정의 실현을 위해 불가피한 강제력을 용인하는 입장이다.

동시대에 성전론을 주장했던 안셀무스와 이보도 제한전쟁limited wars을 강조하면서, 군사적 개입의 전제조건으로 정당한 권위, 정당한 명분, 정당한 의도, 최후의 수단 등을 제시한 바 있다. 평화의 개념과 관련해서, 아우구스티누스의 정전론을 답습한 이들은 평화란 만들어지는 것임을 확신했다. 전쟁과 평화는 동전의 앞뒤와 같이 이해되었고, 평화를 위해서는 제한된 범위 내에서의 전쟁은 필요했다. 이처럼 아우구스티누스의 정전론은 11세기의 평화관과 전쟁관 모두에 지대한 영향을 미쳤다. 그로 인해서 중세의 전쟁은 평화를 유지하기 위한 최후의 수단으로 인식되었고, 이는 그리스도적 사랑과 폭력 사이에서 조화를 찾으려는 부단한 노력의 결과였다. 정전론의 역사적 의의는 성전주의가 극단으로 치닫던 정세 속에서 균형추 역할을 했다는 사실이다. 그러나 한 특정한 전쟁이 정의롭다는 것은 한쪽만의 시각에 불과하다. 다른 한쪽의 정의가 부정의로 규정될 수밖에 없기 때문이다. 여기에서 정전론의 이론적 한계가 노출된다고 할 수 있다.

우리는 이제 중세 교회의 전쟁관이 '중세 기사 사회에 끼친 영향력'을 분석해야 할 필요가 있다.[73] 아르눌이 성장하던 시기는 분쟁과 전쟁의 시대이자 전쟁이 정의로운 것으로 축성되었던 시대로, 남성 전사들을 사회적 기반으로 하는 남성화된 사회였다. 남성다움이라는 이데올로기가 고착된 사회에서는 군사화된 남성성이 요구된다. 남성성과 전사의 역할은 불가분의 관계였다. 따라서 방어와 공격, 정복과 약탈은 미화되었고, 공격성과 강인함은 숭고한 것으로 받아들여졌다.

군사적 가치와 남성다움이 상호보완적 성격을 지니게 되면서 군대와 전투는 폭력적 남성성을 입증하는 공간이 된다. 중세 기사의 시대는 '문명화' 이전의 피비린내 나는 사회에 가깝다고 할 수 있다. 윌리엄 정복왕은 죽기 전 고해성사에서 '나는 어린 시절부터 무기를 지녔고, 이를 휘두르며 피투성이의 인생을 살았노라'고 고백한다. 또 12세기 노르망디의 수도사이자 연대기 작가 오르데리쿠스 비탈리스도 수도원 바깥의 혼탁한 세상을 한탄하면서, 악을 예방하기 위한 무력 사용을 정당화했다. 대신 보호자와 피보호자로 이분화된 사회에서 보호자의 역할을 맡은 기사들의 목숨을 건 희생은 영웅적인 행위로 칭송되었다. 용기는 숭고한 것으로 추앙받았다. "무기를 잘 다룬다는 것"은 최고의 찬사였다. 이는 기사의 무력 사용을 정당화함과 동시에 대한 '합법적인' 무력 사용에 대한 자부심을 심어주었다. 다음으로 기사에게 요구되는 것은 충성심이다. 이것은 약속을 지키고 맹세를 어기지 않는 행위로, 이는 상관과 동료 모두에게 해당된다.

이러한 남성전사모델the man-warrior model은 기사들의 일상적 삶에도 영향을 미쳤다. 기사들은 고가의 무기와 장비를 구입하는 데 엄청난

---

73 Richard Kaeuper, *Chivalry and Violence in Medieval Europe* (Oxford: Oxford University Press, 1999), p.2.

비용 지출을 아끼지 않았다. 최신 무기는 유용한 살상 무기이기도 했지만 신분을 과시하기 위한 장비이기도 했다. 일부 부유한 자들은 유행하던 성을 짓기도 했다.[74] 따라서 군마를 포함한 전투 장비들은 전투와 마상경기에서 훌륭한 "전리품"으로 평가되었다.[75] 이 같은 상황은 많은 기사들을 재정적 위기 상황으로까지 몰고 갔으며, 아르눌의 경우도 예외는 아니었다.[76]

무엇보다도 신의 평화, 신의 휴전, 십자군 원정은 폭력과 남성성의 상호연관성을 더욱 강화했다. '여성적' 교회를 수호하는 무력은 신성시되었으며, 남성적인 것은 축성된 무력의 정당한 사용자로 숭배되었다. 전쟁은 남성의 전유물이자 정의를 수호하는 수단이었다. 그래서 정의를 수호하기 위해서는 남성이 되어야 했다. 역으로, 남성은 자신의 성 정체성을 과시할 수 있는 피의 전쟁을 필요로 했다.

십자군 원정은 서유럽 각 지역의 기사들이 상호 접촉하고 교류하면서 기사문학의 형성에 기여한다. 아르눌의 전속 이야기꾼이었던 필리프 드 몽가르뎅Philippe de Montgardin은 십자군 원정대의 무용담을 이야기했다. 비가 내리던 겨울밤에 '바다 건너 안티오크, 아라비아, 바빌로니아를 포위했던 이야기나 성지 예루살렘의 십자군' 이야기들을 들으면서, 아르눌도 언젠가는 자신도 선배 기사들의 위대한 업적에 버금가는 위용을 보여주리라 다짐했다. 실제로 무용담에 이끌려 성전에 참여했던 혈기왕성한 기사들이 많았다.

《안티오키아의 노래》등과 같은 십자군 원정의 무용담을 담은 노래

---

74 콘스탄스 부서, 《귀족과 기사도》, 178쪽.
75 조르주 뒤비, 《위대한 기사, 윌리엄 마셜》, 233~241쪽.
76 파산 직전 아르눌의 재정 상황에 대해서는 《역사》 C. 95.

들이 유행하면서, 필리프와 같은 자들이 먼 바다 건너의 이야기를 접할 수 있었다. 비록 십자군 원정이 성지를 탈환하려는 목적에서 시작되었지만, 시간이 가면서 다양한 담론이 형성되었다. 교회는 악을 징벌하는 무력적 행위를 남성적 덕목으로 칭송하기 시작했고, 원정대의 상대인 무슬림인을 괴물이나 나약한 여성으로 상징화했다. 작가들은 이들을 때로는 "보기에도 끔찍한" 거인으로 왜곡해 정의의 기사들이 죽여야만 하는 대상으로 묘사했다. 그래서 이교도와의 싸움은 특히 잔인하게 묘사되었다. 《롤랑전》에서는 전사의 창이 적의 "심장과 간과 허파를 동시에 꿰뚫으니" "창끝이 몸을 관통하여 등판 한가운데로 삐죽 솟아나온다." 검은 "안장을 자른 다음, 말의 등을 파고들어, 구태여 관절을 찾을 것도 없이, 척추를 자른다. 사람과 말이 모두 죽어, 초원의 무성한 잡초 속으로 구른다." 이어서 롤랑은 "종의 아들놈아, 네가 액운을 찾아 이 길로 들어섰구나! 마호메트는 너에게 아무 도움도 줄 수 없으리라."는 저주의 말을 내뱉는다.[77]

피가 흥건한 십자군 원정의 자극적인 무용담은 젊은 남성들의 피를 끓게 했고, 폭력에 대한 감정을 무감각하게 만들었다. 싸우는 자만이 진정한 남성이고, 전투는 남성의 특권으로 승화되었다. 이렇게 해서 평화의 파괴자에 가해지는 전시의 살인은 교회에 의해서 용인되고 축성되었다. 반면에 성지를 수호하는 데 실패한 동방 그리스도교인들은 스스로를 보호할 힘도 없는 여성적 존재로 묘사되었다. 십자군 원정으로 유포되기 시작한 작품들은 서유럽 기사들을 '진정한 남성'으로 이상화했고, 이들만이 이슬람 세력의 '오염'으로부터 세계를 구할 수 있

77 이형식, 《롤랑전》, 83, 86쪽.

는 유일한 구원자로 여겨졌다. 이 과정에서 신학자들의 설교, 작가들은 문학 작품을 통해 적을 무찌르고 영웅으로 거듭나라는 메시지를 전했다.

아르눌에게는 가문 대대로 이어 내려오는 엘리트 전사 계층의 피가 흐르고 있었다. 기사 가문의 장남으로 태어난 아르눌에게는 훌륭한 전사가 되는 것 외에는 별다른 대안이 없었다. 아들의 탄생은 곧 전사의 탄생을 의미했다. 결국 시대적 변화에 따라 강요된 호전적 남성성은 아르눌의 정체성에 스며들었지만, 자신에게 부여된 사회적 통념에 대해 아르눌은 스스로 판단하고자 했다. 물론 강요된 남성성의 속박에서 자유로워지는 것은 수월한 일이 아니었지만 말이다.

남성문학

기사문학과 영웅주의[78]

늦가을 비가 내리면, 전투도 서서히 소강상태에 접어든다. 전투의 당
사자 사이에 휴전협정을 맺거나 강화를 체결하고는, 서둘러 각자의 성
으로 향했다. 경우에 따라서 양측의 대표자들이 남아서 중재가 이루어
지고 오랜 논의 끝에 화해가 주선되기도 했다. 그럴 경우 서로 포옹을
하고 상징적인 화해의 키스가 있은 다음, 인질로 붙잡힌 자들이 석방
되었다. 하지만 휴전 협정이 깨지면 이들은 다시 구금되어 인질 상태
로 돌아가야만 했다.

전투와 마상경기가 멈추는 겨울철이 되면, 기사들의 삶은 말 그대
로 무미건조해졌다. 그래서 지루하기 짝이 없던 겨울이 끝나기 무섭게
어느 곳에선가는 다시 새로운 전투가 시작되었다. 편도 새로 짜고 겨
우내 준비한 것들을 쏟아부었다. 기사들에게 전투는 일종의 경기였다.
애착을 가지고 몸과 마음을 다 바쳐서 준비했던 이 경기를 위해 기사
들은 기나긴 겨울을 숨죽여 보냈던 것이다. 동료들과 무리를 지어 사
냥을 하고 마상경기에 참가하는 것이 일이었던 이 젊은 패거리들에게
는 겨울은 지루한 날들의 연속이었다.

하릴없이 하루 종일 비좁은 성내에서 회색 빛 단조로움 속에 빠져
들던 이들에게 종종 즐거운 손님이 찾아오곤 했다. 광대와 춤꾼, 악사

---

78 아르눌이 동료들과 기사문학을 접했다는 기록에 대해서는《역사》C. 97.

로 이루어진 이 무리들은 이곳저곳을 떠돌아다니면서, 시인들이 쓴 시 구절에 곡을 붙여서 부르면서 영주와 그의 가족들을 즐겁게 해주었다. 음악을 연주하면서 가사에 맞춰 멋들어지게 춤을 추는 악단의 공연은 저녁 늦게까지 계속되었다. 시종들이 가지고 들어오는 포도주와 음식은 여흥을 한층 더 돋우었다.

영웅담과 같은 이야기들이 음률에 맞추어 불렸기에, 그 내용은 사람들의 뇌리에 더 오래 동안 남을 수 있었다. 이러한 구전을 통해서 옛 선인들의 지식은 후대에까지 전수될 수 있게 되었다.[79] 음유시인들이 전해준 기사문학의 내용은 구전되면서 새로운 내용이 첨부되었고 동시에 시대와 지역의 윤리적 특징을 흡수했다. 따라서 기사문학에 대한 아르눌의 학습은 그의 세계관과 정체성을 형성하는 데 기여한다. 또한 랑베르에게 있어서도 구전되어오던 세속문화는 '지식의 보고'였다.

어린 시절부터 플랑드르 백작의 성에 거주했던 아르눌은 떠돌이 이야기꾼들을 통해서 상당히 많은 지식들을 축적할 수 있었을 것이다. 보두앵의 영주였던 플랑드르 백작 필리프 달사스Philippe d'Alsace는 자신의 궁전으로 크레티엥 드 트루아 같은 당대 최고의 시인들을 초청했다. 당시 사람들이 즐겨 듣던 무훈시chanson des geste와 로망스는 어린 아르눌의 정신세계에 큰 영향을 주었을 것임에 틀림없다. 주인공의 비장한 모험 이야기는 듣는 사람의 눈물샘을 자극했다.[80] 기사문학은 어

---

79 마이클 클랜치(*From Memory to Written Record*)는 일반적으로 알려진 것보다 세속 귀족들의 높은 독서 능력을 강조한 바 있다. 그러나 랑베르의《역사》에서 아르눌의 독서 능력을 알 수 있는 내용은 없다. 단지 아르눌에게 다양한 이야기를 해준 사람들 중에 그의 동료들이 있었다는 내용으로 보아 일부 기사들의 경우 입에서 입으로 전해오는 이야기를 듣는 데 그친 것이 아니라, 독서를 통해서 지식을 습득했을 가능성도 있다.

80 11, 12세기 서사시에 대해서는 블로크,《봉건사회 I》, 253~274쪽. 무훈시의 이야기는 세속인뿐 아니라 수도사들에게도 인기가 있었다.

린이와 어른들 모두에게 일종의 교훈 예화exemplum와 같은 것이었다.

아르눌은 기사 수련을 마치고 성인이 되어서도 옛이야기 듣기를 좋아했다. 랑베르의 기록에 의하면, 그와 그의 동료들은 "겨울비가 내리고 바람의 신 아이올로스의 공기 주머니가 열리던 어느 겨울날 저녁 기사들은 성의 거실에 모여 옛 영웅들의 모험담을 들었다".[81] 더욱이 따로 글을 배우지 않았기 때문에, 이들이 새로운 세계와 지나간 과거를 접할 수 있는 유일한 통로는 다른 사람들의 기억뿐이었다. 설사 글을 읽을 줄 안다고 하더라도, 당대의 기사들은 자기가 직접 읽기보다는 다른 사람이 낭독하는 것을 듣기를 더 좋아했다.

다행스럽게도 아르눌의 주위에는 구전되어오는 이야기들을 잘 아는 사람들이 있었다. 로베르Robert de Coutances는 로마 황제들과 샤를마뉴와 관련된 이야기를 즐겨 들려주었다. 그의 입에서는 롤랑과 올리비에, 아서 왕에 관한 로망스가 끊임없이 흘러나왔다. 비록 로망스는 과거의 영웅호걸들을 묘사하고 있지만, 이는 12세기 후반의 젊은 기사들에게 남성적 행동규범을 제시하면서 남성성을 진작하는 데 기여했다.[82] 중세인들이 "지난날의 이야기를 들으면서 얼마나 큰 즐거움을 느꼈는가"[83]를 고려한다면, 문학 작품은 남성성을 재생산하는 기제였음을 알 수 있다.

또 다른 이야기꾼이었던 필리프는 주로 십자군 원정대의 무용담을 이야기했다. 비가 내리던 겨울밤에 그가 들려주던 '바다를 건너 성지

---

81 《역사》C. 97.
82 "카롤링거 왕조의 편력기사들과 아틸라 통솔하의 훈족 및 고전고대의 영웅들을 묘사"하는 11, 12세기 기사문학이 당대에 갖는 시의성에 대해서는 블로크, 《봉건사회 I》, 249~250쪽 참조.
83 블로크, 《봉건사회 I》, 263쪽.

예루살렘과 안티오크를 함락시킨 이야기, 아랍인과 바빌로니아인에 관한 이야기를 들으면서, 아르눌도 언젠가는 자신도 선배 기사들의 위대한 업적에 버금가는 위용을 보여주리라 스스로 다짐하지 않았을까.

친척 중의 한 사람인 고티에Gautier du Clud는 잉글랜드에서 전해지는 우화fabulis, 고르몽과 이장바르, 트리스탄과 이졸데, 마법사 메를랭에 관한 이야기가 막힘없이 줄줄 흘러나왔다.[84] 고티에가 흥에 겨워 마법사 이야기를 섞어서 풀어놓으면, 듣는 이들은 시간가는 줄 모르고 빠져들었다. 또한 그가 들려준 아르드르 가문과 관련된 이야기는 아르눌의 마음을 사로잡기에 충분했다. 특히 신검을 사용했던 자신들의 선조에 대한 이야기가 나올 때는 남녀노소를 막론하고 듣는 이의 마음을 설레게 했다. 그 누구보다도 아르눌 또래의 연배 기사들은 저 용맹한 무사들을 본받으리라 마음속 깊이 다짐하면서도, 그들이 행한 선행과 미덕이 자신의 피 속에 흐르고 있음에 더할 나위 없는 자부심을 느꼈다.[85]

랑베르가 《역사》 97장에서 전하는 이야기들은 중세 기사문학의 등장과 관련해서 상당히 흥미로운 주제가 될 수 있을 것이다. 그 출신지와 신분에 대해서는 알려진 바가 없는 로베르, 필리프, 고티에가 어디에서 이러한 무궁무진한 이야기들을 듣거나 배울 수 있었을까? 이 문제에 대한 대답은 의외로 가까운 곳에 있었다. 아르눌의 아버지 보두앵 백작의 긴느 성에는 늘 학자와 이야기꾼들이 머물고 있었다. 문예에 조예가 깊었던 백작은 상당한 장서를 보유한 개인도서관을 소유하

---

84 《역사》 C. 97.
85 무훈시와 청중의 감정적 교감에 대해서는 블로크, 《봉건사회 I》, 268~274쪽. 블로크는 '무훈시가 당대의 인생관을 반영하고 있으며, 청중은 작품 속에서 자신의 모습을 찾았다'고 한다.

고 있었는데, 당시로서는 보기 드문 사례였다.

보두앵의 개인적인 지적 호기심은 장서를 수집하는 데 그치지 않았고, 지식을 자기 것으로 소화하고 활용하는 데도 적극성을 보였다. 학자들을 초빙하여 그가 읽을 수 없었던 라틴어로 된 책들을 프랑스어로 번역하도록 했고, 필요하면 주석을 붙이거나 필사본을 만들어서 지식을 전파하는 데 후원을 아끼지 않았다고 한다. 중세의 궁정문화가 뿌리를 내릴 수 있었던 것은 보두앵과 같은 세속 귀족들이 물심양면으로 지역의 인재를 발굴하고 지원했기에 가능했던 것이다. 학자 발테루스 Walterus Silens에게 자신을 위한 로맨스를 쓰게 한 대가로 여러 필의 말과 의복 등의 선물을 주었다는 사실[86]만으로도 문예 부흥에 대한 보두앵의 열정을 엿볼 수 있지 않을까?

보두앵의 이러한 문예진흥 정책은 무엇보다도 '기사문학의 활성화'에서 그 성과를 볼 수 있었다. 세속 귀족들의 궁정이 정치·경제·문화의 중심지로 급부상하면서 문화의 중심지도 더 이상 수도원이 아닌 궁정의 연회장으로 바뀌어갔다. 이곳에서 작가들은 기사들의 무용담을 엮은 로맨스를 저술했고, 이를 여러 청중들 앞에서 낭송했다. 이렇게 해서 '아서 왕과 원탁의 기사' 이야기가 태동했다.

몬머스의 제프리가 쓴 《브리타니아 열왕사》가 알려지면서, 아서 왕은 뭇 기사들의 영웅이 되었고 그의 책은 수없이 필사되면서 순식간에 베스트셀러가 되었다. 그러나 잉글랜드의 노르만 왕실에서 집필된 그의 작품은 노르만 왕들의 잉글랜드 지배를 합법화하고, 이들이 아서의 후예라는 설정이 녹아들어 있었다. 어쨌든 그의 작품은 유럽 대륙에서

---

86 《역사》C. 81.

도 아서의 이야기에 관심을 불러일으키는 촉매적인 역할을 했고, 작가들에 의해서 제프리의 책은 프랑스 어로 번역이 되었다. 크레티엥 드 트루와 같은 작가는 이 보다 한 발 더 나가서 랜슬럿과 기네비어, 그리고 트리스탄과 이졸데의 사랑 이야기가 덧붙여져 원작과는 다른 새로운 작품이 탄생하기도 했다.

12세기 중반 이후 운문체의 고전 로망스Romans d'antiquité[87]가 프랑스 북부와 플랑드르 지역에 등장하기 시작했는데, 이는 동시대의 기사문학과 더불어 궁정 문학의 쌍벽을 형성했다. 프랑스어로 작성된 3대 서사 고전 로망스, 즉《테베 로망스Roman de Thebes》,《에네의 로망스Roman d'Eneas》,《트로이 로망스Roman de Troie》는 라틴어 작가인 베르길리우스와 오비디우스가 제공한 소재들을 궁정풍으로 번역·개작한 작품들로 이후 신성로마제국 지역에서도 이런 로망스가 등장하는 배경이 되었다. 이는 중세인들이 가지고 있던 "트로이 몰락에 대한 애탄 *Pergama flere volo*"의 결과물이었다.

특히 베누와 드 생트-모르Benoît de Sainte-More의《트로이 로망스》가 12세기 중엽에 출간되면서 트로이 전쟁에 대한 관심은 그 어느 때보다도 높아졌다.[88] 이는 당시의 시대적 환경과 무관하지 않을 것이다. 마상경기와 전투로 지친 기사들에게 비가 오는 날이나 긴 겨울밤의 지루한 시간에 먼 나라 전사들의 모험담은 흥미로울 수밖에 없었다. 중세 후기 궁정문화의 세속적 분위기로 인해서 트로이 전쟁 이야기의 발

---

87 Rosemarie Jones, *The Theme of Love in the 'Romans d'Antiquité'* (London: Modern Humanities Research Association, 1972).

88 Barbara Nolan, *Chaucer and the Tradition of the Roman Antique* (Cambridge: Cambridge University Press, 1992).

굴 작업이 가속화될 수 있었다. 결국 이러한 분위기, 즉 라틴어를 몰랐던 세속 귀족들을 위한 문화적 분위기 속에서 지역의 속어로 된《트로이 로망》과 같은 작품이 등장하게 된다. 이제 신화는 세속문화 속으로도 깊숙이 침투해 들어갔다.

랑베르가 그리스-로마 신화의 붐을 몸소 경험했음을 보여주는 또다른 사례는 시몽Simon de Bolonia과의 관계로, 그는 긴느 성에서 보두앵 백작의 후원을 받으면서 활동했던 인물이다. 랑베르와 같은 시기에 동일한 영주 밑에서 활동한 시몽은 긴느 성의 교사magister로서 상당한 존경과 대접을 받으면서 근무했고, 특히 학문에 관심이 많았던 보두앵을 위해서 라틴 문헌을 프랑스 어로 번역하는 임무를 담당했다.[89] 흥미로운 사실은 시몽이《알렉산더 로망스Roman d' Alexandre》의 공저자였을 가능성이 높다는 점이다. 그렇다면 고전 신화에 대한 랑베르의 지식 영역은 시몽과의 지적 교류를 통해서 더욱 풍부해질 수 있었을 것이다.[90]

랑베르가 속어로 된 문학작품을 통해서 고전 신화에 친숙할 수 있었던 다른 인물은 아마도 당대 최고의 궁정시인으로 알려진 크레티엥 드 트루아이었을 것이다. 그는 저작 활동의 말년을 10여 년 이상 플랑드르 백작 필리프의 궁정에서 보냈는데, "12세기 프랑스에서 가장 매혹적인 이야기 작가로 손꼽히는"[91] 이 시인은 보두앵 2세와 그의 후계

---

89 《역사》C. 81: *Solinum autem de naturis rerum non minus phisice quam philosophice proloquentem, quis nesciat, a venerabili patre Ghisnensi magistro Symone de Bolonia studiosissima laboris diligentia de Latino in sibi notissimam Romanitatis linguam fida interpretatione tranlatum.*

90 알렉산더와 헬레니즘 시대에 대한 중세 작가들의 관심에 대해서는 Eva Matthews Sanford, "The Study of Ancient History in the Middle Ages", pp.38-39.

91 블로크,《봉건사회 I》, 281쪽.

자 아르눌과도 어느 정도의 교류가 있었던 것으로 추정된다.[92] 어쩌면 자신의 저작 활동을 위해서 보두앵의 도서관을 이용했거나 열렬한 문예 후원자인 보두앵의 초청으로 긴느 성에 머물렀을 가능성도 있다.[93] 특히 아르눌의 주위에서 활동했던 궁정시인 로베르, 필리프, 고티에[94] 등은 당시 음유시인들과 활발히 교류했음을 고려해볼 때, 크레티엥과의 접촉 가능성이 높아보인다.

비록 랑베르와 크레티엥과의 직접적인 교류 관계를 입증할 수는 없으나, 랑베르와 같은 교양 성직자 출신이었던 크레티엥이 오비디우스의 《사랑의 기교》, 《변신 이야기》를 프랑스어로 번역했던 것으로 보아, 랑베르도 크레티엥의 작품을 통해서 고전 신화를 접했거나 혹은 이 둘 모두 보두앵의 도서관에 있었던 고전 문학 작품들을 인용했을지도 모른다. 물론 그가 이 작품들을 모두 섭렵했거나 직접 보았다고 하기는 어렵다. 해박한 고전 지식의 소유자였던 당대의 대석학 솔즈베리의 존도 자신이 인용한 글들을 《문헌발췌집florilegia》에서 재인용했다는 것을 보면,[95] 랑베르가 자신이 언급한 저자와 저서들을 모두 직접 읽거나 확인했다고 단정하기는 어려울 것이다.

---

92 Urban T. Holmes, Jr., "The Arthurian Tradition in Lambert D'Ardres", p.102.
93 랑베르가 "다른 지역에 근무하는 내 동료들이 매우 부럽게 생각하곤" 했을 정도로 긴느 백작의 성에는 플랑드르 지역에서 손꼽힐 정도로 장서가 풍부한 도서관이 있었다. 이에 대해서는 《역사》 C. 81 참조.
94 이들에 대해서는 《역사》 C. 96 참조.
95 Janet Martin, "John of Salisbury as Classical Scholar", (ed.) Michael Wilks, *The World of John of Salisbury* (Oxfordshire: B. Blackwell, 1984.), pp.184-185. 12세기 인문주의적 분위기와 존과의 연관성에 대한 고전적인 글로는 Hans Liebeschütz, *Medieval Humanism in the Life and Writings of John of Salisbury* (London: The Warburg Institute University of London, 1950); Hans Liebeschütz, "Das Zwölfte Jahrhundert und die Antike", *Archiv für Kulturgeschichte* 35 (Köln: Böhlau Verlag, 1953), p.247 참조.

아마도 이러한 이유로 고전에 대한 해박한 지식에도 불구하고 간혹 옥에 티와 같은 실수를 범하기도 했는데, 그리스의 우화작가로 밀레토스의 탈레스*Millesium Talem fabularium*를 들고 있는데[96] 이는 아마도 밀레토스의 아리스티데스Aristides를 잘못 적은 것으로 보인다. 랑베르는 그의 이름을 오비디우스로부터 인용했음직하다.[97]

기사문학 속에 깃들어 있는 남성성의 원형은 개인의 느낌, 사고, 행위에까지 영향을 미친다. 아서 왕 류의 소설 역시 그러하다.[98] 12세기 초부터 잉글랜드, 프랑스, 신성로마제국 지역에서 상당한 인기를 얻었던 아서 왕 이야기는 마법사, 요정, 금은보화가 넘쳐나는 초자연적 세계관과 신비에 싸인 죽음 등 초자연적인 현상 외에도 아서라는 남성의 영웅적인 행위에 초점을 맞춘다. 권력 승계와 전쟁, 정복 사업, 원정, 관대함의 미덕 등이 바로 그것이다.

이처럼 넉넉히 베풀 줄 아는 후덕함이 명예로운 지도자의 중요한 덕목이었다. 그러나 이를 위한 물질적 기반을 마련하기 위해서는 전쟁이 필요했고, 이는 '정의로운 동기'로 찬양되었다. 정복 전쟁에서 획득한 전리품을 후하게 나누어주는 행위야말로 "왕으로서의 자격을 입증하는 통과의례였음을" 아서 왕 이야기는 전한다. 지도자의 후의를 통해서 추종자들 간의 분쟁의 소지가 미연에 방지될 수 있었을 것이다.

---

96 《역사》C. 81.
97 《비가Tristia》, 2·413~418: iunxit Aristides Milesia crimina secum, / pulsus Aristides nec tamen urbe sua est. /nec qui descripsit corrumpi semina matrum, /Eubius, impurae conditor historiae, /nec qui composuit nuper Sybaritica, fugit, /nec qui concubitus non tacuere suos.
98 김정희, 〈아더왕 신화의 형성과 해체(Ⅰ):《브르타뉴 왕실사》에서 크레티엥 드 트르와에 이르기까지〉, 《중세 르네상스 영문학》4(1996), 41~71쪽; 김정희, 〈아더왕 신화의 형성과 해체(Ⅱ): 궁정적 사랑을 중심으로〉, 《중세 르네상스 영문학》9(2001), 29~72쪽.

신하들에 대한 세심한 배려는 물질적인 것에 국한되지 않고 그들의 명예에까지 미쳤다.

아서 왕의 기사들이 평등하게 원탁에 앉아 있는 모습을 보여주는 '원탁의 기사 이야기'는 이렇게 해서 등장한다. '평등의 개념'은 기사들의 가문 의식을 고양하는 계기가 되었고, 귀족과 귀족은 동등자의 입장이라는 공동체적 의식도 배양했다. 아르눌과 같은 젊은 기사들에게 왕과 동등한 자격을 획득한 영웅적 기사의 이미지는 귀족적 자의식의 형성에 큰 기여를 했을 것으로 보인다. 크레티엥의 작품은 아서 왕의 이야기를 다루고 있지만, "아서를 수식하던 형용사들이 이제 기사와 귀부인들에게로 이동되었음"을 보여준다.[99]

그리스-로마 신화와 남성성의 재현

랑베르의 《역사》는 본래 총 156장으로 구성되어 있었으나, 마지막 2장은 소실되었다. 헬러의 편찬본에는 프롤로그와 서론 그리고 본론 부분의 154장만 수록되어 있다.[100] 이중 그리스 신화와 관련된 부분을 정리해보면 대략 다음과 같은 모습을 보인다.[101]

《역사》 18장에서 랄프 백작은 비록 헤라클레스,[102] 헥토르,[103] 아킬레스,[104] 아약스[105]처럼 탁월한 전사가 되고자 노력했을 지라도, 실제

---

99 아서 왕 신화에 등장하는 귀족적 자의식의 형성에 대해서는 김정희, 〈아서 왕 신화의 형성과 해체(Ⅰ)〉, 47, 48, 51, 53쪽.

100 랑베르는 서론Prefatio의 뒷부분에 책의 목차를 기록했는데, 여기에는 총 156장의 소제목들이 나열되어 있다. 하지만 마지막 155장과 156장은 제목만 남아 있고, 그 내용은 전해지지 않는다.

101 아래의 내용은 차용구, 〈랑베르의 Historia comitum Ghisnensium을 통해서 본 중세 문화 속의 그리스 신화〉, 《서양고전학연구》 vol.31 (2008), 109~134쪽을 재구성한 글이다.

로는 포악한 나머지 민심을 잃은 영주로서 기억되었다.[106] 이처럼《역사》곳곳에서 헤라클레스, 헥토르, 아킬레스, 아약스 같은 신화 속의 전사들은 중세 기사들의 모델이 되었고 이들의 용맹성과 남성성은 기사들의 본보기로 추앙되었다. 특히 108장에서 랑베르는 11세기 아르드르의 영주였던 아르눌 1세가 마상경기에서 보여준 대담함은 헥토르의 그것과 비견되는 것으로_Hectorino animo_ 생각했고, "사람들이여 무기를 들어라, 무기를 들어_Arma, arma, viri!_"라고 외친 아약스의 목소리를 빌어 아르눌의 호전적인 담력을 부각시켰다. 흥미로운 점은 랑베르가 인용한 문구 "_Arma, arma, viri!_"의 출처가 스타티우스_Statius_의《테베이야기_Thebaid_》(3·348)라는 사실로, 스타티우스는《역사》55장에서도 다시 한 번 직접 인용되었다.[107] 랑베르와 스타티우스의 관계에 대해서는 아래에서 좀 더 구체적으로 언급될 것이지만, 우선 다음과 같은 사실을 확인할 수 있다. 불가능한 것을 가능하게 만드는 헤라클레스의 힘과 지혜, 주군에게 충성하고 맡은 바 임무를 책임감 있게 수행

---

102 《역사》Prologus: *quia maxima virtus est clavam Herculis ab eo quoquo modo extorquere*(여기서 랑베르는 불가능한 일을 하는 것을 '헤라클레스의 곤봉을 빼앗는 일'에 비교했다);《역사》C. 63: *quasi respirantes et alterum Herculem, dum spiritum attrahat Athlas*;《역사》C. 78: *Sic sic eiusdem loci mariscum, multiplicibus Idre capitibus amputatis, Herculina callititate desiccavit*;《역사》C. 99: *nobilitatis auctor Herredus, iustiori tamen appellatione digne nominandus Hercules···Herredus, immo Hercules*;《역사》C. 102: *sane cum Herredus noster, dignissime nominandus Hercules*.

103 《역사》C. 113: *Gonfridus, frater eiusdem Arnoldi, qui simul sub Hectorine probatis clipeo diucius ei servierunt*.

104 《역사》C. 114: *Arnoldus···per totam Franciam···famosissimus fuit et notissimus··· Achilles se ipsum in armis suis contra quosque hostes exhibens*.

105 《역사》C. 108.

106 《역사》C. 18: *O mortiferum terre sue virum, qui, dum Herculi, Hectori vel Achilli coequari nititur, excoriando et torquendo suos et flagellando sevit in suos*.

107 《역사》C. 108: *Arma, arma, viri! bellare necesse est!*

하는 헥토르, 적을 향해서 정의의 칼을 휘두르는 아킬레스와 아약스. 랑베르에게 있어서 이들 모두는 당시의 기사들이 본받아야만 했던 '영웅'으로 비춰졌다.

신화 속의 인물에 대한 알레고리적 해석은 《역사》 114장에서 정점에 달한다. 아르눌 1세는 아르드르 가문의 시조격인 인물로, 1066년 노르만의 잉글랜드 정복에 참여해서 공을 세운바 있는 전형적인 기사였다. 이 같은 전사에 대한 인물 묘사에 랑베르는 자신이 갖고 있던 신화적 지식을 총동원한다. "그는 조언을 하는데 있어서는 네스토르와 같았고, 미래를 통찰하는 능력은 율리시스에 버금갔다. 심판을 하는데 있어서는 양치기 파리스와 견줄 수 있고, 그 우아함에 있어서는 압살롬에 버금갔다. 전투에서 보여준 그의 무공은 그가 트립톨레모스라기보다 아킬레우스에 가까웠음을 보여준다. 그는 지혜와 통치술에 있어서 솔로몬을 능가하는 인물이었다."[108]

랑베르는 네스토르가 산전수전을 다 경험한 노장군으로 슬기로운 지략가이자 지혜로운 조언가였다는 사실을 전래해 오던 신화를 통해서 익히 알고 있었고, 율리시스의 예지력과 파리스의 판단력을 수사적으로 표현할 정도로 신화 속 등장인물의 속성을 낱낱이 파악하고 있었던 것으로 보인다. 마지막으로 엘레우시스 왕이자 농경의 전파자인 트립톨레모스와 적들에 대항해서 무기를 들고 싸웠던 아킬레우스를 비

---

108 《역사》 C. 114: *Fuit enim in consilio Nestor et calliditatis prescientia, licet alicuius solatium non haberet Penelopes, alter Ulixes, in iudicio-tantum absint Veneris insidie-pastor Alexander, in pulcritudinis elegantia, quamtum permisit adhuc invida et satis spectabilis etas, Absalon, in milicie gloria non Triptolemus, sed Achilles se ipsum in armis suis contra quosque hostes exhibens, in sapientia, quod superest, et dominandi continentia Salomon, ut magis appareret regni heros quam Ardensis heres.*

교함으로써, 아르눌을 한가하게 농사를 짓기보다는 전투와 마상경기에 익숙해 있던 인물로 평가했다.

그리스 신화 속 인물들에 대한 랑베르의 박식함은 율리시스와 페넬로페와의 관계*licet alicuius solatium non haberet Penelopes*, 양치기 파리스에 대한 비너스의 간계*tantum absint Veneris insidie*에 대한 서술에서 더욱 빛난다. 또한, 오랜 앙숙 관계였던 긴느 백작과 아르드르 영주 사이의 화해 장면을 설명하면서 '테세우스와 페이리토스의 우정'을 인용한 랑베르에게 있어서 신화는 '현재를 바라보는 과거의 거울'이었다.[109]

성직자 랑베르는 신화 속의 인물들을 구약 속의 인물들(압살롬, 솔로몬)과 병렬적으로 서술하면서, 이들을 역사적 인물로 당당히 부활시켰다. 신화 속 인물과 성경 속 인물들에 대한 이러한 병치적 묘사는 《역사》 89장에서 발견된다. 그 자신도 결혼을 하고 가정을 꾸렸던 사제였지만,[110] 자신이 봉사하고 있던 가문의 기사들이 대대로 보여주었던 '성적 일탈 현상'과 관련해서 랑베르의 필체는 온유하지 않았다. 젊은 아가씨들, 특히 숫처녀*puella et maxima virgines*에 대한 나이 든 기사들의 성적 취향은 랑베르에게 역겨운 일이었다. 하지만 이러한 일탈은 당대의 기사들에게 있어서 일상적인 것이었고, 랑베르도 이를 어쩔 수 없이 현실로 받아들여야 했다. 이들의 끝없는 성적 욕망은 "다비드와 솔로몬, 그리고 주피터를 능가했다."[111]는 표현은 한 성직자의 이 같은

---

109 《역사》 C. 70: *Comes autem Arnoldus et Ardensis dominus de Colvida nominatus Arnoldus in tantam amicicie coniuncti sunt confederationem, ut unum par amicicie et quasi novi et nuper in vitam revocati Theseus et Perithonus predicarentur.*

110 사제들의 결혼에 대해서 적극적으로 대립하던 교황 그레고리우스 7세의 공세에도 불구하고 사제의 독신계율은 12세기 이후에도 지켜지지 않았다. 랑베르의 결혼 생활은 교회의 윤리적 지침과 현실 사이에 커다란 공백이 있었음을 그대로 보여주는 사례라 할 수 있다.

111 《역사》 C. 89: *quod nec David nec filius eius Salomon in tot iuvencularum*

현실 수용적 태도를 엿보게 한다. 랑베르의 이러한 비유를 통해서 신화 속 인물들은 철저히 역사화되었고, 성경의 다비드 혹은 솔로몬과 비견되었다.

마상경기와 같은 큰 행사에 이어지는 잔치는 바쿠스의 3년 축제 *quasi triatherica Bachi*와 비교되기도 했는데,[112] 이는 12세기에 만개하기 시작한 세속적인 궁정문화를 묘사하기 위함이었다. 아마도 신화 속 이야기들이 적당한 비유가 될 수 있었기 때문이었다. 성직자인 랑베르의 눈에는 결혼식, 기사 서임식, 마상경기에 이어지는 뒤풀이에서 벌어졌던 유흥과 놀이 문화는 신화 속 등장인물들의 그것과 별반 차이가 없어보였다. 《역사》의 바쿠스 모티브는 고전시대부터 이어져왔던 술의 신에 대한 칭송의 연장으로, 중세 후기로 갈수록 음유시인들의 주된 작품 소재로 등장하게 된다.[113]

기사들의 부인을 설명할 때도 신화 속의 여성들을 인용한다. 랑베르의 직속 영주라 할 수 있는 아르눌이 결혼할 때도 "새신부의 우아한 자태는 카산드라와 헬레나의 질투를 받을 만했고, 그녀는 미네르바의 지혜를 소유하고 있었으며, 그 부유함에 있어서 헤라의 것과 맞먹었다."[114]고 한다. 랑베르의 고전에 대한 지식은 루카누스Marcus Annaeus Lucanus의 《파르살리아Pharsalia》의 인용을 통해서도 확인할 수 있는데, 결혼식 침대에서 운명한 긴느의 백작부인 베아트리스와 관련된 내용

---

corruptione similis eius esse creditur, sed nec Iupiter quidem.

112 《역사》C. 123.

113 대표적으로 1230년경의 *Carmina Burana*를 들 수 있을 것이다 (구체적으로는 *Carmina potoria* 201·4, 202·6, 202·8, 205·5, 205·9).

114 《역사》C. 149: *eminentissima prestantissimi corporis specie Cassandre vel etiam Helene invidiosam, in omni sapientia Minerve consimilem, in rerum copiis Iunoni coequatam.*

은 《파르살리아》의 줄리아를 연상케 한다.[115]

1200년경 유럽은 도시와 장원 모두에서 '건축 붐'이 일던 시기였다. 십자군 원정을 계기로 도시의 부활이 이루어지면서 건축업이 호황을 누렸고, 그 결과 '노트르담'이라는 명칭의 대성당들이 세워지게 되었다. 봉건 영주의 장원에서는 십자군 원정대가 동방에서 경험한 '충격'에서 서서히 벗어나, 비잔틴과 이슬람 양식을 본 뜬 성들이 건설된다. 솜씨가 좋은 장인들은 좋은 대우를 받으면서 초빙되곤 했는데, 랑베르는 이들을 건축과 공예의 명장인 다이달로스와 비유하곤 했다. "보두앵(1206년 사망) 백작은 긴느 성 안에 석조 건물을 짓게 하고는 그 안에 방, 거실, 다양한 용도의 공간과 통로를 만들어서 다이달로스가 지은 집인 라비린트와 별 차이가 없어 보였다.[116] 아르드르 성을 건축한 목수 루이의 손재주는 다이달로스 못지않았다고 한다.[117]

랑베르는 위에서 언급한 악덕 영주 랄프에 대한 백성들의 원망을 나열한 뒤에, 이들이 토로하는 저주의 목소리를 다음과 같이 기록했다. "네메시스여! 이 모든 것들이 이루어지도록 하소서".[118] 율법의 여신 네메시스는 인간의 우쭐대는 행위에 대한 신의 보복을 의인화擬人化한다고 할 수 있다. 랄프의 학정에 고통받고 있던 백성들은 좀 더 구체적인 복수의 형태를 제안하고 있는데, 이들은 "그가 퀴리누스의 창에 맞아 오장육부에 구멍이 나서 지옥 깊은 곳에 떨어지기"를 기원했

---

115 《역사》C. 61.
116 《역사》C. 76: *In ea autem domo cameras, habitacula et diversoria multa preparavit et diverticula, ita ut a laberinto, Dedalica videlicet domo, parum discrepare videretur.*
117 《역사》C. 127: *quidem Broburgensis artifex vel carpentarius, in huius artis ingenio parum discrepans a Dedalo, fabrefecit et carpentavit, nomine Lodewicus.*
118 《역사》C. 18: *Annuat, et dicunt, precibus Ramnusia nostris.*

다.[119]

랑베르의 이 문장은 단테의 《신곡》(4·118 이하)의 문장을 연상케
한다. "지존하신 제우스여, 우리를 위해서 이 세상에서 십자가에 못 박
힌 자, 왜 당신의 정의의 눈을 우리로부터 돌리시는지요?O sommo Giove
che fosti in terra per noi crocifisso, son li giusti occhi tuoi rivolti altrove?" 단테가
세계의 심판자인 그리스도를 제우스의 모습으로 묘사한 것처럼, 랑베
르의 표현도 매우 고전적이다. 그에게 네메시스와 퀴리누스는 정의의
심판자이자 집행자였으며, 지옥을 묘사하는 데 있어서도 고전적 개념
을 사용했다. 포악한 군주에 대해서 백성들이 퍼부었던 '지옥의 심연
abissos Inferni'은 베르길리우스가 《아이네이드Aeneid》(4·310-354)에서
묘사한 지옥을 떠오르게 한다.

그 외에도 호라티우스Horatius의 《시론Ars Poetica》[120]과 《서한시
Epistles》[121] 혹은 오비디우스의 《사랑의 기교Ars amatoria》[122]의 인용구들
에서 랑베르가 고전 교양을 학습했음을 알 수 있다. 자신이 기록한 내
용이 거짓이 아님을 수사적으로 표현하기 위해서 나는 "(헤시오도스의
고향인) 아스크라 계곡에서 꿈을 꾸고 있는 것이 아니다."[123]는 표현은
고전적 지식을 나름대로 자유롭게 이용하고 이를 의사전달의 수단으
로 사용하는 데 큰 어려움이 없었음을 암시한다.

---

119 《역사》 C. 18: vel etiam alicuius quirini hasta perforentur viscera eius, ut…in abissos
     Inferni defluat!
120 "Quandoque bonus dormitat Homerus"(1. 359)(《역사》 Prologus).
121 "Grata superveniet, que non sperabitur, hora"(《역사》 C. 60).
122 "Eunt anni more fluentis aque, Nec que preteriit hora redire potest"(3.63, 64) (《역
     사》 Prefatio).
123 MG SS, 24, p.592: ne aliud tamen de alio…in Ascrea valle somniasse videamur (《역
     사》 C. 63).

특히 랑베르는 오비디우스의 저작《변신 이야기》에 대한 상당한 지식을 소유했던 것으로 보인다. 《역사》의 프롤로그에서 보여준 정확한 인용구들[124]은 그가《변신 이야기》의 필사본을 소유하고 있었거나, 혹은 다른 경로를 통해서 직접 접할 수 있었음을 보여준다. 그 개연성이 있는 이유로는 11세기 이후 오비디우스의 이 작품은 중세 작가들에게 가장 잘 알려진 고전들 중의 하나였으며 이를 소재로 한 다양한 예술 작품들이 제작되기도 했다. 고전문화가 그리스도교에 의해서 많은 제제를 받았음에도 불구하고, 이처럼 오비디우스의《변신 이야기》는 다양한 '변신'을 통하여 살아남을 수 있었다.[125] 또한 중세 작가들은 등장 인물들을 성서에 근거하여 재해석했고, 이렇게 해서 도덕화된 오비디우스의 작품을 페트루스 아벨라르두스Petrus Abaelardus, 1079-1142는 설교에 직접 인용하기도 했다.

이처럼 그리스도교 옹호론자들은 이교 신화에 도덕적 해석 방법을 적용하여, 신화는 이제 '도덕 철학Philosophia moralia'으로 탈바꿈했다. 성직자들은 이교적 신화를 그리스도교의 진리를 예시해주는 것으로 이해했으며, 오비디우스는 이제 '신학자'이자 '윤리학자'로 여겨졌다. 그리스도교적 도덕의 지침서로 수용된《변신 이야기》는 1340년 경 페트루스 베르코리우스Petrus Berchorius에 의해《도덕화한 오비디우스 Ovidius moralizatus》로 편찬된다. 이렇게 해서 그리스도교적 교훈담으로

---

124 프롤로그에서 랑베르는《변신 이야기》의 구절들(I.5-7; I.2-4; I.1-2)을 정확히 인용했다.
125 중세의 오비디우스 전승과 관련해서는 Karl Bartsch, *Albrecht von Halberstadt und Ovid im Mittelalter* (Stuttgart, 1861) pp.XI-CXXVII; Edward Kennard Rand, *Ovid and his Influence* (London, 1925); Lancelot Patrick Wilkinson, *Ovid Recalled* (Cambridge, 1955); Franco Munari, *Ovid im Mittelalter* (Zürich, 1960); Karl Stackmann, 'Ovid im Mittelalter', *Arcadia* 1(1966), pp.231-254; Wilfried Stroh, *Ovid im Urteil der Nachwelt. Eine Testimoniensammlung* (Darmstadt, 1969) 참조.

변형된 오비디우스의 이야기는 그리스도교적 구원의 알레고리로 윤색되어갔다.[126]

신화 연구자들은 그리스 신화 역시 다른 신화들과 마찬가지로 가부장제 및 남성 중심 문화를 정당화, 보강, 연장시키는 이데올로기적 도구로 작용해왔음을 강조한다. 그리스 신화의 남신들을 통해 남성성의 원형을 찾기도 한다. 신화의 가부장적 권위성과 불륜, 폭력적인 내용들은 귀족주의, 영웅주의, 군사주의, 권위주의, 성차별주의, 남성주의 등을 상징했다.[127]

엘리아데에 의하면, 신화는 "자세히 낭송하거나 신화가 정당화시키고 있는 의례를 행함으로써 인간이 의례에서 '체험'할 수 있는 것"으로 정의했다. 이렇듯 신화는 인간의 행위에 대한 기준이자 인간 사회의 구성과 관련된 설계도이며, 인간의 삶에 지대한 영향을 주는 모델이라고 할 수 있다. 한마디로 신화는 살아 있는 이야기다.[128]

특히 초자연 세계에 대한 믿음을 가졌던 중세에서 랑베르와 문학 작가들의 신화는 존재하는 이야기로 인식되었고, 신화를 통해서 남성들은 스스로의 정체성을 발견했다. 조셉 캠벨의 표현을 빌리면, 남자는 신화를 '재연'하면서 신화와 함께 살아간다.[129]

아르눌과 그의 동료들은 낭송된 신화를 재연하면서, 신화는 역사이자 현실이 되었다. 이들은 신화의 청중이자 동시에 신화의 실천자였다. 이러한 문화과정을 통해서 긴느 가의 기사들은 남성으로서의 정체

---

126 최정은,《동물·괴물지·엠블럼: 중세의 지식과 상징》(서울: 휴머니스트, 2005), 120쪽 참조.

127 박홍규,《그리스 귀신 죽이기》(서울: 생각의나무, 2009).

128 미르치아 엘리아데,《신화와 현실》, 이은봉 옮김 (파주: 한길사, 2011) 13쪽, 29~30쪽.

129 조지프 캠벨,《신화와 함께하는 삶》, 이은희 옮김 (서울: 한숲출판사, 2004), 63쪽.

성을 인식하고 이를 실천해 나간다. 이들은 마상경기와 십자군 원정과 같은 강인한 남성적 모험을 감행하고 이 과정에서 남성 간의 우정을 재현한다. 중세의 신화는 기사들에게 확신과 자신감을 갖게 했고, 신화는 이러한 남성화의 사회적·제도적 장치였다.

사회적 추동력으로서 기사문학

기사문학은 젊은 기사들에게 규범적, 혹은 처방적prescriptive 효력을 지녔다. 기사문학 작가들은 젊은 청중들에게 암담한 현실을 극복할 수 있는 용기, 덕목, 도덕을 강조했고, 기사들은 이러한 문학작품을 접하면서 스스로의 행동 양식을 돌아보고 새로운 삶을 설계했기 때문이다. 기사문학 작품은 중세의 남성들을 문명화된 삶으로 인도하는 교양서이자 교훈예화로서의 역할을 했다. 문학작품이 갖는 이러한 '사회적 추동력'을 주목할 필요가 있다. 기사문학은 동시에 기술적descriptive 의미를 지니기도 했는데, 이는 당대 기사들의 사고와 생활습관을 반영하곤 했기 때문이다.[130]

아르눌이 즐겨 들었던 무훈시chanson des geste는 남성성의 구성에 중요한 역할을 수행했으며, 그와 동료들의 공격적인 남성 본능을 자극하기도 했다. 이는 무엇보다도 그 대상이 무슬림과의 전투든, 그리스도교 세계 내의 다른 적대자와의 대립이든 무훈시의 첫 번째 주제는 '무력'이었다.[131] 아르눌이 즐겨 들었던 '롤랑의 노래'[132]에서 남자 주인공

---

130 기사문학에 대한 최근의 대표적인 연구 성과로는 Richard W. Kaeuper, *Chivalry and Violence in Medieval Europe* (Oxford : Oxford University Press, 1999) 참조.

131 Phyllis Gaffney, *Constructions of Childhood and Youth in Old French Narrative*,

롤랑은 불굴의 용기와 대담함, 절대적인 충성심과 명예심을 보여주었고, 이렇게 해서 기사는 그 스스로가 두려움을 자아내는 존재임을 보여주었다. 이러한 도덕적 구도는 젠더의 형성에 기여했고, 이는 여성은 전적으로 배제된 남성들 간의 가치 구조를 의미한다. 여성의 배제가 의도적이었음은 물론이다.[133]

《롤랑의 노래》의 노래와 《고르몽과 이장바르》 등과 같은 무훈시의 많은 등장인물들은 아르눌과 연배가 비슷한 방랑기사iuvenes로,[134] 전투에서 포기할 줄 모르는 이들의 용맹성은 다른 참가자들에게 깊은 인상을 남겼고 무훈시의 작가들은 이러한 '영웅적' 행위를 높이 칭송했다. 이처럼 무훈시는 이제 막 기사 서임을 받은 신참 기사들이 전투에서 보여준 필승의 신념, 일심단결의 모습을 부각시킴으로써 아르눌과 같은 젊은이들에게 단합된 남성성을 강조한다.

동시에 무훈시의 전투의 장면에서 여성은 철저히 배제된다. 이러한 여성의 배제 전략은 전쟁터는 '너와 나의 것', 즉 '우리 남성들'의 전유물임을 다시 한 번 환기시킨다. 작가들은 롤랑을 불굴의 전사의 귀감으로 묘사하는데 적극적이었고, 그의 동료 올리베에 대한 헌사는 남근 중심적 집단 정체성을 강조했다. 무훈시는 남성적인 것의 우월성, 통일성, 불멸성을 총체적인 목표로 삼는다.[135]

(Burlington, VT : Ashgate, 2011) p.59.

132 '롤랑의 노래'의 기원과 구조에 대해서는 박동찬, 《『코덱스 칼릭스티누스』(Codex Calixtinus)의 제4권 『뛰르팽 주교에 의한 샤를마뉴대제와 롤랑의 이야기』와 무훈시 『롤랑의 노래』》, 인문논총 16 (서울여자대학교 인문과학연구소, 2007), 75~90쪽.

133 Sarah Kay, "Seduction and suppression in 'Ami et Amile'", *French Studies*, 44 (1990), pp.129-142, 여기서는 pp.129-130.

134 Phyllis Gaffney, *Constructions of Childhood and Youth in Old French Narrative*, p.63.

135 Simon Gaunt, *Gender and Genre in medieval French literature* (Cambridge

무훈시의 배경은 남성들의 세계로, 무훈시에 나타난 이들 사이의 감정은 끈끈한 전사적 유대로 맺어져 간혹 동성애의 의혹을 받기도 했다. 중세의 무훈시에 나타나는 남성들 사이의 감정도 단순한 남성들 간의 우정 이상의 '사랑Amour'였다. 《롤랑의 노래》의 속편 격인 '빈의 지라르'에서 롤랑은 그의 친구 올리비에에게 이렇게 절절한 고백을 한다. "올리비에 경, 그대에게 숨기지 않겠소. 내 신의를 온전히 약속하오. 왕관을 쓴 강력한 카롤루스를 제외하고는 여자에게서 난 어떤 인간보다 더 그대를 사랑하오. 하느님께서 우리의 화합을 바라시니, 그대가 원한다면, 그대와 함께하지 않을 성채도, 국가도, 큰 부락도, 도시도, 성의 큰 탑도, 요새도 결코 갖지 않겠소."[136]

《테베 로망스》, 《에네의 로망스》, 《트로이 로망스》 등의 로망스는 무훈시와는 달리 남성과 여성 등장인물의 감성적 표현 등에 초점이 맞춰지곤 한다. 그래서 로망스 속의 남성 이미지는 무훈시의 그것과는 확실히 차이를 보인다.[137] 그러나 로망스 역시 남자들 사이의 동성애를 반대하는데, 이는 가부장적 성윤리의 반영이라 할 수 있다. 또한 로망스는 전장戰場과 같은 위급한 상황의 진한 동료애를 강조하는 남성 중심적 성향을 그대로 보여주는데, 이와 관련해서 곤트Simon Gaunt는 "로망스는 표면상으로는 여성성을 향상시키는 데 기여했지만, 작품에 등장하는 궁정문화의 예절에는 남성적 요소가 깊이 스며들었다."[138]고 말한다. 작품 속의 여성들은 교환 경제의 단순한 희생물에 불과했

      [England]; New York: Cambridge University Press, 1995) p.23.

136 루이 조르주 탱, 《사랑의 역사》, 이규현 옮김 (문학과지성사 , 2010)

137 Simon Gaunt, *Gender and Genre in medieval French literature*, pp.105-106.

138 Simon Gaunt, *Gender and Genre in Medieval French Literature*, p.121.

고,[139] 로망스의 주인공들은 사회가 남성에게 부여한 역할을 연출한다.[140] 여성 등장인물들은 남성적 결합을 연결하는 부수적 역할에 만족해야 했고, 때로는 남성 공동체에 해를 끼칠 수 있는 존재로 묘사되었다. 결과적으로 여성은 작품의 남성 우월적 이데올로기를 두드러지게 하는 데 기여했을 뿐이다.[141] 또한 로망스는 젠더 형성에 이데올로기적 역할을 하며, 이는 당대 사회의 성/젠더 구조와 밀접한 관련이 있다. 로망스는 남성적 정체성과 성차를 확립하는 데 기여했다. 궁정에서의 남녀의 사랑은 자아정체성이 성장하는 계기가 되었고, 동시에 로망스는 남자와 여자의 사회적 역할과 권리를 규정하고 차별화하는 내용을 담고 있다. 기사문학은 결국 여성성과 구별되는 남성성을 부각시켰고, 적극적 남성-소극적 여성, 용맹한 기사-보호를 필요로 하는 여성이라는 이분법적 성차를 확립하는데 기여한다.

우화는 주로 일반 평민들의 일상적 삶을 소재로 하고, 그래서 '비궁정적uncourtly' 문학으로 평가되기도 한다.[142] 하지만 귀족 사회도 우화를 즐겼고, 많은 작품들이 이들을 위해 작성되기도 했다. 그래서 긴느 성에서도 우화는 자주 들려졌고, 이는 역시 음유시인들의 몫이었

---

139 Sarah Kay, *The Chansons de geste in the Age of Romance: Political Fictions* (Oxford[England]: Clarendon Press; New York: Oxford University Press, 1995), pp.25-28;

140 Roberta Krueger, *Women Readers and the Ideology of Gender in Old French Verse Romance* (Cambridge[England]; New York: Cambridge University Press, 1993).

141 Simon Gaunt, *Gender and Genre in Medieval French Literature*, p.23.

142 Simon Gaunt, *Gender and Genre in Medieval French Literature*, p.234. 궁정 문학인 로망스의 많은 부분이 우화에서 유래했다는 사실이 우화가 비궁정적이라는 주장과 배치된다. 비록 우화가 서민적이고 궁정 생활을 비판하고 있지만, 성직자와 귀족들도 우화를 즐겨 들었다[W. Prevenier, "Court and city culture in the low countries from 1100 to 1530" *Medieval Dutch literature in its European context* (Cambridge [England]; New York: Cambridge University Press, 1994.) p.18].

다.[143] 보두앵과 아르눌 모두가 좋아했다는 랑베르의 기록으로 보아, 귀족 사회의 문화를 이해하는 데 우화 역시 중요한 문학적 가치를 지 닌다. 12세기 이후 인기를 끌었던 우화 역시 '남성적 담론misogynistic discourse'에 의해 구축된 이야기로, 우화의 도덕 속에는 남성 중심적 도 덕이 반영되어 있다. 상당히 많은 우화들이 성적性的 풍자와 해학을 담 고 있으며, '여성의 끊임없는 성적 욕구'라는 남성적 관점에서 만들어 지기도 했다. '남성' 독자와 청중 역시 성적 유희로서 우화가 내포한 이러한 생각을 쉽게 공유했었을 것이다. 아마도 여성의 통제할 수 없 는 욕망으로부터 이익을 얻고자 했던 것은 아니었을까.[144]

---

143 《역사》, C. 81: *fabellis ignobilium ioculatores quosque nominatissimos equiparare putaretur.*

144 Simon Gaunt, *Gender and Genre in Medieval French Literature*, pp.269-275.

여인천하

긴느-아르드르 가의 여인들

사적 공간[1]

연구 성과와 사료가 상대적 부족해서 중세 봉건시대를 살았던 모든 계층의 여성에 대해서 총체적인 그림을 그린다거나 심층적인 연구를 진행하는 것이 불가능해보이고, 또한 이 장에서 중세 여성의 삶을 '개설적槪說的으로' 성찰하는 것[2] 역시 적절해보이지 않는다. 일반적으로 공적 영역public space과 사적 공간domestic sphere으로 사회 구성의 간극이 분리되면서, 사적 공간에서 벌어진 행위들을 '부차적인 것', '대수롭지 않은 일'로 평가절하함으로써 여성의 영역으로 알려진 '사적 공간의 비정치화'가 진행되었다. 반대로 공적공간은 이상화되면서, 공간은 철저히 젠더화된다. 그러나 이는 아리스토텔레스의 영향으로 중세 말기에 다시금 대두된 공사분리적公私分離的 오류의 재현일 뿐이다.

최근에는 이러한 이론과 연구방법론이 갖는 문제점을 제기하고, 젠더 관계의 사회적 공간을 새롭게 재해석하려는 시도가 이루어지고 있다.[3] 그럼에도 불구하고 아직도 중세 여성들이 '사적 공간'에서 수행했

---

1 아래의 내용은 필자의 논문 〈서양 중세 귀족 부인들의 정치력에 대한 연구 – 긴느 가의 여인들을 중심으로〉을 재구성한 글이다.

2 중세 여성사에 대한 개설적 서술로는 E. Ennen, *Frauen im Mittelalter*(München: C.H.Beck, 1999) 참조.

3 Susan Mosher Stuard, ed., *Women in Medieval Society* (Philadelphia: University of Pennsylvania Press, 1976); R. Bridenthal and C. Koonz, *Becoming Visible. Women in European History* (Boston, Houghton Mifflin, 1988); Susan Mosher Stuard, *Women in Medieval History and Historiography* (Philadelphia: University of Pennsylvania Press, 1987); F. Wemple, *Women of the Medieval World* (Oxford: Blackwell, 1985).

던 역할과 활동에 대한 연구는 국내외적으로 아직도 부족한 실정으로, 특히 장원 통치 영역에서 보여준 여성의 능력에 대한 평가 작업은 미비한 상황이다.[4]

중세 봉건사회는 다양한 신분 계층들의 역할 분담을 특징으로 하는 구성체였다. 중세 여성사 연구도 계층 사이의 간극이 명확했던 신분제 사회라는 특수한 상황, 그리고 그 속에서 숨 쉬었던 여성들의 상이한 생활 유형과 감성을 고려해야만 할 것이다. 이 시대의 귀족층 여성은 많은 특권을 향유했던 것도 사실이지만, 동시에 하층민에 대한 보호의 책임감을 짊어지고 살아갔다. 그러나 아직도 역사가들은 이들의 실제적인 모습, 역할, 영향력, 권위, 상층민으로서 갖는 도덕적 책무 등에 대해서 상당히 회의적인 반응을 보인다.[5] 그 결과, 남성 위주의 가부장적 틀 속에서 어머니, 딸, 며느리로서 살았던 이들의 진정한 모습은 아직까지 올바른 평가를 받지 못했다.

사실 일부 실명으로 알려진 귀부인의 경우에만 제한적이나마 사료를 통해서 이들의 모습을 재현해볼 수 있으나, 대부분의 중세 여성들에 대해서 사료는 침묵한다. 귀족 가문의 여성과 관련해서도 상황은 유사하다. 비록 토지 기증장에 남아 있는 서명을 여성의 재산권 행사

---

4 국내에서는 중세 잉글랜드 여성에 관한 연구가 홍성표(《서양 중세 사회와 여성》(서울, 느티나무, 1999))에 의해서 진행되었으며, 여성에 대한 중세 교회의 신학적 관점에 대해서는 차용구의 연구(〈중세 교회의 여성관 : 기존의 연구 성과에 대한 재검토〉, 서양중세사연구 제11호, 2003, 1-25쪽; 〈"Femina est mas occasionatus" -토머스 아퀴나스의 여성관에 미친 아리스토텔레스의 영향-〉, 서양중세사연구 제14호, 2004, 67-98쪽; 〈아우구스티누스의 여성관〉, 서양중세사연구 제16, 2005, 31~55쪽)를 들 수 있다. Ellen E. Kittell, "Women in the Administration of the Count of Flanders", *Frau und Spätmittelalterlicher Alltag: Internationaler Kongress Krems an der Đonau* (Wien, 1986), pp.487-508, 여기서는 p.487.
5 Mary Erler·Maryanne Kowaleski (eds.), *Women and Power in the Middle Ages* (Athens: University of Georgia Press, 1988), pp.1-17.

로 해석하는 것도 가능하지만, 이들이 과연 어느 정도 이 같은 권력 행사에 능동적으로 참여했는지를 가늠하기란 쉽지 않다. 이러한 이유로 기존의 여성사 연구, 특히 상층부 여성에 대한 연구는 극히 일부에 국한된 '전기적' 역사 서술이 주를 이루었다. 신성로마제국의 황제 오토 1세의 두 번째 부인으로 종교뿐 아니라 공사公私의 영역에서 특권을 적극적으로 행사했던 아델라이데[6], 50년간 '남성적virilis'[7] 통치술을 발휘했던 나르본느의 자작부인 에르망가르드[8] 그 외에 힐데가르트 폰 빙엔[9], 크리스틴 드 피장[10] 정도가 이에 해당될 것이다.

《역사》 속에 나타난 여인들과 가정경제

랑베르는 참고자료 부족 등의 어려운 여건 속에서도 백작부인이나 가

---

6 F.R. Erkens, "Die Frau als Herrscherin in ottonisch-frühsalischer Zeit", A. v. Euw · P. Schreiner, eds., *Kaiserin Theophanu. Begegnung des Ostens mit dem Westen um die Wende des ersten Jahrtausends. Gedenkschrift des Kölner Schnütgen-Museums zum 1000. Todesjahr der Kaiserin. Band II.* (Köln: Schnütgen-Museum, 1991), pp. 245-259; F.R. Erkens, "Consortium regni – consecratio – sanctitas: Aspekte des Königinnentums im ottonisch-salischen Reich", Stefanie Dick/Jörg Jarnut/Matthias Wemhoff, eds., *Kunigunde – consors regni. Vortragsreihe zum tausendjährigen Jubiläum der Krönung Kunigundes in Paderborn (1002-2002) (= MittelalterStudien Bd. 5)* (München: Fink, 2004), pp.71-82.
7 중세 작가들은 정치 권력의 행사를 남성 본연의 것으로 보았고, 정치적 여성은 단지 남성적 특권을 잠정적으로 소유하는 것으로 이해하고자 했다. 이이 대해서는 Kristi DiClemente, "The Women of Flanders and Their Husbands: The Rule of Women in the Liber Floridus", *Essays in Medieval Studies* Vol.23, 2006, pp.79-86, 여기서는 p.79 참조.
8 Paulette L'Hermite-Leclercq, "The Feudal Order", Christiane Klapisch-Zuber (ed.), *A History of Women in the West II. Silences of the Middle Ages* (Harvard University Press, 1994), pp.202-249, 여기서는 pp.235-236 참조.
9 대표적으로 Heinrich Schipperges, *Hildegard von Bingen* (München: C. H. Beck, 2001).
10 대표적으로 Charity C. Willard, *Christine de Pizan: Her Life and Works* (New York: Persea Books, 1984).

문의 딸들의 설명에도 최대한의 배려를 하는 예의를 지켰다. 그것도 대부분 실명으로 말이다. 긴느 백작 가문의 역사에서 백작부인들이 차지하는 비중은 무엇보다도 그 등장 횟수에서 찾을 수 있다.[11]

구체적인 사례를 집중적으로 연구하기 전에 먼저 한두 가지 흥미로운 사실을 소개하고자 한다. 아르드르 가문의 부인들은 가문의 가장이었던 남편과 협력관계에 있던 '대역부인stand-in wife'으로서 제르트뤼드가 보여준 냉혹한 권력 행사가 바로 그것이다.

"그녀는 결혼하면서 플랑드르로부터 자신을 보필할*ad sibi ministrandum et serviendum* 사람들을 데리고 왔는데 그중 어린 아가씨가 한 명 있었다. 그녀는 원체 매력적이어서 많은 남자들과 염문이 끊이지 않았다. 혼기가 찬 이 아가씨는 평소 마음에 두고 있던 저택의 한 하인에게 자신을 아내로 삼아줄 것을 요청했으나, 이 남자는 신분상의 차이를 이유로 들어 거절을 한다. 그러자 그녀는 꾀를 내어 귀부인에게 달려가 상황을 설명하고 의례적인 몸짓으로 손을 내밀며 무릎을 꿇고 스스로 노예가 되겠다고 맹세를 했다*oblatis ei in sevicium manibus*. 그녀의 예상은 들어맞았다고, 제르트뤼드 부인은 남자의 의사는 들어보지도 않고*vellet nollet ab ipso despnsata* 암양을 짝지어주듯이 시종에게 결합을 강요했다."[12]

영주에게 자신이나 봉신들의 딸을 결혼시킬 수 있는 권한이 있었다면, 장원에 거주하는 하인들 간의 성 관계를 규율하고 어린 하녀를

---

11 조르주 뒤비(《12세기의 여인들 2》, 180쪽)의 조사에 의하면 《역사》에는 근 백여 명에 달하는 여인들의 이름이 등장한다.
12 《역사》 C. 129.

결혼시킴으로써 농노의 수를 늘리는 일은 전적으로 안주인의 임무였다.[13] 위의 사례에서 확인할 수 있듯이, 가정이라는 사회에서 여성은 독립적이고 합법적이며 때로는 절대적인 권력을 행사한 것으로 보인다. 그렇기 때문에 비록 랑베르가 "제르트뤼드가 하인들 간의 짝짓기를 통해서 태어난 아이들을 노예로 만들 정도로 냉혹했다."[14] 혹은 "재물의 소유욕에 눈이 멀었다."[15]고 비난하기는 했지만, 그녀의 이러한 권력 사용 자체에 대해서는 전혀 문제 삼지 않았다.

오히려 그녀가 영주권과 같은per terram Ardensis potestatis 법적인 권력을 '엄격하게'[16] 행사함으로써 노동력을 통제하고 가정경제를 책임감 있게 감독하여, 질서정연한 장원 운영이 가능했던 것으로 보인다.[17] 제르트뤼드가 집안일, 즉 '사적 영역'에서 이처럼 "거칠고" 심지어 "오만할 정도로" 권력을 행사할 수 있었던 이유는 아마도 그녀가 처한 시대적 상황과도 연관이 있을 것이다. 그녀의 남편은 1차 십자군 원정대와 함께 안티오크를 함락시키는 데 참여하면서, 남편의 장기간 집을 비우는 동안 안주인의 권력 행사 폭이 넓어졌다. 또한 남편 사후에 아르드르의 새로운 통치자가 된 그녀의 아들이 2차 원정에 참여하는 도중에 급사하는 사건이 발생하면서 일시나마 권력의 공백이 생긴 적이 있었다. 12세기 전반기의 이러한 유동적인 사회 속에서 제르트뤼드와 같은 성주의 부인들은 일상생활에서 운신의 폭이 이전보다도 훨씬 더

---

13 뒤비, 《12세기의 여인들 2》, p. 194.
14 《역사》 C. 129: servili conditioni cum suis heredibus deputavit et in perpetuum detrusit et demersit...servum constituit cum suis successoribus in perpetuum.
15 《역사》 C. 129: cupiditatis vicio et avaricie infamia notabilis extitit et famosa.
16 《역사》 C. 129: in ira et in furore verborum eos quandoque corripiens.
17 《역사》 C. 129: se efferret et extolleret, rerum tamen et diviciarum ambitiosa.

커져갔다. 여러 가지 이유로 남편의 부재 기간이 늘어나면 날수록 여주인의 활동 폭은 점차 '사적 영역'을 넘어서서 일상의 불협화음을 중재하고 계약보증이나 신종 서약을 받는 일까지 넓어지게 되었다.

여러 연구자들[18]에 의해서 십자군 열풍에 휩싸였던 프랑스 북부 지역, 특히 플랑드르 지역의 특수한 상황이 귀족 부인들에게 유리하게 작용했던 것으로 확인되었다. 그러나 가장家長의 대리자이자 대역부인으로서 여성의 권력 행사는 일시적인 현상이 아니라, 비록 제한적이나마 오래전부터 관습적으로 인정되어온 사실이다. 이미 '공적영역'과 '사적영역'을 구분하기 시작한 카롤링거 시대의 성직자들이 제시한 모델에 의하면 '가정경제'는 부인의 몫이었다. 하인들을 포함한 광의의 개념인 '가족familia'의 질서를 원만하게 유지하기 위해서는 하인들은 물론이고 귀족과 봉신들의 딸과 누이 모두가 안주인의 뜻에 복종해야만 했다. 전쟁 등으로 인한 남편의 잦은 부재 기간[19]은 귀족 부인들이 가정 경제권을 확장하는 좋은 기회가 되었고, 그만큼 이들은 더 많은 자유를 만끽할 수 있었다. 용맹성을 과시하고 명성을 따라다녔던 지위 높은 귀족의 부인일수록 실제적인 권력을 손에 쥘 수 있었을 기회가 더 많았을 것이다.

플랑드르 백작 로베르 2세의 부인 클레멘스는 기증장에 서명을 하고, 남편의 부재기간 통치를 하면서 '심지어' 그녀의 이름으로 주화를 주조하고 인장을 사용했다. 인장과 주화주조는 남성만이 전유했던 특

---

18 대표적으로 DiClemente, "The Women of Flanders and Their Husbands", pp. 79-86.
19 11세기와 12세기의 긴느 백작령에서도 전쟁이 그친 적이 없었고, 대외적으로도 잉글랜드 정복 전쟁과 십자군 원정으로 장기간 집을 비우는 경우가 잦았다. 이에 대해서는 뒤비, 《12세기의 여인들 2》, 140~152쪽.

권으로, 클레멘스가 이를 둘 다 차용했다는 점은 플랑드르에서 그녀가 지닌 정치·사회적 힘을 보여주는 사례다.[20] 그녀가 자신의 이름으로 된 주화와 인장을 사용할 수 있었던 것도 제1차 십자군 원정에 참여한 남편의 부재 기간 동안이었다. 또한 막강한 프랑스 왕가 출신의 클레멘스는 결혼을 하면서 전체 백작령의 3분의 1에 해당하는 지역을 과부산으로 받았는데, 이 사실만으로도 그녀의 정치적 역량은 무시할 수 없었다. 이렇게 본다면, 12세기 여성의 정치적 자유에는 긴느-아르드르를 포함한 프랑스 북부 지역의 시대 상황이 호기가 되었음을 확인할 수 있다.

물론 사적 공간조차도 남성의 가부장적 지배권 속에 있었다는 사실은 기억할 필요가 있다. 하지만 남편의 일시적 혹은 장기적 부재는 여성에게 가정경제의 책임을 전적으로 떠맡기는 결과를 초래한 것도 사실이다. 어찌 보면 남성적 공적 공간, 여성적 사적 공간이라는 공간의 젠더화는 여성을 가정경제에 얽매는 가부장 이데올로기의 소산물로, 결국 남성은 사적 공간의 수혜자이기도 했다.

중세 여인들의 가정경제권

당시의 사회적 상황을 고려하면 '강인한' 여성에 대한 긍정적 평가는 수긍할 만한 부분이 있다. 부모와 자녀뿐 아니라 친척, 하인, 사제, 병사들까지 수십 명에서 수백 명으로 이루어진 가계[21]를 꾸리는 것은 상

---

20 Di Clemente, "The Women of Flanders and Their Husbands", p.84.
21 랑베르의 작품 속 주인공 아르눌의 외조부는 "가족처럼 지내는 열 명가량의 기사들과 한 명의 사제, 네다섯 명의 성직자들과 늘 함께 식사했다"고 한다(《역사》 C. 144: *decem milites, numquam*

당한 경영 능력을 필요로 한다. 따라서 중세 말기의 크리스틴느 드 피장Christine de Pisan의 말을 빌리면, 대가족을 거느리는 귀족부인은 기본적인 법률 지식을 구비해야 했는데, 이는 남편의 잦은 부재 기간을 대비하고 필요할 때는 독자적인 판단을 내리기 위함이었다. 또한 자급자족 체제 하에서 장원 관리인을 효율적으로 통제하기 위해서 농사일에 대해서도 해박한 지식이 필요했고 심지어 남편의 장기적인 부재 시에 공격에 대비해서 전쟁에 대응하는 지식도 갖출 필요가 있었다. 정확한 금전의 출납을 위한 회계 능력과 가계의 씀씀이도 필요했고, 규칙적인 선물 교환도 고려해야 했다. 소녀들은 어린 시절부터 귀부인의 교육 하에 봉건영지 관리를 배워야 했다.[22] 피장은 한 걸음 더 나아가 여성이 대내외적인 평화의 중재자로서 역할을 담당해야 한다고 보았다.[23]

하지만 여성의 현실 정치는 남성의 그것과는 차이가 있었다. 여성에게 있어서는 집안 관리와 같은 내부 문제, 종교 단체의 설립과 기부 행위, 백성의 후생복리가 우선이었고, 군사적 행동과 대외팽창이 최우선 과제는 아니었다. 설사 군사력을 동원하더라도 이는 방어를 위한 군사적 행위였지, 영토와 지배권 팽창을 위한 군사 동원은 아니었다.

여성들의 문화적 활동 역시 가내 경제의 한 부분으로 이해되어야 한다. 음유시인과 예술가들을 자신의 성으로 초대하고 후원했던 잉글랜드, 프랑스, 신성로마제국 왕비들의 사례는 잘 알려져 있다. 이들은 예술가들에게 선물이나 돈을 주거나, 혹은 일정한 직책을 맡기곤 했

---

vero pauciores, familiares sibi et semper collaterales, capellanum quoque et clericos et honestissimam secum...detinuit familiam). 이외에도 성에는 아내와 딸, 누이와 사촌, 기사와 사제들의 사생아들로 넘쳐났다.

22 카리 우트리오, 《이브의 역사》, 안미현 옮김 (서울: 자작, 2000), 80~81쪽.
23 Silvana Vecchio, "The Good Wife", *A History of Women in the West II*, p.109.

다. 이미 언급되었듯이 불로뉴와 플랑드르의 백작부인들도 필사와 번역 사업을 지원하는 등 다양한 문화 사업을 전개한 바 있고, 생폴 백작부인은 1200년경에 남편이나 남동생과 같은 남자들이 조금이나마 지적인 세계를 이해할 수 있도록 라틴 문헌을 세속어로 번역토록 지시했다. 여성에게서 여성으로 이어지던 이러한 지적 전통은 미네르바나 헬레나와 비견될 정도로 총명했던 긴느-아르드르의 귀부인들에게도 이어졌을 것으로 보인다.

공적 제도가 완성되어가고 국가 권력이 점점 추상적 원칙으로 변해가는 시기였지만 귀부인들에게는 아직 개인 자격으로 활동할 수 있는 여백이 남아 있었을 것이다. 긴느 가문의 여성들은 성의 재정 관리, 조세 수납과 재정 지출 등의 행정적인 임무를 성공적으로 수행했고, 이들을 지척에서 수행했던 인물들 중 상당수는 여성이었을 것으로 보인다. 사료의 부족과 제한으로 얼마나 많은 여성들이 구체적으로 어떠한 일을 수행했는지 추적하기가 쉽지 않을 뿐이다. 이웃한 플랑드르의 경우만 보더라도 백작부인이 임명한 여성 관리가 중요한 행정임무를 수행했다는 사실로 미루어 보아,[24] 그 가능성은 얼마든지 있다.

이상에서 긴느-아르드르 가문의 여성에 대한 조사를 통해서, 중세의 '일반적인' 귀족 여성의 삶을 조사해 보았다. 그 결과 새로운 사실이 몇 가지 밝혀졌다. 우선, 상당수의 중세 문헌들이 여성은 육체적으로나 정신적으로 나약한 존재이기 때문에 남성의 보호가 필요하다고 말한다. 그러나 현실에서 귀부인들의 생각과 태도는 이와는 상당히 달랐다. 출신 혈통, 재산 처분권, 인적 네트워크, 개인적 친분이 있는 주

---

24 Ellen E. Kittell, "Women in the Administration of the Count of Flanders", pp.489~491.

교의 지원, 지적 성숙함과 정치적 판단력 등에 힘입은 여성들은 남성들 못지않게 현실주의적 판단 하에 냉철하고 효율적으로 행동했다.

이미 블로크도 오래 전에 "귀족부인이 규방에만 갇혀 지낸 적은 한 번도 없었다. 귀족부인은 하인들에 둘러싸여 집안을 다스리기도 했지만 봉토를 다스리는 경우도 있었으며, 그것도 때로는 아주 혹독하게 다스렸다."[25]고 지적한 바 있다. 중세의 귀부인들은 부계 중심의 가부장 사회에서도 자녀의 교육을 담당하면서 남편의 부재기간에 노비와 가산을 관리했고, 가내 경제를 적극적으로 이끌었던 것이다.

이는 일부 여성이 남성적 젠더 규범을 수행performance했음을 보여준다. 남성적 지배가 통용되었던 가부장제 하에서는 나이, 신분, 직업, 사회적 혹은 군사적 지위 등이 한 개인의 젠더를 구성하는 주요 요인으로 작용한다. 이론적으로나 현실적으로 여성은 남성보다 열등한 존재로 인식되었을 수도 있었지만, 여왕은 왕을 제외하고는 어느 남성과 비교해도 절대 열등하지 않았으며, 백작부인만 하더라도 남편의 협력적 동반자였다. 이러한 여성들의 행위 속에는 합리적 판단, 용맹성과 같은 남성적 덕목이 발견되며, '남성은 우월하고, 여성은 열등하다'는 젠더에 입각한 이분법적 구분의 경계는 모호해진다.

남자들이 '정치적 지도자'로 기록되고 후대의 역사가들에 의해서 '위대한'이라는 수식어가 붙여질 수 있었던 것은 그들의 공동체에 대한 책임 의식과 주어진 임무에 대한 충실한 수행했기 때문이다. 그렇다면 위에서 살펴본 여성들에게도 동등한 역사적 평가가 내려져야 할 것이다. 황후와 왕비로서, 백작과 영주의 부인으로서 이들은 가부장

---

25 블로크, 《봉건사회 II》, 83쪽.

제에 순응하면서도 주어진 역할을 수행했다. 이들의 정치적 행위를 '여인의 음모'라니 '여성 본연의 간계'로 보았던 중세 (남성) 성직자들의 관점은 더 이상 유효하지 않으며, 이들의 행위를 '일시적'인 것으로 '어쩔 수 없는 상황'으로 돌리는 후대 역사가들의 평가도 더 이상 무비판적으로 받아들여질 수 없다. 중세 여성들이 부족했던 것은 '기회'뿐이다. 이들이 능력을 발휘할 수 없었던 이유는 수많은 중세 신학자와 세속 작가들이 누누이 부각시켰던 '육체와 정신의 나약함'이 아니었다. 영육이 나약한 남성들도 황제, 왕, 백작, 영주로 살았고 '영웅적' 인물로 기억되지 않았던가.

중세 여성사 연구에 있어서 기존의 문제의식은 문자를 장악했던 중세 (남성) 성직자들의 여성 폄하적인 시각을 드러내고, 이로써 중세를 반反여성주의적 시대로 부각시키는 것이었다. 그러나 이 책에서 살펴본 것처럼, 중세도 남성과 여성이 공존하고 협력하며 상생을 추구했던 시대다. 비록 여성들에게 법적으로나 교리적으로 수동적이고 부차적인 역할만이 강요되었다고는 하지만, 현실은 엄연히 달랐다.

전통사회에서 남성은 외치外治, 여성은 내치內治라는 업무분담이 자연스럽게 이루어지면서 가내경제의 운영에서 실질적인 권한은 여성에게 있었다. 여성은 가내 경제를 운영하고 주관하는 주체였기에 가부장적 지배 체제가 유지되던 사회에서도 남성의 가장권과 여성의 가정경제권은 상호보완적인 관계에 있었다. 그러나 이러한 남녀의 상징적 협력관계는 남성의 가부장적 권위가 확인되고 유지되는 한에서 유효했다. 이는 대역부인을 위해 남편이 행했던 일종의 정치적 양보political concession로, 그는 자신의 권위에 대한 도전을 용납하지 않았다.

남성의 부재

남편과 아버지의 부재

가장들은 공적인 업무로 가족을 떠나 있는 경우가 많았다. 이는 가장
의 물리적 · 심리적 부재 현상을 가져오면서, 이러한 가장의 부재는 전
통 가부장 사회의 특징이 되는 아이러니한 현상을 초래했다. 대신 여
성은 가족을 부양하고 훈육하는 '대역代役 부인'의 역할을 수행해야만
했다. 그래서 긴느-아르드르 가문에서도 아이들도 어릴 때부터 어머
니와 유모 맡겨졌으나*nutricibus aut etiam matribus relinquuntur nutriendi*,[26] 정
작 어머니가 가정일로 바쁘다 보니 아이들은 모두 유모의 손에 자랐고
이들로부터 말을 배웠다. 이는 가장과 부인, 혹은 자식과 같은 가족 구
성원 사이의 대화와 소통의 부재로 이어지곤 했다.

  가장은 성주와 기사로서 존경받는 인물이었고 권위적이고 엄한 존
재였지만, 가족의 구성원으로서 가장은 없었다. 가부장제 사회에서 아
이들은 아버지 없는 환경에서 성장한다. 대신 어린 아르눌과 같은 기
사 수련생들에게는 자신을 거두고 교육시켜주었던 플랑드르의 백작
이 '새로운' 아버지였다. 친아버지보다도 새 아버지를 더 존경하는 경
우도 종종 있었다. 자기를 낳은 아버지만이 훌륭한 모범이 아니었다.
기사수업이 끝나면 젊은 기사들은 자신의 정치적 조언자들과 함께했
는데, 아르눌에게는 필리프de Mongardin가 이러한 역할을 수행했던 인

---

26 《역사》C. 89.

물로, 아들은 '실질적' 아버지와 '정치적' 아버지인 조언자 사이에서 또 한 번 더 갈등을 하게 된다.

또래의 대부분 남자들이 비슷한 경험을 하기 때문에 아버지의 부재로 개인적 갈등과 고민이나 정체성의 혼란을 겪으면서 필사적으로 아버지를 찾는 경우는 드물었다. 오히려 장자상속제가 관철되고 재산의 분할 상속이 힘들어지면서, 아버지는 극복의 대상이 되었다. 아버지가 생존하는 한 자신과 자신의 패거리가 충분한 재산을 확보할 가능성은 줄어들기 때문이다. 그래서 나이가 들수록 젊은 기사들과 아버지의 관계는 악화되었고, 아들들이 아버지의 권위에 도전하는 이유가 바로 여기에 있었다. 보두앵과 아르눌의 부자관계에서 보았듯이, 중세의 부자간 세대 갈등은 봉건 귀족사회에서 일반적인 현상이었다. 문제는 여성이 부인이자 어머니의 입장에서 의사를 표명하면서부터다. 일반적으로 어머니들은 남편보다는 자식의 권리를 옹호하는 편이었다. 당연히 자식들도 아버지보다는 어머니의 편에 섰다.

중세의 가족은 자녀의 인성을 함양하는 것 못지않게 재산을 보호하는 조직institution의 역할을 수행하면서, 부모와 자식 간의 정서적 교감보다는 정치·경제적 이해관계가 더 큰 비중을 차지했다.[27] 중세에는 집단주의적 가족 개념이 부부를 중심으로 한 '가족중심적', '이기적' 가족 개념보다 더 강했다.[28] 부모와 자식 사이의 내적 관계를 유추할 수 있는 중세 사료가 매우 드물다. 베아트리스와 자식들과의 관계를

---

27 Ralph V. Turner, "Eleanor of Aquitaine and her children: an inquiry into medieval family attachment", *Journal of Medieval History* 14 (1988), pp.321-335.

28 Lawrence Stone, *Family, sex and marriage in England 1500-1800* (New York: Harper & Row, 1977), pp.4-9.

알 수 있는 자료 역시 아직 발견된 것이 없다.

중세 귀족 부인들이 대부분 가내 활동으로 분주하게 보내느라 자녀들과 함께할 시간이 충분하지 않았던 것은 사실이다. 그러다가 자녀들, 특히 아들이 성장해서 한 인격체로 활동하기 시작하면, 자식에 대한 어머니들의 관심이 더욱 커지는 것 또한 사실이었다. 어머니는 성장한 아들의 정치 활동을 격려하고 후원하게 된다.

강건한 어머니들

플랑드르 백작 로베르 2세의 부인 클레멘스는 기증장에 서명을 하고, 남편의 부재기간에는 그녀의 이름으로 주화를 주조하고 인장을 사용했다. 그녀가 남성만이 전유했던 특권인 인장과 주화를 사용했다는 사실은 그녀의 정치·사회적 힘을 보여주는 사례다.[29] 막강한 프랑스 왕가 출신인 그녀는 결혼을 하면서 전체 백작령의 3분의 1에 해당하는 지역을 과부산으로 받았는데, 그녀는 아들이 어머니의 권력에 도전하자 무력을 통해서 자신의 권익을 적극적으로 보호했다. 그러지 않았으면 클레멘스도 과부가 되어 빈곤으로 고통 받았던 많은 여인들과 유사한 삶을 살았을 것이다.

남녀의 "결혼을 가족 집단의 중심에 놓는 것은 확실히 봉건시대의 현실을 크게 왜곡하는 일"이다. 남편이 죽으면 여자는 남편의 가계에서 배제되었다. 여자는 가계에 '반쯤'만 속해 있었던 셈이다.[30] 이러한

---

29 Di Clemente, "The Women of Flanders and Their Husbands", p.84.
30 조르주 뒤비, 《사생활의 역사》, 150쪽.

이유로 자신의 권리를 수호하기 위해서라면 타지 출신의 신임 백작과 무력 충돌도 불사했다. 군사력을 동원해서 정치적 이해관계를 스스로에게 유리하게 해결하려는 사례들은 다른 지역에서도 쉽게 발견된다.

이러한 정치적 행보는 귀족 부인의 출신 가문, 정치적 후원자와 심복들, 결혼 지참금과 과부산과 같은 경제적 배경이 있기에 가능했다. 베아트리스의 경우 친정 쪽 인척들은 잠재적인 정치 후원자였다.[31] 또한 13세기에 로마법과 관료제가 등장하기 이전 시기에는 공적 영역과 사적 영역의 구분의 명확하지 않았다. 반면 사법私法, ius publicum과 공법公法, ius privatum의 분리 방식을 인정한 로마법은 중세 후기의 공적인 영역과 '국가법' 등장의 배경이 된다. 이렇게 해서 알리에노어는 중세의 마지막 여성 통치자로 알려져 있다.

베아트리스와 같은 플랑드르 여성들의 정치적 행동은 시대 상황 속에서도 이해가 가능하다. 12세기 말과 13세기 초 플랑드르 지역은 도시 경제의 활성화와 화폐 유통의 증가로 인해서 이 분야에서 여성의 입지는 오히려 남성보다 유리했다. 반대로 사회 질서 유지의 업무를 담당하던 남성 귀족들의 무력적 공권력은 그 입지가 위축되었고, 3차와 4차 십자군으로 많은 봉건영주들의 업무 공백이 발생하자 여성의 정치적 활동 영역은 오히려 넓어졌다.[32] 여기에 여성들의 재산 상속권이 12세기에 봉건법적으로 인정되면서 13세기에는 룩셈부르크, 홀란

---

31 플랑드르의 클레멘스 백작부인도 친정 식구들, 특히 조카이자 프랑스의 왕 루이 6세의 부인인 아델라이데Adelaide의 후원을 받았다.

32 스페인에서도 재정복 전쟁 기간에 귀족 여성들의 정치적 운신의 폭이 넓어졌다는 사실은 매우 흥미로운 비교 대상이 된다. Karen Nicholas, "Women as rulers: countesses Jeanne and Marguerite of Flanders", *Queens, regents and potentates* (Dallas: Academia, 1993) pp.77-78.

드, 에노, 플랑드르에서 여성이 통치자로 등장했다.

　중세의 부부는 '가계'의 영향력에 속수무책인 경우가 많았고, 그만큼 "부부의 자율성"은 "어디에도 없는 시대"였다.[33] 친족의 구속력이 그만큼 강했던 것이다. 하지만 이러한 억압적 구조 속에서도 중세 여성들은 결혼을 통해 친정과 시가를 연결하는 매개적이고 수동적인 역할만 수행했던 것이 아니라, 중세 정치세계의 형성에 능동적이고 적극적인 영향력을 행사했다. 결혼으로 양가는 유대를 결속하면서 동시에 언제든지 정치적인 이유로 대립할 수도 있었다. 베아트리스의 반란이 이를 잘 보여준다.

---

33 조르주 뒤비, 《사생활의 역사》, 149쪽.

문화적 환경과 남성성

종교와 남성성

카펠호프의 귀신 이야기[1]

랑베르의《역사》는 긴느와 아르드르 성주들의 족보와 선조들의 세속적인 행적들만을 기록한 것이 아니라, 중세인들의 일상적 삶 속에 스며든 민간 신앙과 관련된 이야기들을 전하고 있다. 여기에 소개된 이야기들은 긴느-아르드르 지역에서만 알려진 이야기라기보다, 이와 유사한 이야기들은 플랑드르 지역과 여타의 지역에서도 전해지고 있다.

랑베르가 전하는 바에 의하면, 인적이 드문 깊은 숲에서 간혹 귀신이 동물 모양을 하고 나타나 사람들을 놀라게 했다는 소문이 심심찮게 돈다. 랑베르의 시대보다 한 세기 전에도 이러한 일이 여러 차례 발생했다고 한다.

지금은 '카펠호프Cappelhove'라 불리는 곳에 조그마한 예배당St. Quentin이 있었는데, 이곳에서는 어떠한 이유에서인지 오랜 동안 사제에 의한 미사 집전도 없었고 기도를 하기 위해서 찾아오는 사람의 발길도 끊어져버렸다. 이렇게 해서 제단으로 사용되었던 것으로 보이는 커다란 돌 조각들이 무성한 수풀 속 이곳저곳에 팽개쳐 있었고, 간혹 제단에 그려져 있었던 것으로 보이는 성인들의 형상도 여기저기에 널브러져 있을 정도로 이 예배당은 황폐해져 있었다.

그러던 어느 날 아브라함이라는 이름의 한 은수자가 이 외진 곳으

---

1 《역사》, C. 106.

로 들어와 흩어진 돌조각을 거두어 허름한 집을 짓고 숲에서 자라는 식물만 섭취하면서 수도생활을 시작했다. 시간이 가면서 이 기이한 수도사에 대한 소문이 인근에 퍼지고, 그의 모습을 보기 위해서 사람들이 간혹 그곳을 찾기도 했는데, 그때마다 그는 하느님의 말씀을 백성들이 알기 쉽게 풀어서 설명했다. 일체의 육식을 거부하고 하루에 단 한 번의 식사, 그것도 채식만 하는 그였지만, 그의 입과 눈에서는 힘과 부드러움이 흘러나왔다. 점차 그의 경건함 모습에 감동된 사람들이 그와 함께 예배를 드리기 위해서 모여들었다.

어느 날 사람들이 열 살이 되도록 세례를 받지 않은 한 소년을 데리고 와서 세례를 부탁했다. 이에 수도사가 성사를 집전하려는 순간, 온 세상이 어두워지면서 폭우가 내리기 시작했다. 우여곡절 끝에 세례를 마치기는 했으나, 그날 밤부터 예기치 못한 일이 일어나기 시작했다.

어둠이 몰려오기 시작하면서, 숲속에서부터 개구리와 두꺼비, 도마뱀과 같은 온갖 종류의 징그럽고 해로운 동물들이 은수자의 집 주위로 모여들어 벽과 지붕을 뚫고 들어오려고 했다. 집기를 집어 던지고, 불빛으로 위협하고, 큰 소리로 신께 도움의 기도를 외쳐보았지만 어두운 숲에서 밀려오는 이 괴물들을 도저히 혼자 힘으로는 막아 낼 도리가 없었다. 그렇게 일주일을 매일 밤마다 몰아쳐 오는 동물들과 싸우다보니 더 이상 수도 생활을 이어갈 수 있는 상황이 아니었다. 결국 아브라함은 힘들게 마련한 보금자리를 버리고 어디론가 사라져버렸다.

이후 카펠라의 성 마리아 수녀원에서 두 명의 수녀가 인적이 드문 이곳으로 와서 몇 년 동안을 기도를 하면서 지냈다. 그리고 근처에 텃밭을 개간하기 시작했다. 다행히 토지가 비옥해서 농작물들은 잘 자랐고, 마리아 수녀원에 연락해서 이곳에 거주할 사람들을 보내주도록 연락을 취했다. 이렇게 해서 몇 가구가 이주하여 작은 마을이 형성했다. 하지만 아브라함의 악몽이 다시 되풀이되어 매일 밤 숲에서 온갖 해로운 짐승들이 몰려오면서, 결국 이들도 이곳을 떠나야만 했다. 이후 어느 누구도 이 저주받은 곳으로 오려고 하지 않았다.

랑베르가 기록한 카펠호프의 이야기는 당시 사람들이 품고 있던 정신 세계를 보여준다. 중세인들은 악마와 사탄은 현실적인 존재로, 이들은 인간을 항상 감시하고 있으며, 악마는 신처럼 기적을 행할 수 있다고 믿었다.[2] 대부분의 사람들은 유일신 하느님 아래에 "수많은 선한 존재들과 악한 존재들, 곧 성인과 천사 그리고 특히 악마가 대립하는" 세상에 살고 있다고 상상했다. 그리고 악마는 카펠호프에서처럼 무시무시한 모습, 혹은 모두가 빠져들 만큼 매혹적인 모습으로 변장하고 나타난다고 믿었다. 일반 백성들뿐 아니라 엘리트 집단 역시 악마와 사탄의 거듭되는 공격을 두려워했다. 그래서 단테도 저승 세계에서 별도 없는 캄캄한 밤에 탄식과 흐느끼는 소리와 귀가 찢어지는 듯한 비명 소리가 울려퍼지는 지옥을 체험한다. 이처럼 중세인의 상상력의 세계 속에서 사탄이나 지옥은 별빛도 달빛도 없는 음울한 밤과 동일시되었다.

자연적 재난과 사회적 재난 모두 "악마의 농간"임을 확신한 나머지, 경건왕 로베르 2세나 오토 3세와 같은 군주들은 "수호성인들에게 간구하기 위하여" 순례의 길을 나섰다. 이러한 가시적 행동을 통해서 통치자들은 자신의 본분을 다하고자 했다.[3] 긴느-아르드르의 영주들도

---

2   자크 르 고프, 《서양중세문명》, 유희수 옮김 (서울: 문학과지성사, 2008) 261~267쪽.

3   블로크, 《봉건사회 I》, 235~236쪽.

악마의 하수인들이 동물의 모습으로 성 안토니우스에게 폭력을 행사하는 장면. 이처럼 악마는 중세인들에게 공포의 대상이었다. 특히 밤은 악마가 날뛰는 시간으로 여겨졌다. 이 그림은 히에로니무스 보쉬의 작품으로 지옥과 악마를 가장 기괴하게 그려낸 화가로 유명하다.

귀신 이야기에서 비롯된 사회적 불안감을 해소하기 위해서 다양한 종교적 노력을 기울였다.

호모 렐리기오수스와 남성성

종교도 남성성을 형성하는 데 일조했다. 성직자들은 초월적 남성성을 구현하는 데 적극적이었고, 세속인들에게 금식이나 순례와 같은 종교적 실천을 권유했다. 성스러운 전쟁에서 죽음을 맞는 자들에게 천국을 약속한 것도 바로 성직자들이었다. 리오 브로디는《기사도에서 테러리즘까지》에서 "종교는 이처럼 영원이라는 수단을 통해 가변적이고 상충하는 양태로 가득한 미궁 속에서 초월적인 전사 남성상을 빚어내고 개인적 명예를 집단적 명예로 변모시킨다."는 결론을 내린다.

메리 위스너-행크스는 저서《젠더의 역사》에서 남녀가 역사 속에서 어떤 식으로 젠더의 역할을 부여받고 수행했으며, 남성과 여성의 이러한 젠더 수행 과정이 젠더 구조에 어떠한 영향을 주었는지를 조사한 바 있다. '역할의 젠더화', '젠더의 고착화'의 주범으로 그녀는 종교를 들면서, 종교의 영향은 교육으로 이어져 '젠더의 구조'를 더 견고하게 만든다고 보았다. 엘리아데도 성스러움the sacred을 남성의 활동 영역에 배치하면서 '종교적 남성vir religiosus'의 개념을 정립했다. 이렇게 해서 신앙심, 경건성, 제의적 실천은 남성적 영역으로 규정되었다. 반면에 여성은 종교적으로 열등한 존재로 이해된다.

성직자 계층과 혈연으로 연결되었던 기사들은 전통적으로 신앙심이 깊은 집단으로《역사》에도 랑베르가 가지고 있던 가부장적이고 남성적인 종교성이 부각된다. 그래서 순례를 떠나고, 성유물을 수집하고, 종교단체를 직접 건립하고 이를 열렬히 후원했던 주체는 가문의 남자들이었다. 이들은 또한 세속인의 성직 수행, 혹은 교회 재산으로부터 오는 수입의 착복과 같은 과거의 악습을 철폐하고, 경우에 따라서는 자신이 세운 수도원에 들어가 평수도사들과 함께 신을 섬기는 경건한 삶을 자발적으로 택하기도 했다.

어린 시절부터 강한 신앙심의 소유자 *oculis ac manibus in celum semper intentus*였던 보두앵 1세는 기도와 단식을 실천했고 교회와 수도원에 물심양면으로 정성을 쏟았던 인물이다.[4] 후에는 스스로 산티아고 데 콤포스텔라Santiago de Compostela까지 순례를 떠난 적도 있었다. 순례 도중 카루Charroux의 수도원에서 잠시 머무는 동안, 당시 그곳의 수도원장에게 자신의 죄를 고하면서 긴느 성에 있는 부속 예배당을 카루 수도원에 시주하기도 했다. 물론 이 예배당에 귀속되어 있던 십일조 수입과 숲, 토지 그리고 여타의 권리들도 넘겨주었다. 또 순례를 마치고 고향에 돌아가면 수도원을 건립하겠다는 약속도 한다. 이에 수도원장도 자신의 수도사들을 긴느에 세워질 새 수도원에 파견하여 화답했다.[5]

보두앵의 아들 마나세스는 부친이 세운 수도원을 〈고린도 후서〉 6장 6절의 구절처럼 '거짓 없는 사랑으로' 후원했고, 또한 자신의 영지 내에 있는 다른 모든 교회들을 애정을 가지고 보살폈다. 마나세스의 미망인 엠마는 잉글랜드 출신으로 낯선 땅으로 시집을 와서 지내면서, 〈시편〉의 글귀(〈시편〉 76:12~13, 주 너희 하느님께 서원하고 채워드려라, 그분 주위에 있는 모든 이들아. 두려움이신 그분께 예물을 바쳐라. 그분은 제후

---

4 《역사》C. 26.
5 《역사》C. 29, 30.

들의 얼을 꺾으시는 분, 세상 임금들에게 경외로우신 분이시다.)에 적힌 바대로 영지 내에 성-레오나르 수녀원을 세우고 신의 경배를 위해서 만반의 준비했다. 초대 수녀원장에는 로렌에 살고 있던 백작의 외가 쪽 수녀 한 명을 초빙했고, 백작부인도 과부가 되자 이곳에서 노년을 보냈다. 이후 수녀원장직은 영주 가문의 여인들에 의해서 대대로 수행되었다.[6]

　흥미로운 사실은 본래 성-레오나르 수녀원의 건립은 본래 마나세스에 의해서 계획되었으나 다른 일로 인해서 상황이 여의치 않자*sed causis intervenientibus*, 후에 그의 부인이 "남편이 계획했으나 실행에 옮기지 못한 일"을 완수했다는 점이다.[7] 종교적으로 중요한 일을 결정하고 추진한 것은 남편이었고, 부인은 그의 뜻을 따르고 실천했던 것이다. 그래서 랑베르는 마나세스의 수녀원 설립에 대해서 많은 공간을 할애하면서까지 구체적으로 언급했다. 영주의 이러한 돈독한 신앙심은 자신의 신하들에게도 깊은 영감을 주었고, 리크Licques의 로베르는 4명의 재속 성직참사위원들을 위한 공동체를 건립하고 이들에게 성직록을 하사했다. 이후 그 자신도 서원을 하고 공동체에 들어갔다.[8] 후에는 쾰른으로부터 이곳으로 성처녀들의 유골이 운반될 정도로 리크는 지역의 종교적 거점으로 성장했다.[9] 외스타슈라는 이름의 신하도 당시의 이러한 시대적 조류에 호응하여 3차 십자군 원정을 떠나면서 볼리외Beaulieu에 교회와 부속 건물을 세우고 아루와즈Arrouaise 규율 수도

6　《역사》C. 51.
7　《역사》C. 37.
8　《역사》C. 38.
9　《역사》C. 38.

회의 성직자들에게 운영을 위탁했다.[10]

아르눌의 외가 쪽 식구들 중에서도 종교 단체를 설립하는데 적극적이었던 인물은 모두 가문의 남자들이었다. 1094년에 사망한 아르눌 1세는 자신의 영지에 교회를 세우고 10명의 성직자들이 거주할 수 있도록 재정적인 지원을 했다. 이를 위해서 약간의 토지와 물레방아, 그리고 십일조 수입에 대한 권리를 사제들에게 양도했다.[11]

아르눌의 외할아버지인 아르눌 4세 역시 신앙심이 돈독했던 인물로, 그는 특히 병자 구호에 많은 관심을 기울였다. 그가 통치하던 시기인 12세기 중반에는 유럽 전역에 나병환자들이 속출하고 있었다. 플랑드르 지역에도 예외가 아니어서, 전염성이 강한 나환자들을 간호하고 격리해야 하는 일은 큰 사회적 문제였다. 신체가 썩어 들어가는 나병과 같은 전염병의 확산을 두려워하고 있던 백성들을 위해 그는 자신의 사재를 털어서 영지 내에 나환자 수용소를 세우도록 했다. 비록 그 규모는 크지 않았지만 수용소가 있던 로스트바흔느Lostebarne 마을에서 거둬들인 수입으로 환자들이 생활할 수 있도록 최대한의 배려를 해주었다.[12]

이러한 소식을 접한 긴느의 백작 아르눌 1세도 인적이 드문 에스펠레크Espelleke에 가난한 사람들을 위한 구빈원과 나환자 수용소를 세우게 된다. 나중에 그의 아들 보두앵 2세는 이 시설들을 확충하고 이들을 위한 따로 예배당을 세우면서 십일조 수입으로 이들을 보살필 수 있도록 최대한 배려했고, 이들을 친히 방문할 정도로 깊은 관심을 보였다.

---

10 《역사》C. 38.

11 《역사》C. 117, 118.

12 《역사》C. 68.

하지만 일부 환자들이 몰래 수용
소를 빠져나가는 사례가 발생하
자 이들을 좀 더 철저하게 보호·
격리하기 위해서 수용소 주위에
벽을 설치하기도 했다.[13]

하지만 이러한 보호소의 규모
가 점차 커지고, 남녀 간의 성적
인 접촉으로 인해서 나병이 확산
될 것을 우려한 나머지 남녀 환자   14세기의 작품으로 중세의 나환자들은 종을 지
를 분리 수용하는 방안이 제시되   니고 다녀야만 했다. 이렇게 해서 다른 사람들과
                                        의 접촉을 피할 수 있었다.
었다. 그 결과 남자 환자들은 에
스펠레크로, 여자 환자들은 로스트바혼느로 이주하도록 명령한다. 병
자들을 위한 시설물 설치는 이 당시 다른 지역에서도 유행했던 바로,
이는 영주들의 종교적 신념의 표현이었다.[14]

　오일라르Oilard라는 이름의 기사도 생 땡글르베르에 여행자 숙소를
세우고 이를 아루와즈 규율 수도회의 성직자들이 보살피도록 했다. 오
일라르는 본래 부유한 가문 출신이었으나, 현세에서 가난한 자로서 천
국에서 부자로 살기 위해서 자신의 모든 재산을 포기하고 신을 위한
삶을 살기로 결정한다. 그의 이러한 행동에 감복한 지역 주민들이 보
태준 물질적 도움으로 병원이 딸린 숙소를 지을 수 있었다. 이 지역은
본래 긴느에서 위쌍Wissant으로 가는 길목에 위치해 사람들의 통행이

---

13 《역사》 C. 69.
14 《역사》 C. 70.

빈번한 곳이었으나, 아직 개간되지 않은 산림 지역이라 제대로 된 길조차 없었다. 그래서 범죄자의 소굴이나 마찬가지였다. 토굴을 파고살던 산도적들은 지나가는 사람들을 창이나 칼 혹은 단도로 위협해서가방과 물건을 빼앗고, 심지어 이들을 죽이기도 했다. 날이 어두워지면 상인들과 여행자들이 딱히 머물 곳이 없던 이 위험천만한 곳에 오일라르가 이들을 위한 보호소를 세우고 규율 수도회의 수사들이 거주하면서 이 지역은 이제 성인들의 마을Santingheveld로 불리게 되었다.[15]

중세 여성들의 종교적 심성에 대해서는 어느 정도 연구가 진행되었나,[16] 세속 남성의 신앙심과 남성성과의 상관관계는 여전히 해결해야할 과제이다. 남성들의 종교적 선행이 진심에서 우러나온 것인지 아니면 어느 정도 가식적 행위인지를 구분하는 작업 역시 수월해보이지 않는다. 어쩌면 긴느-아드르르 가문 남성들의 종교적 행위는 이들의 정치적 야망이나 영주로서의 권위 과시와 무관하지 않을 수도 있고,[17] 어린 시절부터 반복되어 온 학습의 효과일 수도 있다. 중세에서 신앙심은 무력 못지않게 남성성을 획득할 수 있는 수단이었기에, 기사수업의중요한 학습목표였던 것이다.[18]

종교를 남성 전유물로 만들었던 중세의 문화가 신앙의 실천을 남성의 중요한 덕목으로 규정하면서, 교회를 보호하고 후원하는 행위는 남

---

15 《역사》C. 41.

16 대표적으로 Carline Walker Bynum, *Holy Feast and Holy Fast: The Religious Significance of Food to Medieval Women* (University of California Press, 1987).

17 Lewis, *Kingship and Masculinity in Late Medieval England*, pp.52-53.

18 Fiona S. Dunlop, "Mightier than the Sword: Reading, Writing and Noble Masculinity in the Early 16th Century", *Representing Medieval Genders and Sexualities in Europe: Construction, Transformation, and Subversion, 600-1530* (Ashgate Publishing, Ltd., 2012), p.161-172.

성적인 것으로 인식되었다. 이에 대한 반대급부로 귀족 남성들은 수도사의 기도를 원했다. 성경에서 권장하지 않는 전사로서의 삶을 살았기에 남자들은 수도사의 기도와 추모미사가 "영혼에 대한 우려를 완화시키는 최선의 방법"이며, 이렇게 해서 "하느님에게 말씀을 전해줄 수 있는" 성인들의 호의를 얻을 수 있다고 생각했다.[19] 남성의 종교적 실천은 개인적 신앙심의 발로이자 동시에 공적 행위의 수행public performance이었던 것이다. 반면에 여성의 종교 행위는 남성의 종교적 실천을 이상적 모델로 간주하고 이를 모방하는 것으로, 이러한 여성은 '남성적 여성'으로 칭송되었다.

성유물 숭배

"시기는 12세기 중반. 쾰른 근교의 한 여인숙에서 살인사건이 발생했다. 피해자는 밀라노 출신의 한 상인. 용의선상에 오른 인물은 여인숙 주인, 이곳에서 허드렛일을 하던 하녀, 순례자로 가장한 상인, 대학에서 의학 공부를 하던 학생 그리고 떠돌이 공사장 인부였다. 피해자의 목 주위를 유심히 살펴본 의학생의 '범인은 손의 힘이 센 인물'이라는 주장에 여인숙 남자 주인이 용의자로 체포되었으나, 담당 판사는 '신앙심에서 우러나온 범죄'라는 이유로 무죄를 선고한다. 여인숙 주인은 여관 옆에 성모 마리아의 팔을 보관하고 있는 교회를 세우고, 이를 보기 위해서 몰려드는 순례객들로 인해 그는 엄청난 부자가 되었다고 한다."

---

19 콘스탄스 부셔, 《귀족과 기사도》, 243-247쪽.

이는 언뜻 들어서는 황당하지만 중세라는 시대적 상황에서는 충분히 있을 법한 이야기다. 전날 여인숙에 머물렀던 피해자는 주인과 주사위 놀이를 하면서 상당한 액수의 돈을 딸 수 있었고, 이 과정에서 자신이 성유물을 운반하는 임무를 맡고 있다는 이야기를 흘린다. 여관 주인은 노름에서 잃은 돈보다 그 값어치를 따질 수 없었던 성유물을 차지하기 위해서 살인을 저지른다. 등장인물 역시 이야기의 신빙성을 더해주는데, 중세 여인숙의 단골손님들은 상인, 학생, 활발한 건축 경기 덕분에 이곳저곳으로 옮겨 다니면서 공사를 하는 떠돌이 인부들이었다. 사회가 유동적으로 변하면서 불법적으로 한몫 챙기려는 무리들도 생겨나고, 이들을 피하기 위해서 상인들은 순례자로 가장하고 다녔다. 당시는 순례자를 공격하는 것을 엄격히 금지하고 있었다.

유명한 성인의 유물을 비할 데 없는 귀한 보물로 간주했던 중세인들에게 있어서 성유물의 용도는 매우 다양했다. 이는 악귀를 물리치는 부적과 같은 것으로, 질병을 치유하는 데도 쓰였다. 각종 선서를 할 때도 성유물에 손을 얹고 했다. 이러한 성유물을 소유하고자 하는 욕망은 중세 시대 전반에 걸쳐 있다.

아르눌 가문에서도 예외 없이 성유물 공경 풍조는 대대로 이어져 왔다. 플랑드르 지역에서 상당히 멀리 떨어져 있던 스페인 북부의 산티아고 데 콤포스텔라로 순례를 하고 돌아온 보두앵 1세는 고향으로 돌아오자마자 순례 도중에 스스로 다짐한 약속을 실행한다. 바로 앙드르에 수도원을 설립하는 작업이었다(서기 1084년). 이곳에 그는 성처녀 로트루드Rotrud의 유해를 기증하는데, 귀족들과 일반인들 모두 이 성유물을 명백한 기적의 증거evidentissimis miraculorum ostentionibus prodentibus로 숭배했다고 한다.[20] 당시 유럽인들은 성인의 유물을 자신의 고장에 모시는 것에 대한 자부심이 대단했다.

베네치아의 어느 상인이 아프리카의 한 수도원에서 우연히 발견한 성유물을 돈으로 구입해 베네치아로 돌아오자, 베네치아의 모든 시민이 며칠 동안이나 축제를 벌였다는 것은 유명한 일화다. 복음서의 저자인 성 마르코의 유골을 갖게 됨으로써 베네치아는 대단한 자부심을 가질 수 있었기 때문이다. 베네치아의 연대기에 따르면 "온 거리가 미친 듯이 기뻐했다. 어느 길모퉁이에서도 사람들이 모이기만 하면 언제나, 성인은 베네치아의 번영과 영광을 보증해 준다고 서로 말했다." 이 정도로 성유물의 가치는 대단했다. 성유물은 단순히 보기 위한 것만이 아니었다. 중요한 서약을 하면서 성유물에 손을 얹고 하는 관습은 성유물이 갖는 권위의 인정을 의미한다. 아르눌 1세도 아르드르 주민들의 자치권을 보장하는 문건을 작성할 때 성유물에 손을 얹고 서약을 했다.[21] 롤랑의 검인 듀란달이 성 베드로의 치아로 장식되었듯이, 성유물은 기사의 부착물이기도 했다. 성유물에 대한 수요가 늘어나면서 그 값어치가 귀금속보다 높았으나*super aurum et lapidem preciosum preciosissimos*, '성유물 붐'은 끝날 줄 몰랐다. 부유한 귀족들은 먼 거리를 마다하지 않고 직접 달려가 수단과 방법을 가리지 않고 성유물을 차지하기 위해 혈안이 되었다*non sine maximo labore et studii diligentia*. 불로뉴의 백작부인 이다는 아일랜드의 왕에게서 어렵사리 구한 성모 마리아의 머리카락 11가닥을 그녀가 세운 수도원에 보관하게 했다. 이러한 소문이 지역에 퍼지면서 성유물을 보기 위해 사람들이 몰려들기도 했다.

---

20 《역사》 C. 29.
21 《역사》 C. 111.

그 어떤 것과도 바꿀 수 없는 가보로 여겨지면서, 성유물은 신성한 존재로 남게 되었다. 이를 보관하기 위해서 귀금속으로 만들어진 용기가 별도로 제작되었고 가장 안전한 곳에 놓여졌다. 아르눌 1세가 각 지역을 돌아다니면서 수집한 성유물을 보면 그 종류가 얼마나 다양했는가를 알 수 있다.

"오메르Omer 성인의 치아 한 개, …(중략)… 성모 마리아의 두발과 의복의 일부분, 베드로 성인의 수염 조각, 세례자 요한의 신체 일부분……"22

이러한 유물들을 구하기 위해서 귀족들은 상당한 비용의 지출도 마다하지 않았으나, 유물 수집에 대한 지나친 열정은 때론 그 도를 넘어선 것처럼 보인다. "아르눌 1세가 여러 지역의 교회를 돌아다니면서 이곳저곳에서 모은 성유물들로 아르드르 교회를 치장하는 동안, 그의 부인이 죽었다."는 랑베르의 기록23은 성유물 수집에 미쳐 있었던 한 기사의 삶을 단적으로 보여준다고 할 수 있다.

중세 교회는 귀족 남성들에게 교회와 교회 재산을 수호하고, 순례자와 과부, 고아 같은 사회적 약자를 보호하도록 설교했다. 그러나 남성의 종교적 활동은 여기서 그치지 않았다. 긴느와 아르드르의 백작들은 수도원과 교회의 건립자이자 후원자였고, 책과 성유물과 같은 종교적 치장품을 적극적으로 구입하고 기부했다. 세속 귀족 남성들은 올

---

22 《역사》 C. 117.
23 《역사》 C. 118.

바른 신앙인으로 살기 위해, 종교와 사회적 책임을 다하고, 이를 인정을 받기 위해 온갖 정성을 다해 경쟁적으로 수도원을 세우고 성유물을 수집했던 것이다. 이러한 종교 활동의 배경에는 종교 단체에서 후원자의 사후 구원을 위해 드리는 기도와 미사가 있었다. 성인의 시신을 가까이하면 복을 받을 수 있으며, 성인의 유골은 기적을 일으켜 주민과 지역의 물리적 안녕을 보장해주고 인근 권력의 잠식으로부터 보호해준다고 생각했다. 또 순례자들을 끌어들여 영내에 재정적 도움을 주는 등 다양한 역할을 했다.

성유물은 "지역 사회의 자부심"이자, 지역을 통치하는 가문을 보호하는 "살아있는 성인"[24]이었다. 그러나 성유물의 수집과 보시의 "구원적 가치,"[25] 여기에 따르는 경제적 효과 이외에도 남성들 사이의 경쟁심도 수도원 건립과 성유물 수집에 한몫을 했다. 이들은 자신이 후원하는 교회 공동체의 "건물과 수도사의 옷, 치장에서 궁색한 티를 발견한다면" 이를 자신들의 기부 활동에 오점으로 생각했기 때문이다.[26]

종교 기관을 건립하고 새로운 수호성인을 획득하여 수도원에 기증하는 이러한 종교적 열정은 중세의 교회가 귀족 남성들을 지속적으로 학습하고 교육시킨 결과였다. 여기서 우리는 열정과 같은 인간의 감정은 "사회를 만들어내고 변화시키는 사회적 의사소통 과정의 추진력이자 효모"였다는 막스 베버의 지적처럼, 역사의 근원적 힘임을 알 수 있다. 동시에 이러한 '원시적' 감정은 특정한 감정에 대해 무관심하거나, 촉진하거나 혹은 금지시키는 문화적 코드로 작동한다.[27]

---

24 패트릭 기어리, 《거룩한 도둑질》, 유희수 옮김 (서울: 도서출판 길, 2010), 6, 7, 153, 172, 203, 205 쪽
25 엠마뉘엘 르루아 라뒤리, 《몽타이유》, 620쪽.
26 패트릭 기어리, 《거룩한 도둑질》, 124쪽.

감정의 역사

중세에서 공포만큼 "성직자와 무식한 민중들"이 공유하는 것은 없었으며, 귀족과 촌민을 가릴 것 없이 이들은 모두 온갖 혼령들이 웅성거리는 세계 속에서 살고 있었는데, 이 세계에서는 아무리 좋은 눈을 갖고 있어도 실제와 진실 사이의 경계는 막연할 뿐이었다.[28] 이렇듯 악마에 대한 두려움과 불안감은 중세인들의 정신세계를 지배했고, 구원을 받기보다는 저주받는 것이 더 쉽다는 생각이 지배적이었다.[29]

블로크는 중세의 이러한 감정주의의 원인으로 '인간 신체의 복잡성' 외에 낮은 '열악한 영양 상태와 위생', '통제 불가능한 자연환경'으로 인한 사람들의 극단적인 신경쇠약을 들었다. 기근과 질병, 폭력의 이면에는 예측할 수 없는 초자연적 힘이 존재하고 그 결과 불안정한 삶은 계속될 것이라는 믿음이 만연해 있었다. "초자연적인 것에 대한 몰두"는 결국 "악마적 존재"에 대한 믿음의 확산으로 이어지게 된다.

그러나 두려움과 공포 등의 "비이성적" 실존을 인정하는 중세 사회에서 충동적인 감정 표현은 지탄의 대상이 되었다. 특히 중세의 귀족 남성은 타인 앞에서 감정 표현을 자제하는 교육을 받았고, 희로애락의

---

27 감정의 역사에 대한 국내외 연구동향에 대해서는 문수현, 〈"감정으로의 전화(Emotinal turn)"? - 감정사 연구 성과와 전망〉, 《西洋史論》 vol.96 (한국서양사학회, 2008), 259~281쪽, 여기서는 262, 266쪽.

28 조르주 뒤비, 《사생활의 역사 2》, 878쪽.

29 자크 르 고프, 《서양중세문명》, 262~267쪽. 중세인들의 이러한 심리적 상황을 마르크 블로크는 "감정적 불안정l'instabilité des sentiments"으로 설명했다(블로크, 《봉건시대 I》, 215쪽). 그 동안 학계에서는 화, 공포, 두려움, 슬픔, 걱정, 증오, 행복 등과 같은 인간의 기본적인 감정은 주관적이고 파악하기 어려운 현상으로 인류학, 신경과학자들의 연구 대상이었다. 그러나 1990년 이후 감정의 역사가 역사학계의 새로운 연구 분야로 등장하면서, 과거의 사람들이 어떠한 감정을 공유했는지에 대해서 최근에 많은 연구가 진행되고 있다. 중세사의 경우 대표적으로 Barbara Rosenwein, Writing without fear about early medieval emotions, *Early Medieval Europe* 10/2 (2001), pp.229-234.

감정 표현을 억제하는 것을 미덕으로 여겼다. 엘리아스의 지적에 의하면, 중세 말기의 궁정 사회에서 "감정 통제의 과정"이 이미 진행되고 있었다. 반대로 직설적인 감정 표현은 아이와 여성의 특성으로 이는 연약함의 표현으로 여겨지면서, 여성이나 아이들과 달리 경솔한 감정 표현은 남성적 가치를 손상시키는 행위였다. 그래서 중세의 문학 작품 속에서도 여성은 두려움의 감정을 쉽게 노출했지만, 남성 주인공은 대체로 두려움을 띤 표정을 짓지 않고 감정 표현을 전혀 하지 않는 존재로 묘사된다.[30]

그러나 남성이 자신의 용맹성과 기개를 과시했던 이유는 정작 두려움과 공포 때문이었다. 남성이자 기사로서의 명예, 정체성, 사회적 존경심을 잃지 않기 위해서, 즉 두려움을 극복하기 위해서 더 많은 용기가 필요했다. 두려워하지 않는 것이 이상적인 기사도였지만, 실제의 기사들도 두려움을 느꼈을 것이다. 단지 공포심을 타인에게 드러내지 않도록 학습되어 그렇게 보이도록 노력했을 뿐이다.[31] 이러한 중세의 '감정 교육'은 남성을 감정에서 소외된 객관적 타당성을 잃지 않는 행위자로 간주했고, 그 결과 남자는 가정과 같은 사적인 영역보다는 공적인 영역에 적합한 존재로 묘사된다. 중세의 문화적 규범은 남자는 두려움, 화, 수치, 슬픔 등의 감정을 표현해서는 안 되며 이러한 것들은 여성의 감정적 태도로 치부했다. 남성에게 있어서 이러한 감정의 소외 현상은 감정이 사회적으로 형성되는 것임을 보여주는 대표적인

30 Anne Scott and Cynthia Kosso (eds.), *Fear and its Representations in the Middle Ages and Renaissance* (Furnhort, Belgium: Brepols, 2002), p.xxv.

31 Barbara Rosenwein (ed.), *Anger's Past: The social uses of an emotion in the Middle Ages* (Ithaca, New York: Cornell University Press, 1998).

사례일 것이다.

감정의 역사를 오랫동안 연구해온 레디William M. Reddy는 감정은 그 자체로 하나의 '사회적 행위'이며, 따라서 '감정 통제는 권력 행사의 실질적 모습'으로 평가했다.[32] 아르눌 역시 귀족 남성으로서 감정 표현의 자유가 제약되었던 봉건 귀족 사회에서 감정적으로 초연한, 즉 사회가 개인에게 부여한 감정 표준을 갖도록 학습되어졌다. 과격한 희로애락의 감정 표현, 귓속말로 속삭이는 행동, 킥킥거리고 웃기 등은 남성적 품위를 잃는 것으로 여겨졌다.

단지 본인의 잘못을 참회하거나 장례 절차에서 보이는 눈물은 용인되었다.[33] 그래서 아끼던 동료들이 전투에서 모두 잃은 롤랑은 크나큰 슬픔에 스스로를 지탱하지 못하고 눈물을 흘린다. 샤를마뉴도 롱스보에 도착해 자신의 병사들의 주검을 보고 눈물을 흘렸다.[34]

아르눌과 같은 귀족 자제들은 이처럼 감정 표현이 조심스러웠던 사회 분위기 속에서 성장했다. 그러나 교회의 금욕적 성 윤리가 세속사회에서 준수되기 어려웠듯, 귀족들의 감정 교육도 그다지 성공적이지 못했던 것으로 보인다. 12세기의 통치자들은 '공개적으로' 자신의 분노ira를 표출했고, 이는 상층 계급의 남성들이 자신의 정치적, 사법적 힘을 과시하는 언어적 기제였다.[35] 윌리엄 레디의 표현에 의하면, 이

---

32 W.M. Reddy, "Against Constructionism: The Historical Ethnography of Emotions", *Current Anthropology* 38 (1997), pp.327-351 여기서는 p.335.

33 Weichselbaumer, *Der konstruierte Mann*, pp.90-91, p.132, pp.260-261.

34 《롤랑전》, 132, 163쪽.

35 알트호프에 의하면 카롤링거 시대부터 12세기까지 교회의 영향에 의해서 의로운 군주는 자신의 분노를 절제할 줄 알았다고 한다. 하지만 12세기에 들어서 통치자들은 분노를 정치적 언어로 사용하기 시작했다(Gerd Althoff, "Ira regis: prolegomena to a history of royal anger", *Anger's Past: The social uses of an emotion in the Middle Ages*, [Ithaca, New York: Cornell University Press, 1998], pp.59-74).

러한 감정 표현을 통해서 남성들은 상대방의 반응을 이끌어내고, 결국 감정은 인간관계의 변화라는 행위적 의미를 지닌다.

중세의 모방 범죄

백작의 귀환

《마르탱 게르의 귀향》 저자인 나탈리 저먼 데이비스는 모방 범죄를 동서고금을 막론하고 등장하는 "보편적 현상universal appeal of an impostor story"으로 설명한다. 서양 중세에도 모방 범죄는 시기와 지역을 넘어서 유행했던 것으로 보인다. 6세기에 투르의 그레고리우스도 스스로 그리스도라고 사칭하면서 이적을 행하고 다니던 사람에 대해 언급한 바 있다. 동프랑크 왕국 지역에서는 744년경 자신들의 신분을 주교로 속이고 이단적인 설교를 하고 다녔던 아델베르트와 클레멘트의 이야기가 유명하다. 신성 로마제국의 황제 하인리히 5세가 사망(1125)하고 5년 뒤에 클뤼니 수도원의 한 수사는 자신이 하인리히 5세라고 밝히면서 자신이 수도원에 들어온 연유를 밝히면서 동료 수사들을 놀라게 하기도 했다.

《역사》에서도 2차 십자군 원정에 참전했던 아르드르의 보두앵 백작과 관련된 기이한 이야기를 전한다. 2차 원정과 관련해서 아르드르 가문의 운명도 여타의 원정대와 별반 다르지 않아 보인다. 원정을 떠나기에 앞서 보두앵은 만약의 사태에 대비해서 만반의 준비를 했다. 언제 돌아올지도 모를 불확실한 원정에 대한 미연의 대비책이라고나 할까. 어쨌든 그는 아르드르 성의 관리를 그의 충신에게 맡기고 그가 돌아올 때까지 전권을 위임했다. 그리고는 프랑스의 왕 루이 7세와 플랑드르의 백작 티에리가 이끄는 원정대에 합류하여 기약할 수 없는 먼

길을 떠났다.[36]

원정대는 어려가지 악조건 속에 시달려야만 했고, 상당수는 굶주림, 기후 악화, 적의 매복과 습격 등으로 전의를 상실해갔다.[37] 보두앵도 그 원인은 정확히 알 수 없으나 원정 도중 비참한 죽음을 맞이한다.[38] 보두앵의 죽음에 대해서 더 이상 자세한 내막을 알 수는 없으나, 랑베르는 그의 죽음과 관련된 다음과 같은 기이한 이야기를 전한다.

"백작이 원정에서 죽은 지 30년이 지났건만, 아직도 그를 보았다는 사람들이 있다는 소문이 나돌기 시작했다. 어느 날부터인가 고행자들이 입는 삼베로 된 남루한 옷을 걸친 한 순례자가 두에Douai 지역에 나타났다. 수염과 머리카락은 백발인 이 자가 하는 말이 자신은 한때 부와 권력을 소유했던 아르드르의 성주였으나 지금은 스스로 이 모든 것들을 다 포기하고 그리스도의 청빈한 삶을 살려고 하고 있다는 것이다. 이후 그는 주민들과 영주, 수도원장 할 것 없이 만나는 사람들과 대화를 나누었고, 이들에게 상당한 감명을 남기면서 점차 그의 명성은 이 지역에서 높아져갔다. 우연한 기회에 그를 만났던 한 수도원장이 이 소식을 아르드르의 백작에게 전했으나, 백작은 그가 사람들의 등을 쳐서 먹고사는 사기꾼trutannum esse et populi seductorem et pseudoconversum일 것이라는 말과 함께 수도원장의 말을 더 이상 경청하려들지 않았다. 하지만 그에 대한 소문이 잠잠해질 무렵, 그는 이미 상당한 양의 귀금속을 챙겨서 어디론가 사라져버린 뒤였다."[39]

---

36 《역사》C. 141.
37 《역사》C. 64, 141, 142
38 《역사》C. 142.

이러한 유형의 '모방 행위' 내지는 '모방 범죄'와 관련된 이야기들
은 중세 시대에 자주 등장하던 모티브로서, 특히 플랑드르 지역에서
유사한 사례들이 종종 발견되곤 한다. 플랑드르의 백작으로 십자군 원
정에 참여했다 1205년에 사망한 보두앵 9세는 20년이 지난 1225년
에 고향에 등장한다.[40] 이 이야기는 당대 사람들의 관심을 끌었기 때
문에 관련된 이야기가 25종류나 유포되었다. 그의 사기 행각은 보두
앵을 개인적으로 알고 있던 보두앵의 옛 동료들이 그를 심문하면서 막
을 내린다. 하지만 이 인물은 그때까지 브라반트의 공작과 잉글랜드
의 헨리 3세에게 융숭한 대접을 받으며 지냈다. 여타의 많은 플랑드르
의 귀족들도 그의 귀환을 반겼고, 주민들도 옛 백작의 귀환을 열렬히
환영하는 행사를 개최하기도 했다. 그래서 어린 나이에 부친과 헤어져
서 아버지를 기억하지 못했던 딸이 백작으로 사칭하는 자를 처형하자
사람들은 오히려 그녀를 '존속살해자'로 비난할 정도였다.[41] 흥미로운
사실은 대부분의 모방 범죄자들이 일반 사람들에게 환영을 받았다는
사실이다.

구원과 민간신앙

가짜 백작이 아르드르와 플랑드르의 사람들로부터 예상 밖의 환대를

---

39 《역사》C. 143.

40 보두앵 9세의 모방 행위와 관련해서는 Karen Nicholas, "Women as Rulers", pp.82-83; David
Nicholas, *Medieval Flanders*, p.155.

41 이후 들리는 소문에 의하면 가짜 보두앵은 베르트랑Bertran de Rains이라는 인물로, 그는 음유시
인이나 광대로 지내면서 떠돌아다니다 두에까지 왔다고 한다(Sidney Grey, "Count Baldwin of
Flanders", *The Aldine* 8/11 (1877), pp.357-359).

받았던 문화사회적 원인이 무엇이었을까? 랑베르는 아르드르의 사이비 백작을 믿었던 사람들이 주로 평범한 백성들incautos et simplices[42]이었다고 했는데, 플랑드르의 가짜 백작을 환영했던 사람들도 비슷한 부류의 사람들vilains, menus gen이었다. 이들은 돌아온 백작이 자신들을 힘든 삶으로부터 구원해줄 수 있는 인물이라고 믿었고, 실제로 랑베르의 '가짜 아버지'는 지역 주민들 그리고 일부 세력들과 힘을 합해서 잦은 홍수 등으로 통행이 힘들었던 두에에서 플랑크Planques에 이르는 도로를 보수하고 공사에 참여했던 사람들이 머물 수 있도록 오두막을 세우기도 했다. 사람들은 그의 이러한 사회적 공헌을 높이 평가했고 그에 대한 평판은 점차 좋아졌다. 심지어 그는 자신이 사람들로부터 받은 많은 것들을 가난한 자pauperibus들을 위해 기꺼이 희사하기도 했다.[43]

'가짜 보두앵'이 "고행자들이 입는 삼베로 된 남루한 옷"을 입었다는 랑베르의 기록은 당대 은수자들hermits의 일반적인 행동과도 일치했을 뿐 아니라, 많은 기사들이 실제로 나이가 들어 본연의 임무를 수행할 수 없게 되자 은수자의 길을 선택하기도 했다. 또한 도로와 교량의 보수와 수리는 은수자들이 담당하곤 했던 자선 행위의 일종으로, 이를 위한 기금 마련 또한 은수자들의 몫이기도 했다. 진위 논란에도 불구하고, 금욕과 사회봉사를 몸소 실천했던 이들의 헌신적인 삶은 자석처럼 사회적 존경심을 강하게 끌어당기는 힘이 있었다.

플랑드르에서도 상황은 유사하여 발랑시엔의 수도원에 '가짜 보두

---

42 《역사》 C. 143.
43 《역사》 C. 143. 플랑드르의 가짜 백작이 등장하기 전에도 보두앵이 살아 돌아와서 백성들에게 많은 재화를 나눠줄 것이라는 소문이 돌았다.

앵'의 수염을 성유물로 보존했고, 심지어 '사람들은 그의 목욕물을 마시기도 했다'고 전해진다. '모방자들'이 새로운 질서와 개혁을 갈망하는 민중들에게서 인기가 높아지면서 이들에 대한 공경심이 민간신앙의 형태를 띠게 되자[44], 피렌느H. Pirenne와 월프R. L. Wolff는 이를 기근과 질병 등으로 민심이 흉흉하던 시기에 고조된 일종의 '지배 계층에 대한 대중적 저항'으로 해석했다.[45]

11, 12세기는 성장의 시기이자 동시에 변화의 시대였기에 안정과 질서에 대한 염원은 커져만 갔다(R. W. Kaeuper). 이처럼 사회적 변동이 심하던 사회에서 별다른 자구책이 없었던 현실을 직시해야만 했던 일반 백성들은 질서를 회복할 수 있는 인물을 기다렸고, 교회와 세속 권력과 같은 공권력이 이들의 기대에 부흥하는 충분한 조치를 취하지 못할 때 이러한 기다림은 더욱 커졌을 것이다. 아마도 이러한 이유로 지역 기득권 계층은 가짜 백작의 출현에 대해서 대부분 부정적인 반응을 보였을지도 모른다.

방랑의 시대

중세 유럽은 13세기에서 14세기로 접어들면서 점차 안정화 단계에 접어들었고, 더 이상의 대규모 토지 개간과 정복 전쟁도 진행되지 않았다. 중세의 팽창은 끝났고, "프론티어의 종말"(A. Lewis)이 도래했다.

---

44 플랑드르의 가짜 백작은 모든 마을 사람들의 환영을 받았다고 전해진다. 그의 정체가 드러난 뒤에도, 일반 백성들은 그가 돌아온 백작임을 부정하려 들지 않았다. Robert Lee Wolff, "Baldwin of Flanders and Hainaut, first Latin Emperor of Constantinople: his life, death, and resurrection, 1172-1225", *Speculum* 29/3 (1952), pp. 281-322, 여기서는 p.296.

45 Robert Lee Wolff, "Baldwin of Flanders and Hainaut", p.300.

그러나 이러한 정체기가 있기까지 유럽 사회는 3세기에 걸쳐 내적 팽창과 외적 변경의 확대를 거듭했다. 스페인 재정복 전쟁과 예루살렘 탈환을 목적으로 했던 십자군 전쟁은 중세 그리스도교 세계의 대표적인 팽창 운동이자 유럽 최초의 식민 운동이었다.[46] 십자군 원정은 여행과 순례에 대한 유럽인들의 관심을 자극했고, 이들의 "상상력과 감수성"을 자극했다.

대부분의 모방범죄가 이민족의 침입, 왕권의 위기, 현세에 대한 불만과 사회 변혁의 욕구가 팽배하던 시기Time of Troubles[47]에 등장했다고 한다. 긴느와 플랑드르 백작령에 있었던 모방 범죄 사건은 12세기 말과 13세기 초로, 이때는 이 지역이 십자군 전쟁, 도시와 상업의 부활 등으로 정치·경제적 변동이 심하던 시기였다. 보두앵 백작을 사칭했던 사건이 발생했던 것은 아르눌의 시대가 활력의 시대이자, 동시에 혼란과 격변의 시대였음을 보여준다.

원정과 순례의 참가자들은 익숙지 않은 음식과 문화, 오랜 힘든 여정, 질병과 죽음의 앞에서 스트레스, 정신적 고통, 심리적 두려움을 느꼈으며,[48] 고향에 남아 있던 사람들도 이국땅에서 들려오는 다양한 소문에 귀를 기울였다. 1차 십자군 원정 당시 아르드르 가문에서도 아르눌 외에 그의 서자였던 안셀름도 참전했다. 그러나 그는 포로로 잡혀 사라센인들과 지내다가 몇 년 뒤 감금생활에서 도망쳐 구사일생으로

---

46 자크 르 고프, 《서양중세문명》, 130쪽.
47 Maureen Perrie, *Pretenders and Popular Monarchism in Early Modern Russia: The False Tsars of the Time and Troubles* (Cambridge; New York: Cambridge University Press, 1995).
48 1차 십자군 원정대의 심리적 불안감과 정신적 두려움에 대해서는 Stephen Bennett, "Fear and its Representation in the First Crusade", *Ex Historia* 4 (2012), pp.29-54.

고향으로 돌아올 수 있었다. 정작 안셀름의 이야기는 여기서 끝나지 않았다. 그는 자유의 몸으로 돌아왔으나, 그의 정신세계는 많은 변화를 경험했던 것으로 보인다. 어떤 이유에서인지 그는 이슬람으로 개종 *in Sarracenismas olim prolapsum*을 했다. 이 소문이 알려지면서 고향 사람들의 따가운 눈총을 견딜 수 없었던 그는 다시 정든 고향땅을 등져야 했고 이후로 다시는 모습을 드러내지 않았다.[49] 십자군 원정으로 혼란스러웠던 시대의 한 단면이었다.

동시에 모방 범죄가 성행하던 곳은 플랑드르처럼 도시화가 진행되던 곳으로, 랑베르의 가짜 아버지가 등장했던 장소인 두에는 당시 도시화가 가장 앞선 곳이기도 했다. 이처럼 모방 범죄는 영적 가치와 급속한 경제적 팽창에서 비롯된 세속적 가치가 충돌하던 전환기적 사회변동기에 발생했음을 알 수 있다. 그 결과, 랑베르가 보고 경험한 십자군 원정은 교과서에 서술된 역사적 사건과는 차이가 있었다. 종교적 열정 못지않게 세속적 명예와 부가 원정대를 이끌 수 있는 동력이 되었고, 원정과 더불어 동방의 문물이 유입됨과 동시에 돌아오지 못한 자들에 대한 흉흉한 소문이 돌기도 했기 때문이다. 부인과 자식들을 두고 집을 떠났던 남성이 홀연히 귀향하는 과정에서 발생했던 모방범죄는 방랑과 떠돌이 생활을 강요했던 거대한 시대적 소용돌이의 부산물이었다. 지역적으로는 기사 서임식 이후의 마상경기와 전투 참여, 대외적으로는 십자군 원정에서 야기된 이동과 혼란의 상황은 사람들의 상상력과 감수성을 12세기는 물론 그 이후까지도 자극했다.[50]

---

49 《역사》C. 113.
50 자크 르 고프, 《서양 중세 문명》, 133쪽.

저항할 수 없는 강요된 행위로 인해서 남성들은 두려움과 불면과 소화불량, 불만족감, 대인관계의 어려움 등의 외상 후 스트레스 장애posttraumatic stress에 시달리게 된다. "죽음을 두려워하지 않는 태도를 직업상 미덕"으로 여겼다는 이상화된 기사도 정신은 이제 더 이상 통용되지 않았다. 십자군 전사로서 오랫동안 타지를 떠돌아다녔던 아르드르의 서자 안셀름도 그래서 고향 사람들과 어울리지 못하고 결국 다시 객지로 떠났는지도 모른다.

중세의 기사는 피에 굶주린 잔인한 세력만은 아니었다. 이들이 살상을 좋아서 했다기보다는 그것이 사회로부터 떠맡은 책임이자 직업이었기 때문이다. 중세 기사에 대한 새로운 심리분석적 해석은 마상경기와 전투 참가자들이 심리적 부담감을 안고 있었음을 보여준다. 헤뵐홀름Thomas Heebøll-Holm 등이 최근에 시도한 이러한 해석은 동시에 기사의 폭력은 본성적인 것이 아니라 문화적인 것임을 밝혔다. 《기욤의 노래Chanson de Guillaume》에 등장했던 어느 전사도 긴장을 한 나머지 설사를 해서 말안장을 더럽히지 않았는가. 전투를 앞두고 두려운 나머지 헛것을 보고 아군에게 칼을 휘두르는 기사나 적의 화살과 창이 쏟아지는 순간 도망칠 생각만 하는 기사의 이야기도 자주 등장한다.

어린 시절부터 장기간 폭력적인 환경에 무방비로 노출되었던 남성은 본인의 의사와 관계없이 무력을 사용하게 되고 인명 살상까지 저지른다. 친족의 구성원이 살해되면 보복 행위가 빈번하게 일어났던 시대였기에 무력은 주체적인 선택이 아니라 생존을 위한 필요조건이었다. 따라서 강요된 살상 행위가 있은 뒤에는 반드시 화해와 사죄의 제례가 뒤따랐다. 1127년 브뤼헤에서 플랑드르 백작을 살해한 자들도 피살된 백작에게 용서를 빌면서 백작의 관 위에 음식을 놓고 "어느 누구도

더는 앙갚음을 하지 않으리라." 맹세했다.[51]

하지만 누가 중세의 남성들을 방랑자, 혹은 가해자로 만들었는가?
누가 이들에게 이주와 죽음 그리고 사기행각을 강요했는가? 남성들의
"전쟁과 모험을 향한 열광적인 사랑", "권태를 달래는 치유책" 혹은
역사 자체가 "기나긴 이동의 역사"이기 때문으로 그 이유가 설명되기
도 했으나,[52] 이들은 인구 증가와 토지 부족 등의 경제적 이유 때문에,
혹은 추종자들을 위한 전리품이나 하사품 획득이라는 영웅주의, 또는
성지회복을 역설하는 교회 세력에 떠밀려 타지로 향했던 것이다. 방랑
은 급격한 사회적 변동 속에서 살아남기 위한 일종의 호구지책이기도
했다.

---

51 조르주 뒤비, 《사생활의 역사 2》, 146쪽.
52 마르크 블로크, 《봉건사회 I》, 144쪽, 146쪽; 마르크 블로크, 《봉건사회 II》, 57쪽.

양층언어와 남성성

언어적 관습

중세 봉건시대에는 "교양어"인 라틴어와 "다종다양한 일상어"가 공존했다. 긴느-아르드르 백작령에서도 라틴어를 사용하는 극소수의 지식층과 그 지역의 일상어였던 플랑드르어만을 알았던 다수의 사람들 사이에 "언어상의 계층적 분화"가 진행되었다. 여타의 지역과 마찬가지로,[53] 긴느-아르드르 지역의 교양 계층도 지역민과 소통하기 위해서 고장의 일상어와 라틴어를 "끊임없이 오가고 있던, 진정한 의미에서 이중언어 사용자"들이었다. 긴느-아르드르 백작령은 현재 프랑스 북부의 노르파드칼레Nord-Pas de Calais 지역에 위치해 있으나, 13세기까지는 플랑드르 백작령la Flandre flamingante의 종주권에 복속적인 지역으로 제1차 세계대전까지도 플랑드르어가 사용되었다. 그러나 프랑스 왕권의 강화와 팽창과 더불어 12세기 중반부터 이 지역에서도 로망스어가 세속 귀족 가문을 중심으로 확산되면서, 언어적 분열과 대립은 더욱 첨예해질 수밖에 없었다.

성性의 문제는 언어에도 반영되어 있다. 중세의 언어는 남성 위주의 속성을 나타내며, 남자아이들은 '늠름하다', '씩씩하다', '점잖다' 등의 남성 중심의 언어를 습득하게 된다. 이러한 '보이지 않는 손'으로서 언어적 관습은 사회적 행위와 연관된다. 그래서 '언어는 존재의 집'이라

---

53 중세 유럽사회에서 언어상의 분열에 대해서는 블로크,《봉건사회 I》, 218~225쪽

고 규정한 하이데거는 언어를 존재의 근원이자 바탕으로 보았다.

남성을 나타내는 단어 자체는 집단적 함의를 지닌다. 타키투스는 초기 게르만 공동체를 'comitatus'로 불렀는데 이는 '남성 공동체Männerbund'를 뜻했다. 중세 초기의 사료에 등장하는 남성을 표현하는 단어들 "homo, vir, puer"은 남성과 남성 사이에 권력 관계를 표현하는 의미로 사용되었다. 인간을 의미하는 'homo'는 남성만을 암시하며, 성인 남성vir과 미성년 남자puer 사이에는 물질적·정치적·문화적 권력의 차이가 있었다. 그래서 프리드리히 바바로사도 이미 나이가 20대에 들어섰으나 미혼으로 자신이 부양의 책임이 있는 가족을 형성하지 못했기 때문에, 진정한 남성이 아닌 미성년자로 간주되었다.[54]

중세의 기사는 어린 시절부터 여성과 격리되고 동성 놀이 집단same-sex play group에서 성장하면서 여성과는 다른 사회화socialization 과정을 경험하게 된다. 이렇게 해서 습득된 언어적 관습과 행위는 성인이 될 때까지 지속된다. 남자와 여자 집단의 상이한 소통의 방식으로 남성은 여성과 차별적인 의식을 가지고 의미를 구성하게 된다. 이렇게 해서 남녀는 서로 다른 문화 체계를 형성하게 된다.

언어와 귀족적 정체성

아르눌이 속한 기사 집단은 전문 군인이자 통치자로서 시정잡배나 소인배들과는 사회적으로 구분되는 '고귀한' 부류였다. 이들은 천박한 다른 사람들과는 다른 종교관을 구축했을 뿐 아니라 사용하는 언어에

---

54 Otto of Freising, *Gesta Friderici I. Imperatoris*, 1.27, 44.

서도 구분되었다. 아르눌이 살던 고장은 본래 플랑드르어가 사용되던 곳이었으나, 12세기 말 무렵부터 정치와 사회적인 이유로 프랑스어가 귀족 사회에 수용되면서 귀족과 평민 사이에 일종의 '양층언어diglossia' 현상이 대두되었다. '양층언어' 현상은 한 사회에서 두 개의 언어가 사용되는데 그중 하나는 상위 계층에 의해 사용되고 또 다른 하나는 하위 계층에 의해서 사용되는 것을 말한다.

그동안 언어는 언어학자의 연구 영역으로 인식되어 역사학계에서는 큰 주목을 받지 못했다.[55] 하지만 언어는 사회적 권력관계를 이해하는 중요한 도구로서, 언어 구사력은 그 자체로 무기이자 통치 도구 tools of social power였다. 아르눌의 시대는 이주, 정복, 개간 사업의 확장 등으로 상이한 언어 사용자들이 접촉하는 경우가 빈번해졌으며, 이 경우 몇 가지 해결책이 모색되었다. 첫 번째는 양측의 교류가 빈번하지 않는 상황으로, 이때에는 통역자가 고용되었다. 반대로 상이한 언어를 사용하는 집단 간의 교류가 활발했을 경우에는 한 사회에서 두 가지 이상의 언어가 공용되었다. 이 경우 언어 사용 집단 간에 권력 관계가 형성되지 않은 경우에는 이중언어Bilingualism, 그렇지 않고 권력이 개입될 경우에는 양층언어라 불린다.

아르눌의 고향은 지금은 행정 구역상 프랑스 북부의 파드칼레Pas-de-Calais 주에 속해 있지만, 16세기까지도 재판문서가 플랑드르어로 작성되고 20세 초에도 사람들은 플랑드르어를 사용했을 정도로 이곳은 언어적으로나 문화적으로 플랑드르 문화가 우세했던 지역이다. 그러

---

55 이 점에 있어서 피터 버크의 연구는 오히려 예외적인 현상으로 볼 수 있을 것이다. Peter Burke · Roy Porter (eds.), *The Social History of Language* (Cambridge: Cambridge University Press, 1987).

나 12세기 이후 점차 남쪽으로부터 프랑스 왕권의 영향력이 감지되면
서 프랑스어도 문화와 더불어 긴느 백작 령에도 서서히 보급되기 시작
했다. 귀족 사회는 정치적 변화에 민감했던 만큼 12세기 말부터 프랑
스어가 점차 중요해졌던 것이다.[56] 이러한 변화는 상류 사회에서 일반
적인 것이 되어, 플랑드르 백작의 궁정에서도 프랑스어가 사용되었다.
보두앵의 영주인, 필리프Philippe d'Alsace는 당대 최고의 궁정시인이었
던 크레티엥 드 트루아 같은 시인들을 초청했다. 이는 긴느 백작의 가
문에서도 예외는 아니었다.[57] 그 결과, 대중의 일상 언어lingua materna
와 프랑스어lingua romana를 사용하는 귀족 집단 사이에 언어적 경계가
서서히 형성되어 갔다.

　이로써 프랑스어와 플랑드르어 사이에서 언어적 갈등이 시작되었
다. 랑베르도 긴느 백작령 내의 지역명을 표시할 때는 불어식이 아니
라 플랑드르어로 명시했는데[58], 이는 당시 그 지역에서 사람들이 일상
적으로 말하던 표기 방식을 따른 결과였다. 이는 곧 일반인들은 대다
수가 플랑드르어로 소통했음을 암시한다. 프랑스와 플랑드르 사이에
는 언어적 차이 외에도 지역적 차이가 존재했던 것으로 보인다. 랑베
르가 긴느 백작령을 방문했던 랭스의 대주교를 "프랑스인Francigensis"
으로 묘사했던 것으로 보아,[59] 두 지역 사이에는 명확한 경계가 있었던

56　아르눌의 아버지 보두앵도 다양한 라틴어 서적을 "그에게 매우 친숙한 언어sibi notissimam
　　Romanitatis linguam"인 프랑스어로 번역시켰고(《역사》C. 81), 그의 도서관은 이렇게 번역된 책
　　들로 가득 찼다고 한다.
57　《역사》C. 81.
58　예를 들어, 당시 긴느 백작령의 사람들은 위쌍Wissant은 플랑드르어의 하얗다는 의미의 'wit'와 모
　　래를 뜻하는 'zand'의 합성어이고, 브레데나르드Bredenarde는 넓다는 의미의 'brede'와 지역을
　　뜻하는 'aarde'의 합성어에서 유래한 지명이다. 랑베르는 《역사》C. 116에서 플랑드르어가 모국어
　　materna lingua임을 밝히는데 주저하지 않았고, 일반 사람들도 자신들의 언어인 플랑드르어로 소
　　통했다(《역사》C. 116).

것 같다. 그러나 보두앵의 시대에 들어서부터 점차 프랑스어가 귀족 사회의 공용어로 등장하게 된다.

하지만 귀족 사회에 프랑스어가 전파되었다는 사실이 이들이 기존의 모국어인 플랑드르어를 포기하고 새로운 언어를 차용했음을 의미하지는 않는다. 12세기 초까지만 해도 프랑스어는 대부분의 사람들이 이해하지 못하는 외국어 불과했다. 이 시기에 베네딕트 수도원인 앙드레 수도원에는 귀족 출신의 자제들이 입회했지만, 수도원 내에서 이들의 사용 언어는 플랑드르어였다. 특히 프랑스와 잉글랜드를 이어주는 교역로에 위치했던 긴느 백작령의 지리적 위치로 인해서 프랑스 문화의 전파가 유리했음에도 불구하고, 대중들의 언어는 플랑드르어로 남았다.

이처럼 아르눌의 시대는 기존의 지역 문화와 '외래'의 프랑스 언어와 문화가 조우하는 과정으로, 그는 이들 문화의 상호작용 속에서 문화의 전이를 경험했다. 지배 집단이 새롭게 유입되는 외래문화를 학습하고 수용하기에 여념이 없던 시대에 아르눌의 문화적 정체성에 위기가 초래되지는 않았을까? 마르크 블로크는 아르눌의 아버지 보두앵이 매우 극단적인 인물이었다고 생각했다. 이러한 행동은 상위 영주인 플랑드르 백작에 대한 일종의 자격지심이었을까? 그는 매우 열정적으로, 그리고 많은 비용을 들여서 다른 지역에서 번역가를 초빙해서 라틴어로 쓰여진 책들을 '당대의 유행어였던' 프랑스어로 번역시켰다. 보두앵의 할아버지 시대인 12세기 초반만 하더라도 '외국어'인 프랑스어를 배우는 것은 혐오스러운 일로 간주되었으니, 프랑스어에 대한

---

59 《역사》 C. 87.

보두앵의 열정은 큰 변화의 바람이 불고 있었음을 시사한다. 프랑스어에 대한 보두앵의 관심이 '극단적'일 수도 있지만, 그의 아들 아르눌이 '들었던' 문학 세계의 언어도 프랑스어였다. 그가 관심을 보였던 작품들의 세계가 프랑스 문화권에서 유래했고, 이를 귀족 계층의 청중들에게 전하는 언어적 매개는 프랑스어였다. 물론 아르눌도 그의 아버지처럼 라틴어를 몰랐던 것으로 보인다. 집안의 교사 역할을 했던 랑베르도 여주인 베아트리스에 대해서는 "수녀원에서 자유7학문을 배운 교양 있는 여성"으로 기억하면서도, 정작 아르눌의 교육 수준에 대해서는 침묵한다. 아르눌의 다른 '외국어' 실력에 대해도 사료는 침묵한다. 이 점에 있어서 랑베르도 예외는 아니다. 물론 그가 긴 겨울밤의 지루한 시간에 아르눌은 그의 동료들과 '로마의 황제들', '샤를마뉴', '롤랑과 올리베에', '아서 왕' 등의 흥미진진한 영웅담을 듣거나, '바다 건너 안티오크나 아라비아, 바빌로니아의 포위 이야기나 성지 예루살렘'과 관련된 십자군 이야기들, 고르몽과 이장바르, 트리스탄과 이졸데, 메를랭에 관한 이야기들을 들었다고 전하기는 한다.

아르눌이 동료 기사들과 들었던 기사문학은 구전 프랑스어였을 가능성이 높다. 13세기 중반까지도 플랑드르어는 문어체 언어로 성장하지 못했기 때문이다.[60] 보두앵의 프랑스어 실력에 대한 랑베르의 칭송은 비록 예외적인 현상이었지만, 긴느 백작령에서도 이제 상층부는 프랑스어를 사용하기 시작했고 아르눌의 삶의 궤적은 대부분 플랑드르와 프랑스 문화권이 조우하는 지역에서 진행되었다.

---

60 Bart Besamusca, "The Medieval Dutch Arthurian Material" *The Arthur of the Germans. The Arthurian Legend in Medieval German and Dutch Literature,* (eds.) W. H. Jackson and S.A. Ranawake (Cardiff: University of Wales Press, 2000), pp.187-228.

저지대 국가Law Countries의 통치세력들은 봉건법적으로 프랑스와 독일을 상위 영주로 섬겼으나, 실질적으로는 독자적인 정치 체제를 형성했다. 이러한 정치적 다원성 못지않게 이 지역은 언어적으로도 라틴어, 프랑스어, 플랑드르어가 병존했다. 아르눌을 둘러싼 세계는 라틴어, 프랑스어, 플랑드르어가 공존했던 삼층 언어 현상이 있었던 지역으로, 세속 사회에서는 프랑스어와 플랑드르어가 경쟁을 벌이던 시대였다.

아르눌이 살았던 12세기는 문화적('12세기의 르네상스')으로나 경제적('상업혁명' 혹은 '도시혁명')으로 변화의 시기였다. 이러한 세기적 특성을 감안한다고 하더라도 그를 둘러싼 지역은 정치적으로('프랑스 왕권의 팽창') 그리고 언어적으로 심한 변화를 경험했다. 이처럼 개인이 처한 사회적 맥락이 변화하자, 그의 정체성도 변하는 사회적 가치관에 영향을 받게 된다. 동시에 그도 변화하는 사회에 적응하고자 노력한다. 변경은 문화적 다양성과 혼종성을 내포한다. 변경인이었던 아르눌은 다양한 문화가 뒤섞인 공간에서 새로운 정체성을 만들었다. 그래서 그는 시대적 상황 속에서 어쩔 수 없이 자신의 아버지, 남동생, 부인, 아들과 갈등을 겪어야 했지만, 그를 둘러싼 대외적 환경의 변화에 능동적으로 적극적으로 대처할 수 있는 리더십을 정립해야만 했다. 다시 한 번 가장으로서, 영주로서, 귀족으로서 자신의 남성적 정체성을 확인하는 순간이었다.

중세의 환영과 공포

악마와 그의 하수인들

중세처럼 상상력이 주도적인 역할을 하던 사회에서 악마는 자신을 두려워하는 사람에게 소름 끼치는 모습으로 나타나는 것이 별로 놀랄 만한 일도 아니었다. 악마를 무서워한 나머지 사람들은 시도 때도 없이 악마가 나타나는 것으로 생각했다. 블로크는 이러한 "감정적 불안정성" 혹은 "신경과민적 흥분 상태"를 중세 봉건시대를 살았던 사람들의 일반적인 정신 상태로 보았다.[•]

악마들도 처음에는 천사였다고 한다. 하지만 일부 천사들이 신에 대항하여 반란을 일으켰다가 패배하면서 추방당한 타락한 천사들은 하늘과 땅 사이에 있는 어두운 공간에 유폐된다. 타락한 천사들은 악마의 하수인 노릇을 하면서 인간 세상을 공포와 전율 속에 빠져들게 했고, 사람들은 신과 악마 사이에서 갈팡질팡 어쩔 줄을 몰랐다. 악마는 언제든지 사람들 앞에 나타나 술수와 폭력을 행사할 수 있다는 생각이 지배적이었다. 악마가 사방에서 떼를 지어 나타나서 으르렁거리면서 사람들을 공격했다는 이야기가 나돌았다.[••]

악마는 폭력을 행사하는 공포스러운 존재

악마는 랑베르의 《역사》에서처럼 구체적으로 실존하는 존재로, 개구리, 두꺼비, 도마뱀과 같은 징그러운 동물의 모습이나 여러 다양한 형태로 등장한다. 이러한 악마의 폭력은 대다수의 성자전聖者傳에 등장하는 상투적인 이야깃거리이다.[••] 《성 안토니우스전》에 나오는 이야기에 따르면, 어느 날 밤 악마와 그

● 블로크, 《봉건시대 I》, 215쪽.
•• 자크 르 고프, 《서양중세문명》, 262~263쪽.
•• 기베르 드 노장, 《기베르 드 노장의 자서전》, 181~185, 284~293쪽.

하수인이 몰려와서 성 안토니우스를 폭행하고 길바닥에 내동댕이쳤다고 한다. 이 과정에서 악마가 무시무시한 맹수들을 불러 모아 야간 습격을 감행하는데, 이 짐승들은 은자의 오두막 벽이 흔들릴 정도로 커다랗게 울부짖은 뒤 오두막을 에워싼다. 이러한 이야기는 훗날 18, 19세기에 유행했던 공포소설의 한 장면들을 연상케 한다.

6세기 말 투르의 주교 그레고리우스도 《프랑크족의 역사》에서 성 베난티우스가 어느 날 밤 미사를 드리기 위해 일어났을 때, 문 앞에 있던 큰 숫양 두 마리가 맹렬하게 그를 향해 돌진해왔다고 한다. 또 다음 날 밤 예배당에서 나와 보니 그의 방이 악마들로 가득 차 있었다고 한다. 성자는 그리스도에게 가호를 빌어 사탄의 하수인들을 어렵사리 물리칠 수 있었다.

《성 안토니우스전》, 《프랑크족의 역사》, 《역사》에서 볼 수 있는 것처럼, 중세 사람들은 악마가 현실 세계에 그 힘을 미치고 있으며 필요하면 자신의 하수인들을 동원해서 사람들에게 해악을 끼칠 수 있는 존재로 믿었다. 실체 여부와 상관없이 사람들은 끊임없이 악마를 생각하고 상상해냈다. 사람들에게 그러한 이미지가 각인되어 있는 한 중세 사회에서 '악마 군단群團'은 실존하는 존재였다.

"땅거미가 질 무렵" 활동하는 악마

그럼 악마는 주로 언제 나타나는가? 중세인들에게 있어서 낮 시간은 그리스도교적이었던 반면, 밤 시간은 세속적이라 할 수 있을 정도로 낮에 잠들었던 귀신들은 주로 카펠호프에서처럼 밤에 활동적이었다. 다른 중세 문헌에서도 악마들이 밤에 자주 나타난다고 적고 있다. 신성로마제국의 황제 카를 4세도 "한밤중에" 혼령을 보았고, 부주교 세콘델루스(성 프리아르디우스의 친구)는 밤중에 그리스도의 모습으로 나타난 악마에게 속았으며, 기베르 드 노장은 악마가 네 번 중 세 번은 어둠 속에서 활동한다고 지적한다.

이처럼 악마는 "땅거미가 질 무렵" 들이나 숲에 많이 나타난다. 사람이 살지 않는 곳을 덮고 있는 불안감은 점점 사람들의 거주 지역으로 뻗어간다. 잠을 못 이루는 사람, 환자, 지금 막 숨이 끊어지려는 사람들은 구조의 손길 없이 어둠 속에 홀로 놓이게 된다.

어둠과 악마의 상관관계는 기베르 드 노장이 어린 시절 겪었던 체험에 잘 묘사되어 있다. "아마도 겨울이었던 것으로 기억하는데, 어느 날 저녁 나는 강렬한 공포심을 느끼며 잠에서 깼다. 나는 침대에 그대로 누워서 등불이 다가오고 있는 것을 느꼈다. 그 등불은 매우 밝은 빛이었다. 갑자기 나는 그리 높지 않은 곳으로부터 밤의 어둠 속에서 수많은 목소리가 섞여 있는 듯한 소리를 들었다. 그것은 목소리만이었고 말씀은 아니었다. 그 소리가 점점 커지더니 나의 얼굴을 때렸다. 나는 잠에 빠지듯이 의식을 잃었고 욕조에서 죽은 사람의 모습이 나타났다. 유령에 놀란 나는 소리를 지르며 침대에서 일어났고 항상 그렇듯이 등불을 비춰보았다. 그러나 어둠 속에서 엄청나게 커다란 그림자를 구별해낼 수 있었다. 바로 내 곁에 서 있는 악마의 윤곽이었다."●

기베르는 자서전의 다른 부분에서 랭스 출신의 수도사를 괴롭히려고 와서 그를 바닥에 집어던지고 질질 끌고 다니거나, 강제로 수도사의 옷을 찢어버리려고 했던 악마들의 무리에 관해 묘사했다. 수도사는 밤중에 이런 무시무시한 고통을 당하며 소리를 고래고래 지르며 이 무서운 공격을 막아내야만 했다.●●

악마의 모습

중세인들에게 악마는 현실적 존재였고, 성직자처럼 정신적 훈련을 받은 엘리트 계층도 악마의 존재에 대한 확실한 믿음을 가지고 있었다. 중세인들의 도덕

───────

● 기베르 드 노장, 《기베르 드 노장의 자서전》, 101쪽.
●● 기베르 드 노장, 《기베르 드 노장의 자서전》, 184쪽.

적·정치적·사회적 삶의 한 편에는 신이, 다른 한편에는 악마가 있었다. 사람들은 이 두 권능 사이에서 우왕좌왕 어찌할 바를 몰랐다. 11세기 초에 살았던 글라베르*Rudolfus Glaber*는 자신의 책에서 그에게 자주 나타났던 악마의 모습을 다음과 같이 묘사하고 있다. 그가 본 악마는 키가 작고, 목이 가늘며, 얼굴은 야위고, 눈동자는 새까맣고, 이마는 주름져 있고, 콧구멍은 막혀있고, 뾰족한 턱에는 염소수염이 나있고, 귀에는 털이 수북하며, 머리카락은 지저분하고 등은 굽었으며, 누더기를 걸치고 있었다. 사탄의 하수인 중에서 가장 눈에 띄는 것은 '앵퀴브*incubus*'로 불리는 몽마夢魔이다. 몽마는 여자들이 잠들어 있는 동안 이들을 욕보인다는 음탕한 악마로 밤에 남자들과 정을 통하려고 나타나는 여자 악마는 '쉬퀴브*Succubus*'로 불린다.

기베르 드 노장은 자기 어머니가 어떻게 앵퀴브의 습격을 받았는지 이야기한다. "칠흑 같은 밤에 어머니가 견딜 수 없는 근심 때문에 깨어나서 침대에 누워 있을 때 대개 근심으로 약해져 있는 사람을 공격하는 습성이 있는 악마, 즉 적그리스도*Inimicus*가 갑자기 나타나 어머니가 거의 죽을 때까지 엄청난 무게로 위에서 눌렀다. 어머니는 숨이 막힐 지경이 되어서, 몸을 움직일 수 없을 정도가 되었고, 단 한마디도 내뱉을 수가 없었다. 말을 할 수는 없었지만 마음은 자유로워서 하느님께 도움을 청했다. 그러자 갑자기 머리맡에서 한 영혼, 명백히 자비로운 영혼이 또렷하고 애정 어린 목소리로 "성모 마리아시여, 도와주소서!"라고 외쳤다. 그 영혼은 몇 초 동안 이렇게 외쳤다. 곧 어머니는 그 말의 의미를 알아차렸다. 어머니가 극심한 고통을 받는 순간 그 영혼이 갑자기 적에게 거칠게 달려든다는 느낌을 받았고, 그러자 그 적그리스도가 일어났습니다. 다른 영혼이 마왕을 바라보며 붙잡고서 날카로운 소리를 지르며 바닥에 패대기를 쳤다."● 이와 같이 앵퀴브의 개념은 성직자들이 동시대인들에게 강한 경계심을 불러일으켰던 문제다. 사람들이 겁을 먹으면서도 한편으로는 흥미롭게 생각했던 것은 이것이 성적 영역과 연관되어 있었기 때문이다.

혼령

어둠이 깔리면 악마만 나타난 것이 아니었다. 죽은 사람의 혼령도 육화하여 나타난다. 하지만 중세 초기에는 유령 이야기가 드물었으나,** 이따금 초자연적인 능력을 보여 주기 위하여 성직자에게 나타나기도 했다. 예를 들면, 리옹의 콩스탕스가 저술한 《오르세의 성 제르맹 전》에는 다음과 같은 이야기가 나온다. "성자가 겨울에 여행을 하고 있을 때였다. 하루 종일 먹지도 않고 피로한 날을 보낸 뒤 저녁이 되었을 때, 동행하는 수사들이 하룻밤 쉬었다 갈 곳을 찾아보자고 졸랐다. 주위를 살펴보니 근처에 오래 전부터 사람들이 살지 않은 것 같은, 반쯤 허물어진 집이 보였다. 집을 돌보지 않은 까닭에 덤불이 집안으로 들어와 있어서 무시무시하고 위험한 이곳보다는 차라리 밖에서 추위에 떨며 밤을 지내는 것이 더 나아 보일 정도였다. 더구나 이웃에 사는 두 늙은이가 성 제르맹에게 그 집에는 유령이 들끓어 사람이 살지 않는다고 일러주었다. 성자는 이 말을 듣고서도 마치 사람을 매혹시키는 전원 분위기가 넘치는 곳에 들어가듯, 그 무시무시한 폐허로 발길을 옮겼다. 그리고 예전에는 많은 방이 있었을 것이 분명한 그 집에서 사람이 머물렀을 만한 곳을 찾아냈다. 성자는 얼마 안 되는 짐을 가지고 동행 수사와 함께 그곳에 자리를 잡았고, 그를 제외한 수사들은 약간의 음식들을 먹었다.

마침내 깊은 밤이 되었다. 피로와 허기가 겹친 성 제르맹은 잠이 들었고, 수행 수사 중 한 명만이 깨어 책을 읽고 있었다. 그때 갑자기 무시무시한 망령이 나타

● 기베르 드 노장, 《기베르 드 노장의 자서전》, 86쪽.
●● 장클로드 슈미트, 《유령의 역사. 중세 사회의 산 자와 죽은 자》, 주나미 옮김 (인천: 오롯, 2015), 26, 54쪽.

나 책을 읽고 있던 수사 앞에 우뚝 서자, 돌멩이가 무더기로 집의 벽 위로 쏟아졌다. 공포에 질린 수사는 성자에게 도움을 청했다. 성자가 벌떡 일어나 보니 무시무시한 망령의 그림자가 눈에 들어왔다. 그리스도의 이름을 외친 뒤, 그는 망령에게 이름이 무엇이며 무슨 이유로 이곳에 나타났는지 말하라고 명령했다. 망령은 즉시 그 무시무시한 겉모습을 버리고 나직이

〈유혹을 물리치는 예수님〉. 1170년경 제작된 작자 미상의 유리화다. 악마가 광야에 있던 예수에게 돌을 빵으로 바꾸어 보라며 유혹하는 모습으로, 악마는 이마에 뿔이 난 털북숭이로 묘사되었다. 이런 모습의 악마들은 고대 그리스 신화에 나오는 켄타우로스, 스핑크스와 같은 반인반수의 괴물들과 비슷한 데가 많다.

탄원하는 목소리로, 자신과 자신의 친구는 많은 죄를 지어 묘도 없이 누워있으며, 산 사람을 괴롭히는 것은 자신들이 편히 잠들 수 없기 때문이라고 말했다. 망령들은 자신들이 영원한 평화를 얻게끔 하느님께 기도해 달라고 성자에게 간청했다. 이 이야기를 듣고 망령들을 불쌍히 여긴 성자는 망령들이 누워 있는 곳을 가리키라고 했다. 그러자 망령들은 촛불을 들고 앞장서서 성자를 자신들의 시체가 버려진 장소로 안내했다." 날이 밝자 성 제르망은 죽은 두 사람을 위해 반듯한 묘를 만들어주도록 했다.

그런데 11, 12세기에 이르러 갑작스러운 변화가 일어나는데, 유령들이 때로는 홀로, 때로는 큰 무리를 이루며, 특히 꿈속에 나타나게 된 것이다. 나타나는 유령의 성격 또한 확연히 달라졌다. 11세기 초에 라울 글라베르가 전하는 바에 의하면, 랑그르 교구의 수도사 불셰르는 수도원의 교회에서 삼위일체 대축일

프랑스 남부에 있는 오툉 대성당에 새겨진 악마의 모습. 지옥의 공포를 조장하던 중세에 악마는 가장 확실한 모습으로 형성되었다. 죽은자들이 관에서 나와 오들오들 떨며 심판을 기다리는 모습이 새겨져 있다.

밤에 흰옷을 입고 목에 붉은 영대를 두른 사람들이 주교를 앞세우고 오는 것을 보았다. 그들은 자신을 사라센인들에게 대항하여 싸우다 전사한 그리스도교인들이라 밝히고, 천국으로 가는 도중 이곳에 잠시 들렀다고 말한다. 이후 길을 떠나던 이들은 불셰르에게도 함께 가자는 몸짓을 했는데, 얼마 뒤에 실제로 그는 갑작스럽게 죽음을 맞는다.•

남편이 죽은 지 수십 년이 지난 뒤, 기베르 드 노장의 어머니는 꿈속에서 죽은 남편을 보았다. 새벽 기도가 끝난 뒤 의자에 누워 잠이 들었던 어머니는 누군가에게 이끌려 우물가로 다가갔다. 그 때 갑자기 어머니의 눈에 아버지의 모습이 들어왔다. 아버지는 젊었을 때의 모습 그대로였다고 한다.••

오르데리쿠스 비탈리스가 1140년경에 쓴 《교회사》라는 책에도 놀라운 이야기

• 장클로드 슈미트, 《유령의 역사》, 173쪽.
•• 기베르 드 노장, 《기베르 드 노장의 자서전》, 118-119쪽.

가 등장한다. 1091년 정월 초하룻날 밤, 발슐랭이라는 사제는 소름끼칠 정도로 엄청나게 큰 거인의 인솔 하에 무시무시한 대규모 부대가 행진하고 있는 것을 보았다. 이 거인의 뒤를 따라가는 무리 가운데에서 사제는 최근에 죽은 이웃 사람들의 모습도 볼 수 있었다. 그제야 사제는 이것이 '마왕 행렬'이라고 불리는 죽은 자들의 군대exercitus morturourm임을 깨달았다.●

11세기에 본격화된 '유령의 침공'은 가문의 연대, 영적 친족과 육체적 친족의 유기적 연결에서 비롯되었다고 한다. 이 시기 귀족 가문에서 성행했던 계보와 혈통에 대한 기념은 망자에 대한 기억을 불러일으켰고, "산 자와 죽은 자의 연대를 지원하고 조직하는 데 열심이었던 교회는 유령 이야기를 유포하는 데도 앞장섰다."●● 유령들은 대부분 살인, 도둑질, 위증, 유산의 갈취, 사제와의 내연관계, 세례를 받지 못하는 죽은 신생아, 교회로부터 파문을 당한 채 죽은 자들로, '죄의 사면'을 절실히 필요로 했다. 그래서 지역에서 소문으로 떠도는 유령 이야기를 수집하고 기록하며 재생산하던 성직자들은 망자의 구원을 위한 미사를 행해 달라는 요청을 받았다. 성직자들이 중재를 요청하는 유령 이야기를 더욱 호기심 어린 눈으로 바라본 이유가 바로 그 때문일 것이다.

● 장클로드 슈미트,《유령의 역사》, 158-169쪽.
●● 장클로드 슈미트,《유령의 역사》, 16, 239, 247, 264쪽.

아르눌 영주가 되다

가부장권

책임감과 남성성

이제 아르눌은 어엿한 가장이 되었다. 게다가 성을 두 개나 소유한 성주이기도 했다. 어머니로부터 상속받은 아르드르 성과 새 신부를 통해서 통치권을 양도받은 부르부르 성은 아르눌의 통치 거점으로 사용되었다. 영주로서 그의 통치력과 포용력은 이 두 지역에 평화와 안정을 가져왔다. 그러자 아르눌 역시 새로운 마음가짐으로 책임감 있는 삶을 계획하게 된다. 더 이상 젊은 날의 혈기와 만용으로는 자신의 휘하에 있는 식솔들의 목숨을 책임질 수 없었기 때문이다. 가부장제 하에서 가족을 부양해야 하는 의무는 전적으로 남자에게 있었다. 귀족 남성의 "첫 번째 관심은 자신의 가솔에게 필요한 예산을 미리 앞서 최대한 정확히 결정하는 일이었다." 이를 위해서는 장원의 경제가 탄력적으로 운영되고 그렇게 해서 생산성의 향상을 위해 노력해야만 했다.[1] 귀족들은 "농장 경영자의 입장에서" 장원 운영에 직·간접적으로 관여했고, 이렇게 운영되었던 장원제는 "중세 경제의 중추"로 자리 잡았다.

다른 성주들에서처럼 상황은 아르눌에게도 합리적인 판단을 요구했다. 성안의 커다란 거실에서 부인과 함께 가운데 자리를 차지하고, 그는 이제 회의와 재판을 주관하고 신하로부터 충성서약을 받고 법률을 공포하는 위치에 서게 되었다. 동시에 어린 기사 수련자들의 교육

---

1 조르주 뒤비, 《전사와 농민》, 55~56쪽, 121~123쪽, 146쪽.

을 관장하면서 이들의 눈에 모범적인 기사로 보이도록 노력해야 했다. 새로운 책임감은 그의 젠더 규범을 변화시켰다. 이처럼 결혼과 함께 새롭게 변화된 남성성을 구성하게 된다.

영주의 주된 책임은 무엇보다도 통치 영역 내에서 평화의 수호, 즉 질서의 유지였다. 이를 위해서 다양한 방법들이 고안되었는데, 그 대표적인 메커니즘 가운데 하나가 감옥이었다. 영주들은 성채에 지하 감옥을 설치하고 죄인들을 고문하곤 했는데, 이러한 이유로 성은 두려움의 대상이기도 했다. 아르눌의 부친 보두앵도 투네헴Tournehem의 성채를 보수하면서 지하에 감옥을 만들고, 죄인들이 오물과 해충이 가득했던 어두침침한 방에서 "눈물의 빵panem doloris"을 먹도록 했다.[2]

하지만 일상적 질서를 효율적으로 유지하기 위해서 영주는 자신을 대신할 사람들을 필요로 했고, 대략 열둘에서 열다섯 정도의 기사들이 성의 통치 영역 내에서 영주의 역할을 대신했는데, 때로는 일 년에 한두 달 정도씩 성의 망루 꼭대기에서 경비 임무를 담당했다. 이에 대한 대가로 이들에게는 봉토Beneficium와 함께 다양한 관직이 주어졌고, 여기서 거둬들인 수입으로 자신과 가족들의 생계를 유지했다. 이러한 보수는 다시금 이들의 독자적인 지배권의 발판이 되기도 했다.

신서Hommage라 불리는 의식에서 봉신은 무릎을 꿇고 충성 서약을 하는데, 이는 주군에 대한 복종을 상징적으로 의미하는 것이다. 이때 봉신은 그의 검이나 다른 어떤 상징적인 물건을 주군에게 바치거나, 주먹을 쥔 손을 주군의 양 손 사이에 내밀었다. 그러면 주군은 자신의 손으로 봉신의 손을 감쌌고 그를 끌어당겨 키스를 했다. 이는 두 사람

---

2 《역사》 C. 77.

이 궁극적으로 평등함을 상징하는 것이며, 봉건 서약은 일종의 계약이었다. 봉토 수여에 대한 반대급부로 봉신Vassalus들은 영주에 대해서 충성 서약을 해야 했으나, 기사들은 스스로를 영주와 동등한 위치에 있다고 생각했다.

봉신들은 1년에 40일 동안 주군을 위해 싸우고, 주군이 포로가 될 경우 주군의 몸값 지불에 도움을 주어야만 했다. 또 주군의 장녀 결혼식과 장남의 기사 서임식 비용을 부담해야 했다. 이에 대한 대가로 받은 봉토는 엄밀한 의미에서 상속되는 것이 아니었다. 봉토를 받으면서 했던 신서는 개인적 관계였기에, 매 세대마다 갱신되어야 했다.

무엇보다도 12세기는 그 어느 시기보다 많은 봉건 영주가 경쟁적으로 세력을 확보하고 팽창하던 '봉건 혁명feudal revolution'의 시대였다.[3] 이 시기는 유럽 역사에서 그 어느 때보다 많은 수의 영주들이 독립적인 지배권을 차지하고 탐욕스러운 모습을 보인 시대였다. 부와 권력에 대한 추구로 영주와 영주, 영주와 농노 사이에 팽팽한 긴장감이 조성되면서, 영주권을 유지하기가 더욱 힘들어졌다. 때로는 생존을 위하여 폭력적 공권력을 행사해야만 했지만, 동시에 안정적인 조세 수입 확보를 위한 합리적이고 효율적인 통치술이 요구되던 시대이기도 했다.

아르눌이 태어난 아르드르의 성주들이 통치했던 지역은 매우 협소한 편이어서 인근 다른 영주들의 통치 영역과는 불과 20~30킬로미터 정도의 거리에 위치해 있었고, 긴느 백작에 대해서는 대대로 충성 서약을 해야 했던 주군과 봉신의 관계를 유지했다. 그러나 긴느 백작도 역시 상위 군주인 플랑드르 백작에게 충성 서약을 했던 봉신으로

---

3 T. N. Bisson, *The "Feudal Revolution"*, Past & Present no.142(1994), pp.6-42.

서, 자신의 주군을 전쟁터에 동행해야 하는 의무와 필요시에 성에 머물러야 하는 의무를 지고 있었다. 이론상으로 플랑드르 백작도 파리에 거주하던 왕의 봉신이었다.

하지만 이러한 봉건적 정치구조는 늘 이상적으로 작동하지는 않았다. 아르눌의 외가 식구들은 긴느 백작의 봉신임에도 불구하고 플랑드르 백작에 충성 서약을 함으로써 동시에 두 명의 주군을 섬기기도 했기 때문이다. 이러한 미묘한 역학 관계는 아르드르와 같은 나약한 성주에게 유리하게 작용하여, 플랑드르 백작의 도움으로 아르드르 성주는 긴느 백작의 영향력으로부터 벗어날 수 있었던 것이다. 그러나 이러한 아르드르-긴느-플랑드르의 정치적 구도가 그다지 특이한 것은 아니고, 여타 지역에서도 이처럼 기존의 백작들이 신흥성주들의 등장에 위협을 받으면서 세력 간의 경쟁은 더욱 치열하고 교묘해져 갔다.

특히 장자 상속제가 관철되기 전인 1200년경에는 장남뿐만 아니라 차남 이하의 남자들도 결혼을 하게 되면서 경작할 수 있는, 즉 조세를 거두어들일 수 있는 토지 부족현상이 점차 심화되었다. 아르눌의 다섯 남동생들도 성직자가 되거나 꽃다운 젊은 나이에 죽은 경우를 제외하고는 모두 결혼을 했다. 이들은 결국 아버지의 도움을 받아 돈을 주고 땅을 사거나 새로운 경작지를 개간해야만 했다. 아르눌의 동생 마나세스의 경우 로리초브에 있는 상당한 규모의 늪지를 할당받아서 이곳에 농민들을 이주시켜 경작케 했다. 그 자신은 도랑으로 둘러싸인 작은 요새를 세우고 이곳을 통치거점으로 삼아 새로운 영지를 관리하기 시작했다.

경작지를 새로 개간하고 주거용 건물을 세우는 등의 일은 매우 힘들고 어려운 작업이었다. 그래서 랑베르도 이러한 일을 성공리에 완수하기 위해서는 "헤라클레스의 힘"이 필요하다고 했다.[4] 신하와 농민들을 인솔하기 위해서는 강력한 통치력과 강인한 남성성을 요구된다. 결혼한 남성의 가족에는 친족은 물론 하인과 신하들이 포함되었고, 이렇게 해서 구성된 가구household의 가장으로서 남자는 가족의 생계를 책임져야만 했다. 가부장제에서 남성은 막강한 권한을 행사했지만, 대신에 막중한 책임과 의무를 져야만 했다. 가문의 '가장'으로서 역할 수행에 실패했을 때 가혹하게 비난받거나 책임을 추궁받는 경우도 많았다. 식솔들의 손에 영주가 살해당했던 사건은 구성원의 안녕과 번영을 지킬 수 없는 가장의 운명을 단적으로 보여준다.[5]

늪과 황무지들이 개간되면서 재정 수입도 증가해갔다. 하지만 동시에 농민들에 대한 조세 부담도 늘었고, 특히 영주 소유의 물레방아, 풍차, 대장간, 빵틀 이용료도 상당히 높아졌다. 조세 수입도 이제는 현물이 아니라 동전이나 은전과 같은 화폐로 거두면서, 땅보다는 현금이 더 중요해졌다.

농민의 수가 날로 증가해감에 따라 이제 차남 이하의 아들들도 농민들을 데리고 새로운 경작지를 찾아나설 수 있게 되었다. 유산으로 땅을 물려받지 못한 젊은 기사들은 혈기 넘치는 농부들을 모아서 새로운 토지를 경작하고, 초반기의 어려움이 극복되면서 점점 더 많은 상속세, 부역면제세, 벌금과 같은 수입을 거둬들였다. 이 시기 프랑스 북부 지역에서는 상속 관습에서도 새로운 움직임이 있었다. 차남에게도 일정 부분의 상속 토지를 분할해주고 대신 장남에게 그것을 봉토로 받

---

4 《역사》C. 78.
5 《역사》C. 76: servi et subdicti...sive misercordiis...in terram protrahit et prosternit.

게 하는, 이른바 혈족 분할상속제parage의 관습이 확산되어갔던 것이다. 이는 장남이 동생들을 보살펴야 한다는 도덕적 이유로 상속 재산 중 일부에 대한 용익권用益權을 양도하는 것으로, 대신 동생은 형에게 신종臣從 선서를 해야만 했다. 이러한 이유로 마나세스는 그의 큰형 아르눌에게 로리초브에 대한 신종 선서를 했던 것이다.

영주들의 부지런함과 탁월한 능력, 상위군주에 대한 충성심과 현명한 정치적 판단력은 긴느-아르드르 가문의 남자들이 살아남을 수 있었던 동력이었다. 이들 가문의 역사가 이를 입증한다. 아르눌의 외증조부도 불로뉴 백작이나 노르망디의 태공 등에 보여준 충성심으로 잉글랜드에까지 활동 영역을 넓힐 수 있었던 것이다. 이후에도 아르눌의 가문과 잉글랜드의 노르만 왕조와의 관계는 지속되었던 것으로 보인다.[6] 아르눌의 아버지 보두앵 2세는 그의 부인이 출산 중에 사망하는 와중에도 잉글랜드에 머물러 있었던 것으로 보아서 랑베르가 언급한 백작의 임무들disponendis rebus은 매우 중요했던 것으로 보인다. 백작들의 가장으로서의 사명감과 정치적 판단력은 가족의 번영과 질서를 유지하는 근간이 되었다.

---

6 《역사》C. 35: "기사로서 프랑스, 노르망디, 잉글랜드에서 명성을 날리고 있던 마나세스 백작은 잉글랜드에 머무르는 동안 왕실을 자주 방문했고, 윌리엄 왕과의 교류도 빈번했다. 결혼도 윌리엄 왕을 보필하던 시종장의 딸 엠마와 했다.";《역사》C. 44: "마나세스의 부인 엠마의 중매로 백작의 손녀 Beatrice는 잉글랜드의 왕을 지척에서 보필하던 알버트Albert the Boar와 결혼을 했다";《역사》C. 144: "프랑스 뿐 아니라 잉글랜드의 마상경기에서도 명성을 날리던 아르눌 1세"the advocate"는 그의 아들들과 함께 윌리엄의 노르만 정복 전쟁에 참여했다. 특히 선발대로 잉글랜드에 도달한 그의 아들들도 몇 해 동안 윌리엄 왕을 지척에서 보좌하면서 혁혁한 공을 세웠고, 이에 대한 감사의 선물로 잉글랜드의 몇몇 지역을 하사 받았다."

영주와 농민

일상에서 귀족들은 전사, 법집행자, 기사로서의 임무보다 지주로서의 삶에 더 많은 시간을 할애했다. 귀족들은 자신에게서 토지를 빌려서 경작하는 농민들과 정기적으로 접촉했다. 대부분의 식량이 농민들에 의해서 생산되었기에 경작지 개간 사업에 총력을 기울였던 긴느-아르드르 같은 개간 지역에서는 노동력이 절대적으로 중요했다. 때문에 농민의 존재는 이들에게 필수불가결한 것이었다. 또한 농민들이 납부하는 수입이 있어야만 필요한 최신 무기와 의류, 생활에 필요한 물품뿐 아니라 식욕을 돋우는 값비싼 향신료를 구입할 수 있었다.[7]

그 외에도 농민들이 자주 이용해야 했던 물레방아 사용료, 시장에서 판매되던 농산물에 부과하는 세금, 영주가 놓은 다리를 이용할 때 지불해야 했던 통행세는 영주들의 짭짤한 수입원이었다. 이러한 이유로 농업 주기에 대한 귀족들의 관심은 생각보다 높은 편이었다. 성벽이나 참호의 유지와 보수, 영주를 찾아온 손님에게 침구를 마련하는 일, 영주의 사냥개 무리에게 먹이를 주거나 "촌장이 앞세워 든 깃발 아래" 허둥지둥 전쟁터로 달려가는 것 모두 농노의 의무였다. 영주에게 장원은 '개인 기업'이었던 것이다.[8]

일부 영주들이 농민들의 강제노동지대(부역)에 의해서 경작되는 영주직영지를 전혀 소유하지 않고 현물이나 화폐지대로 생활하는 경우도 있었으나, 대체로 장원은 농민들에게 임대되었던 토지와 노동지대에 의해서 경작되는 영주직영지로 나뉘었다.[9] 영주들도 나름대로 자

---

7 이러한 점에서 뒤비는 영주의 "소비는 장원의 생산을 자극"했고, 지출은 "성장의 실제 추진력"으로 보았다 (조르주 뒤비, 《전사와 농민》, 122쪽).

8 마르크 블로크, 《봉건사회 I》, 562쪽.

신의 실속을 계산하면서 점차 토지를 늘려나갔고, 어떻게 해서든 수입을 늘리려고 혈안이 되었던 것은 마찬가지였다. 영주들은 장원 생산이 효율적으로 이루어지도록 노동력에 대한 통제와 생산을 자극하는 다양한 방법들을 모색했다.[10] 이들은 강압적이거나 불법적인 수단을 동원해서라도 새로운 수입원을 창출하려 들었고, 이러한 이유로 간혹 신하들과 불편한 관계를 유지하기도 했다. 앞서 언급한 바 있는 아르드르의 아르눌 3세 관련된 이야기가 대표적인 사례다.

랑베르는 신하와 농민들에 대한 영주들의 권리를 부정하지는 않았으나, 농민들에 대한 영주의 자의적인 권력 행사에 대해서는 부정적인 반응을 보였다. 이 시기는 귀족들이 산재해 있던 영지와 다양한 권리들을 겸병하면서 수입 증대에 집중했던 시기였다. 이 과정에서 영주들은 권력을 이용하여 불법을 자행하곤 했는데, 폭력의 사용은 통치 전략의 일환이었다. 귀족들의 불법적인 행위가 집단적으로 자행되기도 했다. 랑베르는 하메Hames의 영주가 고용한 "곤봉 패거리Colvekerlis" 대해 기록을 남겼는데[11] 이들은 일종의 용역깡패와 같은 무리였다. 특히 이들은 결혼 등의 이유로 지역에 새로운 사람이 이주해 오면 몰려가서

---

9   12∼13세기에 노동지대의 중요성이 급속하게 증가하면서 장원제는 커다란 변화를 경험하게 된다. 영주에 대한 노동지대가 화폐지대로 전환되면서, 농민들은 영주 직영지에 대한 부역의 의무로부터 해방되고 그에 상응하는 만큼 더 많은 화폐 지대를 지불하면 되었다. 이러한 화폐지대를 가지고 영주는 일용노동자들을 고용하여 직영지를 경작하게 했다. 영주와 농민 모두 초창기에는 이러한 새로운 조치를 반겼다. 영주는 마지못해 직영지를 경작하는 농민들이 게으름 피는 것을 일일이 관리하는 번거로움으로부터 해방되었고, 농민들은 이제 자신들의 토지에만 집중하면 되었다. 화폐지대가 고정지대였기에, 영주의 수입은 상승하는 물가를 따라잡기에 버거웠고 결국 상황은 영주에게 불리하게 돌아가게 되었다. 설상가상 일용노동자들이 물가 상승에 상응하는 임금 지불을 요구하면서, 일부 지역에서는 금납화를 포기하고 다시 노동지대로 돌아가려는 움직임이 일기 시작했다.

10 조르주 뒤비, 《전사와 농민》, 122쪽.

11 《역사》 C. 36.

강제로 이주비를 징수하곤 했다. 이는 이곳에서 오래 전부터 내려오던 봉건적 악법mala et obprobia이었다.

아비체Avice라는 여인이 백작부인 엠마에게 아직도 이러한 악습이 있다는 것을 알리고 '조속히 개입해서 문제를 해결해 줄 것'을 부탁한 사건은 당시 남성들의 정치와 여성들의 정치가 어떻게 작동했는가를 잘 보여준다. 남성들은 '곤봉 패거리'에서 백작까지 일련의 공적인 정치 공간을 형성하고 통제했으며, 이 과정에서 남성 중심적 인적 조직과 자원, 주종관계, 우정관계가 중요한 역할을 했다. 반면 여성들의 활동 영역은 가정이라는 사유화된 공간이었고, 집안의 중대사와 관련해서는 남편과 둘이서 논의를 했다.[12] 이는 일종의 여성의 간접 지배였던 것이다.

귀족들에 대한 농민들의 감정은 양면적이었다. 자신들의 신변 보호를 책임지고 있던 귀족들에 대해서 한편으로 존경심을 지니고 있었지만, 동시에 이들의 권력 행사에 무기력했기에 두려움의 감정도 함께 가지고 있었다. 간혹 농민들이 애써 일궈놓은 경작지를 말을 타고 유유히 지나가는 귀족들을 볼 때면 분노가 치솟기도 했다. 아르눌의 몇몇 조상도 농민들에게 과도한 부담을 주곤 했다.

"이 세상의 어떤 것에도 만족할 줄 모르는 그를 이 조그마한 땅덩어리가 만족시킬 수 있겠는가? 지금은 자신의 이름을 알리기 위해서 프랑스에서 명망 있는 인사들과 교류하면서 설치고 다니고 있는데, 돌아오다가 센 강

---

12 이러한 이유로 랑베르는 부인과 남편의 관계를 "같은 침대를 공유하는 동료lecti consors"로 묘사했다(《역사》C. 51).

이나 르와르 강에서 빠져 죽었으면 한다. 아니면 눈에 화살을 맞아 죽어버렸으면 더 좋겠고. 이 말을 들은 랄프는 화난 얼굴을 하고서 자리를 떠나야만 했다. 그는 실제로 전투에서 치명상을 입고 죽었다. 사람들은 그의 죽음을 신의 뜻으로 받아들였다고 한다."[13]

한 푼이라도 더 많은 수입을 거두려는 영주들의 욕심은 이른바 '오븐 사용료_furnagia_'를 부과하기에 이른다.[14] 하지만 남자들만 탐욕스러웠던 것 같지 않는다. 백작의 부인들은 '성주의 부인', '영주의 부인'으로서 직간접적으로 공적인 업무에 개입을 하곤 했다.

전통적으로 권력과 부는 귀족 남성들 사이에서 상징적 의미를 지녔다. 이들은 자신의 추종자들의 수와 권위는 비례한다고 생각했고, 그래서 추종자들에 대한 아낌없는 지원을 통해서 대외적으로 자신의 힘을 과시하고자 했다. 이러한 과시욕은 "자신의 땅으로부터 보다 많이 수탈하도록 강요했다."[15] 남성들의 경쟁적인 자기과시 욕망은 화려한 연회의 개최와 사치스러운 선물 교환으로 이어졌다.[16] 그러나 이러한 사치품들은 봉건사회에서 원거리 무역 활동을 자극하는 계기가 되었다.[17]

비록 성경에 부의 축적에 대한 비판적 목소리가 전해지고 있었지만, 대신에 절제된 삶을 살면서 어려운 자에게 물질적 도움을 주는 사

---

13 《역사》 C. 18.: _O mortiferum terre sue virum, qui, dum Herculi, Hectori vel Achilli coequari nititur, excoriando et torquendo suos et flagellando sevit in suos._
14 《역사》 C. 128.
15 조르주 뒤비, 《전사와 농민》, 122~123쪽.
16 이에 대해서는 본서 V장 - 남성동맹과 정치문화 참조.
17 조르주 뒤비, 《전사와 농민》, 138~139쪽.

람들에게도 구원의 길은 열려 있었다. 교부 철학자들과 카롤링거 시대의 신학자들도 부의 축적 그 자체보다는 탐욕avaritia과 부의 악용을 악덕으로서 경고하게 된다.[18] 반면에 자신이 소유한 재화를 관대하게 나누고 재분배하는 행위는 음유시인들에게서 칭송의 대상이 되었다. 오히려 권력과 지위를 가진 자가 그에 걸맞은 부를 축적하고 소비하는 것은 훈계의 대상이 아니었다. 남성들의 경쟁적인 소비문화와 과시욕은 이렇게 해서 장원의 생산성을 자극하고, 사치품을 생산하는 작업장을 세우고, 유럽의 경제가 대내외적으로 팽창하는 추진력이 되었다.[19]

축성정책

중세에는 진지를 구축하고 포위공격을 하는 진지전陣地戰, war of position이 일반적인 전투 형태였고, 백년전쟁 기간의 크레시Crecy, 아쟁쿠르Agincourt와 같이 많은 사상자가 발생한 전면전은 매우 예외적인 경우였다. 진지전이 갖는 중요성으로 인해서, 중세의 축성술은 놀라울 정도로 빠르게 발전했다. 반면 성을 파괴하는 기술은 아직도 인력과 축력에 의존해 있는 상황이라, 공격하는 무기가 개발되기는 했으나 조악하고 효율적이지 못했다. 공성용 무기의 개발 속도는 늦어질 수밖에 없었다. 결국 포위공격전은 성내 거주자들의 인내심을 테스트하는 장기전의 양상을 띠었다.[20]

---

18 Robert P. Maloney, "The teachings of the Fathers on usury: An historical study on the development of Christian thinking" *Vigiliae Christianae* 27 (1973), pp.241-265.

19 조르주 뒤비, 《전사와 농민》, 12쪽, 228쪽.

20 James Turner Johnson, *Just war tradition and the restraint of war: A moral and historical inquiry* (Princeton, New Jersey: Princeton University Press, 1981) p.123.

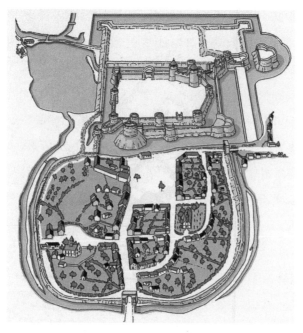

보두앵과 아르눌이 생활했던 긴느 성의 모습을 추정한 그림. 해자와 망루. 성곽의 모습, 마을의 모습이 잘 드러나 있다.

랑베르에 의하면 긴느-아르드의 백작들이 대대로 마상경기와 전투 못지않게 성을 개조하는 데에도 엄청난 비용을 투자했다고 한다. 아르눌의 아버지 보두앵은 그의 부친의 뒤를 이어 백작이 되자, 가장 먼저 착수한 것 중 하나가 긴느 성을 재건축하는 일이었다. 그는 막대한 비용을 들여서 긴느의 내성內城을 돌로 증축하도록*super dunionem domum rotundam lapidibus quadris edificavit* 지시했다. 그리고는 건물의 뾰쪽한 지붕을 납으로 씌우도록 했다.

건물 내부에는 침실과 다양한 용도의 방들이 있었고, 통로는 이곳저곳으로 복잡하게 나 있어서 마치 그리스의 위대한 건축가 다이달로스가 지은 미로와 같았다. 건물의 문 앞에는 솔로몬의 신전과 같이 멋진 예배당을 세우도록 했는데, 벽은 돌로 지어졌고 바닥에는 고급 목재가 사용되었다.

그러나 성주 보두앵은 성의 내부 구조 못지않게 외양에도 신경을 써서 성이 가급적 하늘 높이 치솟아 보이도록*excelsam in aere suspendit* 설계 과정에서 특별히 주문했다. 또한 성의 외벽을 어떤 공격에도 무너지지 않을 튼튼한 돌로 축조하도록 미장공들에게 신신당부하고, 성 안으로는 탑 모양의 육중한 망루를 통해서만 들어오게끔 설계하도록 했다.[21] 긴느 성의 중축 과정에서 '건물주'가 성의 외양에 각별한 주의를 기울였음을 알 수 있는 대목이다.

그의 아버지가 성과 요새를 건축하고 보강하는 것을 보고 성장한 아르눌*patrem suum...omnia castella...communientem conspiceret* 역시 아버지의 뒤를 이어 아르드르의 장터 주위에 성벽을 둘러쌓도록 명령했다. 이러한 작업에는 "기사와 시민들과 같은 부유한 사람*divites*, 가난한 사람들*pauperes* 할 것 없이 자발적으로 참여했다. 뿐만 아니라 성직자들과 수도사들도 팔을 걷어붙이고 달려들었다." 랑베르는 이 부분에서 몇 가지 매우 귀중한 사실에 대한 기록을 남겼다. 우선 아르드르 성의 보수 작업을 책임졌던 자인 시몬에 대한 기록을 들 수 있을 것이다. 'Magister Symon'으로 불렸던 이 건축가*fossarius*의 전문적인 측량술 덕분에 작업 속도는 배가되었다. 그의 명칭으로 볼 때, 시몬은 건축담당 하위직 성직자였던 것으로 보인다.

랑베르를 통해서 알 수 있는 또 하나의 사실은, 작업의 분업화가 상

---

21 《역사》 C. 76.

당히 이루어졌던 것으로 보인다. 손수레를 이용해서 돌을 나르는 농부들, 도랑을 파는 사람, 삽질하는 자, 곡괭이질을 하거나 망치질을 하는 사람, 공사장 주변 청소를 하는 사람, 그 외에도 미장공, 운송업자, 포장공, 무거운 물건을 올리고 내리는 적하기積荷機를 다루는 기술자, 목수, 잔디 뗏장공 등의 숙련공들이 있었고, 일을 독려하는 감독관들의 회초리 소리도 들을 수 있었다.[22]

축성 과정은 귀족들 간의 경쟁 심리를 잘 보여준다. 인근 성주가 새로운 기법으로 성을 세우면, 다른 영주들은 더 견고한 성을 세우기에 혈안이 되었다. 인근의 솜씨 좋은 목수와 대장장이들을 다 동원해도 부족한 일손을 주체할 수 없을 정도로 축성 사업은 호황을 누렸다. 십자군 원정은 유럽 대륙에 이러한 축성 붐을 일으킨 장본인이었다. 콘스탄티노플, 아르메니아, 시리아, 팔레스타인에서 원정대가 보았던 석조로 지어진 웅장한 성들은 감탄과 동경의 대상 그 자체였다.

고향으로 돌아온 이들은 그들이 보고 경험했던 대로 성을 건설하도록 했다. 기존의 목조로 된 성은 쉽게 무너졌기에 보수에 너무 많은 시간과 노력이 소모되었고, 특히 화재에는 거의 무방비 상태였다. 석조 망루와 성벽을 돌로 대체하도록 하면서, 석조 건축물은 시대적 유행이 되었다. 망루의 모습도 예전의 사각형이 아닌 둥근 형태로 바뀌게 되었다. 재정적으로 열악했던 중소 영주들은 경쟁적으로 새로운 공법의 성을 짓도록 했고, 그렇게 해서 동방에서 보았던 유형의 방어 장치들이 성벽 곳곳에 설치되기 시작했다.

요새와 성의 건축은 마상경기와 마찬가지로 남성성을 과시할 수 있

---

22 《역사》C. 152.

는 공간으로, 남성적 권력의 표현물이다. 마상경기와는 달리 성의 건축은 남성다움을 영속적으로 표현할 수 있다는 점에서 차이가 난다. 성은 남성의 권력, 부, 지위, 능력을 과시할 수 있는 장소로[23], 성의 건축 자체가 남성의 손에 의해서 이루어지고 남성들에 의해서 유지되다가 대물림된다. 성은 남성적 군사 문화의 결정판인 셈이다.

성을 구성하는 다양한 요소, 즉 성의 주위에 둘러 파서 만든 해자, 문루門樓, 탑, 총안銃眼, 성의 외벽은 공격적이고 경쟁적인 남성성을 상징한다.[24] 이 모든 것들은 동시에 방문자에게 강한 인상을 주도록 고안되었고, 그래서 성은 과시적인 목적을 위해 지속적으로 개량·보수되었다. 성과 요새를 통한 과시는 곧 동료들로부터 인정을 얻을 수 있는 기회이기도 했다. 따라서 성은 군사적 방어라는 실용적 측면 못지않게 성주의 귀족적 정체성과 동시에 사회적 지위와 명성을 입증할 수 있는 공간이었다.[25]

성은 남성의 군사, 정치, 경제, 문화적 힘과 직접적인 관련이 있으며, 자신의 힘과 권위를 상징하는 하나의 징표였다. 그래서 공간의 협소함으로 인해 유사시의 수용 여력이 턱없이 부족했던 비실용적인 측

---

23 S.J. Gunn and P.G.Lindley, "Charles Brandon's Westhorpe: an Early Tudor Courtyard House in Suffolk," Archaeological Journal Vol. 145 (1988), p.272; Mark Girouard, Life in the English Country House (New Haven: Yale University Press, 1978), pp.2-3; Bernard, Power and Politics in Tudor England, (Aldershot, England; Burlington, Vt.: Ashgate, 2000), p.175; John Gallingham, "An Age of Expansion, c.1020-1204", Medieval Warfare: A History (Oxford University Press, 1999), p.69-70.

24 Charles H. Coulson, Castles in Medieval Society (Oxford: Oxford University Press, 2003), p.29, pp.64-65.

25 Tadhg O''Keeffe, Concepts of 'castle' and the construction of identity in medieval and post-medieval Ireland, Irish Geography Volume 34(1), 2001, pp.69-88. Maurice Howard, The Early Tudor Country House (London: George Phillip, 1987), p.50.

면에도 불구하고, 귀족의 정치적 독립성과 사회적 특권을 표상하는 성에 대한 투자는 무모하리만큼 지속적으로 이루어졌다.

아르눌 전쟁에 참여하다

1198년, 그러니까 20여 년째 프랑스의 왕 필리프 2세와 플랑드르 백작 가문 사이에 치열한 영토 분쟁이 벌어지던 해에, 아르눌은 아버지 보두앵과 함께 백작 편에 서서 생토메르 전투에 참여하고 있었다. 적진으로부터 지척의 거리에—랑베르의 표현을 그대로 빌리면, 투척기 사정거리 내에*in tractu balistarii*— 설치한 대형 천막을 지휘본부로 정한 아르눌은 우선 바벨탑 규모*Babylonice turrri in altitudine coequatam*의 거대한 공격용 탑*bellici machinamenti turrim*을 제작하도록 명령했다. 망루*turribus*와 접근용 갈고리, 은신처 등이 구비되어 있는 이 탑을 이용하여 아르눌은 효과적으로 생토메르 성을 공략했다. 값비싼 최신 전투장비가 투입된 터라 전쟁 비용은 눈덩이처럼 불어났다. 다행히 여기에 소요되는 비용의 상당 부분은 플랑드르 백작으로부터 나왔고, 백작의 돈줄은 프랑스 왕과 대립하고 있던 잉글랜드 왕실이었다.

플랑드르 백작은 "잉글랜드 왕이 프랑스 왕과 대적할 수 있도록 보내준 금은보화가 가득한 항아리에서 막대한 양의 스털링Sterling을 꺼내어" 아르눌에게 전달했다. 이러한 이유로 이 당시는 "돈이 전쟁의 모든 메커니즘을 결정하는 시기"로 기사들은 봉신으로서의 서약과 우애보다도 돈에 대한 탐욕에 이끌렸다.[26] 결국 전쟁에서의 승리는 자금

---

26 조르주 뒤비,《부빈의 일요일》, 107쪽.

동원 능력이 뛰어난 제후의 몫이 되었고, 재정이 넉넉한 자의 주위에 봉급을 받는 '은급 기사들'이 몰려들었다. 당시의 표현을 빌리면, 이렇게 해서 "붙들어 잡힌" 용병은 이들이 충성을 약속한 주군의 확실한 힘이 되었다.

하지만 늘 이러한 재정적 지원이 있었던 것은 아니었다. 더욱이 적의 공격을 효율적으로 차단하기 위해서 영주가 거처하던 긴느 성의 중심부인 팔라스의 지붕을 납으로 씌우고 돌로 성벽을 강화하면서 상당한 비용이 지출되었다. 뿐만 아니라 백작령의 변경 수호를 위해서 곳곳에 새로운 요새를 건설하는 데도 만만치 않은 비용이 소요되었다. 기존의 것들을 보수하는 것도 쉽지만은 않았다. 북쪽의 상가트 요새는 흙으로 된 성벽 곳곳에 말뚝을 박아서 적의 접근에 대비하는 한편, 누벽壘壁을 세워서 방어가 더욱 용이하게 만들었다.[27] 오드리크에 장을 개설하고 이를 보호하기 위한 토성을 건축하면서도 상당한 비용이 소모되었다.[28]

1198년 전투에서 승리한 아르눌은 플랑드르 백작의 신임을 한몸에 얻으면서 그의 '절친한 동료amicus precipuus'가 되었다.[29] 이 전투와 관련된 장면에 대한 랑베르의 서술은 아르눌이 군인으로서 필요한 전략과 추진력을 가진 인물이었음을 알 수 있게 해준다. 그러나 이미 우리가 잘 알고 있듯이, 아르눌은 다른 귀족들과 비교해서 막강한 군사력을 가지고 있던 영주는 아니었다. 그의 휘하에는 대략 열다섯 명의 '평

---

27 《역사》C. 83.

28 《역사》C. 84.

29 《역사》C. 150. 생토메르 전투에 대해서는 John Gillingham, *Richard I* (New Haven: Yale University Press, 1999), p. 314.

범한' 기사들이 있었고, 이들은 그의 기사 서임식 이후 그와 동고동락을 같이 했던 인물들이다. 이 시기의 젊은이들은 기사 서임식이 끝나자마자 명성을 좇아 전쟁과 분쟁이 잦았던 지역으로 떠났다. 전쟁은 기사들에게 일종의 의무였고, 자신의 명예와 관련된 일이었다. 한 귀족이 이웃 영주의 모습이 대장장이 같다고 떠들고 다녔다는 이유만으로 그 지역이 온통 피로 물들었다는 소문도 있지 않은가.

아르눌이 살던 플랑드르 지역은 특히 국지전이 끊이지 않았던 지역으로 인근 지역의 젊은 기사들이 무리를 지어 모여들었다. 아르눌도 젊은 시절에는 소수의 군대를 이끌고 전투에 참여하면서 나름대로 명성을 쌓은 바 있었다. 그의 절친한 동료 외스타슈와 몇몇 젊은 기사들이 늘 그와 동행했다. 아르눌 시대의 기사들은 전투에서 삶의 의미를 찾곤 했다. 음유시인들은 전쟁을 앞둔 기사들의 가슴 설렘을 노래하곤 했는데, 그 자신 기사이면서, 또한 음유시인이기도 했던 베르트랑 c.1140-1215은 "부활절 때가 되면, 나의 심장은 더 빨리 뛰기 시작한다. 꽃이 피고 열매가 맺기 시작하는 아름다운 계절 때문이 아니라 벌판에 천막을 치고 무장한 기사들과 말을 달릴 생각만 해도 나의 마음은 바빠지기 때문이다."라고 노래했다.

다행히도 전투는 어디선가 늘 벌어지고 있었다. 여름철의 대부분을 기사들은 전장에서 보냈을 정도였다. 분쟁의 원인들도 다양했다. 부유한 상속녀를 신붓감으로 삼기 위해서 여러 명의 기사들이 서로 싸움을 벌이기도 했고, 친척의 재산을 상속받으려는 지루한 싸움도 마다하지 않았다. 하지만 전쟁은 기사들이 한몫 잡을 수 있는 기회이기도 했다. 전리품보다도 포로의 몸값이 수지맞는 돈벌이였다. 따라서 전투의 목적은 적을 박멸하는 것이라기보다는 상대방을 사로잡아 몸값을 받아내는 것이었다. "이번 전투에서는 포로를 몇 명이나 잡을 수 있을까"
가 많은 기사들의 공통된 관심사였다. 한마디로 전투는 혈기 넘치는
젊은 기사들의 낙이었다.

중세에서 상대방의 얼굴에 장갑을 던지는 행위는 결투와 전쟁의 시
작을 알리는 상징적 의미를 지닌다. 이렇게 해서 자신의 명예에 상처
를 받은 기사들은 친척 식구들과 친구들에게 도움을 청하고, 양측이
점차 적대적인 분위기가 고조시켰다. 그러나 전투는 정당한 방법으로
만 진행되지는 않았다. 대체적으로 상대방의 영토에 쳐들어가 사람들
을 죽이고 농토를 황폐화시키는 일이 비일비재했다. 곡물창고를 약탈
하고, 빼앗은 가축들은 전리품으로 마차에 실어날랐다.

함락된 성들은 적군에 의해서 초토화되었다. 나무로 만들어진 성벽
과 망루는 단숨에 허물어졌다. 하지만 다행스럽게도 이를 다시 복구
하는 것 또한 많은 시간이 걸리지 않았다. 실제로 아르눌의 할아버지
였던 헨트 출신의 아르눌이 부르부르의 앙리와 성을 공격했을 때, 상
대가 성을 복구하는데 약간의 시간과 노력이 필요한 정도였다.[30] 하지
만 공연하게 시간과 노력을 허비한 당사자의 입장에서 이는 무척이나
화나는 일이었고, 명예에도 큰 상처를 입게 된다. 특히나 이 일을 맡게
되는 백성들에게는 귀찮고 짜증스러운 일이 아닐 수 없었다. 더욱이
일손이 바쁜 농번기에 영주의 성을 재건하는 부역에 동원되는 농부들
에게 이는 보통 성가신 일이 아니었다. 그렇다고 성주 가족들이 코앞
에 다가온 겨울을 매서운 바람을 맞으면서 외부에서 지새울 수도 없는
노릇이었다.[31]

---

30 《역사》C. 57.

대격전이 있은 후에도 이따금 양측 군사들 간에 간헐적인 충돌이 있기도 했으나, 대체로 크게 비화되지는 않았다. 더욱이 상대방을 실제로 죽이는 일이 귀족적인 행동 규범에 속하지 않았고, 무엇보다 생포해서 포로로 잡고 있는 것이 현실적으로 더 이익이었기 때문이다. 이는 구금된 자를 구하기 위해서 일가친척이나 친구들이 몸값을 후하게 지불하기 때문이다. 그래서 전투에서 기사가 사망하는 사건이 발생하는 경우, 이는 대부분 예기치 못한 경우에 주로 발생했다. 기사들에게 죽임을 당하기보다 기사들을 따라 전투에 참여했던 보병들에 의해서 죽는 경우가 많았다. 제대로 무장을 할 수 없었던 보병들은 쉽사리 목숨을 잃었기 때문에, 이들은 목숨을 부지하기 위해서 온갖 수단과 방법을 동원해서 전투에서 살아남고자 했다. 이러한 상황을 제대로 파악하지 못하고 이들을 생사의 기로에 몰아넣다가는, 정작 기사 자신의 생명이 위협을 받을 수 있었다. 특히 보병이 주로 사용했던 갈고리 모양의 뾰족한 무기는 가히 살상용 무기라 할 수 있었다. 이 갈퀴에 걸리기만 하면 웬만한 기사들은 말에서 나동그라지게 되어 있었다.

아르눌이 전투를 벌여야 할 상대는 곳곳에 산재해 있는 듯했다. 더욱이 긴느 근처에는 소규모 영주들이 오랜 동안 불법을 자행하고 있었는데, 이들은 특히 긴느 백작령을 통행하는 사람들에 대해서 불법적인 통관세를 거둬들이곤 하여 백작들의 심기를 불편하게 했다. 랑베르가 '배신陪臣'으로 불렀던 이들은 주로 백작 가문과 이러저러한 연유로 인해서 인척관계에 있던 사람들로 상당한 정도의 토지와 부자유민들, 열에서 스무 명 정도의 농부들을 수하에 두고 있을 정도로 세력을 키워

31 《역사》C. 152.

나갔다. 일부는 자체적으로 수도원과 참사회 교회를 세울 정도로 경제적인 능력을 갖추고 있어서 백작도 만만하게 볼 상대들은 아니었다. 이들은 자신들의 힘에 상응하는 대접을 백작으로부터 받고자 했고, 궁극적으로는 자질구레한 것부터 시작해서 여러 가지 빌미를 들어서 간섭을 해오는 백작으로부터 독립적인 생활을 원했던 것이다. 간혹 직접 백작 소유의 촌락을 공격하여 사람들을 포로로 잡아가거나 재산상의 피해를 입히게 되면, 백작이 직접 나서서 문제를 해결해야 하는 경우가 잦아졌다.

중세에서 영주로서의 삶은 위로는 상위 영주, 아래로는 배신들을 살피는 팽팽한 신경전의 연속으로, '전략적 선택', '대내외 정세 변화' 등에 민감하게 반응했다. 이를 위해 왕이나 대영주들은 정보 수집과 전달을 담당했던 별도의 신하들nuncii을 고용했을 정도로[32], 치열한 세력 경쟁과 합종연횡이 벌어졌다. 접경 지역에 위친한 아르눌에게 전략적 판단과 소통 능력은 개인과 가문의 운명이 걸린 생존의 문제였다.

---

32 Bryce Lyon, "Communication During Medieval Warfare: the Campaign of Edward III of England in the Low Countries (1338-1340)", *Handelingen der Maatschappij voor Geschiedenis en Oudheidkunde te Gent* 53(1999), pp. 61-76.

부빈 전투

최후의 전사

1214년에 있었던 부빈 전투는 그때까지 긴느-아르드르 백작령을 둘러싸고 있던 강대 세력들이 격돌했던 전투로, 프랑스의 왕 필리프 2세가 신성로마제국의 황제 오토 4세, 잉글랜드의 왕 존, 플랑드르의 백작 페르난도, 불로뉴의 백작 르노로 구성된 연합군을 격파한 전투였다. 당시 유럽의 3대 강국, 즉 프랑스, 독일, 잉글랜드 사이에 벌어진 전투에서 승리한 카페 왕조는 자신의 권위를 내외에 각인시켰다.[33]

특히 막강한 재정력을 배경으로 프랑스 북부 지역의 기사들을 자신의 진영으로 끌어들인 잉글랜드 왕과 황제의 보편적 권위를 내세워 위세를 자랑하던 오토 4세를 상대로 거둔 승리라 각별한 의미를 지닌다. 중갑기병重甲騎兵이 전투의 승패를 결정지었다는 점에서 고전적인 중세의 전투였으며, 여러 자치도시의 시민병市民兵이 프랑스군에 참가했다는 점도 주목된다. 그래서 이 전투에 대해 뒤비는 "이 승리로 프랑스는 건국을 확고히 했다. 프랑스 군주정의 토대는 결정적으로 확립되었다. 이 전투, 이 결말은 엄연한 것이었고 커다란 반향을 일으켰다."고 해석했다. 그는 1214년 7월 27일을 "프랑스가 새로 태어난 해"로 평

---

[33] 부빈 전투에 대해서는 조르주 뒤비, 《부빈의 일요일》; John W. Baldwin, *The Government of Philip Augustus: Foundations of French Royal Power in the Middle Ages* (University of California Press, 1991), pp.191-219 참조.

가했다.[34]

쉰의 나이에 접어들던 아르눌에게 부빈 전투는 기사로서 자신의 존재감을 다시 한 번 더 확인할 수 있는 기회이자 도전이기도 했다. 당대의 남성들은 오늘날과 비교해서 노화의 속도가 빨랐다. 특히 부유한 귀족들의 과도한 음주 습관은 신체적으로나 심리적으로 심각한 문제를 야기했다. 남성들의 음주 행위에 대한 관용적인 사회 분위기는 과음과 폭음을 조장했다.[35] 노화는 폭식과도 연관이 있다. 동료나 부하들과 어울리기 좋아했던 그의 몸은 예전 같지 않았으나, 그에게 부빈 전투는 전사로서 자신의 남성성을 보여줄 수 있는 마지막 기회였다.

이 시기에 전투로 인한 사망은 매우 드물었다는 사실을 다시 상기할 필요가 있다. 전투에서 전사가 사망하는 경우는 마상경기에서보다 더 적어 해묵은 증오감으로 싸울 때에도 전사자는 드물었다. 실제로 1127년 플랑드르에서 일 년 이상 벌어진 전쟁에서도 수많은 기사들이 격투를 벌였으나 일곱 건의 사망사건이 있었을 뿐이다. 대부분의 기사들은 상처를 입기는 했으나 무사히 귀환할 수 있었다. 전투 경험이 많은 기사들은 상대방을 죽이기보다는 사로잡아 몸값을 챙겼다. 기사들은 예의범절을 준수할 줄 아는 집단이었다. 카페 왕조의 왕들을 포함한 귀족들은 매년 여름이 되면 이러한 노획물 획득 전쟁을 벌였다. "전사들의 일차적 역할은 상대를 죽이는 데 있지 않았다. 이들은

---

34 조르주 뒤비,《부빈의 일요일》, 55쪽.
35 중세의 음주 문화는 영양 보충과도 관련이 있어서 특히 맥주의 경우 음식물 섭취의 대용으로 인식되었다. 오늘날과 달리 중세의 알코올 섭취는 건강 유지의 한 수단이었다는 것이다. 맥주의 경우 알코올 도수를 낮추어 아침 식사용으로도 이용되었다. 이러한 주장에 대해서는 Richard W. Unger, *Beer in the Middle Ages and the Renaissance* (Philadelphia: University of Pennsylvania Press, 2007), p. 3.

전투를 충실히 만끽한다."[36]

이 지역은 겨울과 봄에 비가 많이 내리는 지역으로, 이 기간에는 지나다니기가 어려울 정도였기에 부빈 전투는 7월의 여름날에 벌어졌다. 부빈은 전투에 참여했던 신성로마제국과 플랑드르 백작령이 카페 왕조의 영역과 접하는 장소이자 드넓은 고원이 펼쳐져 있었던 곳으로, 일종의 '정치적 단층선political fault line'[37]이었다. 그러나 평상시에는 농부들이 밀밭을 경작하는 지역이었던 이 평원의 규모는 폭 4킬로미터, 길이 20킬로미터로 알려져 있다.

전투가 벌어진 날은 예배가 있는 일요일이었다. 그러나 연합군의 기병대는 예상과 달리 진군을 시작했고, 이 소식을 들은 필리프가 전군을 출동시키면서 전투는 시작되었다. 전하는 바에 따르면, 그는 상대방을 교회의 적이자 가난한 자들의 피눈물을 쥐어짜 자금을 마련한 자들로 비난하는 내용의 연설을 했다고 한다.[38] 반대로 자신의 군대는 악의 세력을 구축하는 '정의의 군대'로 명명했다.

전사들은 보병과 기병으로 구분되었는데, 상대적으로 낮은 혈통 출신인 보병의 수가 훨씬 많았다. 그러나 기병들이라고 해서 모두 출중한 귀족 가문 출신은 아니었다. 주로 도시나 촌락의 상인들 중에서 보조 군인으로 차출된 세르장sergents은 기병대에서 특별한 일을 담당하도록 기병에 편입되었다. 이들은 외모에서 귀족 전사들과 차이가 나는데, 가벼운 '리넨 갑옷' 대신 금속제 갑옷을 몸에 둘렀다. 이러한 신분상의 차이로 전투에 참여한 전사들의 무장 상태는 천차만별이었다.

---

36 조르주 뒤비, 《부빈의 일요일》, 161~163쪽, 185쪽.

37 Oksanen, *Flanders*, p.5.

38 구체적인 내용은 조르주 뒤비, 《부빈의 일요일》, 60쪽 참조.

보병들은 가죽 각반, 헐렁한 가죽 외투, 기껏 해야 낡은 철모로 자신의 목숨을 보존해야만 했다. 이렇게 부빈에 모여든 자들의 기사가 4,000명, 보병은 만 명을 넘어섰다.

프랑스 왕의 편에 선 아르눌은 부빈 전투에서 가장 큰 공을 세운 기사들 중의 한 명이었다. 비록 그는 필리프 존엄왕보다도 나이가 많았지만, 전투에서 보여준 그의 모습은 전형적인 중세 기사의 그것이었다. 한 익명의 연대기 작가는 아르눌의 활약을 칭송하면서, "그는 하급의 세르장 대오를 격파하고 기병에 접근하여 그중 표적으로 삼은 한 사람을 땅에 내 팽개친 다음 그를 포로로 잡고 아무런 상처 하나 없이 무사히 본진으로 돌아왔다. 이는 대단한 무훈으로 평가받을 만하다."고 칭송했다. 대신에 부빈 전투에 참여해서 혁혁한 공을 세운 여타의 기사들과 마찬가지로 아르눌도 전투에 참여하는 대가로 돈을 받았다. "부족한 것이 많은 사회에서는 거의 모든 것들이 가치 있는 것"이 된다.[39]

하지만 전투는 승자와 패자 모두에게 엄청난 긴장과 공포의 시간이었다. 필리프 왕조차도 신성로마제국의 보병에 포위되어 저항하다 낙마하는 사건이 발생했다. 특별 갑옷을 입고 있었지만 창과 쇠갈고리 등으로 공격하는 보병 세르장 앞에 속수무책이었다. 전투 개시 전에 연합군은 프랑스 왕을 잡는 즉시 죽이기로 결정했기에 이는 죽임을 당할 수 있는 위험천만한 상황이었다. 다행히 주위에 있던 기사들의 도움으로 목숨은 건질 수 있었다.[40] 신성로마제국의 오토 역시 상대방의

---

39 조르주 뒤비, 《부빈의 일요일》, 160~161쪽.
40 조르주 뒤비, 《부빈의 일요일》, 65쪽.

공격으로 두 번이나 말에서 떨어지고, 타고 있던 말도 심한 부상을 입자 자신의 진영으로 내뺐다.

무엇보다도 전투에 임해서 무모하게 돌진하기보다는 상황을 냉정하게 읽을 줄 아는 아르눌의 지혜는 다년간의 경험으로부터 왔다. 아르눌의 기사도적인 자세는 그가 적을 죽이지 않고 생포했다는 점이다. 전사들의 일차적인 목적은 상대방을 죽이지 않고 전투를 만끽하는 것이다. 따라서 전투 참가자들은 보다 값어치 있는 전리품을 획득하기 위해서 "최대치의 목표"를 설정하고 전쟁에 임한다. 혼잡한 와중에서 승자와 패자 사이에서 몸값 흥정이 이루어지기도 했고, 패자는 담보나 돈을 제공하고는 자신의 손실을 만회하기 위해서 다른 누군가를 사로잡고자 다시 전투에 임했다. 이렇게 해서 아르눌은 저녁이 되자 승자의 여유를 얻을 수 있었다. 무엇보다도 부빈에서 필리프 왕에게 반기를 들고 잉글랜드 왕 편에 섰던 아르눌의 불구대천의 원수 르노가 플랑드르의 백작과 함께 쇠사슬에 묶인 포로의 신세가 되어 파리의 감옥으로 이송되었다. 결혼 문제로 시작된 두 사람 사이의 싸움과 갈등은 이렇게 해서 아르눌의 승리로 마무리된다.

긴느의 마지막 백작 아르눌

하지만 아르눌 가문의 재정 상황은 날로 악화되었다. 자신을 따르던 기사들의 무장 비용을 충당하기도 버거운 형편이었다. 결국 기사들은 새로운 후원자를 찾아 그의 곁을 하나둘 떠나기 시작했다. 더욱이 아내 베아트리스의 네 명이나 되는 외삼촌들은 정치와 교회 분야에서 이름 꽤나 알려진 인물들로, 베아트리스가 이들의 정치적 영향력에서 자유롭지 못했던 것도 갈등의 이유 중 하나였다. 남편은 독자적으로 행동하려는 그녀를 결국 구금했고, 이로써 이들의 결혼 생활은 사실상 깨어지게 된다.

중세 봉건시대의 친족은 "항구적으로 함께 살지는 않는다 해도" 이해관계와 애정으로 얽인 공동체였다. 귀족 가문의 혼사가 정치적 필요에 따라 성사되었듯이, 결혼한 여인들도 친정과의 유대 관계를 유지하면서 정치적으로 적극적인 역할을 했음을 보여준다. 어차피 "남편이 죽으면 '바로 그러한 사실로써' 여자를 가계에서 배제(또는 해방)되었으니, 여자는 남편의 가계에 '반쯤'만 속해 있던 셈이다." 그래서 아내들은 시집에서 볼모이기도 했지만, 친정 식구들의 첩자나 공모자가 되기도 했다.[41]

부빈 전투에서 베아트리스의 친정 식구들은 플랑드르 백작 편에서 싸웠고, 그녀도 플랑드르 백작과 그녀의 부인 잔에게 충성심을 버리지 않았던 것으로 보인다. 이러한 정치적 구도 속에서 그녀는 남편의 미움을 받았고 마침내 구금되기에 이렀던 것이다. 이러한 사실만 봐도 베아트리스가 아르눌에게 어느 정도로 위협적인 인물로 성장했는가를 잘 보여준다. 다행히 그녀의 사촌인 베튄의 로베르가 1214년에 긴느로 진군하여 그녀를 석방시켰다.

이는 베아트리스가 친족의 도움을 받은 사례로, 12세기 이후 친족 개념이 확대되면서 이처럼 사촌 등의 친족이 가문 정책에 깊이 관여하는 사례가 자주 발견된다. 이후 그녀는 긴느를 떠나 플랑드르에서 로베르의 보호를 받게 된다.[42] 결국 부빈 전투를 전후로 해서 부부간 상

---

41 조르주 뒤비, 《사생활의 역사 2》, 150, 189, 215쪽.

이한 정치적 노선이 갈등의 원인이 되었다. 아르눌과 그의 친인척들은 프랑스 왕의 편에서, 반면에 베아트리스의 친정 쪽 사람들은 플랑드르 백작을 위해서 싸웠다. 이 과정에서 베아트리스와 그녀의 자식들도 플랑드르의 편을 들었고, 이는 두 사람이 영원히 돌아서는 원인이 되었다. 그러나 4년의 이별 생활을 청산하고 1218년 전후로 그 이유를 정확히는 할 수 없으나 두 부부는 잠정적인 '정치적' 화해를 하면서 베아트리스는 다시 긴느로 돌아온다.

이후 1216년 잉글랜드가 프랑스를 침공하자 노구의 아르눌이 15명의 기사를 동행하여 참전했다. 하지만 그의 뒤를 이은 아들이 통치하던 긴느-아르드르 백작령은 1237년 신설된 아르트와 백작령에 복속되면서 역사 속에 사라진다.

긴느와 아르드르의 남자들이 목숨을 바쳐서 번성시키고자 했던 모든 것이 새로운 주인을 맞게 된다. 부빈 전투는 아르눌에게 개인적 승리를 안겼지만, 대대로 플랑드르 백작을 섬겼던 가문의 역사에 종지부를 찍고 이 지역에서 '프랑스의 역사'가 새롭게 시작되었다.

---

42 Leah Shopkow, "The Narrative", p.65.

에필로그

    근대 페미니즘이 출현했던 1960년 이래, 여성학 연구자에게 있어
서 남성은 여성의 삶에 대한 분석적 도구,[1] 혹은 대립적 개념으로 이
해되어 왔다. 그러나 이항대립의 이분법에 근거한 젠더 연구Gender
Studies에 대한 비판은 1970년대 이후 여성학계에서도 제기되었다. 이
제 젠더 연구는 가해와 피해의 범주를 넘어서 역사 속에서 젠더 관계
를 총체적으로 이해하는 방향으로 진행되었다.[2] 점차 '모든 남성이
가부장제의 혜택을 누려왔다'는 기존의 시각 대신 '남성도 가부장제의
희생자'라는 남성학적 관점이 대두되었다. 그 결과, 과거의 '남성 가해
자, 여성 희생자'라는 이분법적 흑백논리는 더 이상 학계에서 수용되
기 어려워졌다.[3]

    이러한 패러다임의 전환과 더불어 남성운동Men's Movement, 남성해
방Men's Liberation은 남성학Men's Studies이 새로운 학문 분과로 성장하는
시대적 계기가 되었다. 1960년대 후반 이후 미국에서 시작된 '남성운
동'은 페미니즘 여성운동의 산물로, 남성이 자신의 남성성을 재고하면

---

1   Martin Dinges(ed.), *Hausväter, Priester, Kastraten: Zur Konstruktion von Männlichkeit in Spätmittelalter und Früher Neuzeit* (Göttingen: Vandenhoeck & Ruprecht, 1998), p. 7.

2   Natalie Zemon Davis, *Society and Culture in Early Modern France: Eight Essays* (Stanford, Calif.: Stanford University Press, 1975); Karin Hausen · Heide Wunder (eds.), *Frauengeschichte-Geschlechtergeschichte* (Frankfurt: Campus-Verl., 1992), p.10; Gerda Lerner, *Frauen finden ihre Vergangenheit: Grundlagen der Frauengeschichte* (Frankfurt/Main; New York: Campus-Verl., 1995), pp.178.

3   토머스 퀴네 외, 《남성의 역사》, 조경식·박은주 옮김 (솔 출판사, 2001).

서 시작되었다. 페미니즘 운동은 역사 속에서 여성성을 규정해온 남성의 존재에 대해 문제점을 제기했다면, '남성운동'에 참여했던 남성들은 반대로 자신의 남성성을 재성찰하기 시작했다. 이러한 인식의 전환으로 전통적 남성성, 즉 가부장제가 요구했던 육체적 강인함, 용맹성, 영리함은 많은 남성들에게 오히려 불안과 고민의 근원임이 밝혀지게 되었고, '남자다워야 한다', '잘해야 한다'는 압박감에 남성은 상처를 받고 때로는 희생양이 되었음이 지적되었다. 남성도 여성과 마찬가지로 가부장적 권위의 피해를 입는다는 인식의 전환으로, 가부장제와 남성 우월주의를 동등하게 보았던 전통적 해석은 비판을 받게 된다.[4]

이러한 '남성운동'의 확산에 힘입어 남성학 연구가 주목받기 시작하면서, 1980년 이래로 서양의 다양한 학문 분과에서는 남성에 대한 연구가 활발히 진행되어 왔다.[5] 1980년에 들어서 미국과 영국의 대학에서는 남성학 강좌가 교과목으로 개설되었고[6], 최근의 남성 연구는 남성성을 사회적 관습, 문화, 정치, 제도, 교육 구조 등에 의해 학습되고

---

4 '남성운동'에 대해서는 Michael Flood, "Men's Movement", Michael Flood/ Judith Kegan Gardiner/ Bob Pease, *International Encyclopedia of Men and Masculinities* (Routledge, 2007), pp.418 – 422.

5 젠더 연구Gender Studies 분야에서는 Joseph A. Boone and Michael Cadden (eds.), *Engendering Men* (New York: Routledge, 1990); 역사 분야는 John Boswell, *Christianity, Social Tolerance, and Homosexuality* (Chicago: University of Chicago Press, 1980); 인류학 분야에서는 Stanley Brandes, *Metaphors of Masculinity: Sex and Status in Andalusian Folklore* (Philadelpia: University of Pennsylvania Press, 1980); 사회학 분야에서는 Arthur Brittan, *Masculinity and Power* (Oxford, UK: Basil Blackwell, 1989); 문화학 분야에서는 David D. Gilmore, *Manhood in the Making: Cultural Concepts of Masculinity* (New Haven, conn.: Yale University Press, 1981); 심리학 분야에서는 Joseph H. Pleck, *The Myth of Masculinity* (Cambridge, Mass.: MIT Press, 1981) 등을 대표적으로 들 수 있다. 국내의 경우, 정채기 외, 《남성학과 남성운동》 (동문사, 2000).

6 1984년 남부 캘리포니아 주립대학에서 남성학 강좌가 미국 최초로 개설되었다. 이에 대해서는 정채기, 〈남성운동에 대한 諸연구〉, 《남성학과 남성운동》, 171쪽 참조.

구성된다고 본다.[7]

린 헌트Lynn Hunt와 같은 역사가는 남성사 서술의 불필요성을 강조한 바 있다. 여성은 역사 속에서 배제되어 왔던 반면, 남성은 별도의 설명이 필요 없을 정도로 특권적 지위를 향유했기 때문이다. 하지만 남성성은 특정 사회의 가치에 의해 정의되었고, 사회가 남자에게 부여한 역할과 책임감을 잘 수행해내는 것을 남자의 자격으로 믿었다. 반대로 이러한 남성성 '의무'를 충족시킬 수 없는 무능한 남성은 패배자로 분류되었다. 역사적으로도 '진짜 남자', '남성다움', '남성성' 등의 이념은 당대의 사회문화적 요구에 순응하며 변화되어 왔다. 사상체계에 있어서 개인의 역할과 독창성을 전적으로 부정하기 어렵지만, 개인은 특정 시대와 사회의 시공간적 맥락으로부터 자유롭지 못한 존재이다. 개인의 창의적 사고라 할지라도 이는 당대의 시대적 상황이 개인의 정신세계 속에서 재구성되는 경우가 허다하다. 남자의 정체성은 그를 둘러싼 사회 환경에 영향을 받으며, 성인이 된 후에도 자기형성의 과정은 계속된다. '새로운' 남성사 연구는 남성의 특권적 지위를 또 다시 서술하고자 하는 것이 아니라 남자다움이란 무엇인가라는 지식을 생산하는 권력구조와 문화적 코드를 읽는 작업이다. 그래서 인류학과 민속학적 분석을 방법론으로 이용하여 남성 지배의 문제를 조망한 피에르 부르디외도 "역사를 자연으로 바꾸고 문화적인 임의성을 자연적인 것으로 바꾸어 놓은 과정들을 들추어낼 필요가 있다."[8]고 보았다.

---

7   J. Butler, *Gender Trouble*, 1997; 토머스 월터 라커,《섹스의 역사》, 이현정 옮김 (황금가지, 2000).
    Th. W. Laqueur, *Making Sex: Body and Gender from the Greeks to Freud* (Harvard
    University Press, 1992); Ute Frevert, "Männergeschichte oder die Suche nach dem 'ersten'
    Geschlecht", Manfred Hettling (ed.), *Was ist Gesellschaftsgeschichte? Positionen,
    Themen, Analysen* (München: Beck, 1991), pp.31-43.

남성 연구에 자극을 받아 중세의 남성사와 남성성Medieval Masculini-
ties에 대한 연구도 어느 정도 성과를 보게 되었다.[9] 그 결과 기존 중세
기사에 대한 전통적인 연구주제인 전쟁, 영토 확장, 폭력성, 문화이해
등과 같은 영역에 대한 새로운 이해가 시도되었고, 새로운 연구 방법
론이 검토되었다. 그러기 위해서는 세례, 기사 교육, 기사 서임식, 결
혼을 둘러싼 "신비주의적 제식들", "신비주의적 경계선"[10]의 상징적
의미를 밝힐 필요가 있다. 이를 통해서 남성 중심적 원칙들에 대한 임
의성과 우연성, 역사성을 이해할 수 있기 때문이다.

　정치, 사회경제, 문화와 종교가 역동적으로 변화하던 '12세기'를 살
면서 전통적 가치를 습득하고 동시에 시대 변화에 적응해야 했던 아
르눌은 무거운 심리적 부담감을 감내해야만 했을 것이다. 귀족 남성
의 행위 준칙에 거대한 변화가 이루어지던 시기에 장남이라는 타이틀
은 권한뿐만 아니라 부담감으로 다가왔을 것이다. 아들, 아버지, 가정

8　《남성지배》, 8쪽.

9　대표적으로 Clare A. Lees (ed.), *Medieval Masculinities: Regarding Men in the Middle
Ages* (Minneapolis: University of Minnesota Press, 1994); Jeffrey Jerome Cohen and
Wheeler Bonnie (eds.), *Becoming Male in the Middle Ages* (New York: Garland
Publishing, 1997); Dawn M. Hadley (ed.), *Masculinity in Medieval Europe* (London,
UK: Longman, 1999); Jacqueline Murray (ed.), *Conflicted Identities and Multiple
Masculinities: Men in the Medieval West* (London, UK: Garland, 1999); Ruth Mazo
Karras, *From Boys to Men: Formations of Masculinity in Late Medieval Europe*
(Philadelphia: University of Pennsylvania Press, 2002); Patricia H. Cullum and
Katherine J. Lewis (eds.), *Holiness and Masculinity in the Middle Ages* (Toronto,
Canada: University of Toronto Press, 2005); Johannes Keller, Michael Mecklenburg, and
Matthias Meyer (eds.), *Das Abenteuer der Genealogie: Vater-Sohn-Beziehungen im
Mittelalter* (Göttingen, Germany: V&R Unipress, 2006); John H. Arnold and Sean Brady
(eds.), *What Is Masculinity? Historical Dynamics from Antiquity to the Contemporary
World* (Basingstoke, England: Palgrave Macmillan, 2011); P.H. Cullum, *Religious Men
and Masculine Identity in the Middle Ages* (Boydell Press, 2013); Katherine J. Lewis,
Kingship and Masculinity in Late Medieval England (Routledge, 2013).

10　남성 지배의 상징적 성격을 지니는 제례 의식에 대해서는 《남성지배》, 9쪽 이하 참조.

의 보호자로서 떠맡은 역할을 제대로 수행해야 한다는 압박과 두려움은 아르눌이 살아가는 생애 주기에서 훈육되는 남성성, 저항하는 남성성, 군사적 남성성, 지배하는 남성성, 좌절된 남성성 등 다양한 남성성masculinities을 분출시킨다. 이 과정에서 그는 남성적이지 못한unmanly 행동으로 비난받기도 했고, 성 역할 고정관념으로부터 벗어나려 했다.

아르눌의 가치관은 생애주기를 거치면서 변화를 경험한다. 살아가는 동안 아버지, 형제, 동료, 주군, 부인과 경쟁했던 아르눌에게 세상은 경쟁 구도로 비추어졌다. 이 과정에서 그는 공격적이고 경쟁적인 남성성을 습득하게 되고, 남성들 간의 이러한 자기과시적이고 파괴적인 경쟁심리가 개인의 불안, 두려움, 중압감, 심지어 파국적 결말로 이어지기도 했지만 이는 오히려 남성의 가치를 부각시키고 서열과 위계질서를 구축하면서 남성중심적 사회구조를 공고히 하는 동력이 되었다.

아르눌이 살던 시대는 중세의 봉건제와 기사 제도가 절정에 달했던 시기로, 당시에는 성직자나 농부나 모두 귀족 남성에게 약자를 보호하고 정의를 실현하기를 기대했다. 그리고 이러한 사명감을 수행할 수 있는 역량과 도덕성을 가진 남자를 필요로 했다. 이것이 그가 살았던 시대가 요구했던 남자의 삶이었다.

참고문헌

[원사료] *

Annales Bertiniani, MGH SS 1, ed. G. H. Pertz (Hannover, 1826), pp.419-
515.

Annales Floreffienses, MGH SS 16, ed. L. C. Bethmann (Hannover, 1859),
pp.618-631.

Annales Vedastini, MGH SS 2, ed. G. H. Pertz (Hannover, 1829), pp.196-
209.

Cartulaire de l'abbaye de Saint-Bertin, Collection des cartulaires de France
Vol. III, ed. B. Guérard (Paris, 1840).

Chronica Monasterii Sancti Bertini auctore Iohanne Longo de Ipra, MGH
SS 24, ed. O. Holder-Egger (Hannover, 1880), pp.736-866.

Donationes Belgicæ, Liber I, Opera diplomatica et historica Vol. I, ed. A.
Miraeus / J. F. Foppens (Louvain and Brussels, 1723).

————, Liber II, Opera diplomatica et historica Vol. I, ed. A. Miraeus / J. F.
Foppens (Louvain and Brussels, 1723).

Galbert of Bruges, *The Murder of Charles the Good, Count of Flanders*,
tr. J. B. Ross (Columbia University Press, 2005).

Gilbert of Mons, *Chronicle of Hainaut*, tr. L. Napran (Woodbridge, 2005).

Guillelmus Andrensis, *Chronicon Andrensis monasterii*, ed. L. d'Achery,
Spicilegium sive collectio veterum aliquot scriptorum 2 (Paris,
1723), pp.780-874.

Isidorus Hispalensis, *Isidori Hispalensis episcopi Etymologiarum sive
originum libri XX*, ed. W. M. Lindsay (Oxford, 1911).

Lambertus Ardensis, *Historia Comitum Ghisnensium*, MGH SS 24, ed. J.

---

* 지면 관계상 각주에 인용된 일부 사료와 참고문헌들을 생략하였음을 밝혀둔다.

Heller (Hannover, 1879), pp.550-642.

Monasticon Anglicanum IV, ed. Sir William Dugdale (London, 1846).

Orderic Vitalis, *The Ecclesiastical History of Orderic Vitalis*, 6 vols, ed. and tr. M. Chibnall (Oxford, 1969-1980).

Otto von Freising und Rahewin, *Die Taten Friedrichs oder richtiger Cronica*, übers. v. A. Schmidt and hg. v. Franz-Josef Schmale (Darmstadt, 2000)(lateinisch/deutsch).

Radulfus Glaber, *Opera*, ed. and tr. J. France/N. Bulst/P. Reynolds (Oxford, 1989).

[2차 자료]

단행본

강혜원,《의상사회심리학》(서울: 교문사, 1998).

기베르 드 노장,《기베르 드 노장의 자서전: 12세기 어느 수도사의 고백》, 박용진 옮김 (파주: 한길사, 2014).

김재용,《왜 우리 신화인가: 동북아 신화의 뿌리 〈천궁대전〉과 우리 신화》(서울: 동아시아, 2004).

나탈리 제먼 데이비스,《선물의 역사: 16세기 프랑스의 선물문화》, 김복미 옮김 (서울: 서해문집, 2004).

──── ,《마르탱 게르의 귀향》, 양희영 옮김 (서울: 지식의 풍경, 2000).

노만 F. 캔터,《중세 이야기, 위대한 8인의 꿈》, 이종경 외 옮김 (서울: 새물결, 2001).

로버트 무어·더글라스 질레트,《남자 바로보기》, 권선경 옮김 (서울: 푸른나무, 1997).

론다 쉬빈,《젠더분석: 과학과 기술을 바꾼다》, 김혜련 옮김 (서울: 연세대학교출판부, 2010).

리안 아이슬러,《성배와 칼》, 김경식 옮김 (서울: 비채, 2006).

리오 브로디,《기사도에서 테러리즘까지》, 김지선 옮김 (서울: 삼인, 2010).

마르쿠스 툴리우스 키케로,《국가론》, 김창성 옮김 (서울: 한길사, 2007).

마르크 블로크,《봉건사회 I》, 한정숙 옮김 (서울: 한길사, 2001).

마이클 앤더슨,《(1500-1914)서구가족사의 세 가지 접근방법: 인구통계학적·
    심성사적·가구경제학적 접근》, 김선미·노영주 옮김 (서울: 한울, 1994).

마이클 왈저,《마르스의 두 얼굴: 정당한 전쟁 부당한 전쟁》, 권영근·김덕현·
    이석구 옮김 (서울: 연경문화사, 2007).

─── ,《전쟁과 정의》, 유홍림 외 옮김 (서울: 인간사랑, 2009).

만프레트 라이츠,《중세 산책》, 이현정 옮김 (서울: 플래닛미디어, 2006).

미셸 푸코,《감시와 처벌》, 오생근 옮김 (파주: 나남, 2003).

브렛 맥케이·케이트 맥케이,《남자의 고전》, 남길영 옮김 (서울: 바다, 2012).

빅토 터너,《의례의 과정》, 박근원 옮김 (서울: 한국심리치료연구소, 2005).

신원하,《전쟁과 정치》(서울: 대한기독교서회, 2003).

에마누엘 부라생,《중세의 기사들-그 영광과 쇠락》, 임호경 옮김 (서울: 동문선,
    2006).

엠마뉘엘 르루아 라뒤리,《몽타이유: 중세말 남프랑스 어느 마을 사람들의 삶》,
    유희수 옮김 (서울: 길, 2006).

요한 호이징아,《중세의 가을》, 최홍숙 옮김 (서울: 문학과지성사, 1988).

이진성,《그리스 신화의 이해》(서울: 아카넷, 2004).

자크 르 고프,《서양 중세 문명》, 유희수 옮김 (서울: 문학과지성사, 2008).

조르주 뒤비,《12세기의 여인들 2》, 유치정 옮김 (서울: 새물결, 2005).

─── ,《부빈의 일요일》, 최생열 옮김 (서울: 동문선, 2002).

─── ,《사생활의 역사 1》, 주명철·전수연 옮김 (서울: 새물결, 2002).

─── ,《사생활의 역사 2》, 성백용·김지현 외 옮김 (서울: 새물결, 2006).

─── ,《위대한 기사, 윌리엄 마셜》, 정숙현 옮김 (한길사, 2005).

─── ,《중세의 결혼: 기사, 여성, 성직자》, 최애리 옮김 (서울: 새물결, 1999).

조셉 L. 알렌,《기독교인은 전쟁을 어떻게 볼 것인가》, 김홍규 옮김 (서울: 대한기
    독교서회, 1993).

조정문·정채기 외,〈남성운동에 대한 諸연구〉,《남성학과 남성운동》(서울: 동문
    사, 2000).

조지프 캠벨,《신화와 함께하는 삶》, 이은희 옮김 (서울: 한숲, 2004).

존 베이넌,《남성성과 문화》, 임인숙·김미영 옮김 (서울: 고려대출판부, 2011).

주디스 버틀러,《젠더 트러블 페미니즘과 정체성의 전복》, 조현준 옮김(파주: 문학동네, 2008)

최정은,《동물·괴물지·엠블럼 중세의 지식과 상징》(서울: 휴머니스트, 2005).

콘스탄스 브리텐 부셔,《귀족과 기사도》, 강일휴 옮김 (서울: 신서원, 2005).

토머스 퀴네 외,《남성의 역사》, 조경식·박은주 옮김 (서울: 솔, 2001).

패트릭 J. 기어리,《거룩한 도둑질》, 유희수 옮김 (서울: 길, 2010).

페르낭 브로델,《물질문명과 자본주의 I-1》, 주경철 옮김 (서울: 까치, 1995).

피에르 부르디외,《남성지배》, 김용숙·주경미 옮김 (서울: 동문선, 2000).

필립 아리에스,《아동의 탄생》, 문지영 옮김 (서울: 새물결, 2003).

홍성표,《서양 중세사회와 여성》(서울: 느티나무, 1999).

R.W. 코넬,《남성성/들》, 안상욱·현민 옮김 (서울: 이매진, 2013).

논문

김영도, 〈어거스틴의 전쟁관: 의로운 전쟁?〉,《선교와 신학》 vol.23 (장로회신학대학교 세계선교연구원, 2009), 249~281쪽.

김정희, 〈아더왕 신화의 형성과 해체(I):《브르타뉴 왕실사》에서 크레티엥 드 트르와에 이르기까지〉,《중세르네상스 영문학》 vol.4 (한국중세르네상스영문학회, 1996), 41~71쪽

──, 〈아더왕 신화의 형성과 해체(II): 궁정적 사랑을 중심으로〉,《중세르네상스 영문학》 vol.9 (한국중세르네상스영문학회, 2001), 29~72쪽.

문수현, 〈"감정으로의 전환(Emotional turn)"? -감정사 연구 성과와 전망-〉,《서양사론》 vol.96 (한국서양사학회, 2008), 259~281쪽.

박동찬,《《코덱스 칼릭스티누스Codex Calixtinus》의 제4권《뛰르팽 주교에 의한 샤를마뉴대제와 롤랑의 이야기》와 무훈시《롤랑의 노래》〉,《인문논총》 vol.16 (서울여자대학교 인문과학연구소, 2007), 75~90쪽.

박홍식, 〈"주사위는 던져졌다" -주사위 놀이를 통해 본 중세 서양인들의 일상-〉,《서양중세연구》 vol.13 (한국서양중세사학회, 2004), 135~166쪽.

설혜심, 〈19세기 영국의 퍼블릭 스쿨, 제국, 남성성 -《톰 브라운의 학창시절》을 중심으로,《영국연구》 vol.11 (영국사학회, 2004), 89~120쪽.

유희수, 〈중세 작명 방식에 나타난 친족 구조의 성격〉,《서양중세사연구》vol.10 (한국서양중세사학회, 2002), 1~31쪽.

유희수, 〈크레티엥 드 트루아의 로망에 나타난 기사서임〉,《프랑스사 연구》 vol.31 (한국프랑스사학회, 2014), 5~27쪽.

이정민, 〈신의 평화 운동의 역할과 그 역사적 의미: 샤루 공의회에서 클레르몽 공의회까지〉,《서양중세사연구》vol.25 (한국서양중세사학회, 2010), 33~ 63쪽.

──, 〈성 베르나르와 새로운 기사도:《새로운 기사도를 위한 찬가》를 중심으로〉,《서양중세사연구》vol.27 (한국서양중세사학회, 2011), 125~157 쪽.

장준철, 〈주교의 파문 집행을 위한 세속 권력의 협력〉,《역사학연구》vol.21 (전남사학회, 2003), 315~338쪽.

──, 〈11세기 개혁시대의 교회법령집 분석〉,《서양중세사연구》vol.18 (한국서양중세사학회, 2006), 65~96쪽.

──, 〈13세기 교황중심 유럽질서와 파문제재〉,《서양중세사연구》vol.25 (한국서양중세사학회, 2010), 126~153쪽.

차용구, 〈"Femina est mas occasionatus" 토머스 아퀴나스의 여성관에 미친 아리스토텔레스의 영향〉,《서양중세사연구》vol.14 (한국서양중세사학회, 2004), 67~98쪽.

──, 〈아우구스티누스의 여성관〉,《서양중세사연구》vol.16 (한국서양중세사학회, 2005), 31~55쪽.

──, 〈랑베르의 Historia comitum Ghisnensium을 통해서 본 중세 문화속의 그리스 신화〉,《서양고전학연구》vol.31 (한국서양중세사학회, 2008), 109~134쪽.

──, 〈서양 중세 귀족 부인들의 정치력에 대한 연구 -긴느 가의 여인들을 중심으로-〉,《史林》vol.29 (수선사학회, 2008), 259~285쪽.

──, 〈서양 중세의 남장여성(男裝女性) -Hildegund von Schönau의 역사성 재검토-〉,《역사학연구》vol.37 (전남사학회, 2009), 137~163쪽.

──, 〈서양 중세의 정의로운 전쟁〉,《역사학보》vol.216 (역사학회, 2012), 165~189쪽.

채이병, 〈성 토머스 아퀴나스와 평화의 문제〉, 《哲學》 vol.78 (한국철학회, 2004), 75~102쪽.

허구생, 〈군주의 명예-헨리 8세의 전쟁과 튜더 왕권의 시각적 이해〉, 《영국연구》 vol.13 (영국사학회, 2005), 1~30쪽.

Adair, Penelope, "Countess Clemence: Her Power and its Foundation", Queens, regents and potentates (Texas: Academia, 1993), pp.63–72.

Aird, W. M., "Frustrated Masculinity: the Relationship between William and his Eldest son", Masculinity in Medieval Europe (London, New York: Longman, 1999).

Althoff, Gerd, "Der König weint. Rituelle Tränen in öffentlicher Kommunikation", "Aufführung" und "Schrift" in Mittelalter und Früher Neuzeit (Stuttgart, 1996), pp.239–252.

───, Otto III (Darmstadt: Wissenschaftliche Buchgesellschaft, 1996).

───, Verwandte, Freunde und Getreue. Zum politischen Stellenwert der Gruppenbindungen im früheren Mittelalter (Darmstadt: Wissenschaftliche Buchgesellschaft, 1990).

───, Amicitiae et pacta. Bündnis, Einung, Politik und Gebetsgedenken im beginnenden 10. Jahrhundert (MGH Schriften 37) (Hannover: Hahn, 1992).

───, Family, Friends and Followers (Cambridge: Cambridge University Press, 2004).

Arnold, John, What is masculinity? (New York: Palgrave Macmillan, 2011).

Ballamy, Alex J., Just War: From Cicero to Iraq (Cambridge: Polity Press, 2006).

Balnaves, John, Bernard of Morlaix. The Literature of Complaint, The

Latin Tradition and The Twelfth-Century "Renaissance". A thesis submitted for the degree of Doctor of Philosophy of the Australian National University, 1997.

Barber, Richard · Barker, Juliet, Tournaments: Jousts, Chivalry and Pageants in the Middle Ages (Suffolk: Boydell Press, 2013).

Bauer, Dominique · Lesaffer, Randall, "Ivo of Chartres, the Gregorian Reform and the Formation of the Just War Doctrine", Journal of the History of International Law vol.7, (Martinus Nijhoff, 2005).

Beestermöller, Gerhard, "Thomas von Aquin: die Idee des gerechten Krieges als Friedensethik?", Legalität, Legitimität und Moral: können Gerechtigkeitspostulate Kriege rechtfertigen?, (Tübingen: Mohr Siebeck, 2008.).

Bell, Daniel M., Just war as Christian discipleship : recentering the tradition in the church rather than the state, (Grand Rapids, MI : Brazos Press, 2009).

Bennett, Judith M., Women in the Medieval English Countryside: Gender and Household in Brigstock Before the Plague (New York: Oxford University Press, 1987.)

Bennett, Matthew, "Military Masculinity in England and Northern France c.1050-c.1225", Masculinity in Medieval Europe (London; New York: Longman, 1999), pp.71-88.

Bennett, Stephen, "Fear and its Representation in the First Crusade", Ex Historia 4(24), pp.29-54.

Bernard, G. W., Power and Politics in Tudor England (Aldershot, England; Burlington, Vt.: Ashgate, 2000).

Besamusca, Bart, "The Medieval Dutch Arthurian Material" W.H. Jackson and S.A. Ranawake (eds.), The Arthur of the Germans. The Arthurian Legend in Medieval German and Dutch Literature (Cardiff: University of Wales Press, 2000), pp.187-228.

Beschorner, Andreas, Untersuchungen zu Dares Phrygius (Tübingen: G.

Narr, 1992).

Bischoff, Bernhard, "Die europäische Verbreitung der Werke Isidors von Sevilla", *Isidoriana* (Leon: Centro de Estudios "San Isidoro", 1961), pp.317-344.

Bisson, T. N., "The "Feudal Revolution"", *Past & Present* 142 (1994), pp.6-42.

Boone, Joseph A.·Cadden, Michael (eds.), *Engendering Men* (New York: Routledge, 1990).

Boswell, John, *Christianity, Social Tolerance, and Homosexuality* (Chicago: University of Chicago Press, 1980).

Botermann, Helga, "Ciceros Gedanken zum gerechten Krieg in de officiis 1", *Archiv für Kulturgeschichte*, vol.69 (Köln : Böhlau Verlag, 1903), pp.34-40.

Brandes, Stanley, *Metaphors of Masculinity: Sex and Status in Andalusian Folklore* (Philadelphia: University of Pennsylvania Press, 1980).

Bréemersch, Pascale, *Ardres: Répertoire numérique détaillé des archives communales déposées E dépôt 38* (Arras: Archives départementales du Pas-de-Calais, 1989).

Bridenthal, R.·Koonz, C., *Becoming Visible. Women in European History* (Boston: Houghton Mifflin, 1988).

Brittan, Arthur, *Masculinity and Power* (Oxford, UK; New York, USA: Basil Blackwell, 1989).

Bronisch, Alexander Pierre, *Reconquista und Heiliger Krieg : die Deutung des Krieges im christlichen Spanien von den Westgoten bis ins frühe 12. Jahrhundert* (Münster: Aschendorff, 1998).

Brüggen, Elke, *Kleidung und Mode in der höfischen Epik des 12. und 13. Jahrhunderts* (Heidelberg: Carl Winter, 1989).

Brundage, James A. "Holy war and the medieval lawyers", *The Holy War* (Ohio State University Press, 1976), pp.99-140.

Bullough, Vern L., "On being Male in the Middle Ages," *Medieval Mascu-*

linities: *Regarding Men in the Middle Ages* (Minneapolis: University of Minnesota Press, 1994), pp.31-45.

Bumke, Joachim, *Courtly Culture: Literature and Society in the High Middle Ages* (Berkeley: University of California Press, 1991).

Burke, Peter · Porter, Roy (eds.), *The Social History of Language* (Cambridge: Cambridge University Press, 1987).

Butler, Sara, "Runaway Wives: Husband Desertion in Medieval England", *Journal of Social History* 40/2 (2006), pp.337-359.

Buy, Eric · Curveiller, Stéphane · Louf, Jacques et al, *Guînes: des origines à nos jours* (Balinghem: Éditions du Camp du Drap D'Or, 2007).

Bynum, Caroline W., *Jesus as Mother: Studies in the Spirituality of the High Middle Ages* (Berkeley: University of California Press, 1982).

Crouch, David, *William Marshal: Knighthood, War and Chivalry, 1147-1219* (New York: Routledge, 2002).

Carrigan, Tim · Connell, Bob · Lee, John, "Toward a New Sociology of Masculinity," *Theory and History* 14/5(1985), pp.551-604.

Casagrande, Carla, "The Protected Woman", *A History of Women in the West II. Silences of the Middle Ages* (Cambridge, Mass: Harvard University Press, 1994), pp.70-104.

Cha,Yongku, "The Relationship between Fathers and Sons in the Twelfth Century: Baldwin of Guines and his Eldest Son", *Journal of Family History* 39(2), pp.87-100.

Clauzel, Denis · Platelle, Henri, *Histoire des provinces francaises du Nord. Des principautes al'empire de Charles Quint 900-1519* (Arras: Artois Presses Universite, 2008).

Cohen, Jeffrey J. · Wheeler, Bonnie, *Becoming Male in the Middle Ages* (New York: Routledge, 1999).

Connell, Raewyn, "An Iron Man: The Body and Some Contradictions of Hegemonic Masculinity," *Sport, Men and the Gender Order: Critical Feminist Perspectives* (Champaign: Human Kinetics Books, 1990), pp.83-95.

Constable, Olivia Remie, "Chess and Courtly Culture in Medieval Castile: The Libro de ajedrez of Alfonso X, el Sabio", *Speculum* 82(2007), pp.301-347.

Cooke, John D., "Euhemerism: A Medieval Interpretation of Classical Paganism", *Speculum* 2(1927), pp.396-410.

Coulson, Charles H., *Castles in Medieval Society* (Oxford: Oxford University Press, 2003).

Cowdrey, H. E. J., "The Peace and the Truce of God in the Eleventh Century", *Past and Present* 46 (1976).

――――, "Christianity and the morality of warfare during the first century of crusading", *The Experience of Crusading* Vol.1 (Cambridge: Cambridge University Press, 2003)

Cushing, Kathleen G., "Anselm of Lucca and the Doctrine of Coercion: The Legal Impact of the Schism of 1080?", *Catholic Historical Review* 81/3 (1995), pp.353-371.

Dalarun, Jacques, "The Clerical Gaze", *A History of Women in the West II, Silences of the Middle Ages* (Cambridge, Mass: Harvard University Press, 1994), pp.15-42.

Davis, Natalie Z., *Society and Culture in Early Modern France: Eight Essays* (Stanford, Calif.: Stanford University Press, 1975).

Desmulliez, Janine·Milis, Ludo, *Histoire des Provinces Françaises du Nord. De la Préhistoire à l'an Mil* (Arras: Artois Presses Université, 2008).

DiClemente, Kristi, "The Women of Flanders and Their Husbands: The Role of Women in the Liber Floridus", *Essays in Medieval Studies*

23 (2006) pp.79-86.

Dinges, Martin (ed.), *Hausväter, Priester, Kastraten: Zur Konstruktion von Männlichkeit in Spätmittelalter und Früher Neuzeit* (Göttingen: Vandenhoeck & Ruprecht, 1998).

Duby, Georges, *The Chivalrous Society* (Berkeley: University of California Press, 1980).

Ennen, E., *Die europäische Stadt des Mittelalters* (Göttingen: Vandenhoeck und Ruprecht, 1987).

――――, *Frauen im Mittelalter* (München: C. H. Beck, 1999).

Erben, Wilhelm, "Zur Zeitbestimmung Lamberts von Ardre", *Neues Archiv* 44(1922), pp. 314-340.

Erkens, F.R., "Die Frau als Herrscherin in ottonisch-frühsalischer Zeit", A. v. Euw · P. Schreiner, (hrsg.), *Kaiserin Theophanu. Begegnung des Ostens mit dem Westen um die Wende des ersten Jahrtausends. Gedenkschrift des Kölner Schnütgen-Museums zum 1000. Todesjahr der Kaiserin. Band II.* (Köln: Schnütgen-Museum, 1991), pp.245-259.

――――, "Consortium regni-consecratio-sanctitas: Aspekte des Königinnentums im ottonisch-salischen Reich", Stefanie Dick · Jörg Jarnut · Matthias Wemhoff, (hrsg.), *Kunigunde-consors regni. Vortragsreihe zum tausendjährigen Jubiläum der Krönung Kunigundes in Paderborn (1002-2002)* (= MittelalterStudien Bd. 5) (München: Fink, 2004), pp.71-82.

Erler, Mary · Kowaleski, Maryanne (eds.), *Women and Power in the Middle Ages* (Athens: University of Georgia Press, 1988), pp.1-17.

Fenske, Lutz, "Der Knappe: Erziehung und Funktion", *Curialitas: Studien zu Grundfragen der höfisch-ritterlichen Kultur* (Göttingen: Vandenhoeck & Ruprecht, 1996), pp.55-127.

Fenster, Thelma · Smail, Daniel L. (eds.), *Fama: The Politics of Talk and Reputation in Medieval Europe* (New York: Cornell University Press, 2003).

Fenton, Kirsten A., *Gender, Nation and Conquest in the Works of William of Malmesbury* (Woodbridge, UK: The Boydell Press, 2008)

Flandrin, J. L., *Familles: parenté, maison, sexualité dans l'ancienne société* (Paris: Hachette, 1976).

Freeman, E. A., "The Lords of Ardres" *Britisch Quarterly Review* 71 (1880), pp.1-31.

Frevert, Ute, "Männergeschichte oder die Suche nach dem 'ersten' Geschlecht", Manfred Hettling (hrsg.), *Was ist Gesellschaftsgeschichte? Positionen, Themen, Analysen* (München: Beck, 1991), pp.31-43.

Frugoni, Chiara, "The Imagined Woman", *A History of Women in the West II, Silences of the Middle Ages* (Cambridge, Mass: Harvard University Press, 1994), pp.336-422.

Gaffney, Phyllis, *Constructions of Childhood and Youth in Old French Narrative* (Farnham, Surrey, England: Ashgate, 2011).

Ganshof, F.-L., "A propos de la chronique de Lambert d'Ardres", *Mélanges d'histoire du moyen âge* (Paris: Édouard Champion 1925), pp. 205-234.

Ganshof, F.-L., *Was ist das Lehnswesen?* (Darmstadt: Wissenschaftliche Gesellschaft, 1983).

Garnier, C., *Amicus amicis, inimicus inimicis: politische Freundschaft und fürstliche Netzwerke im 13. Jahrhundert* (Stuttgart: Anton Hiersemann, 2000).

Gaunt, Simon, *Gender and Genre in Medieval French Literature* (Cambridge: Cambridge University Press, 1995).

Gilchrist, John, "The Papacy and War against the Saracens, 795–1216", *The International History Review* 10/2 (1988).

Gilchrist, Roberta, *Gender and archaeology : contesting the past* (London, New York: Routledge, 1999).

———, "Medieval Bodies in the Material World: Gender, Stigma, and the Body" *Framing Medieval Bodies* (Manchester: Manchester University Press, 1994), pp.43–61.

Gillingham, John, "Richard I and Berengaria of Navarre", *Historical Research* 53 (1980), pp.157–173.

———, *Richard I* (New Haven, Conn: Yale University Press, 1999).

Gilmore, David D., *Manhood in the Making: Cultural Concepts of Masculinity* (New Haven, Conn: Yale University Press, 1981).

Girouard, Mark, *Life in the English Country House* (New Haven, Conn: Yale University Press, 1978).

Gold, Penny S., *The Lady & the Virgin. Image, Attitude, and Experience in Twelfth-Century France* (Chicago: The University Chicago f Press, 1985).

Goodich, M., "Bartholomeus Anglicus on child-rearing", *History of childhood quarterly* 3 (1975), pp.75–84.

Görich, Knut, "Verletzte Ehre. König Richard Löwenherz als Gefangener Kaiser Heinrichs VI.," *Historisches Jahrbuch* 123 (2003), pp.65–91.

Grey, Sidney, "Count Baldwin of Flanders", *The Aldine* 8/11 (1877), pp.357–359.

Gunn, S.J. · Lindley, P.G., "Charles Brandon''s Westhorpe: an Early Tudor Courtyard House in Suffolk," *Archaeological Journal* 145 (1988), pp.272–289.

Haas, Jeffrey D., "The Development of Medieval Dubbing Ceremony", *Michigan Academician* 28 (1996), pp.123-133.

Hadley, Dawn M., *Masculinity in Medieval Europe* (London; New York: Longman, 1999).

Haines, Keith, "Attitudes and impediments to pacifism in medieval Europe", *Journal of Medieval History* 7 (1981).

Haluska-Rausch, Elizabeth, "Unwilling Partners: Conflict and Ambition in the Marriage of Peter II of Aragon and Marie de Montpellier", *Queenship and Political Power in Medieval and Early Modern Spain* (Burlington, VT: Ashgate Publishing, 2005), pp.3-20.

Hanawalt, Barbara A., *The Ties that Bound* (New York: Oxford University Press, 1986).

————, "Violence in the Domestic Milieu of Late Medieval England", Richard W. Kaeuper, (ed.), *Violence in Medieval Society* (Woodbridge; Rochester, New York: Boydell Press, 2000).

Haseldine, Julian (ed.), *Friendship in Medieval Europe* (Stroud: Sutton Pub Ltd. 1999).

Hausen, Karin · Wunder, Heide (eds.), Frauengeschichte - Geschlechtergeschichte (Frankfurt and New York: Campus Verlag, 1992).

Head, Thomas F. · Landes, Richard A., *The Peace of God: social violence and religious response in France around the year 1000* (New York: Cornell University Press, 1992).

Hemptinne, Thérèse de, "Women as Mediators between the Powers of Comitatus and Sacerdotium: Two Countesses of Flanders in the Eleventh and Twelfth Centuries", *The Propagation of Power in the Medieval West: Selected Proceedings of the International Conference, Groningen 20-23 November 1996* (Groningen: Egbert Forsten, 1997).

Herder, Johann G., *J. G. Herder on Social and Political Culture* (Cambridge: Cambridge University Press, 2010).

Herlihy, David, *Medieval Households* (Cambridge, Mass: Harvard University Press, 1985).

Herr, Friedrich, "Die "Renaissance"-Ideologie im frühen Mittelalter", *MIÖG* 62 (1949), pp.23-81.

Holmes, Urban T., "The Arthurian Tradition in Lambert D'Ardres", *Speculum* 25 (1950), pp.100-103.

Howard, Maurice, *The Early Tudor Country House* (London: George Phillip, 1987).

Hunt, Lynn, *The Family Romance of the French Revolution* (Berkeley: University of California Press, 1993).

Igler, Franz, "Über Stadtentwicklung: Beobachtungen am Beispiel von Ardres.", *Zeitschrift für Archäologie des Mittelalters* 11(1983), pp.7-19.

Johnson, James T., *Just war tradition and the restraint of war. A moral and historical inquiry* (Princeton, NJ: Princeton University Press, 1981).

Jones, R. M., *The Theme of Love in the 'Romans d'Antiquité'* (London: Modern Humanities Research Association, 1972).

Jordan, Erin L., "The "Abduction" of Ida of Boulogne: Assessing Women's Agency in Thirteenth-Century France", *French Historical Studies* 30 (2007), pp.1-20.

Kaeuper, Richard, *Chivalry and Violence in Medieval Europe* (Oxford : Oxford University Press, 1999).

Karras, Ruth M., *From Boys to Men : formations of masculinity in late medieval Europe* (Philadelphia: University of Pennsylvania Press, 2003)

Kay, Sarah, "Seduction and suppression in 'Ami et Amile'", *French Studies* 44 (1990), pp.129-142.

Keen, Maurice, *Chivalry* (New Haven and London: Yale University Press, 1984).

Kellermann-Haaf, Petra, *Frau und Politik im Mittelalter: Untersuchungen zur politischen Rolle der Frau in den höfischen Romanen des 12., 13. und 14. Jahrhunderts* (Göppingen : Kümmerle, 1986).

Kerr, Julie, "'Welcome the coming and speed the parting guest': hospitality in twelfth-century England", *Journal of Medieval History* 33 (2007), pp.130-146.

Kittell, Ellen E., "Women in the Administration of the Count of Flanders", *Frau und Spätmittelalterlicher Alltag: Internationaler Kongress Krems an der Donau* (Wien: Verlag der Österreichischen Akademie der Wissenschaften, 1986).

Knutsen, Torbjørn L., *A History of International Relations Theory* (Manchester: Manchester University Press, 1997).

Krahe, Friedrich-Wilhelm, *Burgen des Deutschen Mittelalters* (Würzburg: Weidlich/Flechsig, 1994).

Krueger, Roberta L., *Women Readers and the Ideology of Gender in Old French Verse Romance* (Cambridge [England]: Cambridge University Press, 1993).

Küsters, Urban, "Klagefiguren. Vom höfischen Umgang mit Trauer", An den Grenzen höfischer Kultur. Anfechtungen der Lebensordnung in deutscher Erzähldichtung des hohen Mittelalters (Müchen, 1991), pp.9-75.

Amy Livingstone, "Kith and Kin: Kinship and Family Structure of the Nobility of Eleventh- and Twelfth-Century Blois-Chartres", *French Historical Studies* Vol.20, No.3 (1997), pp.419-458.

L'Estrange, Elizabeth, *Representing Medieval Genders and Sexualities in Europe* (Farnham, Surrey, [England]: Ashgate, 2011).

L'Hermite-Leclercq, Paulette "The Feudal Order", *A History of Women in the West II. Silences of the Middle Ages* (Cambridge, Mass: Harvard University Press, 1994), pp.202-249.

Langan, John S. J., "The Elements of St. Augustine's Just War Theory", *The Ethics of St. Augustine*, (Atlanta, Ga: Scholars Press, 1991).

Laqueur, Thomas, *Making Sex. Body and Gender from the Greeks to Freud* (Cambridge, Mass: Harvard University Press, 1990).

Leah Shopkow, "The Narrative Constructions of the Famous (or Infamous) and Fearsome Virago, Beatrice of Bourbourg", *Historical Reflections* 30/1 (2004), pp.55-71.

Lees, Clare, *Medieval Masculinities* (University of Minnesota Press, 1994).

Leman, Pierre/Heuclin, Jean/Curveiller, Stéphane, *Deux mille ans du Nord-Pas-de-Calais : Tome 1, Des Gaulois à la veille de la Révolution* (Lille: La Voix du Nord, 2002)

Lerner, Gerda, *Frauen finden ihre Vergangenheit. Grundlagen der Frauengeschichte* (Frankfurt, Main: Campus-Verl, 1995).

Lewis, Katherine J., *Kingship and Masculinity in Late Medieval England* (London; New York: Routledge, 2013).

Liebeschütz, H., *Medieval Humanism in the Life and Writings of John of Salisbury* (London, 1950).

―――, "Das Zwölfte Jahrhundert und die Antike", *Archiv für Kulturgeschichte* 35 (1953), pp.247-271.

Lyon, Bryce, "Communication During Medieval Warfare: the Campaign of Edward III of England in the Low Countries (1338-1340)", *Handelingen der Maatschappij voor Geschiedenis en Oudheidkunde te Gent* 53(1999), pp.61-76.

Luscombe, David, *The New Cambridge Medieval History: Volume IV c.1024-c.1198 / Part I* (Cambridge University Press, 2004)

Maloney, Robert P., "The teachings of the Fathers on usury: An historical study on the development of Christian thinking", *Vigiliae Christianae* 27 (1973), pp.241-265.

Mann, Michael, *The Sources of Social Power: Vol. 1, A History of Power from the Beginning to A.D.1760* (Cambridge: Cambridge University Press, 1986).

Markus, R. A., "Saint Augustine's Views on the Just War", *The Church and War: papers read at the Twenty-first Summer Meeting and the Twenty-second Winter Meeting of the Ecclesiastical History Society* (Oxfordshire: Basil Blackwell, 1983).

Martin, J., "John of Salisbury as Classical Scholar", M. Wilks (ed.), *The World of John of Salisbury* (Oxfordshire: Basil Blackwell, 1984), pp.179-201.

Mastnak, Tomaž, *Crusading Peace* (Berkeley: University of California Press, 2002)

McLaughlin, M. M., "Survivors and surrogates: children and parents from the ninth to the thirteenth century", L. de Mause (ed.), *History of childhood* (New York: Psychohistory Press, 1974), pp.101-181.

Meek, Christine, *Victims or viragos?* (Dublin: Four Courts Press, 2005).

Milis, Ludo, "The Linguistic Boundary in the County of Guînes: A Problem of History and Methodology", *Religion, Culture, and Mentalities in the Medieval Low Countries: Selected Essays* (Turnhout, Belgium: Brepols Publishers, 2005), pp.353-368.

Murray, Jacqueline, *Conflicted identities and multiple masculinities* (New York: Garland, 1999).

Neal, Derek G., The Masculine Self in Late Medieval England (Chicago: University of Chicago Press, 2009).

Nicholas, David, Medieval Flanders (London, New York: Longman, 1992).

Nicholas, Karen S., "Countesses as Rulers in Flanders", Theodore Evergates, (ed.), Aristocratic Women in Medieval France (Philadelphia: University of Pennsylvania Press), pp.111-137.

Nolan, Barbara, Chaucer and the Tradition of the Roman Antique (Cambridge; New York: Cambridge University Press, 1992).

Nordenfalk, Carl, Vergilius Augusteus. Vollständige Faksimile-Ausgabe, Codex Vaticanus latinus 3256 d. Bibl. Apostol. Vaticana u. Codex latinus fol. 416 d. Staatsbibl. Preuss. Kulturbesitz (Codices selecti phototypice impressi, 56) (Graz, 1976).

Ober, Josiah, The Athenian revolution: essays on ancient Greek democracy and political theory (Princeton, New Jersey: Princeton University Press, 1998).

O'Keeffe, Tadhg, "Concepts of 'castle' and the construction of identity in medieval and post-medieval Ireland", Irish Geography Volume 34/1 (2001), pp.69-88.

Oksanen, Eljas, Flanders and the Anglo-Norman world, 1066-1216 (Cambridge: Cambridge University Press, 2012).

Opitz, Claudia, "Life in the Late Middle Ages", A History of Women in the West II. Silences of the Middle Ages (Cambridge, Mass: Harvard University Press, 1994), pp.267-317,

――――, Frauenalltag im Mittelalter: Biographien des 13. und 14. Jahrhunderts (Weinheim: Beltz, 1985).

Orme, Nicholas, From childhood to chivalry: the education of the English kings and aristocracy 1066-1530 (London: Methuen, 1984).

Oschema, K., "Falsches Spiel mit wahren Köpern. Freundschaftsgesten und die Politik der Authentizitä im franko-burgundischen Spämitte-lalter", *Historische Zeitschrift* 293 (2011), pp.40-67.

Österberg, Eva, *Friendship and Love, Ethics and Politics* (Budapest: Central European University Press, 2010).

————, Medieval Children (New Haven: Yale University Press, 2003).

Pegg, Mark G., *A Most Holy War* (Oxford: Oxford University Press, 2008).

Perrie, Maureen, *Pretenders and Popular Monarchism in Early Modern Russia: The False Tsars of the Time and Troubles* (Cambridge: Cambridge University Press, 1995).

Petkov, K., *The Kiss of Peace: Ritual, Self, and Society in the High and Late Medieval West* (Leiden: Brill, 2003).

Platelle, Henri, "Le problème du scandale : les nouvelles modes masculines aux XIe et XIIe siècles", *Revue belge de philologie et d'histoire* 53(1975), pp.1071-1096.

Pleck, Joseph H., *The Myth of Masculinity* (Cambridge, Mass.: MIT Press, 1981).

Pollok, L., *Forgotten Children: Parent-Child Relation from 1500 to 1900* (Cambridge, Angleterre: Cambridge University Press, 1983).

Prevenier, W., "Court and City Culture in the Law Countries from 1100 to 1530", *Medieval Dutch Literature in its European Context*, pp.11-29.

Rasmussen, Ann M., *Mothers and Daughters in Medieval German Literature* (Syracuse, N.Y: Syracuse University Press, 1997).

Raudszus, Gabriele, *Die Zeichensprache der Kleidung: Untersuchungen zur Symbolik des Gewandes in der deutschen Epik des Mittelalters* (Olms, 1985).

Reddy, W.M., "Against Constructionism: The Historical Ethnography of Emotions", *Current Anthropology* 38 (1997), pp.327-351.

Reddy, William M., *The Making of Romantic Love: Longing and Sexuality in Europe, South Asia, and Japan, 900-1200 CE* (Chicago: University of Chicago Press, 2012), pp.208-213.

Régnier-Bohler, Danielle, "Literacy and Mystical Voices", *A History of Women in the West II. Silences of the Middle Ages* (Cambridge, Mass: Harvard University Press, 1994), pp.427-482.

Renna, Thomas, "St Bernard and the pagan classics: an historical view", *The chimaera of his age: studies on Bernard of Clairvaux* (Kalamazoo, Mich.: Cistercian Publications, 1980), pp.122-131.

Rezak, Brigitte Bedos, "Women, Seals, and Power in Medieval France, 1150-1350", *Women and Power in the Middle Ages*, (Athens : University of Georgia Press, 1988), pp.61-82.

Rivard, Derek A., *Blessing the World: Ritual and Lay Piety in Medieval Religion* (The Catholic University of America Press, 2009).

Robinson, Ian, *The Papal Reform of the Eleventh Century* (Manchester: Manchester University Press, 2004).

Rosenwein, B., (ed.), *Anger's Past. The social uses of an emotion in the Middle Ages* (New York: Cornell University Press, 1998).

Rosenwein, Barbara, "Writing without fear about early medieval emotions, Early Medieval Europe" 10/2 (2001), pp.229-234.

Ross, Charles S., *The Thebaid: Seven Against Thebes* (Baltimore: Johns Hopkins University Press, 2004).

Russel, F. H., *The Just War in the Middle Ages* (Cambridge: Cambridge University Press, 2003).

Sanford, Eva Matthews, "The Study of Ancient History in the Middle Ages", *Journal of the History of Ideas* 5/1 (1944), pp.21-43.

Schipperges, Heinrich, *Hildegard von Bingen* (München, C.H.Beck, 2001).

Schmale, Wolfgang, *MannBilder* (Berlin: Berlin Verlag A. Spitz, 1998).

———, *Geschichte der Männlichkeit in Europa (1450-2000)* (Wien: Böhlau, 2003).

Schmandt, R. H., "The Fourth Crusade and the just-war theory", *The Catholic Historical Review* 61 (1975).

Schreiner, Klaus · Schnitzler, Norbert, *Gepeinigt, begehrt, vergessen. Symbolik und Sozialbezug des Körpers im späten Mittelalter und in der frühen Neuzeit* (München: W. Fink, 1992).

Schultz, Alwin, *Das höfische Leben zur Zeit der Minnesinger Bd. I/II* (Osnabrück: Otto Zeller, 1965).

Scorpo, Antonella Liuzzo, *The Idea of Friendship in the Literary, Historical and Legal Works of Alfonso X of Castile (1252-1284)* (Thesis for the degree of Doctor of Philosophy in Hispanic Studies to the University of Exeter, March 2009).

Scott, Anne · Kosso, Cynthia (eds.), *Fear and its Representations in the Middle Ages and Renaissance* (Turnhout: Brepols, 2002).

Seifert, Lewis C., *Manning the Margins. Masculinity and Writing in Seventeenth-Century France* (Ann Arbor: University of Michigan University, 2009).

Seznec, Jean, *The Survival of the Pagan Gods. The Mythological Tradition and its Place in Renaissance Humanism and Art* (Princeton, New Jersey: Princeton University Press, 1995).

Shahar, Shulamit, *Fouth Estate, A history of women in the Middle Ages* (New York: Routledge, 2003).

Shopkow, Leah (ed.), *Lambert of Ardres, The History of the Counts of Guines and Lords of Ardres* (Philadelphia: University of Pennsylvania Press, 2001).

Shorter, E., *The Making of the Modern Family* (London: Collins, 1976).

Sigurðsson, J. V., *Chieftains and Power in the Icelandic Commonwealth*

(Odense: Odense University Press, 1999).

Slitt, Rebecca, *Aristocratic Male Friendship in the Anglo-Norman World, 1066-1300* (New York: Fordham Dissertation, 2008).

Spiegel, Gabriel M., *Romancing the past the rise of vernacular prose historiography in thirteenth-century France* (Berkeley: University of California Press, 1993).

Spiess, Karl–Heinz, *Familie Und Verwandtschaft Im Deutschen Hochadel Des Spatmittelalters* (Stuttgart: Steiner, 1993.)

Stone, L., *The Family, Sex and Marriage in England 1500-1800* (New York: Weidenfeld &Nicolson, 1977).

Stone, Rachel, *Morality and Masculinity in the Carolingian Empire* (Cambridge: Cambridge University Press, 2012).

Strevett, Neil, "The Anglo–Norman Civil War of 1101 Reconsidered," John Gillingham (ed.) *Anglo-Norman Studies 26*: Proceeding of the Battle Conference 2003 (The Boydell Press, 2004).

Stuard, Susan Mosher (ed.), Women in Medieval Society (Philadelphia: University of Pennsylvania Press, 1976).

———, *Women in Medieval History and Historiography* (Philadelphia: University of Pennsylvania Press, 1987).

Swift, Louis J., "Arnobius and Lactantius: Two Views of the Pagan Poets", *Transactions and Proceedings of the American Philogloical Association*, 96 (1961), pp.439-448.

Tanner, Heather J., *Families, Friends, and Allies: Boulogne and Politics in Northern France and England, C. 879-1160* (Leiden: Brill, 2004)

Teulié, Gilles · Lux–Sterritt, Laurence, *War Sermons* (Newcastle: Cambridge Scholars Publishing, 2009).

Thibodeaux, Jennifer D., *Man of the Church, or Man of the Village? Gender and the Parish Clergy in Medieval Normandy* (Doctoral Dissertation of University of Texas, 1998).

————, "Odo Rigaldus, the Norman Elite, and the Conflict over Masculine Prerogatives in the Diocese of Rouen", *Essays in Medieval Studies* 23 (2006), pp.41-55.

Töpfer, Bernhard, *Volk und Kirche zur Zeit der beginnenden Gottes-friedensbewegung in Frankreich* (Berlin: Rütten & Loening, 1957).

Turner, Ralph V., "Eleanor of Aquitaine and her children: an inquiry into medieval family attachment", *Journal of Medieval History* 14/4(1988), pp.321-335.

Unger, Richard W., *Beer in the Middle Ages and the Renaissance* (Philadelphia: University of Pennsylvania Press, 2007).

Van Eickels, K., *Vom inszenierten Konsens zum systematisierten Konflikt. Die english-französischen Beziehungen und ihre Wahrnehmung an der Wende vom Hoch- zum Spämittelalter* (Jan Thorbecke, 2002).

Verlaguet, Waltraud, "Crusade sermons as factor of european unity", Gilles Teulié and Laurence Lux-Sterritt (ed.), *War Sermons* (Newcastle: Cambridge Scholars Publishing, 2009), pp.1-13.

Von den Steinen, Wolfram, "Humanismus um 1000", *Archive für Kulturge-schichte* 46 (1964), pp.1-20.

Wagner, David L., "The Seven Liberal Arts and Classical Scholarship", *The Seven Liberal Arts in the Middle Ages* (Bloomington: Indiana University Press, 1983), pp.1-31.

Walinski-Kiehl, Robert, "Males, 'Masculine Honor', and Witch Hunting in

Seventeenth-Century Germany," *Men and Masculinities* vol. 6 no. 3 (2004), pp.254-271.

Warlop, E. A., *The Flemish Nobility Before 1300* (Courtrai: Desmet-Huysman, 1975).

Weichselbaumer, Ruth, *Der konstruierte Mann. Repräsentation, Aktion und Disziplinierung in der didaktischen Literatur des Mittelalters* (Münster: Lit, 2003).

Weiler, B., "Kings and Sons: princely rebellions and the structures of revolt in western Europe, c.1170 - c.1280," *Historical Research* 82 (2009), pp.17-40.

Wemple, F., *Women of the Medieval World* (Oxford: Blackwell, 1985).

Wemple, Suzanne Fonay, Women in Frankish Society: Marriage and the Cloister, 500 to 900 (University of Pennsylvania Press, 1981).

Wertheimer, Laura, "Illegitimate birth and the English clergy, 1198-1348", *Journal of Medieval History* 31 (2005), pp.211-229.

Willard, Charity C., *Christine de Pizan: Her Life and Works* (New York: Persea Books, 1984).

Wolff, Robert L., "Baldwin of Flanders and Hainaut, First Latin Emperor of Constantinople: His Life, Death, and Resurrection, 1172-1225", *Speculum* 29/3 (1952), pp.281-322.

Zeune, J., *Burgen, Symbole der Macht* (Regensburg: Pustet, 1996).

찾아보기

감사의 글

　　이 책은 한국연구재단의 저술출판지원을 받아 3년간 수행한 결과
물로, 긴느-아르드르에 대한 문헌 연구 및 현장 답사를 통해 이루어졌
다. 이 책의 출간에 이르기까지 도움을 주신 분들에게 감사의 인사를
드리고자 한다.

　　먼저, 수십 곳이 넘는 마을과 성당, 지금은 폐기물 처리소가 되어버
린 수도원터, 자료에만 나와 있는 중세의 전쟁터를 찾아헤맬 때, 나의
관심사에 공감하고 동행해준 아내 김미숙 박사에게 감사드린다. 다음
으로 긴느-아르드르 지역 역사가이며 아르투아대학 역사학과 교수 쿠
르베이예Stéphane Curveiller에게 감사드린다. 그는 낯선 한국인 교수의 인
터뷰에 기꺼이 응해주었으며, 나의 작업에 놀라움과 조언을 아끼지 않
았다. 아울러 불어가 부족한 저자를 위해 독일어와 영어 통역을 해준
그의 부인에게도 감사드린다. 그리고 긴느-아르드르 지도를 구해주고
불어 지명의 한국어 표기에 도움을 준 르코르프Le-Corff 부부에게도 감
사드린다. 또한 책의 초고를 함께 읽으면서 독자로서 좋은 의견을 개
진해준 중앙대학교 대학원 학생들에게도 감사드린다. 마지막으로 이
책이 나올 수 있도록 도움을 주신 책세상 식구들에게 감사드린다.

태릉 서재에서
2015년 가을

차용구車龍九

고려대학교 사학과를 졸업하고, 독일 파사우대학교에서 서양 중세사 연구로 석사와 박사 학위를 받았다. 현재 중앙대학교 역사학과 교수로 재직하면서 오늘날 서양의 제도와 문화, 정신세계를 구축한 중세의 교회 권력과 세속 권력의 구조에 대해 연구하고 있다. 특히 천년의 시간을 관통하는 중세 권력구조 속 여성과 남성의문화적·사회적 역학관계에 집중하고 있다.

지은 책으로《중세 유럽 여성의 발견》,《로마 제국 사라지고 마르탱 게르 귀향하다》를 비롯하여《가해와 피해의 구분을 넘어: 독일/폴란드 역사 화해의 길》(공저),《서양 중세사 강의》(공저)가 있다. 옮긴 책으로《교황의 역사》,《중세 천년의 빛과 그림자》,《국가의 탄생: 근대 국가의 중세적 기원》(공역)이 있다. 또한 국내에서〈중세의 이단과 여성〉,〈독일과 폴란드의 역사 대화: 접경지역 역사서술을 중심으로〉등 다수의 논문을 발표했으며, 해외 학술지에〈12세기 아버지와 아들의 관계: 긴느의 볼드윈과 그의 장남The Relationship between Fathers and Sons in the Twelfth Century: Baldwin of Guines and his Eldest Son〉등을 게재했다.

남자의 품격
중세의 기사는 어떻게 남자로 만들어졌는가

펴낸날   초판 1쇄 2015년 10월 30일
           초판 2쇄 2016년 7월 10일

지은이   차용구
펴낸이   김현태

펴낸곳   책세상
주소   서울시 종로구 경희궁길 33 내자빌딩 3층(03176)
전화   02-704-1251(영업부), 02-3273-1333(편집부)
팩스   02-719-1258
이메일   bkworld11@gmail.com
홈페이지 www.bkworld.co.kr
등록   1975. 5. 21. 제1-517호

ISBN   ISBN 978-89-7013-952-4 (93920)

이 도서의 국립중앙도서관 출판시도서목록(CIP)은 서지정보유통지원시스템 홈페이지(http://seoji.nl.go.kr)와 국가자료공동목록시스템(http://www.nl.go.kr/kolisnet)에서 이용하실 수 있습니다.(CIP제어번호 : CIP2015028111)

이 저서는 2011년도 정부(교육부)의 재원으로 한국연구재단의 지원을 받아 연구되었음(NRF-2011-812-A00029).